Avant de s'installer à Brighton avec son mari et ses deux enfants, **Jenny Ashcroft** a vécu de nombreuses années en Australie et en Asie, ce qui lui a inspiré une passion pour les récits ayant pour toile de fond les lieux exotiques. Elle est diplômée en histoire et a toujours été fascinée par le passé – en particulier par la façon dont les événements extraordinaires affectent la vie des gens ordinaires. *Une île en Orient* est son deuxième roman. Vous pouvez suivre son actualité sur Twitter : @Jenny_Ashcroft.

Ce livre est également disponible
au format numérique

www.editions-hauteville.fr

Jenny Ashcroft

Une île en Orient

Traduit de l'anglais (Grande-Bretagne) par Sébastien Baert

Hauteville

Hauteville est un label des éditions Bragelonne

Titre original : *Island in the East*

ISBN : 979-10-93835-86-0

Bragelonne – Hauteville
60-62, rue d'Hauteville – 75010 Paris

E-mail : info@editions-hauteville.fr
Site Internet : www.editions-hauteville.fr

À mes parents, Jean et Frank.

Prologue

Singapour, octobre 1897

Dans la chambre aux volets clos, la chaleur humide était écrasante. Voilà des jours qu'on n'avait pas ouvert les volets. Mae avait la peau luisante de sueur, la nuque moite, et son cuir chevelu la démangeait. Elle se sentait dégouliner sous sa robe. Dehors, dans le jardin et la jungle alentour, les cigales chantaient. Dans le lointain, des singes criaillaient. Sans un mot, elle écoutait la cacophonie nocturne, sachant malheureusement qu'elle ne l'entendrait plus jamais. D'ici quelques heures, désormais, elle partirait. Pas comme elle l'avait espéré, ni comme elle l'avait prévu, mais elle partirait loin, loin de cet endroit, loin de cette île. Elle sentit son souffle s'accélérer. *Pas seule*, se remémora-t-elle en posant la main sur son ventre. *Pas seule.*

Ce serait bientôt l'heure.

Dans la pénombre, elle jeta un coup d'œil à la pile de papiers, sur son bureau : des documents de voyage, des certificats… et des billets de banque. Ils provenaient du coffre-fort d'Alex. Elle était terrifiée à l'idée qu'il n'y en ait pas assez. Il devait y en avoir assez. Affolée, elle fronça les sourcils. Mais il était trop tard pour y changer quoi que ce soit.

Elle souhaitait partir au plus vite. C'était l'attente qui était difficile. Mais il fallait d'abord qu'elle voie Harriet.

Elle savait enfin ce qu'elle devait faire. Elle remonta le drap sur elle, se tordant les doigts d'angoisse. *Un peu de patience. Elle va venir.*

Elle va venir.

Une heure s'écoula. Elle se demandait où était David, à quoi il pensait. Le regard rivé sur la porte, elle était impatiente de voir Harriet la franchir. *Viens…*

Viens…

Puis, enfin, elle entendit un bruit dans la maison silencieuse. Elle l'aurait reconnu entre mille : le pas de Harriet, qui faisait grincer le plancher. Sans quitter la porte des yeux, elle attendit. Parfaitement immobile. *Un peu de patience.* On tourna la poignée, et la porte s'ouvrit. Elle vit la lueur d'une chandelle précéder sa sœur jumelle.

Elle croisa son regard, identique au sien en tout point. Harriet écarquilla ses yeux emplis d'inquiétude.

— Oh, mon Dieu, lâcha-t-elle. Oh, Mae…

Chapitre premier

Londres, janvier 1941

Ivy fit une halte devant la porte de la salle d'attente du bloc opératoire et prit une profonde inspiration. Elle baissa les yeux sur ses souliers, sur le lino de l'hôpital. Elle remarqua comme ses bas nylon plissaient à ses chevilles. *Tu peux le faire.* Elle ajusta sa veste d'uniforme de la Marine et pénétra dans la pièce.

Dans la salle d'attente, le silence régnait. À l'opposé, sur une porte en chêne ornée d'une plaque de laiton, on pouvait lire : « Docteur Michael Gregory, MB ChB, MD, CCT, FRCPsych. » Des fauteuils aux accoudoirs élimés étaient alignés le long de deux autres murs, et un bureau trônait devant le dernier. Une réceptionniste à peu près du même âge qu'Ivy – environ vingt-cinq ans – était installée derrière le bureau, une cigarette à la main, un vieux numéro du magazine *Time* ouvert devant elle.

Elle accueillit Ivy avec un sourire.

— Bonjour.

— Bonjour, je m'appelle Ivy Harcourt. Je souhaiterais voir le docteur Gregory.

— Oui, bien sûr. (Elle désigna la porte de chêne à l'aide de sa cigarette.) Il ne sera pas long. Il en termine avec un marin de retour de Méditerranée. Prenez place.

Ivy s'installa dans le fauteuil le plus proche, faisant grincer ses ressorts. Elle croisa les jambes, avant de se raviser.

La réceptionniste la dévisagea avec curiosité.

— Une tasse de thé ?

— Non, je vous remercie.

— Un chocolat ?

— Ça ira, vraiment.

— Un café, alors ? Nous avons du Camp.

Ivy secoua la tête.

— Non merci.

Elle n'aurait rien pu avaler.

La femme continua à la jauger.

— Vous allez bien ? finit-elle par lui demander.

— Apparemment pas, répondit Ivy avec un éclat de rire nerveux. J'imagine que c'est la raison de ma présence ici.

La femme s'apprêta à lui poser de nouvelles questions, mais la porte de chêne s'ouvrit. La tête basse, un gamin au teint blême sortit du cabinet. Suivi par un homme. Le docteur Gregory, supposa Ivy, en apercevant son costume de tweed et son air assuré. Des lunettes sur le nez, il arborait une pochette rouge vif. Ivy se demanda s'il lui arrivait souvent de proposer son mouchoir à ses patients.

Le regard bienveillant, il se tourna vers elle.

— Officier Harcourt, la salua-t-il. Entrez.

Le petit cabinet était chauffé par un brûleur à gaz. Il était meublé d'un bureau en acajou et de deux fauteuils, et percé d'une unique fenêtre barrée de gros ruban adhésif brun pour la protéger du souffle des explosions. Le lino était couvert d'un tapis, et un vase de fleurs en plastique trônait sur le bureau. Quelqu'un avait tenté de le rendre accueillant.

Le docteur Gregory invita Ivy à prendre place dans l'un des fauteuils, avant de s'installer dans l'autre. Il saisit un dossier sur son bureau, ainsi qu'une pipe. Il lui demanda si elle n'était pas incommodée par la fumée. (Ce n'était pas le cas.)

— Bon. Vous vous en êtes plutôt bien sortie.

Elle s'éclaircit la voix.

— Je…, commença-t-elle d'une voix éraillée. Je vais bien.

— Vos côtes ne vous font plus souffrir ?

— Non.

— Vous n'avez plus de difficultés respiratoires ?

Il fit mine de consulter ses notes. Ivy songea que c'était certainement pour qu'elle ait moins l'impression qu'il savait déjà tout d'elle.

— Vous aviez une grave infection à cause de la terre, poursuivit-il. Je vois que vous êtes restée ensevelie neuf heures durant…

— Ça va mieux, à présent.

Il lui adressa un sourire inquiet.

— Mais on vous a conseillé de venir me consulter.

Elle déglutit, regrettant de ne pas lui avoir demandé un verre d'eau plus tôt.

— Oui.

— Parce que le médecin qui s'occupe de vous depuis l'accident (il jeta un nouveau coup d'œil à ses notes), le docteur Myer, considère que vous n'êtes pas apte au service.

— Voilà.

— Vous pensez que vous êtes apte ?

— Je souhaite reprendre le travail.

— Hmm… Le docteur Myer est préoccupé par (il tourna une page et ajusta ses lunettes) vos crises aiguës et récurrentes de claustrophobie et par le choc que vous avez subi. (Il leva les yeux vers elle.) C'est bien ça ?

Elle s'obligea à soutenir son regard.

— Ça va mieux.

Il plissa les yeux.

— Ce n'est pas son avis. Et j'ai cru comprendre que vous aviez demandé à vous faire muter de votre ancien poste, à Camberwell. Et que vous aviez formulé cette requête depuis votre hôpital.

— Absolument.

— Vous avez été victime de cette bombe, tout près du bunker où vous travailliez, c'est ça ?

— Oui.

— Et vous avez subi un grave traumatisme au travail, plus tôt dans la soirée ?

— Oui, s'obligea-t-elle à répondre.

— Et vous ne souhaitez pas y retourner, après tout ce qui s'est passé ce jour-là ?

— Vous l'accepteriez, vous ?

— Nous ne sommes pas là pour parler de moi.

Ivy se mit à remuer sur son siège. Il faisait si chaud dans cette pièce…

— Ivy. J'aimerais que vous m'expliquiez, avec vos propres mots, pourquoi vous n'avez pas le courage de retourner à Camberwell.

La sueur commençait à la démanger sous son uniforme de laine. Elle désigna le chauffage.

— Ça vous ennuierait de le baisser un peu ?

Il déposa sa pipe sur son accoudoir, se leva et se dirigea vers le radiateur, à l'autre bout de la pièce. En s'agenouillant pour tourner le bouton, il se tourna vers Ivy.

— Je sais combien ça doit être difficile pour vous. Vous préféreriez être ailleurs. Comme tout le monde. J'essaie de ne pas le prendre personnellement.

Il esquissa un sourire. C'était une plaisanterie. Ivy tenta de lui rendre son sourire.

— Mais pour vous aider à guérir, poursuivit-il, je dois vous poser toutes ces questions. Je veux que vous me fassiez confiance. Que vous me racontiez tout ce qui s'est passé. Ce sera beaucoup plus facile, si vous y consentez. Vous comprenez ?

— Oui, répondit-elle, bien qu'elle n'en soit pas si sûre.

— Parfait. (Il regagna son siège, et tourna les pages de son dossier.) Commençons par quelque chose de plus facile. Quand vous êtes-vous engagée dans la Marine ?

— Au début de la guerre.

— Pourquoi dans la Navy ?

— C'est mon vieux précepteur qui me l'a conseillé.

— Parce que vous parlez plusieurs langues ?

— Oui. Il savait qu'ils avaient besoin de germanophones. Il a pensé à moi.

— Et vous êtes du genre à écouter les conseils des autres. (Gregory esquissa un sourire interrogateur.) Pour quelle raison, précisément ?

Ivy baissa les yeux sur son dossier.

— Ce n'est pas écrit ?

— Dites-moi tout.

Elle sentit des picotements dans son dos. Les paroles du médecin résonnaient encore dans son esprit : « *Vous avez subi un grave traumatisme, plus tôt dans la soirée.* » Elle comprit où il souhaitait l'amener.

— Je n'ai pas le droit de parler de ce que je fais. Les murs ont des oreilles.

Il pinça les lèvres.

— Bien tenté, Ivy. Mais, ici, les seules oreilles sont les miennes, et j'ai signé l'Official Secrets Act, donc…

D'un signe de tête, il lui fit signe de poursuivre.

— On écoute les signaux radio, lâcha-t-elle prudemment.

— Qui est-ce, « on » ?

— Les Wrens, les hommes du renseignement maritime. Il y a aussi des WAAF[1], à notre poste.

— À Camberwell ?

— Oui.

— Et qu'écoutez-vous ?

— Des navires, des transmissions émises depuis l'Allemagne…

— Surtout des pilotes, non ?

— Absolument, répondit-elle lentement. À notre poste.

— Des pilotes britanniques ?

— On les entend parfois. Mais nous nous intéressons principalement aux échanges de la Luftwaffe.

— Pourquoi ?

— Il leur arrive de trahir des secrets. Sur la position de leurs navires. Nous transmettons ces informations à l'amirauté. Puis leur cap et leur altitude. Ça permet à notre commandement de savoir où envoyer ses Spit pour les intercepter.

— Très astucieux. (Il tira sur sa pipe.) C'est tout ce que vous entendez ? Des coordonnées et des cibles ?

— Non, répondit-elle avec précaution.

— « Non » ?

— Non, ils abordent aussi d'autres sujets…

— Comme ?

— La lune, avança-t-elle, sachant pertinemment que ce n'était pas la réponse qu'il attendait. La beauté de son reflet sur l'onde.

— Ça doit être magnifique, de là-haut.

— Oui.

— Qu'entendez-vous d'autre ?

1. WAAF, pour *Women's Auxiliary Air Force*, ou « Force féminine auxiliaire de la Royal Air Force ». (*NdT*)

Elle se sentit piégée. Acculée.

— Les pilotes s'adressent à nous, révéla-t-elle, continuant à se dérober.

— À vous ?

— Ils ont deviné qu'on les écoutait.

Gregory esquissa un sourire.

— Et que vous disent-ils, Ivy ?

— Des choses comme : « *Guten Abend, meine Fräulein. Deutschland anruft.* » Ça signifie : « L'Allemagne appelle. »

— Oui, je parle allemand, moi aussi. (Il baissa les yeux sur ses notes.) Vous avez étudié à Cambridge ?

— Oui.

— Le japonais aussi ?

— Oui.

Il leva les yeux vers elle.

— J'adore les langues.

Redoutant la question suivante, elle esquissa un sourire tendu.

— Et que disent nos gars ? voulut savoir Gregory. Dans leurs Spit ?

— Beaucoup de choses.

— Donnez-moi un exemple.

Elle prit une inspiration.

— « *Tally-ho !* Surveillez votre altitude et votre aile. Bandits à dix heures. » (Elle haussa les épaules.) Ils disent tant de choses…

— Et, à l'occasion, vous les entendez mourir, dit-il d'un ton triste.

Elle s'était préparée à ce genre de remarque, mais cela ne l'empêcha pas de tressaillir.

— Ivy ?

— Oui ?

— Que ressentez-vous quand vous les entendez mourir ?

— Ça me bouleverse. Énormément.

— Autre chose ?

— Je pense à ceux qu'ils aiment, à ceux qui les aiment. Je me demande s'ils savent ce qui se passe.

Il grimaça, comme s'il comprenait ce qu'elle voulait dire.

Le silence s'abattit sur eux. Elle se demanda avec une once d'espoir s'il n'allait pas arrêter là cet entretien. Mais…

— Vous avez entendu mourir quelqu'un à qui vous teniez, non ? La dernière fois que vous étiez à la station. À peine une heure avant cette bombe… (Elle le regarda fixement.) Ivy ?

— Je ne souhaite pas en parler, déclara-t-elle.

— Je suis convaincu que ça vous aiderait.

— Je préfère oublier.

— J'en suis certain. Mais ne croyez pas que ce sera si facile. Pas avant que vous ayez affronté le problème.

Elle garda le silence.

— Vous ne pouvez pas continuer à fuir, Ivy. Sinon, vous serez condamnée à le faire jusqu'à la fin de vos jours.

Elle baissa les yeux sur ses souliers. Le droit était éraflé à hauteur de son orteil. Il faudrait qu'elle les cire.

— Le docteur Myer m'a raconté que vous vous étiez réveillée en pleine nuit, à l'hôpital, en criant le nom de Felix, et que vous réclamiez une lampe pour dormir. Il a écrit ici (il tapota sur un document) qu'après avoir été ensevelie, vous souffriez tellement de claustrophobie que vous n'avez plus voulu retourner à l'abri. Vous l'avez au contraire imploré de rester en salle.

Ivy se sentit rougir.

— Personne ne vous juge, lui fit remarquer le médecin. À part, peut-être, vous-même.

— Ça va mieux, à présent, lui garantit-elle. Vraiment mieux.

— Vous n'avez plus besoin de lampe pour dormir ?

Elle rougit davantage encore.

— Comment dormez-vous, maintenant que vous pouvez rentrer chez vous, Ivy ? Que ressentez-vous lorsque vous devez regagner l'abri ?

Elle s'abstint de toute réponse. Mais elle s'imagina tremblant de terreur comme une enfant, sous l'abri Anderson en tôle ondulée de sa grand-mère, attendant que la bombe suivante la trouve.

— Pourquoi ne souhaitez-vous plus retourner à Camberwell ? voulut savoir Gregory.

— Je…, bredouilla-t-elle. Je…

— Qu'est-ce qui vous préoccupe ? demanda-t-il doucement. L'idée de retourner à l'endroit où cette bombe est tombée, ou là où vous avez entendu périr votre petit ami ?

— Ce n'était pas mon petit ami.

— Ah non ?

— Non. Ce n'était plus mon petit ami.

— Admettons. C'est pire ?

Ivy tira sur son col.

— Il fait vraiment chaud, ici.

— J'ai du mal à imaginer le traumatisme que vous avez subi. Entendre quelque chose d'aussi affreux… je ne l'aurais pas supporté. Et, ensuite, manquer de se faire tuer ? Le même soir ?

Elle se tourna vers la fenêtre embuée. Il commençait à faire noir. À peine 16 heures, et il faisait déjà presque nuit.

— Pourquoi êtes-vous si pressée de reprendre le travail, Ivy ? Quel avantage pensez-vous tirer de ce changement de poste ?

— Je pourrai tourner la page.

— Non.

— Pardon ? demanda-t-elle, étonnée.

— Vous ne pourrez pas tourner la page. Pas avant d'avoir accepté ce qui s'est passé.

— Je l'ai accepté.

— Vous refusez même d'en parler. (Elle se tourna de nouveau vers la fenêtre.) Qu'est-ce qui vous intéresse tant, dehors, Ivy ?

— Il commence à faire noir.

— Et ?

— Je n'aime plus sortir après la tombée de la nuit.

Elle avait fait cette révélation avant même d'avoir pu s'en empêcher.

Il soupira.

— Allez-y, alors. Rentrez chez vous.

La réaction du médecin l'étonna.

— Vous allez me juger apte ? Vous allez autoriser ma mutation ?

Cela lui semblait trop facile. Trop beau pour être vrai.

— Bien sûr que non. On se revoit demain. Venez à 13 heures. On aura plus le temps de discuter, comme ça.

Elle arriva avec cinq minutes d'avance, déterminée à faire de son mieux.

— Vous revoilà ? demanda la réceptionniste.

— J'en ai bien peur, lui répondit Ivy.

La femme la dévisagea en réfléchissant.

— Je peux vous demander ce qui ne va pas ?

— Je vais très bien.

— Vraiment ?

— Oui.

La réceptionniste soupira.

— C'est ce qu'ils disent tous.

Ce jour-là, le chauffage était au minimum, dans le bureau de Gregory. Il s'était mis à pleuvoir dès qu'Ivy était arrivée à l'hôpital. Les gouttes d'eau ruisselaient sur les vitres.

— Pour le moment, vous vivez chez votre grand-mère, c'est exact ?

— Oui.

— Et avant ?

— J'étais cantonnée près de Camberwell avec d'autres filles de la station.

— Elles vous manquent, les autres filles ?

— Elles viennent souvent me rendre visite.

— Ah bon ?

— Oui. Elles ont hâte de savoir quand je serai de nouveau sur pied.

— Vraiment ? (Il esquissa un sourire.) Il vous arrive de sortir avec elles ?

— On va parfois prendre le thé. Elles m'ont demandé d'aller danser avec elle, la semaine prochaine.

— Ça me semble être une excellente idée.

— Vous trouvez ?

Ivy n'en était pas sûre.

Gregory la dévisagea.

— Ça vous plaît, chez votre grand-mère ?

— Oui.

— C'est elle qui vous a élevée, n'est-ce pas ?

— Absolument.

— Ça vous ennuierait de me dire pourquoi ?

Malgré sa réticence, elle se résigna :

— Mes parents sont tous les deux morts durant la dernière guerre.

— C'est très triste…

Elle n'avait aucunement l'intention de se laisser émouvoir. Pas avec ce sujet, du moins.

— Effectivement.
— Comment sont-ils morts ?
— Mon père s'est fait tuer en Mésopotamie. Ma mère a contracté la grippe peu de temps après ma naissance. C'était une infirmière volontaire australienne.
— Elle est inhumée ici ?
— Oui.
— Vous allez vous recueillir sur sa tombe ?
C'était le cas. Souvent. Quand elle était enfant, elle y allait chaque mois avec sa grand-mère. Ensemble, elles lui avaient montré des dessins qu'Ivy avait faits à l'école, raconté leurs séjours sur la côte.
— Ivy ?
— Oui, je vais me recueillir sur sa tombe.
— Et sur celle de votre père ? Ça vous est déjà arrivé ?
— Je ne comprends pas vraiment pourquoi nous parlons de ça.
Gregory garda le silence.
Ivy soupira.
— Nous y sommes allées une fois. Nous avons fait le trajet jusqu'à là-bas.
C'était la première fois qu'Ivy avait vu pleurer sa grand-mère. *« Mon garçon »*, avait-elle dit devant la croix de bois rudimentaire sur laquelle on pouvait lire : « Capitaine Beau Alexander Harcourt, Garde royale de Londres. 1898-1918. »
« Mon garçon. »
— Il y avait tellement de tombes… C'était affreux.
— Avez-vous pensé à vos parents, Ivy, quand vous vous êtes retrouvée ensevelie à cause de cette bombe ?
Elle grimaça. Voilà donc la raison pour laquelle il avait abordé ce sujet.
— Non, répondit-elle.
— Pas du tout ?

— Je ne crois pas.

— À quoi avez-vous pensé ? Vous êtes restée ensevelie un long moment.

Elle se tourna vers la fenêtre. Il pleuvait à verse. Elle n'avait pas de parapluie.

— Neuf heures, c'est long dans les décombres d'un bâtiment écroulé, poursuivit-il.

— En effet.

— Vous ne souhaitez pas en parler ?

— Non. Pas vraiment.

— Je vais néanmoins vous interroger à ce sujet.

— Je m'en doutais bien.

— Regardez-moi, Ivy.

Lentement, détournant son regard des gouttes de pluie, elle obtempéra. Ses lunettes sur le nez, il la dévisagea. Il avait une pochette bleue dans la poche de son blazer, ce jour-là.

— Vous avez quitté votre service plus tôt que d'habitude, commença Gregory sans vérifier ses notes. Peu après 22 heures. (Il donnait l'impression de dévoiler les premières pages d'un roman.) Vous veniez d'entendre que l'appareil de Felix s'était fait abattre.

— Oui, approuva-t-elle avec calme.

— On vous avait renvoyée chez vous.

— Oui.

— Parce que vous étiez bouleversée.

— On le serait à moins.

— La fin de l'alerte avait été donnée ?

— Absolument.

— Il devait faire nuit noire, dehors.

— Oui.

— Décrivez-moi la scène, Ivy.

Elle changea de position dans son fauteuil.

— Il faisait froid. Il y avait du brouillard. Je n'avais pas ma lampe de poche.

— Vous n'y voyiez donc pas grand-chose.

— Effectivement.

Dans l'obscurité, elle avait titubé, marchant en crabe en s'aidant des murs. Sanglotait-elle encore ? Elle ne s'en souvenait plus. Probablement.

— Où étiez-vous, demanda Gregory, lorsque vous avez entendu arriver les avions ?

— À mi-chemin du métro.

— Vous ne vous attendiez pas à leur venue ?

— Non. Ils sont revenus de manière furtive.

— Il n'y a pas eu la moindre sirène ?

— Pas avant qu'ils se mettent à nous bombarder.

— Ils lâchaient leurs bombes tout autour de vous ?

— Oui.

— À quoi ça ressemblait ?

Elle souffla, se rappelant la scène malgré elle : les éclairs aveuglants, le vacarme et la brusque chaleur des flammes. Son effroi en courant à l'aveuglette dans la brume.

— Vous deviez être effrayée…

— Je n'entendais plus rien. Je ne voyais plus rien.

— Vous aviez l'impression que vous alliez y passer ?

Elle émit un bruit étrange, entre l'éclat de rire et le sanglot.

— Exactement. Ça me semblait inévitable.

— Que s'est-il passé ?

— Un homme a surgi de nulle part. (Sa voix s'érailla.) Je l'ai percuté. J'ai failli chuter. Et puis, je ne sais plus.

De nouveau sur place, elle ferma les yeux. Pourquoi Gregory l'avait-il forcée à retourner sur les lieux ?

— Que s'est-il passé ensuite ? insista-t-il.

— J'ai repris connaissance. J'étais à plat ventre. La joue contre la pierre. Quand j'ai levé les mains (elle les dressa de quelques centimètres pour lui montrer), j'ai touché de la pierre.

— Vous aviez les côtes brisées, c'est bien ça ?

— Oui. L'homme – il s'appelait Stuart – était étendu sur moi. Il faisait noir. (« On est comme dans un cocon, avait-il chuchoté. Ne bougez pas d'un pouce. Évitons de l'endommager. ») Il n'y avait pas la moindre lumière. (Elle frissonna en se remémorant les ténèbres absolues.) J'avais beau scruter le moindre interstice, il faisait noir.

Le médecin prit quelques notes.

— Cet homme, Stuart… Parlez-moi de lui.

— Il m'a sauvé la vie.

La voix de la jeune femme se cassa de nouveau.

— Comment ?

— Il m'a aidée à garder mon calme. Il m'a changé les idées. Il m'a posé tout un tas de questions sur… (elle prit une profonde inspiration) sur tout. Il parlait, parlait… de sa femme, de ses enfants… Il m'a aidée à ralentir mon souffle et à inspirer plus profondément.

— Il a fait ça jusqu'à ce qu'on vienne vous secourir ?

— Non.

— Non ?

Elle croisa son regard.

— Vous savez que ce n'est pas le cas.

Gregory soutint son regard sans ciller. Elle jeta un coup d'œil à l'horloge murale. Cela faisait plus d'une heure qu'elle était là. Il était certainement temps d'y aller, non ?

— Qu'avez-vous éprouvé en entendant des gens venir vous secourir ?

— J'ai cru que c'était un rêve.

— Il leur a fallu du temps pour parvenir jusqu'à vous, non ?

— Oui.

— Ils ont failli renoncer. Et vous commenciez à manquer d'oxygène. Il vous était donc difficile de crier…

Elle acquiesça.

— Pourquoi n'ont-ils pas abandonné, Ivy ?

— Je grattais les pierres. Une femme m'a entendue.

— Stuart ne faisait rien ?

— Non.

— Pourquoi ?

Elle déglutit.

— Vous le savez très bien.

— Que lui est-il arrivé, Ivy ?

Elle regarda fixement ses genoux. Elle sentait encore son poids sur son dos, sa tête contre son cou.

— Il est mort, répondit-elle. Il s'est vidé de son sang.

— Vous étiez donc confinée dans un trou minuscule avec le cadavre d'un homme au-dessus de vous… Un homme qui vous a sauvé la vie. Et vous veniez d'entendre quelqu'un à qui vous teniez énormément se faire tuer… (La pluie battait contre les vitres. On entendait le tic-tac de l'horloge.) Quelle nuit horrible ça a dû être, Ivy. Quelle nuit affreuse…

— J'aimerais que vous me parliez de Felix, lui demanda Gregory lors de leur cinquième séance.

Encore une journée pluvieuse. La veste en laine des Wrens d'Ivy dégageait une forte odeur d'humidité dans le bureau chauffé. Dehors, il faisait à peine jour. Une petite lampe brillait sur le bureau.

— Ma vieille voisine, poursuivit-il, quand j'étais petit, son chat s'appelait Felix.

— Son « chat » ?

— Oui.

— Ah. (Ivy avait très chaud.) Quel genre de chat ?

— Un German Rex, Ivy. Ma voisine était allemande. (Elle sentit son estomac se serrer.) Felix n'était pas pilote de la RAF, n'est-ce pas ? Contrairement à ce que tout le monde croit…

Elle prit le temps de se ressaisir.

— Comment l'avez-vous deviné ?

— Une simple intuition, répondit-il sans la moindre récrimination dans le ton de sa voix. J'ai demandé à un ami de me fournir les noms des pilotes britanniques abattus cette nuit-là. Il n'y en avait que deux, et aucun d'eux ne s'appelait Felix.

— Je vous en prie, l'implora-t-elle. Ne le répétez à personne.

— Je n'en ferai rien.

— Si les autres filles le découvraient. Si mon commandant…

— Ce ne sera pas le cas. Rien ne fuitera de nos discussions. Mais ça doit être très difficile d'avoir gardé ce secret pour vous.

Elle triturait un fil de son blazer.

— Ma grand-mère est au courant.

— S'agissait-il d'un pilote de bombardier ?

Elle secoua la tête.

— D'un chasseur. Il était aux commandes d'un Messerschmitt.

— Comment vous êtes-vous connus ?

— À Cambridge, lors de ma première année. Il avait deux ans de plus que moi. Avant la guerre, il travaillait à Londres. Il était traducteur à l'ambassade d'Allemagne. Mais il revenait souvent nous rendre visite.

— Quand est-il rentré en Allemagne ?

— Au début de la guerre. Il n'en avait aucune envie.

— Vraiment ?

— Il haïssait les nazis. Son père était contre Hitler. Il a disparu, il y a quelques années. (Elle tira sur le fil.) Felix m'a demandée en mariage, déclara-t-elle, surprise de s'exprimer spontanément pour la première fois. Il m'a dit que si je l'épousais, il pourrait rester en Angleterre.

— Mais vous avez refusé.

— Je ne l'aimais pas. Je ne l'aimais plus. (Elle continua à tirer sur le fil.) J'ignorais ce qui allait se passer, à quoi cette guerre allait ressembler. (Elle leva les yeux vers Gregory.) Si j'avais su ce que son retour allait signifier pour lui, je l'aurais aidé et protégé.

— C'était impossible à deviner, lui fit remarquer Gregory.

— Il m'a écrit, avoua Ivy malgré elle. (Cela signifiait-il qu'elle allait mieux ? Qu'elle ne rêverait pas de Felix cette nuit-là ?) L'été dernier. Il m'a fait parvenir une lettre par l'intermédiaire d'un réfugié. Un juif. Il l'a apportée à ma grand-mère juste après Dunkerque.

— Que disait-il, dans cette lettre ?

— Qu'il était en enfer. Il ne pensait pas survivre à cette guerre. Il me demandait de lui répondre, de lui dire que je tenais encore à lui.

— Et vous ne l'avez pas fait.

— Non. J'étais trop effrayée. Je redoutais ce qui m'arriverait si quelqu'un découvrait que je tentais d'envoyer du courrier en Allemagne. J'ai été lâche.

— Vous teniez encore à lui ?

— Pas assez, à l'époque.

— Et aujourd'hui ?

— Oui, reconnut-elle.

— Quand l'avez-vous entendu pour la première fois à la radio ?

— Dès mes premiers jours à Camberwell. J'ai reconnu sa voix. Je le guettais. Je ne voulais pas qu'il lui arrive le moindre mal.

— Bien sûr.

— Il était gentil avec les autres pilotes. Les nouveaux, surtout. Il leur rappelait de vérifier leur altitude, leur niveau d'oxygène... Il tentait de les rassurer, leur disait qu'il veillait sur eux.

— Ça avait l'air d'être quelqu'un de bien.

— C'était le cas. (Portant les mains à ses joues, elle s'aperçut qu'elle était en larmes.) Il est mort dans d'atroces souffrances. Son moteur était en feu.

— Toutes mes condoléances. (Il se pencha, lui tendant le mouchoir qui lui servait de pochette. Il était du même rouge que celui qu'elle avait vu le premier jour.) Personne ne devrait avoir à entendre ce genre de chose.

— Personne ne devrait le vivre.

— Vous avez raison, consentit-il. Personne.

— Il ne le méritait pas, poursuivit-elle. Je l'ai laissé tomber. (Elle se sécha les yeux.) Quand je me suis retrouvée ensevelie, juste après, j'ai eu l'impression qu'il s'agissait d'un châtiment.

— Oui. J'étais sûr que vous alliez me dire ça.

— Ma grand-mère vous a préparé des biscuits sablés, déclara Ivy au début de la neuvième séance en tendant une boîte à Gregory.

— J'adore les sablés, reconnut-il. Remerciez-la de ma part.

— Elle est contente que je vienne vous consulter.

— Elle pense que vous en avez besoin ?

— Elle a utilisé la quasi-totalité de sa ration de sucre pour les sablés, donc, oui, je crois qu'elle en est convaincue.

Ils prirent place. Gregory alluma sa pipe.

— Avez-vous tenté de vous coucher lumière éteinte, hier soir ?

— Oui.

— Et ?

— Je me suis endormie, mais je me suis réveillée peu de temps après.

— Vous avez fait un nouveau cauchemar ?

— Oui.

— À propos du fait d'être ensevelie ou de Felix ?

Elle hésita.

— Les deux, avoua-t-elle. (Il prit quelques notes.) J'ai rallumé. Puis les sirènes ont retenti, et nous avons dû aller nous réfugier dans l'Anderson.

— Qu'avez-vous ressenti durant le raid ?

— J'étais terrifiée, lâcha-t-elle, regrettant de ne pouvoir donner une autre réponse. Les bombes tombaient relativement loin, mais le bruit, l'abri… Je suffoquais. (Rien que d'évoquer le sujet, elle se sentit avoir des sueurs froides.) J'avais du mal à respirer. Et même à voir distinctement.

— Et à la fin de l'alerte ?

— Quand ç'a été terminé, répondit-elle, j'étais étendue par terre, et ma grand-mère était agenouillée auprès de moi. Je ne me rappelle même plus m'être jetée au sol.

Gregory hocha lentement la tête.

— Merci de me faire suffisamment confiance pour me révéler ce genre de chose.

Au douzième rendez-vous, Gregory lui proposa d'aller déambuler dans le parc en face. Il faisait un vent glacial, et il y avait une légère brume. À cause des raids de la nuit, il régnait une odeur persistante de goudron. Ils achetèrent deux tasses de thé sucré dans un kiosque. Ivy insista pour payer. Elle commençait à s'habituer à son médecin, grâce à sa voix douce et à son air bienveillant. Tandis qu'ils longeaient le chemin qui faisait le tour du bassin, elle soufflait sur son breuvage pour le faire refroidir.

— Vous êtes plus détendue, dehors, lui fit remarquer Gregory.

— C'est vrai. Je préfère être en plein air.

— Quand ça devient difficile, si vous vous trouvez dans un espace confiné comme un Anderson[1], ou si vous commencez à paniquer, imaginez-vous dans un endroit comme celui-ci. Ça pourrait vous faire du bien.

— D'accord.

Ils poursuivirent leur promenade. Ils passèrent devant un banc de bois. Gregory lui suggéra d'y faire une halte un moment.

— Hier, je vous ai demandé d'aller à ce bal avec vos anciennes collègues. Vous l'avez fait ?

— Oui.

— Comment était-ce ?

— C'était...

Elle s'interrompit. Comment décrire ce trajet interminable en métro, l'itinéraire à pied dans l'obscurité jusqu'à la salle, le fracas de l'orchestre et la chaleur dégagée par tout ce monde ?

---

1. Un abri Anderson est un abri antiaérien où allait se réfugier la population lors de bombardements ennemis. Fabriqués en tôle ondulée, ils étaient généralement prévus pour six personnes. Ils étaient soit enterrés à l'extérieur, soit installés à l'intérieur des maisons, recouverts de sacs de sable. (*NdT*)

— … supportable. (Elle baissa les yeux sur sa tasse fumante en fronçant les sourcils.) Avant, j'adorais ce genre de soirée.

— Vous aimeriez que ce soit de nouveau le cas.

Ce n'était pas une question.

Ivy y répondit malgré tout. Pour être honnête, cela devenait de plus en plus facile. Avec lui, du moins.

— Oui.

— Avez-vous dansé ? J'imagine que vous avez dû recevoir de nombreuses invitations.

— Une ou deux.

— Vous les avez acceptées ?

Elle lui lança un regard oblique. Ses lunettes sur le nez, il l'étudia longuement. En cette matinée hivernale, chacun de ses souffles produisait un peu de vapeur blanche.

— Vous savez ce que je vais vous répondre, lui fit-elle remarquer.

— Alors, dites-le.

— Non. Je n'ai accepté aucune invitation à danser.

— À cause de Felix ?

— Oui.

— Vous croyez qu'il souhaiterait que vous fassiez tapisserie jusqu'à la fin de vos jours ? Que vous vous punissiez de la sorte ?

Elle se rappela comme il lui tenait constamment la main lors des soirées à Cambridge, inquiet qu'elle puisse trouver quelqu'un d'autre lorsqu'il allait travailler à Londres. Elle se remémora ses paroles dans la dernière lettre qu'il lui avait envoyée : « Dis-moi que tu peux encore m'aimer. Dis-le-moi pour que je puisse surmonter cette épreuve. »

— Oui, répondit-elle. J'en suis convaincue.

— Comment réagiriez-vous si je vous disais qu'il vous faut retourner à Camberwell ?

C'était leur quinzième séance.

— Je n'ai aucune envie de retourner à Camberwell.

— Mais vous souhaitez reprendre le travail ?

— Oui.

Gregory joignit les doigts devant ses lèvres.

— Pourquoi ?

— Parce que je désire tourner la page.

— Mauvaise réponse, déclara-t-il.

— Très bien. (Cherchant ses mots, elle leva les yeux au plafond.) Je souhaite redevenir celle que j'étais. Travailler. Être normale. J'en ai assez de faire du jardinage, du tricot et tout ce que ma grand-mère me demande pour me changer les idées. J'en ai assez d'être quelqu'un qui a besoin qu'on lui change les idées. Je veux redevenir moi !

Il plissa les yeux. Elle se demanda si c'était en signe d'approbation ou de déception.

— Il faut que vous retourniez à Camberwell, lâcha-t-il.

— Pardon ? (Elle le dévisagea, horrifiée.) Je…

Il leva les mains pour réclamer le silence.

— Rien que pour une rotation, précisa-t-il. On m'a demandé de vous y envoyer cet après-midi. Je ne trouve pas que ce soit particulièrement judicieux, mais apparemment, mon avis n'a que peu d'importance. Ils ont un besoin pressant de personnel, et quelqu'un à l'amirauté souhaite voir vos progrès.

— Ils ne peuvent pas voir mes progrès en m'envoyant ailleurs ? demanda-t-elle en manquant de s'étouffer.

— Je crains que non. Vous vous y rendrez directement après notre rendez-vous. On se verra demain, et vous me raconterez comment ça s'est passé. (Elle s'apprêta à protester, mais il la devança.) Vous devez y aller, Ivy. Navré. Un ordre, si regrettable soit-il, n'en demeure pas moins un ordre.

Elle le dévisagea en silence encore un moment, puis, résignée, se leva lentement, et, les jambes lourdes d'effroi, prit congé.

— C'était… Ça a été, déclara-t-elle le lendemain matin. Mais, je vous en prie, ne m'obligez pas à y retourner.

— Vraiment ?

— Vraiment.

Elle aurait pu lui faire part du sentiment de panique qui s'était emparé d'elle au moment de pénétrer dans le bunker, de passer devant les gravats des bâtiments qui s'étaient effondrés sur elle. Elle aurait pu lui décrire le tremblement de ses mains lorsqu'elle avait coiffé son casque, la peine qu'elle avait éprouvée en réglant le récepteur et en entendant les voix des pilotes, plus ou moins jeunes. Mais cela lui fut inutile. Elle vit à la lueur d'inquiétude dans son regard qu'il avait déjà compris.

— Je l'ai fait, poursuivit-elle. J'ai prouvé que j'en étais capable. Je pourrais probablement recommencer s'il le fallait vraiment, mais, par pitié, ne me dites pas que c'est ce que vous allez me demander.

— Non, la rassura Gregory. (Pour une fois, il était derrière son bureau. Aucune trace du dossier d'Ivy devant lui. Rien que quelques documents apparemment officiels.) Vous êtes mutée.

— Vraiment ? (Elle s'appuya contre le dossier de son bureau.) Je suis apte ?

Elle pensait que cela lui aurait fait un effet différent.

— D'après moi, vous n'êtes apte à rien du tout. Mais la journée d'hier était un test, et votre supérieur en a conclu que vous l'aviez réussi. Ils ont besoin de vous à l'étranger.

— « À l'étranger » ? répéta-t-elle bêtement.

— Oui. Grâce à vos talents en japonais.

— « En japonais » ?

Elle semblait incapable de s'empêcher de répéter chacune de ses paroles.

— Ça commence à chauffer, en Orient. (Il ôta ses lunettes et se passa la main sur le front.) Si ça ne dépendait que de moi, je vous aurais laissée au repos encore un ou deux mois. Je souhaite continuer à vous suivre jusqu'à votre départ. Vous enseigner quelques techniques pour mieux supporter votre claustrophobie. Le voyage, les cabines… Je ne suis pas certain que ce soit une bonne idée.

Maintenant que Gregory y faisait allusion, Ivy ne le trouvait pas non plus.

— Quand dois-je partir ? voulut-elle savoir.

— La semaine prochaine.

— Où exactement en Orient ?

— À Singapour, Ivy. Que dites-vous de ça ?

Chapitre 2

Jusqu'à ce que sa petite-fille rentre à la maison, bien plus tard qu'à l'accoutumée, et lui annonce la nouvelle, cela faisait longtemps que Mae n'avait plus songé à l'île dont elle s'était enfuie quarante-quatre ans auparavant. Elle avait eu du mal à oublier. Après cette nuit-là, elle avait souvent pensé à Singapour : à chacun des sourires de son fils Beau, les mêmes que ceux de son père, et chaque fois qu'elle avait entendu chanter les grillons, les nuits d'été, elle s'était aussitôt retrouvée dans la chaleur épicée des tropiques. Elle ignorait quand cela avait réellement cessé. Mais, tandis que Beau grandissait et que les calèches faisaient place aux automobiles, ses souvenirs s'étaient progressivement dissipés. Désormais, à soixante-quatre ans, ils étaient si vieux que, lorsqu'elle avait de nouveau entendu ce nom, dans sa cuisine, cela lui avait fait un choc.

— Où ça ? fit-elle répéter Ivy.

— À Singapour.

Singapour.

Pétrifiée, elle regarda sa petite-fille avec insistance. Elle était en pleine préparation d'un civet de lapin. Elle s'était figée un couteau en l'air, un oignon à demi émincé devant elle. Trop absorbée par les événements, Ivy n'avait pas remarqué combien elle était bouleversée. Elle semblait dans le même état : arborant d'ordinaire un teint crème, elle était d'un rouge enfiévré. Cela faisait des semaines qu'elle n'avait pas dégagé une telle énergie. Elle ôta sa veste et sa casquette, toutes deux mouillées par la pluie, et les pendit au portemanteau. Sa chevelure noire aussi était trempée. Lui tournant le dos, Mae posa sa main, celle avec laquelle elle tenait le couteau, contre sa poitrine pour s'aider à se ressaisir. Ivy poursuivit, lui expliquant qu'une couchette lui était réservée six jours plus tard.

— Quand Gregory me l'a annoncé, je ne savais pas quoi en penser. Mais aujourd'hui (elle fronça les sourcils), je suis un peu moins perdue. C'est comme si c'était un nouveau départ.

Elle avait laissé la porte du jardin entrouverte. L'air glacial s'engouffrait dans la maison, et la lumière s'échappait à l'extérieur.

— Ivy, s'entendit dire Mae. Ferme la porte, ma chérie.

Ivy jeta un coup d'œil par-dessus son épaule d'un air surpris, puis obtempéra.

Les larmes aux yeux à cause des oignons, Mae s'essuya avec son avant-bras. Elle n'avait pas lâché le couteau. Elle avait du mal à comprendre ce qui se passait. Comment était-ce possible ? Elle se sentait pourchassée. Elle s'était crue en sécurité. Elle aurait voulu demander à Ivy de ne pas y aller, la supplier de rester, mais elle ignorait comment s'y prendre sans lui mettre la puce à l'oreille.

Elle finit par déposer son couteau. Il tinta sur la planche à découper. Ivy y jeta un coup d'œil, puis à Mae. Pour la première fois, elle sembla remarquer la gêne de sa grand-mère.

Ses traits s'adoucirent.

— Mamie, dit-elle. Je ne veux pas que tu t'inquiètes pour moi. (Déterminée à la convaincre qu'elle allait bien, c'était ce qu'elle lui répétait constamment.) D'ailleurs, je serai beaucoup plus en sécurité à Singapour. Il n'y a pas la guerre, là-bas.

— Pas encore, lâcha Mae d'un air hébété.

— Il n'y aura pas de bombardements, lui assura Ivy. (Mae se demanda qui elle tentait de rassurer le plus.) Et Gregory m'a garanti que j'écouterais les marins, et non plus les pilotes.

— C'est trop loin, déclara Mae, s'apercevant en le disant combien c'était vrai. Tu n'es pas prête.

Encore une vérité. Grâce à son courage, et ayant pris un peu de recul, Ivy faisait peut-être mieux face à la situation depuis quelque temps, notamment depuis qu'elle était retournée à Camberwell, mais cela ne signifiait pas pour autant qu'elle était entièrement rétablie. Assimilant peu à peu l'énormité de la situation, Mae porta la main à son front. Dans moins d'une semaine, Ivy allait partir à des milliers de kilomètres. Le premier choc passé, elle comprit quelle folie c'était. Même si Ivy avait été affectée ailleurs qu'à Singapour – à Ceylan, en Malaisie ou à Bombay –, elle aurait tenté de la dissuader de partir. Bon sang, Ivy commençait tout juste à pouvoir reprendre le métro. Comment avait-on pu imaginer l'envoyer à l'autre bout du monde ?

Elle lui posa la question.

Ivy lui répondit qu'elle n'en savait rien, mais qu'il lui faudrait se débrouiller. Elle lui promit d'y parvenir. Cela ne faisait pas l'ombre d'un doute.

Mae se laissa tomber sur sa chaise avec un bruit sourd.

— Le jour de ta naissance, j'ai promis à ta mère que je veillerais sur toi. C'est la dernière chose qu'elle m'a demandée.

— Il faut que je commence à me reprendre en main.

— Je me fais du souci pour toi.

— Moi aussi, j'ai peur, mais c'est en permanence. Je me demande comment j'ai pu en arriver là.

— Oh, Ivy…

— J'y ai pensé tout le long du trajet. Ici, à Londres, tout me le rappelle. Il y a un instant, dans la rue, j'étais terrorisée à l'idée qu'il puisse y avoir un raid aérien. Chaque fois que je passe devant un cratère de bombe, je sens une odeur de terre, et j'ai envie de m'enfuir. (Elle ouvrit de grands yeux, implorant Mae de la comprendre.) J'en ai assez d'être constamment effrayée. Et, si je reste là, je crois que je vais passer le restant de la guerre à me morfondre, rien de moins.

Se tournant vers elle, Mae remarqua, comme souvent, combien elle semblait épuisée. Malgré son joli visage, elle avait les traits tirés d'angoisse, et des cernes sous les yeux. Elle avait énormément maigri en quelques semaines. Son uniforme paraissait trop grand pour elle. Et depuis quand n'avait-elle pas ri, vraiment ri ? Mae n'en avait pas le souvenir. Cela lui brisa le cœur.

— Tu ne cesses de me répéter de tourner la page, poursuivit Ivy. Que je le mérite.

— C'est le cas, ma chérie. J'aimerais que tu en prennes conscience.

— Eh bien, et si c'était l'occasion pour moi de tout reprendre de zéro ? D'aller quelque part où je pourrais tout oublier ?

— Tu crois pouvoir oublier Felix ? lui demanda sa grand-mère d'un air dubitatif.

Ivy hésita.

— Je pourrais au moins tenter d'oublier la bombe.

Ce serait un bon début. Sentant le combat perdu d'avance, Mae soupira.

— Tu souhaites vraiment aller à Singapour ? demanda-t-elle faiblement.

Sans trop savoir comment, elle parvint à prononcer le nom de ce pays sans bafouiller.

Comme si elle ne savait pas vraiment ce qu'elle voulait, Ivy haussa les épaules.

— Tout ce que je sais, c'est que je ne peux pas rester ici.

Mae se passa la main sur le visage.

— Oh, Ivy, répéta-t-elle. Je ne m'attendais pas à ça.

D'une certaine manière, sans que Mae ait entièrement accepté quoi que ce soit, la discussion dévia. Il n'était plus question de savoir si Ivy partait ou non, mais de ce qu'il fallait qu'elle fasse absolument avant de partir : qu'elle se vaccine, qu'elle révise son japonais, qu'elle s'achète des tenues et un équipement pour affronter les tropiques. Elles dînèrent, écoutèrent les nouvelles du soir à la radio, et, pour une fois, Ivy, recroquevillée dans le fauteuil devant la cheminée, dévora toute sa part de pudding. Comme si, à force de parler, elle en avait oublié de ne pas avoir faim. Déployant des trésors de volonté, Mae parvint à garder un air impassible chaque fois qu'il était question de Singapour. Elle ne laissa transparaître aucune émotion.

Elle fut néanmoins soulagée de voir Ivy se coucher de bonne heure. Elle attendit d'entendre le bruit de ses pas dans la chambre au-dessus pour fermer les yeux et s'enfoncer dans son fauteuil. À force de se contenir, elle avait mal aux muscles.

Pour une fois, il n'y eut aucun raid. Elle le guetta auprès du feu qui s'éteignait doucement, mais, même quand il fut évident qu'il n'y en aurait pas cette nuit-là, elle ne put se résoudre à aller se coucher. Il lui serait impossible de dormir.

Elle gravit alors l'escalier grinçant et se dirigea vers la chambre d'Ivy. Elle regarda dormir sa petite-fille. Son souffle était régulier. Elle ne faisait pas de cauchemar. Pour le moment. Cela ne tarderait pas. C'était toujours le cas. La tête appuyée sur le chambranle de la porte,

Mae parcourut la pièce du regard. Elle vit les vêtements d'Ivy sur la chaise de la coiffeuse, les livres sur la banquette devant la fenêtre, et le coffre blanc dans l'angle, qui débordait d'albums et de jouets dont Mae n'avait jamais eu le cœur de se débarrasser. Au grenier, un coffre identique contenait les effets du père d'Ivy, le fils chéri de Mae. Cela avait été sa chambre, jadis. Quand il avait deux ans, elle avait peint des animaux sur les murs. Ensemble, ils avaient rempli les étagères de cubes et de petits soldats. Elle se le représentait aussi bien que s'il était encore devant elle : avec ses jambes potelées croisées par terre, tirant la langue entre ses dents tandis qu'il jouait à la guerre avec ses figurines. Elle sentait la chaleur de sa joue contre la sienne quand elle le soulevait pour l'embrasser. Elle entendait ses gloussements. *« Viens, maman, viens jouer avec moi. C'est plus amusant quand on joue à deux. »* Elle ferma les yeux de douleur. Ce ne serait jamais facile. Et cela lui semblait trop difficile, trop affreux, à peine plus de vingt ans après avoir été forcée de laisser son fils partir à la guerre, de devoir également laisser partir sa petite-fille.

Pour la énième fois, elle se demanda comment l'en empêcher. Elle pourrait s'entretenir avec le docteur Gregory, se manifester auprès de la Navy… Puis, aussitôt, elle se souvint des paroles d'Ivy : *« Et si c'était l'occasion pour moi de tout reprendre de zéro ? »* Se rappelant le désespoir dans sa voix, elle comprit qu'elle ne pourrait pas se mettre en travers de son chemin.

Vraiment ?

Oui, oui, vraiment.

Il allait lui falloir la laisser partir.

Elle ne risquait sans doute rien. Ivy avait raison : c'était réellement plus sûr en Orient. Pour le moment, du moins. Et personne là-bas ne se rappellerait. Pas après tant d'années.

Impossible.

Qui restait-il là-bas, d'ailleurs ?

Les jours suivants, elle fut hantée par cette question. Même en saluant Ivy de la main lorsqu'elle partit honorer différents rendez-vous, un sourire déterminé sur les lèvres, les noms enfouis dans le tréfonds de sa mémoire de personnes qu'elle avait connues sur l'île lui revinrent inlassablement à l'esprit : *Sally, David, Laurie…* Après avoir attendu tout ce temps dans son inconscient, leurs visages se mirent à tourbillonner devant elle. Elle se répéta qu'ils ne seraient plus là, morts, sans doute, ou partis vivre ailleurs. À la retraite. Ivy ne croiserait pas leur chemin. Bien sûr que non. Elle tenta de s'en convaincre avec force.

Curieux comme elle n'y croyait pas.

— Tu es encore préoccupée, lui fit remarquer Ivy en l'embrassant par une matinée glaciale. (Elle garda un ton léger, mais une lueur d'inquiétude se lisait dans son regard bleu.) Ça se voit.

Mae n'avait pourtant aucune envie qu'elle se fasse du souci.

— Tout va bien, lui garantit-elle en serrant sa main dans la sienne. Tu vas me manquer, voilà tout.

— J'ai l'impression que tu ne me dis pas tout…

— Non, lui promit Mae en forçant sa voix. Non, non.

Ivy plissa les yeux. Il était évident qu'elle était en train de se demander si cela valait la peine d'insister ou non.

Ajustant son col déjà impeccable, Mae esquissa un sourire.

— Monte, lui ordonna-t-elle, ravalant son envie de l'implorer de rester. (« *Et si c'était l'occasion pour moi de tout reprendre de zéro ?* ») Tu vas être en retard pour te faire vacciner.

Ivy hésita encore un moment, mais, au grand soulagement de Mae, finit par hocher la tête et monta dans le véhicule.

Plus tard, lorsque sa petite-fille rentra chez elle, se moquant d'un lieutenant qui sursautait chaque fois qu'une infirmière approchait avec une seringue, Mae fut certaine d'avoir bien fait de se taire. Et, même si elle soupçonnait Ivy d'accentuer un peu sa bonne humeur – par égard pour elles deux –, elle éclata de rire aussi. Le contraire aurait donné l'impression qu'elle la laissait tomber.

Cherchant à se rassurer au moins sur un point, elle se mit à passer les journaux au peigne fin pour avoir la confirmation que Singapour resterait suffisamment sûr pour elle. Mais la presse débordait surtout de sujets sur les combats en Méditerranée et en Afrique. Elle ne trouva qu'un seul article, et puisqu'il s'agissait d'une critique sur l'état d'impréparation de l'île face à la guerre – « Les mers environnantes sont sans défense, les terrains d'aviation muets, quelques appareils seulement y étant stationnés. Seuls les bars sont pleins. On y fanfaronne aussi bruyamment que gaiement, en décalage complet avec la menace que représente le Japon impérial. » –, cela eut sur elle l'effet inverse à celui recherché.

Les jours défilaient bien trop vite. Il n'en restait plus que cinq avant le départ d'Ivy. Puis trois. Puis, soudain, plus aucun.

Le matin de son départ, il y avait de la brume, et il faisait humide. Une voiture vint la chercher, ses phares en code pour respecter le black-out. Mae eut au moins la possibilité de lui faire ses adieux dans l'intimité de sa maison. Elle avait quitté Beau sur les quais. Elle aurait eu beaucoup de mal à rejouer cette scène.

Tandis que le chauffeur portait la malle d'Ivy jusqu'à la voiture, elle vérifia que sa petite-fille n'avait rien oublié, bien qu'elle l'ait aidée à faire ses bagages. Sa propre voix lui paraissait tendue, tant elle contenait sa peine jusqu'à ce qu'Ivy soit réellement partie.

— J'ai tout ce qu'il faut, lui garantit-elle, le regard brillant sous sa casquette.

Le chauffeur était arrivé au véhicule. Mae le regarda hisser la malle dans le coffre, puis s'installer derrière le volant.

— Mamie..., commença Ivy, les larmes aux yeux.

— Viens ici, lui intima Mae en l'attirant dans ses bras, comme elle l'avait déjà fait des centaines de fois.

Ivy se cramponna à elle. Son corps lui parut extrêmement frêle et vulnérable, sous ses multiples couches de vêtements. *Ne pars pas.* Cette fois, ses paroles faillirent lui échapper. *Ne va pas là-bas.*

Reste avec moi.

— Je te promets que tout ira bien, chuchota la jeune femme, comme si elle parlait pour elle-même.

Mae garda le silence. Elle avait trop peur de ce qu'elle dirait.

Ivy la serra dans ses bras.

— Tout ira bien, répéta-t-elle.

Mae hocha la tête en serrant les dents. Et, sachant qu'elle ne le ferait jamais si elle ne le faisait pas tout de suite, elle repoussa doucement Ivy après l'avoir serrée une dernière fois dans ses bras.

La jeune femme s'attarda encore un moment. Mais, avec un sourire courageux qui anéantit sa grand-mère, elle se retourna brusquement et se dirigea vers la voiture d'un pas décidé, comme si elle aussi souhaitait mettre rapidement un terme à ces effusions.

Elle se hissa sur la banquette, puis, derrière la vitre embuée, se tourna vers Mae. Cette dernière croisa les bras, enfonçant ses ongles dans sa chair, luttant désespérément contre le désir d'aller la rejoindre et de l'enlacer une dernière fois tant qu'elle était encore à portée.

Elle poussa un soupir de soulagement en voyant enfin s'éloigner la voiture.

Même quand le véhicule fut hors de vue, elle resta un long moment sur le perron humide. Le regard perdu dans le lointain, elle fit de nombreux souhaits. *Faites qu'il ne lui arrive rien.*

Faites qu'elle rentre à la maison.

Et, tandis qu'elle songeait de nouveau à cette île lointaine sur laquelle Ivy accosterait quelques semaines plus tard : *Par pitié, faites qu'il ne reste plus personne là-bas.*

Chapitre 3

Singapour, 1941

Laurie avait failli refuser son affectation à Singapour. Lorsque son vice-amiral d'escadre l'avait promu nouveau responsable du renseignement interarmées dans la région, un service où le personnel de la Navy, de l'armée de terre et de l'air était chargé de suivre les moindres faits et gestes des Japonais, Laurie lui avait demandé de trouver quelqu'un d'autre pour ce poste. Il était trop âgé, avait-il prétendu, pour un nouveau séjour dans les tropiques.

— À mon âge, je devrais être en train de regarder grandir mes petits-enfants, tranquillement installé au coin du feu avec ma femme.

Son vice-amiral lui avait rétorqué que, pendant un temps, ses petits-enfants devraient grandir sans lui, car son pays avait besoin de lui.

— Les Japs arrivent, et nous avons besoin de tout le monde avant qu'ils atterrissent et qu'il soit trop tard.

Il s'était avéré qu'il s'agissait d'une mission plus facile à dire qu'à faire. En quelques semaines, il avait découvert que, en termes de préparation face au danger grandissant que représentait le Japon impérial, les personnes à la tête de l'île étaient d'une inefficacité redoutable. Tout n'était pas entièrement leur faute. Il était difficile d'organiser une défense digne de ce nom quand le bureau de la Guerre refusait de leur fournir les armes et les hommes requis. « Priorité est donnée aux fronts actifs en Europe. » En allant travailler à la base navale de Singapour, Laurie maudit leur manque de vision à long terme.

Il franchit le poste de garde avec sa berline de fonction, et poursuivit vers le baraquement où il était installé. Il régnait dans l'atmosphère clémente une odeur de sel, de poisson et de gaz d'échappement. Si elle n'était pas encore torride, la matinée était déjà d'une tiédeur enivrante. Il avait oublié l'intensité de la chaleur, sa régularité au fil des jours, tout au long de l'année : un été interminable. L'île avait beaucoup changé depuis son dernier séjour : le vieux centre-ville n'était plus. Ses boutiques aux façades de bois, ses calèches et ses becs de gaz avaient fait place à de grands magasins, à des cinémas climatisés, à des bars à cocktails et à des dancings. Les routes goudronnées et pavées avaient remplacé les chemins de terre et les larges talus. Les tigres avaient cessé de rôder aux alentours. Mais l'humidité était toujours aussi présente. Il s'épongea le front à l'aide d'un mouchoir, se rappelant qu'il effectuait déjà ce même geste lorsqu'il était encore un jeune homme de vingt-sept ans, toujours aussi étonné de pouvoir refaire la même chose à désormais soixante-dix ans.

Il se gara devant le bâtiment du renseignement interarmées et descendit d'un bond de sa voiture, les jambes de son pantalon trempées à cause de la chaleur, avant de pénétrer dans son bureau.

La pièce était mal ventilée. Il en fit le tour pour ouvrir les fenêtres, puis alluma le ventilateur de plafond. Il s'installa derrière son bureau, saisit les documents que sa secrétaire lui avait laissés, et les parcourut. Il fut soulagé de voir que deux navires de troupes allaient finalement arriver d'Afrique. C'était largement insuffisant, cela ne correspondait en rien au nombre d'hommes qu'ils avaient demandé, mais c'était déjà ça. Grâce à l'intervention du vice-amiral d'escadre, sa requête d'un plus grand nombre d'« oreilles » avait également été exaucée. Il survola la liste du personnel qu'on lui envoyait : deux hommes et plusieurs femmes. Pas vraiment de Japonais parmi eux, mais ils avaient tous été formés au morse japonais. Son regard s'arrêta sur le nom d'une femme qui parlait la langue. Elle avait fait ses études à Cambridge. Impressionné, il fit une moue appréciative et s'attarda sur sa fiche. « Nom : Ivy Louise Harcourt.

Âge : vingt-quatre ans.

Parent le plus proche : grand-mère, Mae… »

Il sentit son souffle se couper.

Il cilla. Et cilla encore. Le nom était encore là : « Mae Harcourt, née Grafton. »

— Dieu du ciel. (Sans quitter la feuille des yeux, il s'appuya sur le dossier de son siège.) Mae Grafton, lut-il à voix haute, comme si, ce faisant, il pouvait rendre moins surréaliste sa soudaine réapparition devant lui en noir et blanc. Dieu du ciel.

Il avait pensé à elle, dernièrement. Il était de nouveau sur l'île, avec Alex. Elle lui était revenue à l'esprit. Mais il n'en avait pas parlé à ce dernier. Alex n'avait plus évoqué Mae.

Avant, elle faisait l'objet de presque toutes leurs conversations. Malgré tout ce qui s'était passé, Laurie s'était inquiété pour elle, après sa fuite. Il s'était demandé comment elle allait tenir le coup. À de nombreuses reprises, il avait demandé à Alex de lui donner des indications sur l'endroit où elle avait pu se réfugier. Mais, aussi entêté à l'époque qu'aujourd'hui, Alex avait refusé. Laurie ne savait plus exactement quand il avait fini par renoncer et cessé d'insister. Sans doute lorsqu'il avait été muté en Afrique du Sud, dans un autre monde. Il avait fait la connaissance de sa femme, Nicole, lors d'une soirée au Cap. Subjugué par son sourire avenant, son accent et son rire au charme exotique, il était rapidement tombé amoureux de sa générosité, de son attitude chaleureuse et de sa franchise. À son plus grand étonnement, ses sentiments s'étaient révélés réciproques. À ses yeux, elle comptait plus que tout, et, lorsqu'ils avaient commencé à faire des enfants à Camps Bay, cela faisait longtemps qu'il avait oublié tout le reste.

Si seulement il avait pu en aller de même avec Alex. Mais, à ce jour, il vivait encore dans cette villa de Bukit Chandu où Laurie logeait actuellement, et où avaient jadis habité les jumelles. Préférant sans doute la compagnie des fantômes, il refusait d'en partir. Parmi toutes les choses qui attristaient Laurie à propos de ce qui s'était passé au long de cette horrible année – et il y avait le choix –, ce qui le contrariait le plus était la façon dont son vieil ami avait préféré se perdre dans un passé qu'il était incapable de modifier.

Il se pencha en avant et se prit la tête à deux mains. Comment allait-il pouvoir le dire à Alex ? Il jeta un nouveau coup d'œil à la fiche d'Ivy. Le simple fait de savoir qu'elle existait lui faisait un drôle d'effet. Il se demanda pourquoi c'était Mae qui en avait la garde. Qu'était-il arrivé à ses parents, à l'enfant de Mae ? Il savait déjà qu'il lui faudrait voir cette fille en personne pour lui poser la question.

Alex allait-il la voir aussi, cette Ivy ? Laurie doutait qu'il le fasse de bonne grâce.

Mais peut-être cela lui ferait-il du bien.

Réfléchissant à la question, il cherchait déjà un moyen pour que cela se produise. Il entendait la voix de Nicole, dans le creux de son oreille, qui, depuis leur cottage sur la côte méridionale anglaise, lui intimait de laisser tomber, « espèce de fouineur ». Pour une fois, il refusa de l'écouter.

Après avoir consulté l'horloge, il détermina qu'Alex devait être au travail, lui aussi. Il décrocha son téléphone et demanda la mise en relation. En attendant que son correspondant lui réponde, il se remémora les événements de cette année-là. Il revit les jumelles, la ressemblance saisissante de leurs visages : leur regard indigo, leur peau crème et leur chevelure de jais. Elles étaient identiques en tout point. Pourtant, tout le monde avait rapidement appris à les distinguer. Alex disait que c'était la posture de Harriet et sa façon de regarder les autres qui lui permettaient de les différencier. Laurie ferma brièvement les yeux pour tenter de se rappeler.

Un déclic annonça que la connexion était établie.

— Oui ? demanda une voix, le ramenant à la réalité.

Après avoir toussoté, il donna ses ordres au lieutenant et lui demanda de prendre certaines dispositions avec la nouvelle « oreille », Ivy Harcourt.

En raccrochant, des souvenirs lui revinrent en mémoire. De la peine, aussi. Pour la énième fois, il se demanda si les choses auraient pu être différentes, à l'époque.

L'un d'eux aurait-il pu modifier le cours des événements ?

Plus de quarante ans après les faits, il n'en avait toujours pas la moindre idée.

Quarante-quatre ans auparavant, janvier 1897

Sans la tempête qui s'était abattue sur l'île ce matin-là, il y aurait probablement eu plus de monde au port pour voir l'*Empress of India* et sa curieuse cargaison. Depuis que l'on avait appris que Harriet et Mae Grafton, des orphelines sans le sou d'une vingtaine d'années en provenance d'Inde, venaient s'installer, on en parlait dans toute la ville. Les femmes des coloniaux, les *mems*, à l'affût du moindre ragot, avaient été intriguées par leur étrange histoire. Leurs maris (dont un grand nombre, employés dans la fonction publique britannique, auraient le même supérieur que les jumelles) aussi. Tout le monde avait hâte de les voir.

— Je me demande à quoi elles peuvent ressembler, reconnut Sally, la sœur de Laurie.

Lui, qui était seulement venu sur cette île parce qu'elle l'avait convaincu d'y demander une mutation, logeait avec elle dans le bungalow de fonction de son mari, chaque fois qu'il avait une permission.

— J'ai entendu dire qu'elles étaient particulièrement jolies. Les pauvres.

Laurie en était convaincu, s'il avait fait plus sec, tout le monde serait venu accueillir l'*Empress*. Mais, malgré la chaleur torride, c'était un déluge qui s'abattait. La pluie dégoulinait du toit des bâtiments du port, des palmiers, des calèches, trempant les ouvriers agricoles chinois qui couraient d'un endroit à un autre pour décharger le bateau à vapeur.

Alex, l'ami de Laurie, était un négociant prospère. Sur le point de prendre la mer pour ses affaires, il contemplait, sous son parapluie, le roulement des vagues d'un air sinistre. L'un des navires de sa société amarré juste à côté de l'*Empress*, prêt à partir, tanguait dangereusement malgré l'abri que lui procurait l'embarcadère.

— Je déteste quand la mer est aussi agitée, déclara-t-il. Ça va nous ralentir.

Laurie, qui avait eu son lot de voyages tumultueux, reconnut que c'était inévitable.

Alex éclata de rire.

— C'est fou ce que tu peux avoir comme compassion ! s'exclama-t-il. Rappelle-moi pourquoi tu es venu, déjà ?

— Je me le demande.

Ils se tournèrent tous les deux ostensiblement vers Sally, qui se tenait entre eux, sous son propre parapluie. Elle était trop concentrée sur les passerelles du navire pour leur prêter attention.

C'était elle qui avait eu l'idée de venir.

Son regard s'était illuminé quand, la veille, Laurie lui avait appris qu'Alex prenait la mer. Elle avait proclamé que, pour une fois, il leur fallait accompagner « ce cher Alex » jusqu'à son quai. Elle avait ensuite envoyé un serviteur chez lui pour lui communiquer la nouvelle. Malgré le mauvais temps lorsqu'ils s'étaient levés, elle avait refusé ne serait-ce que d'imaginer laisser tomber Alex.

— Ce serait grossier.

Amusé par sa mascarade, Laurie lui avait assuré qu'Alex comprendrait.

— On ne l'a jamais accompagné. Et si tu le connaissais si bien que ça…

— Tsss… Bien sûr que si.

Ce n'était pas le cas. Si Laurie avait souvent l'occasion de boire un verre ou de manger avec lui – c'était une connaissance commune en Angleterre qui les avait présentés l'un à l'autre, et Laurie avait pu compter sur son amitié tout au long de l'année qui avait suivi son arrivée sur l'île –, Alex avait tendance à éviter de croiser le chemin de Sally et de son mari, Roger. Mais…

— On y va, avait-elle décrété en coiffant son bonnet. Je ne peux simplement pas le laisser tomber.

Elle lui avait à peine adressé la parole depuis qu'il était venu les chercher avec sa calèche. Pendant tout le trajet jusqu'au port, elle avait regardé par la vitre, se plaignant de leur vitesse limitée le long des chemins de terre inondés, craignant de ne pas arriver à temps.

— Ne vous inquiétez pas pour moi, lui avait sèchement rétorqué Alex.

Le regard rivé à la vitre, elle avait froncé les sourcils, se retenant au dernier moment de lui rétorquer qu'il n'en était rien.

À présent, sur le quai, elle écarquillait les yeux, saisissant Laurie par le bras.

— Regarde ! Regarde !

Deux femmes avaient surgi en haut de la passerelle des secondes classes de l'*Empress*, abritées par un unique parapluie. Sally retint distinctement son souffle.

Alex fit la moue. Laurie lui avait expliqué combien sa sœur avait été obsédée par ce moment. Depuis qu'elle était revenue de la chorale, une quinzaine de jours auparavant, venant d'apprendre que les jumelles allaient vivre avec le bras droit du gouverneur, David Keeley – *David Keeley* –, elle n'avait plus parlé d'autre chose. Tous les après-midi, elle avait préparé ses scones spéciaux – la même recette que celle que leur mère suivait lorsqu'ils vivaient encore dans le Devonshire, sauf qu'à Singapour, ils étaient beaucoup plus lourds (« L'humidité », s'était vainement défendue Sally) –, et les avait servis aux autres *mems* dans sa véranda végétale, tandis qu'elles évoquaient pour la énième fois la venue des jumelles Grafton. D'une manière ou d'une autre, grâce à quelqu'un qui connaissait la directrice du pensionnat des jumelles à Simla, elles avaient appris que la mère des filles avait été domestique et – il ne fallait pas l'ébruiter – déshonorée. Un très riche bienfaiteur, Mr Palmer, planteur de caoutchouc prospère, les avait prises sous son aile et mises hors du besoin pour le restant de leurs jours. Il y avait fort à parier qu'il s'agissait de leur père. Mr Palmer était souffrant, « le pauvre homme », et il s'inquiétait pour les jumelles, « le brave homme ». Il avait envoyé les filles, qui se ressemblaient comme deux gouttes d'eau, chez un parent éloigné, David Keeley. L'une d'elles allait devoir l'épouser, et seulement alors, il pourrait hériter de l'ensemble des biens de Mr Palmer.

— Difficile de savoir s'il faut se réjouir ou s'indigner de toute cette affaire, avait reconnu quelqu'un, comme on pouvait s'y attendre, un scone dans la bouche.

Au bout du compte, il avait été décidé que cette histoire était plus scandaleuse qu'autre chose, et que David, dont les moyens étaient limités, ne s'intéressait de toute évidence qu'à l'argent de Mr Palmer. S'il souhaitait un jour devenir gouverneur, il en aurait plus que besoin, après tout. Quelle autre raison l'aurait sinon poussé à envisager d'épouser – là aussi, il ne fallait pas que ça se sache – une bâtarde ?

— Je ne suis pas certaine de les fréquenter quand elles seront là, avait déclaré une femme. Il ne faut vraiment avoir aucun honneur pour venir se disputer sa main.

Laurie – qui évitait généralement ce genre de conversation en feignant de s'être assoupi sur son fauteuil en osier – s'était, cette fois, senti obligé d'intervenir.

— J'imagine qu'on ne leur a pas laissé le choix.

Consciente des ambitions professionnelles de Roger, et continuellement soucieuse de suivre l'avis général, Sally lui avait lancé un regard horrifié. « Tais-toi », avait-elle articulé.

Perplexes, les autres s'étaient contentées de le regarder fixement.

— Mais, avait rétorqué l'une d'elles, que méritent des filles dans leur genre ?

Laurie avait poussé un profond soupir, mais s'était abstenu de tout commentaire supplémentaire. Ces femmes, avec leurs armées de serviteurs et d'*amahs* pour élever leurs enfants, lui étaient trop indifférentes pour qu'il tente de les faire changer d'avis. Plus tard, cependant, il avait avoué à Sally qu'il espérait qu'elle trouverait des amies plus sympathiques.

— Il n'y en a pas, avait-elle répondu laconiquement. Et puisque c'est tout ce que j'ai sous la main, évite de les contrarier, je te prie.

C'était probablement en partie parce qu'elle éprouvait le besoin de les impressionner qu'elle s'était traînée sous la pluie, ce jour-là. Il la regarda se mordiller la lèvre inférieure, à la fois agacé et attristé par son attitude. Elle suivit les jumelles du regard : elles atteignaient le pied de la passerelle. Il était impossible de distinguer leurs visages, sous leur parapluie dégoulinant. Un *coolie* chinois les attendait sur le quai, deux malles à ses côtés.

— Miss Grafton, s'écria-t-il pour se faire entendre malgré la tempête. Oui ? Oui ? Vous pareilles. (Il tendit le doigt vers son visage, puis vers les leurs.) Vous pareilles.

— On ferait bien d'aller les aider, lança Alex, s'apprêtant à s'élancer dans leur direction.

S'apercevant qu'il avait totalement raison, Laurie voulut lui emboîter le pas.

— Vous ne pouvez pas, déclara Sally en tentant de les arrêter. Vous n'avez pas été présentés. Et puis, ce garçon est là pour les aider.

L'homme avait au moins cinquante ans, mais elle avait toujours qualifié les domestiques de « garçons ». Laurie avait renoncé à la reprendre.

Alex insista, mais Sally l'en empêcha.

— Franchement, vous voulez les mettre mal à l'aise ou quoi ?

Alex fronça les sourcils. Mais le *coolie* s'était déjà emparé des malles, et guidait les jeunes femmes vers un *gharry* tiré par de petits chevaux. Elles s'en allaient. Elles étaient presque parties.

Mais l'une des filles s'immobilisa. Elle quitta ensuite l'abri du parapluie et se tourna droit vers Laurie, Alex et Sally, s'efforçant de leur faire savoir qu'elle avait remarqué qu'ils l'observaient. Incapable de s'en empêcher, Laurie soutint son regard. Il avait conscience qu'Alex en faisait autant. Ce n'était pas simplement la beauté de cette fille qui attirait son attention (même si Sally avait raison : elle était magnifique). C'était autre chose. Elle dégageait une impression de vulnérabilité qui faisait peine à voir, figée ainsi sous la pluie. Alex avait dû ressentir la même chose, car il fit un pas vers elle. Mais, au même instant, elle se retourna et s'éloigna d'un pas preste. Elle gagna aussitôt le *gharry*.

Alex jura.

— On aurait dû y aller.

— C'est trop tard, à présent, déclara Sally.

— J'avais pensé que Keeley viendrait les chercher en personne.

Alex, qui s'était brouillé avec David l'année précédente à cause de sa façon cavalière de régler un différend qui les opposait sur son salaire, éclata de rire.

— Keeley ne sort jamais quand il pleut. Il préfère largement rester au sec et laisser les autres venir à lui.

— Il est sans doute gêné, suggéra Laurie. Je le serais, à sa place, après les avoir laissé se faire envoyer ici comme ça…

— « Gêné » ? Je ne connais personne qui se soucie aussi peu de l'avis des autres.

— Je me demande, déclara Laurie en regardant les jumelles se hisser dans le *gharry*, ce qu'elles vont penser de lui.

— Pas grand-chose, j'imagine. (Alex fit claquer sa langue.) Ça me fait… je ne sais pas… bizarre de les voir partir comme ça. (Il se tourna vers Sally.) Vous comptez leur rendre visite ?

— Peut-être.

— Elle redoute ce que les autres vont dire, expliqua Laurie. À cause de leurs parents.

Alex la dévisagea un long moment.

Sally, qui avait souvent commenté la beauté d'Alex, et sa fortune, aussi, se mit à rougir.

— Je vais y réfléchir, promit-elle. Je vais y réfléchir.

— Je l'espère bien.

Il reporta son attention sur les jumelles, mais elles s'étaient déjà engouffrées dans le *gharry*.

Le *coolie* fit claquer son fouet. Les chevaux se mirent en route, les roues de la voiture projetant de l'eau sur la chaussée.

Poussant un soupir, Alex déclara qu'il devait y aller s'il souhaitait pouvoir devancer la tempête.

— À dans deux semaines.

Laurie lui serra la main.

— Bon voyage.

— Tu as vu ces gens qui nous observaient ? demanda Mae à sa sœur, tandis que le *gharry* s'éloignait du port.

— Oui, répondit Harriet d'un ton maussade.

C'était la raison pour laquelle elle avait cessé de les regarder.

— Ils devaient être au courant, dit Mae d'un ton tout aussi morose. (Le revers de son nouveau bonnet gouttait sur sa robe de soie, sur ses genoux.) Ils savent tous.

Harriet garda le silence. Il était inutile de le nier. Il était évident que cette femme et ces deux hommes avaient parlé d'elles. Mae et elle savaient en reconnaître les signes, depuis le temps. Toute leur vie, on avait parlé d'elles dans leur dos. Harriet regrettait simplement de ne pas pouvoir s'y habituer et de continuer à en souffrir.

Mae se tourna vers elle, son regard bleu attristé. Harriet aurait aimé trouver quelque chose de réconfortant à lui dire, ou que sa sœur trouve elle-même les mots qu'il fallait. D'ordinaire, il y en avait toujours une des deux qui y parvenait. Dans leur enfance, à chaque mauvaise nouvelle – encore un changement d'école, la lettre des parents d'une de leurs amies qui leur demandaient de cesser de fréquenter leur fille –, elles s'étaient toujours consolées l'une l'autre de leurs petits malheurs. Ces derniers temps, toutefois, cette responsabilité avait le plus souvent échu à Harriet. À Simla, quand un officier qui avait dansé avec l'une d'elles était devenu rouge de honte lorsqu'une *mem* prévenante lui avait chuchoté quelque chose à l'oreille au sujet de leur mère, Mae avait eu toutes les peines du monde à supporter l'affront. Harriet avait perdu le compte du nombre de fois où elle avait dû ravaler sa fierté et se convaincre que cela n'avait aucune importance, que les choses allaient changer, un jour. *Je le jure.* Mais, assise dans sa robe toute trempée, barbouillée à cause du tumulte des flots, et toujours pas remise du fait qu'elle se trouvait pour de bon à Singapour, elle n'en trouva pas le courage.

Elles gardèrent le silence le restant du trajet jusqu'à leur nouveau domicile, leurs vêtements séchant lentement dans la chaleur de l'habitacle. Harriet remarqua que la chevelure habituellement soyeuse de Mae bouclait sous son bonnet. Supposant que la sienne devait en faire autant, elle se dit que David ne devrait guère être impressionné en les voyant. Elle en tira un certain réconfort.

Elle avait du mal à croire qu'elles se rendaient effectivement chez lui. Jusqu'à ce qu'elles montent à bord de ce navire à Bombay, elle avait tenté de trouver un moyen d'échapper au sort qui leur était réservé. Si elle avait eu en sa possession ne serait-ce qu'un penny, elle en aurait certainement trouvé un. Mais, plutôt que de les leur remettre, Mr Palmer avait envoyé les chèques pour le voyage et leurs nouvelles tenues (« Inutile d'acheter des vêtements d'occasion, cette fois ») à leurs enseignants. De même que, tout au long de leur existence, de l'orphelinat au pensionnat, elles avaient été ballottées sans être prévenues d'un internat à l'autre, ce déménagement à Singapour avait été organisé à leur insu. Quand leur directrice leur avait finalement montré la lettre de Mr Palmer, l'argent qu'il avait envoyé avait déjà été dépensé, aussi bien pour les billets de ferry que pour les étoffes de qualité chez la couturière du coin.

« Il est temps que l'une d'elles se marie, avaient-elles lu dans la lettre de Mr Palmer. J'aimerais être sûr que l'on prendra soin d'elles. Il semble désormais évident que personne n'acceptera de fermer les yeux sur les circonstances fâcheuses de leur naissance, mais je suis parvenu à convaincre Keeley. »

— Pourquoi ne s'est-il pas contenté de nous laisser un peu d'argent ? avait demandé Harriet.

La directrice lui avait répondu qu'elle devrait déjà lui être reconnaissante de subvenir à leurs besoins.

— Nombreux sont ceux qui, dans sa situation, ne l'auraient pas fait.

En quête d'une autre solution, Harriet avait demandé si elles ne pouvaient pas plutôt chercher du travail, comme gouvernantes ou n'importe quoi d'autre. Aussi rouge de honte que Harriet que l'on ait dévoilé les « circonstances fâcheuses » de leur naissance, Mae avait gardé le silence. Leur directrice avait secoué la tête, manifestement ennuyée pour elles, mais catégorique sur le fait que sa réputation ne le lui permettrait pas, pas plus qu'elle ne lui permettrait de les recommander, sans parler de leur donner de l'argent pour les timbres. Elle avait interdit aux autres filles de le faire également.

Ainsi, Harriet et Mae étaient donc désormais là. À Singapour.

Par la vitre du *gharry*, Harriet tenta d'avoir un aperçu de son nouvel environnement. Avec la pluie, cela lui fut impossible. Tout ce qu'elle pouvait distinguer était un halo de végétation, et un pousse-pousse de temps à autre. La pluie torrentielle ne commença à s'estomper que lorsqu'elles s'engagèrent dans une rue au nom de « Nassim », qu'elle savait être celle où habitait David. Elle essuya la vitre avec la paume de sa main gantée et scruta l'extérieur. La route était bordée d'arbres et ponctuée de bungalows blancs rectangulaires qui ressemblaient énormément à ceux que les Britanniques avaient construits en Inde.

Au bout d'un moment, ils ralentirent, puis s'immobilisèrent devant ce qu'elle supposa être la maison de David. Elle se dressait à l'extrémité d'une petite allée, avec des palmiers à chaque coin. Elle était plus grande que celles qu'elle avait vues sur la route, avec une véranda au rez-de-chaussée, mais aucunement prétentieuse. Elle n'avait rien à voir avec le genre de demeure qu'il serait en mesure de s'offrir s'il obtenait l'héritage promis. Elle se demanda s'il avait déjà repéré un bien, mais, avant qu'elle ait eu le temps d'évoquer cette question déconcertante avec sa sœur, un homme se présenta sur le seuil de la véranda.

Apparemment soucieux de rester au sec, il demeura à l'abri de la verrière. Il avait environ trente-cinq ans, peut-être un peu plus, et était vêtu d'un costume de lin blanc. Ses cheveux blonds étaient soigneusement peignés. Il cherchait Harriet et Mae d'un regard larmoyant qui n'avait rien d'extraordinaire. Il n'était ni particulièrement bel homme ni déplaisant, ni petit ni grand, et Harriet le détesta aussitôt parce qu'il s'agissait, sans l'ombre d'un doute, de David Keeley.

Elles descendirent de la voiture et lissèrent leurs robes froissées. Immobile, David ne bougea pas d'un pouce.

— Ravi de vous accueillir, déclara-t-il d'une voix calme, mais assurée. J'espère que vous trouverez les lieux à votre goût.

Harriet sentit qu'il avait préparé son discours. Il les invita à pénétrer dans un couloir carrelé où régnait une odeur d'humidité et de riz à la vapeur. Comme tout le monde, il les dévisagea pour déterminer à quel point elles se ressemblaient. Il déclara qu'il leur faudrait porter un ruban de couleur différente dans les cheveux.

S'agissait-il d'une plaisanterie ?

Harriet se tourna vers Mae. Elle observait David avec précaution, se posant manifestement la même question.

Il finit par se fendre d'un large sourire, leur faisant savoir qu'il n'était effectivement pas sérieux. Plus gênée qu'amusée, Mae esquissa un petit sourire. Quant à Harriet, elle se demanda comment réagir.

— Je vais vous laisser, à présent. (Il recula pour laisser passer une jeune fille en tunique et pantalon ample.) Ling va vous conduire à vos chambres. Il faut que j'aille au bureau. (Il soupira.) Il a tellement plu, ce matin…

Les saluant d'un bref hochement de tête, il leur promit de les revoir au dîner, et fila.

Sans un mot, Ling les guida jusqu'à leurs chambres, toutes deux de petite taille, carrelées de la même façon que le couloir, meublées de lits bas à une place équipés de moustiquaires, de garde-robes et de bureaux en teck. Harriet s'aperçut que David avait dû acheter le mobilier spécialement pour elles. Elle trouva cela fort peu accueillant. En fait, cela la hérissa de l'imaginer en train de préparer tranquillement leur arrivée chez lui.

— Au moins, il a l'air sympathique, déclara Mae. J'ai l'impression qu'il tentait de se montrer gentil.

— Je l'ai trouvé très guindé.

Semblant réfléchir, Mae parcourut la pièce du regard. Harriet attendit son approbation, une manifestation de sa propre gêne, mais, haussant les épaules, elle se contenta de dire qu'elles feraient mieux de défaire leurs bagages, et regagna sa chambre, juste à côté.

En la regardant s'éloigner, Harriet s'aperçut que, depuis leur arrivée, aucune d'elles n'avait évoqué le plan de Mr Palmer. Si personne n'en avait parlé – ni David ni elles –, elle était convaincue que tous n'avaient songé qu'à cela. Elle haussa les épaules à son tour, surtout dérangée par l'étrange complicité de leur silence.

L'après-midi s'écoula, de plus en plus chaud, au fur et à mesure que le ciel se dégageait après la tempête, puis de plus en plus frais, lorsque le soleil se coucha. Aussi soudainement qu'en Inde. Elles prirent un bain dans une baignoire de fer que Ling avait remplie pour elles derrière la cuisine, puis s'habillèrent pour dîner. David rentra du travail, et ils profitèrent tous d'un repas dénué de goût composé de poulet poché et de riz vapeur.

Au début, personne n'osa prendre la parole. Ce fut Mae qui rompit le silence de plomb, interrogeant David sur sa vie. Harriet se demanda si cela l'intéressait sincèrement, ou si elle tentait simplement de dissiper ce sentiment de gêne générale, mais, quoi qu'il en soit, David lui répondit, leur expliquant son travail, de quelle manière il supervisait chacun des services de la fonction publique, et leur révélant que tout ce que le gouverneur, un homme du nom de Soames, devait savoir passait d'abord par lui. Certes, c'était une lourde responsabilité, mais Soames comptait énormément sur lui.

Ils étaient cousins. David avait été deux promotions en dessous de la sienne à Eton, puis à Oxford. Oui, il désirait lui aussi devenir gouverneur un jour. En fait, le mandat de Soames s'achevant l'année suivante, il envisageait de prendre sa suite à ce moment-là. Dès qu'il aurait réglé certains détails.

Mae n'osa pas lui demander ce que pouvaient être ces « détails ». Harriet non plus. Elles savaient pertinemment que les gouverneurs étaient toujours mariés. Et riches. Harriet se sentit rougir. Comme il était commode pour lui d'avoir trouvé le moyen de se procurer à la fois une femme et de l'argent. Elle baissa les yeux sur son plat immangeable, furieuse qu'il puisse prendre leur coopération pour acquise, et affligée de se trouver dans sa salle à manger, lui donnant ainsi toutes les raisons de croire que c'était le cas.

Levant les yeux vers lui, elle fut déconcertée de voir qu'il la dévisageait. Elle était encore en train de tenter d'interpréter son air songeur quand Ling vint débarrasser la table.

Elle marqua un temps d'arrêt avant de saisir l'assiette encore pleine de Harriet et lui demanda si elle n'aimait pas. Plus pour éviter de blesser l'employée que par sincérité, elle lui répondit qu'elle n'avait pas très faim.

— C'était très… (elle chercha un terme positif) diététique.

— Ça vous a plu ? demanda David.

— Oui.

Une fois encore, sa réponse était destinée à faire plaisir à Ling.

Mais David, qui poursuivit en leur faisant remarquer que peu de gens comprenaient sa préférence pour une nourriture simple, fut celui qui parut le plus ravi.

Cette nuit-là, Harriet eut du mal à trouver le sommeil. Elle se tritura les méninges pour tenter de trouver un moyen de s'enfuir au plus vite avec sa sœur. Il leur fallait trouver un emploi, mais, sans références ni argent, elle se demandait comment s'y prendre. Si elle avait eu le moindre doute sur le fait que David puisse les aider dès qu'il aurait compris que c'était ce qu'elles souhaitaient, il s'était dissipé en voyant le soin avec lequel il avait préparé leurs chambres.

L'atmosphère était étouffante. L'air n'entrait même pas par la petite fenêtre ouverte, juste le bruit des animaux nocturnes : celui des singes, des grillons, le battement des ailes des chauves-souris… La sueur qui coulait sur chaque centimètre carré de sa peau la démangeait.

Elle avait encore les yeux ouverts quand l'horloge sonna minuit.

À l'étage inférieur, elle entendit la porte du bureau de David s'ouvrir, puis se refermer. On aurait dit qu'il avait attendu ce signal pour cesser de travailler. Puis elle entendit cliqueter ses talons sur les dalles du rez-de-chaussée. Quittant son bureau, il traversa la salle à manger, puis longea le couloir, avant de faire demi-tour et de regagner la salle à manger. Manifestement préoccupé, il faisait les cent pas. Harriet espéra que c'était à cause de son travail, mais elle avait l'affreux sentiment que ce n'était pas le cas. Qu'il se demandait qui il allait choisir entre Mae et elle.

Dans la chambre voisine, Mae, qui ne dormait pas non plus, eut la même idée. Mais, contrairement à sa sœur, cela ne la mit pas en rage. Elle était blasée.

Elle avait peut-être eu des rêves, jadis, l'espoir de vivre le genre de romance qu'elle avait vu interpréter tant de fois en Inde. Enfant, elle avait été fascinée par les jeunes femmes venues d'Angleterre pour trouver un mari, avec leurs sourires éclatants, aussitôt mariées, aussitôt enceintes et ce genre de choses. Elle avait vraiment cru qu'elle connaîtrait un jour le bonheur. Elle ignorait quand précisément, mais elle avait ouvert les yeux. C'était durant son séjour à Simla. Lors d'une de ces horribles soirées où personne n'avait jamais dansé deux fois avec Harriet ni avec elle.

Cela lui était devenu une évidence à la réception de la lettre de Mr Palmer. Quand l'homme qu'elle avait depuis longtemps accepté comme leur père (pas de prince charmant pour venir les secourir) avait décidé que le seul mariage envisageable pour elles était un mariage arrangé. D'autant plus qu'elle savait qu'il avait raison. Ces gens qui les avaient épiées au port le matin même l'avaient confortée dans son opinion : partout où elles allaient, les autres les haïssaient. Elle ne le supportait plus. Et elle était terrifiée à l'idée que, si elles devenaient gouvernantes, comme Harriet l'envisageait, tout le monde ne retienne que cela d'elles.

Raison pour laquelle elle avait fait de tels efforts au dîner. Sa directrice à Simla l'avait prise à part, avant leur départ, et l'avait convaincue que cette occasion d'acquérir une certaine respectabilité – une famille – était trop belle pour la laisser passer.

— N'écoute pas ta sœur si elle te dit le contraire !

Mae s'était abstenue d'évoquer cette discussion auprès de Harriet. Elle n'aurait pas compris. C'était la plus forte, celle qui parvenait toujours à trouver l'énergie pour prendre leurs innombrables nouveaux départs. Mae se demandait comment c'était possible, mais sa décision était prise. Et David aurait pu être pire. Un peu guindé, certes, mais pas méchant. Elle apprendrait à l'apprécier. Et si elle l'épousait – l'adjoint du gouverneur, lui-même gouverneur un jour –, on cesserait de la fuir à tout jamais. Harriet vivrait avec eux, et elles auraient des amis. De véritables amis.

Et une maison dont personne ne les chasserait plus. Une vie. Si David pouvait leur offrir ne serait-ce que cela, elle pourrait lui pardonner beaucoup.

Elle se tourna sur le côté, attendant que le sommeil vienne, et écoutant David aller et venir, en bas, en faisant cliqueter ses talons sur le carrelage.

—Je me demande comment ça se passe, déclara Sally à Laurie, le lendemain matin, devant son petit déjeuner.

—Avec Alex ? demanda-t-il, sachant très bien qu'elle ne parlait pas de cela.

Elle lui jeta sa serviette au visage, projetant des miettes de pain grillé un peu partout.

Ils n'étaient que tous les deux. Ils avaient déjà confié le bébé, la nièce de deux ans de Laurie, à son *amah* – Laurie les entendait chanter, à l'étage –, et Roger était parti travailler, son bureau, comme la demeure du gouverneur et les casernes de l'armée, se trouvant au centre de la petite ville de Singapour, à une dizaine de minutes de pousse-pousse des pentes douces de Fort Canning Park.

—Avec les filles, rectifia Sally. J'ai demandé à Roger de se renseigner.

—Il doit avoir hâte.

Laurie avait du mal à imaginer que son beau-frère, soucieux de gravir un à un les échelons de la hiérarchie, puisse accepter de froisser son supérieur à cause de son indiscrétion.

Les découvertes de Roger se révélèrent particulièrement vaines.

—Elles sont là, expliqua-t-il en rentrant, mais personne ne peut les voir.

— Pourquoi ? lui demanda Sally, qui l'avait attendu avec impatience sur le perron après lui avoir préparé un tonic au citron vert.

— Apparemment, elles ne souhaitent pas être dérangées, poursuivit Roger en tendant le bras pour saisir son verre. Le voyage les a fatiguées. Keeley m'a promis qu'il me préviendrait dès qu'elles iraient mieux.

Sally se laissa tomber avec un bruit sourd sur l'un des fauteuils en osier de la terrasse.

— Je suis sûre qu'elles vont bien, dit-elle. Il n'a simplement aucune envie qu'on vienne s'immiscer dans ses affaires.

L'esprit ailleurs, elle but elle-même le tonic de Roger.

— Tu n'étais même pas certaine de vouloir y aller, au départ, lui rappela Laurie.

S'abstenant de tout commentaire, elle vida le verre en grimaçant.

En voyant sa tête, Laurie manqua d'éclater de rire. Il regrettait presque que David ne soit pas là pour la voir lui aussi. Manifestement, personne ne lui avait expliqué que toute manœuvre pour tenter de décourager une femme comme Sally ne faisait au contraire qu'aiguiser sa curiosité. À en juger d'après son air, il était déjà évident pour elle qu'elle finirait par voir ces filles. Ne lui restait plus qu'à déterminer par quel moyen.

Harriet, qui allait très bien et qui commençait à s'agiter après une première journée à l'intérieur, était sortie dans le jardin de devant quand David rentra, ce soir-là. Elle avait décidé d'aller prendre un peu l'air avant le dîner. La pelouse était loin d'être vaste, mais elle avait souhaité jeter un coup d'œil aux orchidées. Il y en avait également à Simla, et elle avait aidé à leur entretien. Penchée au-dessus des fleurs, elle en effleura les pétales en fermant les yeux, humant ce parfum qui lui rappelait l'Inde, le seul pays où elle se considérait comme chez elle.

— Bonsoir.

Elle rouvrit brusquement les yeux. Vêtu d'un nouveau costume de lin, David longeait l'allée. Elle le soupçonna d'être revenu du travail comme il y était allé le matin même : en pousse-pousse. Il n'avait pas de voiture ; c'était trop cher, d'après lui.

— Harriet, c'est ça ?

— Oui.

— On n'aura pas besoin de ces rubans, finalement.

Il ne manqua pas de sourire plus rapidement, cette fois. Elle ne lui rendit pas son sourire.

— C'est moi qui ai planté ces fleurs, se vanta-t-il.

— Ah bon ?

Il hocha la tête en se tournant vers les bourgeons.

— Vous étiez triste ? s'enquit-il. C'est l'impression que vous m'avez donnée.

— Ça va, mentit-elle.

— Je ne souhaite que votre bonheur.

— Vraiment ?

— Oui.

Alors, laissez-moi partir, voulut-elle l'implorer. Mais elle n'en fit rien, car elle savait qu'il refuserait, et elle avait encore un peu de fierté.

Elle se contenta donc de laisser glisser les pétales de la fleur sur ses doigts avant de se redresser, s'apprêtant à rentrer.

— Vous n'êtes pas aussi bavarde que votre sœur, constata-t-il. Vous avez à peine ouvert la bouche, au petit déjeuner, ce matin.

Le repas s'était composé de fromage et de biscottes. (David avait prétendu que le pain sucré du coin était mauvais pour la santé.) Épuisée par sa nuit, Harriet n'avait guère prêté attention aux tentatives de Mae pour lier conversation.

— Je ne suis pas certaine d'avoir beaucoup de choses à raconter, fit-elle remarquer à David.

Pour une raison ou pour une autre, sa réponse sembla le satisfaire.

Ce n'était pas du tout son intention.

Ce soir-là, devant un nouveau repas insipide, elle lui demanda s'il pouvait leur prêter, à Mae et à elle, un peu d'argent pour sortir et visiter l'île. (Elle s'était dit que si elle parvenait à mettre la main sur un magazine féminin, elle trouverait dans ses pages un certain nombre d'agences de gouvernantes.) Mais David lui répondit qu'il préférerait que Mae et elle restent à la maison. Du moins pour l'instant.

— Les ragots vont bon train, expliqua-t-il. Ça m'est totalement égal, mais je n'ai aucune envie de les encourager. Et l'idée que vous puissiez être seules dehors ne me plaît pas davantage.

— Mais nous sommes venues d'Inde toutes seules, lui fit-elle remarquer.

David garda le silence. Il se contenta de la dévisager d'un air songeur. Elle s'obligea à soutenir son regard. Avait-elle imaginé ce léger fléchissement dans son regard ?

— Je vais vous accompagner, finit-il par céder. Sans doute à l'église, dimanche. Soames m'a dit qu'on ferait bien d'y aller. Pour le moment, tenez-vous-en à la maison.

— Je crois que tu l'as contrarié, lui dit plus tard Mae avant d'aller se coucher.

Harriet ne lui répondit pas. Elle préférait éviter de mettre des mots sur cette réalité.

Cette nuit-là, lorsque l'horloge sonna les douze coups, David ferma la porte de son bureau et arpenta le couloir, en bas.

Le lendemain, après une nouvelle matinée interminable, et encore des biscottes au déjeuner, Mae monta faire une sieste. Harriet contempla les murs du salon. Elle sortit sur la terrasse, puis rentra. Une heure durant, elle rédigea le brouillon d'une lettre de candidature pour un poste de gouvernante (au cas où), énumérant les différentes langues qu'elle maîtrisait – le français, l'hindi et l'allemand –, et les écoles qu'elle avait fréquentées. Mais, lorsqu'elle en eut terminé, il était à peine 17 heures. Elle tambourina sur son bureau avec ses doigts, et, sur un coup de tête, sc rendit à la cuisine pour proposer à Ling de l'aider dans le jardin. Elle prétexta avoir remarqué la présence de mauvaises herbes, la veille, et lui assura qu'elle serait ravie de s'en occuper si elle était d'accord. Remarquant l'air contrarié de Ling, Harriet s'aperçut trop tard qu'elle venait de critiquer son travail. Elle lui prêta néanmoins un tablier et quelques outils.

Harriet la remercia avec un sourire, lui garantit qu'elle n'avait pas pensé à mal, puis sortit et se mit au travail. Ce fut difficile à cause de la chaleur, mais, au moins en travaillant la terre et en arrachant les mauvaises herbes, elle eut le sentiment que le temps passait plus vite.

Les deux après-midi suivants, elle retourna au jardin, passant des orchidées à d'autres parterres de fleurs, avant de tailler les haies.

Le vendredi après-midi, rentré plus tôt qu'à l'accoutumée, David se présenta dans l'allée et la prit une deuxième fois par surprise.

— Vous aimez mon jardin, on dirait, déclara-t-il en s'immobilisant à côté d'elle. (Elle remarqua qu'il tenait une boîte.) Ling m'a raconté. (Il lui tendit sa boîte.) Je vous ai acheté ça.

Intriguée, et relativement méfiante, Harriet s'essuya les mains sur son tablier et accepta la boîte.

Lentement, elle en souleva le couvercle. Elle contenait une paire de gants de jardinage en cuir de qualité. Elle se tourna vers David en plissant les yeux. Il l'observait, attendant de voir sa réaction.

— Je serais incapable de dire à quoi vous pensez, reconnut-il.

— Je ne le sais pas moi-même, avoua-t-elle.

— Ça vous plaît ?

— Ils sont magnifiques.

Il eut un doute.

— Mais ils vous plaisent ?

Sans un mot, elle leur jeta un nouveau coup d'œil.

— Vous comptez me remercier ? demanda-t-il.

— Merci, lâcha-t-elle, à deux doigts de vomir.

Cette nuit-là, éveillée dans son petit lit bas et souffrant de la chaleur, elle entendit l'horloge sonner minuit, puis David ouvrir la porte de son bureau avant de la refermer. Elle attendit qu'il se mette à faire les cent pas, mais, cette fois, il gagna l'escalier et en gravit les marches.

Perturbée par ce changement dans ses habitudes, elle se tourna vers la porte de sa chambre. Elle l'entendit arriver en haut des marches. Il longea le couloir. Serrant ses draps contre elle, elle s'aperçut qu'il se dirigeait vers sa chambre et celle de Mae.

Ses talons claquaient sur le carrelage. Il s'immobilisa devant sa porte.

Elle retint son souffle.

Lentement, s'efforçant de ne faire aucun bruit, elle se redressa dans son lit, scrutant sa porte à travers les plis sombres de sa moustiquaire. Elle vit la poignée pivoter légèrement, comme si quelqu'un y avait posé sa main. La gorge sèche, elle déglutit, attendant de voir si on allait l'actionner, sans la moindre idée de ce qu'elle ferait si c'était le cas.

Ce ne fut pas le cas.

Mais la porte grinça, comme si on y exerçait une certaine pression.

Elle entendit un soupir.

Les bruits de pas mirent tant de temps à s'éloigner qu'il lui fut impossible de les suivre.

Chapitre 4

Détroit de Singapour, juin 1941

Le hamac se balançait au rythme du cuirassé, le domicile d'Ivy depuis qu'elle avait quitté l'Angleterre, ce sinistre matin gris, quatre mois auparavant. Encore à moitié endormie, elle ouvrit les yeux. Une légère brise, à la fois douce et chaude, soufflait sur son visage. Elle entendait le clapotis de l'eau, en contrebas, et le cri strident des mouettes, au-dessus de sa tête. *Des mouettes.* Parfaitement réveillée, maintenant qu'elle comprenait ce que ce bruit signifiait, elle ouvrit de grands yeux. Elle se fendit d'un large sourire. La terre n'était plus loin. Ils y étaient presque. Enfin.

Sa chevelure lâchée sur son dos, elle se redressa dans son hamac. Le soleil levant donnait des reflets dorés à la mer et aux nuages, à l'horizon. Entrevoyant l'ombre des côtes, dans le lointain, elle retint son souffle, se réjouissant à l'avance. Le choc qu'elle avait reçu lorsque Gregory lui avait annoncé sa nouvelle affectation n'était désormais plus qu'un lointain souvenir qu'elle avait enfoui en franchissant le détroit de Gibraltar. Après tout ce temps passé en mer, elle ne ressentait plus que de l'impatience. Elle se tourna vers les autres filles dans leurs hamacs, mourant d'envie de leur annoncer combien elles étaient près des côtes, mais, inconscientes de ce qui se passait, elles étaient toutes encore en train de ronfler.

Depuis quelques semaines, il faisait si chaud qu'elles dormaient à l'extérieur. Après des débuts difficiles dans une cabine minuscule, vomissant de la bile dans un seau tandis que le cuirassé fendait les flots de l'océan Atlantique, le fait de rester en plein air avait eu sur elle l'effet d'un baume apaisant. En l'absence d'avions et de sirènes, juste avec le bourdonnement des moteurs du reste du convoi et le bruit des proues qui fendaient l'onde, l'impossible s'était produit : elle avait retrouvé le sommeil. Elle ne faisait plus de cauchemars. Elle ne se réveillait plus en hurlant, le poids d'un cadavre sur son dos. Au bout d'un moment, elle avait même cessé de redouter que cela lui arrive de nouveau. « Je ne t'explique pas comme c'est agréable de ne plus être fatiguée en permanence, avait-elle écrit à Mae. J'avais complètement oublié cette sensation. »

Durant le trajet, elle avait envoyé plusieurs lettres, les remettant lors de leurs escales pour qu'on les poste, espérant que Mae les recevrait vite, et qu'elle serait rassurée de savoir que sa petite-fille se débrouillait très bien. Elle lui avait parlé du capitaine irascible – « pas vraiment ravi d'avoir des femmes à bord. Il a dû réorganiser les quartiers des officiers et prévoir plusieurs services au restaurant militaire, parce qu'il nous est interdit de nous côtoyer. C'est apparemment très inconvenant. » –, et des autres filles, aussi, « toutes gentilles et très bavardes ». Elle lui avait décrit comment, n'ayant rien à faire, elles avaient tué le temps, sous un soleil de plus en plus brûlant, en jouant aux cartes, en relisant leurs fiches sur les spécificités du morse japonais, en lisant… « On se serait crues en vacances, avait-elle écrit. Sans nos manuels et les autres soldats qui nous saluaient depuis le pont des autres navires, on aurait eu l'impression que la guerre se déroulait sur une autre planète. » Certaines filles (pas Ivy) avaient énormément bronzé. L'une d'elles avait même dû aller à l'infirmerie à cause d'une insolation. (« Bonté divine ! », s'était exclamé le capitaine.)

Au début du mois de mai, lors d'une escale à Port-Saïd, ils avaient fait débarquer le gros des troupes du convoi : des hommes destinés à combattre dans le désert. « Je les ai regardés partir, mentionna Ivy, marcher sous le soleil. Je me suis demandé ce qu'ils allaient devenir... » Elle s'était penchée par-dessus le bastingage avec les autres, les rayons du soleil lui brûlant les joues. Sur les quais, en contrebas, des hommes en fez leur avaient montré des bijoux en perles, criant leurs prix.

— Non merci, leur avaient-elles répondu avant de souhaiter « bonne chance ! » aux soldats.

— Interdiction de fraterniser ! avait braillé le capitaine depuis la passerelle.

Leur cuirassé et deux autres transports de troupes avaient repris la mer en direction de l'océan Indien. Au petit déjeuner, on leur avait servi des oranges et des pêches fraîches en provenance d'Égypte. « Il fait si chaud, à présent (l'encre faisait des taches sous la main moite d'Ivy), que même le vent est brûlant. On a du mal à s'endormir, mais il est encore plus difficile de se lever. Quand on est dans nos hamacs, les filles discutent tout le temps. Elles expliquent d'où elles viennent, parlent de leurs copains... Je ne leur ai rien dit sur la mort de Felix. Je serais incapable de tout leur raconter, et elles seraient affligées par le peu que je pourrais leur dire. Cela me mettrait incroyablement mal à l'aise. J'aurais l'impression d'être un imposteur. Je ne leur ai pas parlé de la bombe non plus. J'aurais peut-être dû, mais je me sens tellement mieux, aujourd'hui, que je n'ai pas envie de passer à leurs yeux pour un oiseau effarouché. Gregory serait furieux. "C'est un échec, Ivy", me dirait-il. Il m'a conseillé d'en parler, mais ne l'ai-je pas déjà suffisamment fait ? »

À l'occasion, ils passaient devant de petites îles couvertes de palmiers aux plages de sable blanc et d'eau turquoise. « Comme les îles désertes dans les contes. Il ne manque plus que des coffres au trésor et des pirates. » Des dauphins les avaient suivis, bondissant hors de l'eau et se donnant en spectacle. Les filles s'étaient toutes hissées sur la pointe des pieds et penchées par-dessus bord pour mieux les voir, éclaboussées par les embruns.

— Éloignez-vous du bord ! avait mugi le capitaine. On a déjà suffisamment fort à faire avec vous pour ne pas avoir en plus à aller vous secourir !

« Il se pourrait que ce voyage me plaise, mamie. Cela se pourrait vraiment. Je m'amuse beaucoup.

» Même si je pense beaucoup à Felix. Tout le temps. Je sais que tu préférerais que ce ne soit pas le cas. Mais cela me semble tellement injuste de pouvoir m'amuser sans lui. Parfois, j'ai envie de l'oublier, je me dis que c'est ma faute s'il est mort. Je me sens tellement coupable de vouloir l'effacer de ma mémoire.

» Je ne cesse de me demander si la situation n'aurait pas été différente si j'avais répondu à ses lettres. Se serait-il fait abattre s'il ne s'était senti si désespéré ? »

Au fil des mois, Ivy s'était posé la question un nombre incalculable de fois. Mais, alors qu'elle arrivait à Singapour, se laissant balancer dans son hamac, le regard rivé sur le ciel qui s'éclaircissait de plus en plus, elle n'avait toujours aucune réponse.

L'une des filles bâilla bruyamment. Puis une autre. Le soleil se levait progressivement, plus chaud à chaque nouveau centimètre gagné sur le ciel.

Ivy s'étira, puis descendit de son hamac. Elle se dirigea à pas feutrés vers le bastingage, ses pieds nus sur le pont couvert de sel. Plus ils approchaient, plus elle apercevait l'île distinctement au milieu de la mer calme. Des montagnes luxuriantes semblaient surgir des flots, des bâtiments blancs se dressant ici et là dans la végétation.

Enfin…

Elle sentit un frisson – à la fois nerveux et impatient – lui parcourir l'échine.

Il était prévu qu'ils accostent à la base navale, mais, en raison d'une grève des ouvriers agricoles, ils furent déroutés vers le vieux port, à Keppel Bay. C'était un petit quai conçu pour les flottilles de bateaux traditionnels et non pour des transports de troupes. Lorsqu'on eut jeté l'ancre et baissé les passerelles sur l'estran, l'espace fut rapidement encombré. Des soldats en short et chemise kaki débarquèrent des imposants bâtiments, nombre d'entre eux se rassemblant sous des platanes, un peu plus loin, où des femmes en robe pastel avaient installé des tréteaux chargés de bouilloires et de vaisselle en porcelaine. Sur une banderole, on pouvait lire : « Le Women's Institute vous souhaite la bienvenue à Singapour. » Des officiers rougis par le soleil gesticulaient et soufflaient dans leurs sifflets, et rangée après rangée, des camions couverts de bâches goudronnées patientaient en ronronnant, leurs gaz d'échappement saturant l'atmosphère déjà étouffante.

Ivy n'avait jamais enduré une telle chaleur. En l'absence des brises dont on pouvait profiter en pleine mer, on aurait dit qu'elle était palpable. Les rayons du soleil étaient implacables. Sa peau était couverte d'une fine couche d'humidité. Avant qu'elle et les autres filles soient descendues de la passerelle, elles étaient déjà tout en sueur.

Un lieutenant moustachu avec des auréoles noires sous les aisselles de sa chemise kaki se tenait sur le quai. Il se présenta, Tomlins, et toutes les filles, à l'exception de Harcourt, furent priées de le suivre. Son camion les attendait pour les conduire à leur cantonnement, à la station d'écoute.

—Et moi ? s'enquit Ivy.

Il plissa les yeux d'une manière qui suggérait qu'il ne savait pas par où commencer avec elle. Il se contenta de lui expliquer que d'autres dispositions avaient été prises pour elle. Perplexe, elle voulut en savoir davantage, mais Tomlins lui répondit que quelqu'un allait venir la chercher directement. L'ordre venait de l'ami de la jeune femme, le contre-amiral Hinds.

—Qui ça ?

—Il a connu votre grand-mère, apparemment.

—Ma grand-mère ? demanda-t-elle d'un air dubitatif.

—Oui. Quand elle vivait ici.

De plus en plus incrédule, Ivy fronça les sourcils.

—Elle n'a jamais vécu à Singapour…

—Pourquoi ne vient-elle pas avec nous ? demanda Kate, avec qui elle avait partagé sa cabine tout au long du trajet.

—Parce qu'elle ne le peut pas, répondit Tomlins. Autre chose ?

Exaspéré par leurs questions, il secoua la tête. Il leur laissa une minute pour faire leurs adieux, puis, leur annonçant qu'elles se verraient au travail le lendemain, fit monter les jeunes femmes dans le camion, laissant Ivy seule sur le quai.

Elle les suivit du regard, décontenancée par les curieuses explications de Tomlins, la vitesse à laquelle tout le monde avait disparu, et le fait qu'on allait manifestement l'envoyer vivre avec des inconnues. Elle n'y comprenait pas grand-chose, mais elle était particulièrement déroutée par l'allusion de Tomlins à propos du fait que Mae avait vécu à Singapour. Optant pour une erreur – de toute évidence,

Mae le lui aurait dit –, et ne voyant aucune explication, elle se hissa sur sa malle et attendit qu'on vienne la chercher.

Cela ne ressemblait pas au meilleur départ qui soit.

Progressivement, on affectait les soldats aux différents camions, qui, une fois chargés, quittaient les lieux. Ivy les regarda s'éloigner l'un après l'autre, prenant chaque fois un peu plus conscience de sa solitude. Elle passa un doigt dans le col de son chemisier détrempé. Ses pieds lui cuisaient, dans ses socquettes et ses tennis en toile. Parcourant de nouveau le port du regard, elle aperçut non loin la présence d'un homme en tenue blanche de permission qui la dévisageait. Il était bien plus âgé que les autres hommes alentour, les cheveux gris sous sa casquette, le teint hâlé. Elle crut qu'il était venu la chercher, mais il secoua alors la tête comme s'il se ravisait, tourna les talons et s'éloigna.

Curieux…, songea-t-elle.

Elle continua à attendre. D'autres camions prirent la route. Elle jeta un nouveau coup d'œil à sa montre-bracelet, plissant les yeux pour voir l'heure qu'il était. Cela faisait presque une demi-heure. Quelqu'un allait-il finir par venir la chercher ?

Probablement pas, songea-t-elle, s'imaginant qu'il lui faudrait aller chercher de l'aide, sans doute au stand du WI, lorsqu'une moto s'immobilisa au bord de l'eau et qu'un soldat en chemise et short kaki mit pied à terre. Elle le vit porter son avant-bras tanné à son front pour se protéger les yeux de l'éclat du soleil, puis jeter un coup d'œil autour de lui, scrutant le quai comme elle l'avait fait avant lui.

Elle se redressa sur sa malle. S'agissait-il enfin de la personne censée venir la chercher ? Pensant que c'était le cas, elle se tendit, prête à aller lui poser la question. Mais, avant qu'elle puisse esquisser le moindre geste, il croisa son regard. Il le soutint sans pour autant montrer une quelconque volonté d'aller la rejoindre. De toute évidence, il ignorait qui elle était. Gênée qu'il ait remarqué qu'elle le regardait fixement, elle baissa les yeux. Il n'était manifestement pas là pour une pauvre Wren esseulée.

Elle avait toutefois l'étrange impression qu'il continuait à l'observer. Elle souffla de l'air chaud sur son visage encore plus chaud. Elle avait vraiment le sentiment d'être la cible de son regard.

Elle ne le vérifierait pas.

Elle vérifia.

Elle se demanda bien pourquoi.

Et voilà qu'il plissait les yeux. Même à cette distance, elle distinguait son sourire narquois. Comme s'il tentait de comprendre quelque chose. Il se demandait probablement s'ils s'étaient déjà rencontrés.

Ne sachant plus où se mettre, elle lui adressa un sourire contrit, et leva une main moite. « Non, non, tenta-t-elle de dire. On ne s'est jamais rencontrés. Faites comme si je n'étais pas là. »

Il continua à la dévisager. « Je suis inquiet pour vous », semblait-il vouloir dire.

En fait, il paraissait sur le point de renoncer à la raison de sa venue sur le port, quelle qu'elle soit, et d'aller à sa rencontre. Elle se leva – une fois encore sans vraiment savoir pourquoi, ni ce qu'elle prévoyait de dire –, mais, de toute façon, elle redescendit sur terre en entendant quelqu'un prononcer son nom avec un accent américain.

— Agent Harcourt, c'est vous ? Pitié, dites-moi que c'est vous.

Une femme s'approchait d'elle sur le quai de plus en plus désert, une casquette vissée sur ses boucles décolorées, vêtue, comme Ivy, de l'uniforme blanc des Wrens, à l'exception de nombreuses taches de cambouis sur sa robe.

— C'est vous ? insista-t-elle.

— C'est moi, répondit-elle en remarquant avec une certaine inquiétude combien la femme semblait avoir chaud.

Elle était encore plus rouge qu'Ivy à l'instant, face à ce soldat.

Elle mourait d'envie de se retourner pour voir s'il était encore là, s'il la regardait toujours.

— Dieu merci, soupira la femme en s'immobilisant.

Elle se pencha, faisant tomber ses boucles en cascade sur ses épaules, et planta ses mains sur ses hanches.

Redoutant qu'elle perde connaissance, Ivy lui demanda si elle souhaitait s'asseoir sur sa malle.

La femme lui garantit que tout allait bien, qu'elle irait mieux dans un moment.

Tandis que celle qui était venue la chercher reprenait son souffle, Ivy risqua un coup d'œil dans la direction du soldat. Juste à temps pour le voir tourner les talons et s'éloigner. Elle se demanda s'il souriait encore, puis fronça les sourcils, parce qu'elle était ridicule de se poser ce genre de question.

Cela lui était parfaitement égal.

Évidemment.

Le repoussant de son esprit avec détermination, elle reporta toute son attention sur l'Américaine qui soufflait comme un bœuf devant elle, et s'assura de nouveau qu'elle n'avait besoin de rien.

Elle lui assura de nouveau que tout allait bien.

— Désolée pour le retard. J'ai crevé. (Elle déglutit, puis leva de grands yeux vers Ivy.) Quelle histoire, lâcha-t-elle en soufflant. Ça va ? (Avant qu'Ivy ait pu lui répondre, elle poursuivit.) Bien sûr que non. Tu dois être en train de fondre. Comme tous ceux qui viennent ici pour la première fois. Comme tout le monde, en réalité. Tu aurais sans doute besoin d'un bon remontant. Moi aussi, mais on va devoir faire preuve d'un peu de patience.

Elle déglutit de nouveau, puis se présenta : Alma Davies. Elle saisit l'une des poignées de la malle d'Ivy, lui expliqua qu'elles feraient mieux d'y aller, et la guida le long du quai.

— J'avais peur que tu sois déjà partie.

— Ça s'est joué à peu de chose. J'étais sur le point de me rendre au stand du WI.

Alma lui lança un regard horrifié. Malgré elle, Ivy esquissa un sourire.

— Tu trouves ça drôle ? demanda Alma en faisant mine de prendre un air grave. Tu as de la chance que je sois arrivée à temps. Ma belle-mère en fait partie, et elle est absolument terrifiante. C'est le cas de toutes les *mems*. Franchement, personne n'a envie d'avoir affaire à elles. Heureusement que j'étais là. Pour me remercier, tu n'auras qu'à m'offrir ce remontant. Pas du thé, hein ? Tu es britannique. (Son éclat de rire s'acheva dans un gargouillis.) Viens. (Elle tendit la main, révélant un diamant à l'un de ses doigts.) Cesse donc de lambiner.

— Tu es fiancée ? s'enquit Ivy.

— Oui. À Phil.

— Il est ici ?

Le sourire d'Alma se dissipa.

— Plus maintenant. Il est en Égypte, à présent.

— Comment se fait-il que tu sois dans les Wrens ? demanda Ivy, obligée de trottiner, après avoir passé plusieurs mois à bord, pour pouvoir suivre le rythme d'Alma. Tu es américaine, non ? Pas canadienne ?

— « Canadienne » ? répéta-t-elle, bouche bée. (Sans son regard rieur, elle aurait pu lui sembler aussi atterrée qu'elle avait tenté de paraître lorsque Ivy avait fait allusion au Women's Institute.) Non, je suis de Chicago, mais j'ai grandi ici. Mon père travaille dans le secteur bancaire. Toute ma famille est rentrée aux États-Unis en 1939, mais je suis restée.

— Pour Phil ?

— Euh… oui. Quand il s'est engagé, j'ai décidé d'en faire autant. Je pensais aller dans l'ATS, l'Auxiliary Territorial Service, parce qu'il est dans l'armée de terre, mais la Navy avait besoin de chauffeurs, donc voilà. (Elle prit une inspiration.) On y est presque. (Elle désigna une berline couleur crème, sur le bas-côté.) Allons à la caserne, tu pourras t'installer.

— On loge au même endroit ?

Elle eut l'impression que c'était la première bonne nouvelle de la journée.

— Oui. Sous les ordres du contre-amiral Hinds en personne.

— Mais qui est ce contre-amiral Hinds ?

— Oh, il est charmant, la rassura Alma. Il va te plaire.

— Mais je ne comprends pas pourquoi il refuse que j'aille avec les autres filles.

— Aucune idée. Mais je suis ravie que ce soit le cas. Les deux autres filles de la maison sont infirmières. Elles travaillent tout le temps et ne sont pas très amusantes. On va bien rire, toutes les deux, je peux déjà te le dire.

— Vraiment ?

Cela fit plaisir à Ivy. Elle fut presque tentée d'écrire à Gregory pour le lui raconter.

— Oui. (Alma lui sourit une nouvelle fois.) Alors, ne me laisse pas tomber.

Elles poursuivirent leur conversation dans la voiture, Alma plus souvent tournée vers Ivy que vers la route. Elles quittèrent le port pour de larges rues bordées de palmiers, la mer d'un côté, des magasins, des banques et des sociétés de transport de l'autre. Ivy avait le visage brûlant. Elle sentait une odeur de poussière, d'égouts, de sel et de poisson. Lorsqu'elles dépassèrent des cyclistes et des soldats brûlés par le soleil en treillis découpés, sa chevelure se gonfla sur son front en sueur. Les constructions se firent de plus en plus imposantes, certaines avec de grandes colonnades. Alma désigna les édifices : la façade néoclassique de la poste principale, le pavillon blanc et les pelouses du club de cricket, l'entrée encore plus blanche de l'hôtel *Raffles*, des Rolls-Royce et des pousse-pousse garés devant.

— C'est comme si on avait importé certains coins d'Angleterre et qu'on les avait restitués sous les tropiques, déclara Ivy.

— Tu te sens comme chez toi ?

Ivy grimaça en se rappelant les rues londoniennes sinistres qu'elle avait quittées, les cratères à la place des immeubles, les pancartes « Ouvert malgré les dégâts » sur les portes des magasins et les rubans adhésifs sur les vitres.

— Non, pas vraiment, en fait, répondit-elle.

— Eh bien, ici, au moins, je suis sûre que ce ne sera pas le cas, déclara Alma en faisant une embardée lorsqu'un camion de l'armée de terre la klaxonna.

Elle désigna une rue perpendiculaire, devant elle, où étaient accrochés des lampions.

— Chinatown, déclara-t-elle en haussant le ton pour se faire entendre malgré le bruit du moteur. Il y a cinq fois plus de couleurs et dix fois moins de place que n'importe où sur cette île.

Tendant le cou, Ivy aperçut une allée de maisons peintes. Elles étaient ornées de volets sculptés. La rue était encombrée par des étals et des gens du quartier coiffés de chapeaux en forme de pyramide. Elle entendit des accents étrangers, le crépitement d'aliments que l'on faisait frire. L'atmosphère était chargée de nouvelles senteurs : du riz vapeur, des épices…

— Regarde là-haut, dit Alma en doublant un nouveau vélo. Sur ta droite, cette colline verte : c'est Fort Canning, où se trouvent la maison du gouverneur et le quartier général. Là-haut, c'est Orchard Road.

Elles longèrent une avenue bordée d'arbres impeccablement taillés et de magasins chic aux vitrines embuées à cause de la climatisation. Alma énuméra ce que l'on pouvait y acheter : des bas nylon, des chocolats, du maquillage…

— Il n'y a pas de rationnement à Singapour.

Elle promit à Ivy de l'y conduire chaque fois qu'elle le souhaiterait. Elle en serait ravie. Elle changeait constamment d'expression, n'hésitant pas à montrer ses sentiments : de l'angoisse lorsqu'une voiture la frôla d'un peu trop près, l'enthousiasme en évoquant la rumeur d'une nouvelle gamme de rouges à lèvres, l'inquiétude quand elle s'enquit de l'état de fatigue d'Ivy… Il leur restait encore un quart d'heure de route avant d'atteindre leur casernement, à Bukit Chandu. C'était la première fois qu'Ivy rencontrait quelqu'un d'aussi immédiatement ouvert, et sans artifice. Plus Alma s'exprimait, plus Ivy l'appréciait. Elle était toujours aussi déconcertée d'avoir été séparée des autres, mais elle ne s'en préoccupait plus. Même si elle ne connaissait Alma que depuis cinq minutes, elle n'avait aucunement l'impression qu'on l'envoyait vivre avec une inconnue.

En quittant le centre-ville, elles croisèrent de moins en moins de monde. Les magasins firent place à des immeubles d'habitation, puis à des villas. Progressivement, la jungle reprenait ses droits. Tout juste une minute plus tard, elles se retrouvèrent dans un monde totalement différent. Cette transformation stupéfia Ivy. À l'exception d'une voiture ou d'un camion de temps à autre, leur véhicule était le seul sur la route. L'imposante végétation formait une voûte au-dessus de leurs têtes. Il régnait dans l'atmosphère un doux parfum de terre et d'herbe. Des grillons chantaient dans les broussailles, et elle entendait d'autres bruits : des cris stridents.

— Des singes, expliqua Alma. De vraies petites pestes. Quand tu laisses tes volets ouverts, ils n'hésitent pas à entrer dans ta chambre et à fouiller dans tes affaires.

Elles tournèrent à droite et gravirent la légère côte. Ivy vit d'autres villas aux murs blancs, plus grandes que les précédentes. Elles étaient agrémentées de vastes vérandas protégées par des stores à rayures noires et blanches, et d'immenses pelouses ceintes par des bosquets de palmiers. Dans un jardin, deux jeunes Européens vêtus de shorts et de chaussettes montantes jouaient au cricket. Dans un autre, plusieurs femmes arborant à peu près la même tenue que celles du stand du WI prenaient le thé.

— C'est magnifique, déclara Ivy, savourant cette délicieuse tranquillité. C'est si calme…

— J'adore, approuva Alma d'un air songeur. Notre maison – on y sera dans une minute – appartenait aux parents de Phil, avant qu'ils la cèdent temporairement à l'armée. Il y a grandi.

— Où vivent-ils, désormais ?

— En ville. Dans un appartement, sur Orchard Road. La plupart des résidences du coin ont été réquisitionnées pour les familles des officiers, ou pour le cantonnement, comme la nôtre. (Elle tourna dans une nouvelle rue.) Je crains que ce soit relativement loin de ton travail. La station Y est à Kranji, près de la frontière malaise. Personne n'est censé savoir qu'elle se trouve là-bas. J'imagine que ce serait une cible, si, eh bien… (elle grimaça) enfin, tu vois…

— Comment tu le sais ?

— Oh, je sais toutes sortes de choses. C'est l'avantage d'être chauffeur.

— Vraiment ? demanda Ivy en souriant.

— Absolument. On m'envoie un peu partout. Je vais souvent récupérer des rapports à Kranji. Je t'y amènerai aussi tous les matins.

— Je ne comprends décidément pas pourquoi on ne m'a pas cantonnée là-bas.

— Je te l'ai dit. C'est le contre-amiral Hinds qui l'a ordonné.

— Pourquoi ?

— Pourquoi ne lui demandes-tu pas toi-même ? Regarde. (Elle désigna une berline qui stationnait au bout d'une allée.) Il est là.

Elle ralentit et s'apprêta à se garer.

— Arrête, dit Ivy en tendant le bras vers le volant. Ce n'est pas sa voiture.

— Si. (Éclatant de rire, Alma repoussa sa main.) Je te le jure ! Il vit avec un de ses vieux amis, Alex Blake. Je ne sais pas pourquoi il est là à cette heure-ci, mais il est bien là.

Ivy la dévisagea, tentant de déterminer si elle pouvait la croire ou non.

— Sans mentir, insista Alma en se séchant les yeux. Je te le jure !

Ivy se tourna vers la voiture, à présent derrière elles.

— Vraiment ?

— Oui. C'est bon, je peux faire demi-tour ?

— Disons que non.

— Rabat-joie. (Elle ralentit de nouveau.) Nous sommes arrivées, de toute façon. Notre petit nid douillet.

Elles s'immobilisèrent dans l'allée d'une maison d'un étage. Ivy en admira la beauté, oubliant temporairement sa confusion quant aux raisons de sa présence en ces lieux.

Comme toutes les maisons de la rue, elle était blanche et bâtie sur pilotis, donnant sur un vaste jardin au premier plan. À toutes les fenêtres, les volets étaient entrebâillés, et des chaises longues étaient alignées dans la véranda.

— Ma parole, c'est chez nous ?

— Tout à fait, confirma Alma en tirant sur le frein à main.

Deux jeunes Chinoises sortirent de la maison pour aller chercher la malle d'Ivy, refusant qu'elle les aide à la porter.

— Ça va aller, madame, dirent-elles. Laissez-nous prendre. On peut. (Elles hochèrent la tête en souriant.) On peut.

— Tu ferais bien de les laisser faire, lui conseilla Alma. Mieux vaut éviter de contrarier Dai et Lu. Ce sont elles qui préparent notre dîner.

— Comment ça ?

Alma éclata de rire.

— Viens, je vais te faire visiter.

Lorsqu'elles s'engagèrent dans le couloir au plancher poli, Alma prévint Ivy qu'il valait mieux qu'elles s'expriment à voix basse, car Jane et Vanessa travaillaient de nuit, en ce moment, et elles dormaient à l'étage. Tout en chuchotant, elle lui montra le salon et la bibliothèque – les deux pièces meublées d'osier et de tapis brodés –, une salle de bains carrelée et une cuisine où elles se servirent chacune un verre d'eau. À l'étage se trouvait un large couloir. Il était troué de fenêtres couvertes de voilages qui laissaient pénétrer une légère brise, et par lesquelles on avait vue sur la jungle, un peu plus loin. Sur la gauche et la droite d'Ivy s'étirait un couloir percé de fenêtres d'un côté et de portes closes de l'autre.

— On est de ce côté-ci, expliqua doucement Alma en conduisant Ivy sur la droite. Jane et Vanessa sont de l'autre.

(Elle désigna la gauche du couloir.) Les autres servent de rangement. (Elle ouvrit la porte de la chambre d'Ivy.) Et voilà!

La pièce était aussi calme et spacieuse que le reste de la maison, avec une grande fenêtre. Il régnait un parfum de cire d'abeille et de pollen. Un vase de fleurs trônait sur la commode. Un lit d'une place surmonté d'une moustiquaire occupait un angle de la chambre. La malle d'Ivy était déjà à côté. La jeune femme s'approcha de la fenêtre et jeta un coup d'œil au jardin de derrière, aux parterres de fleurs et aux arbres multicolores. La rejoignant, Alma lui montra que, en se penchant un peu, elle pouvait facilement voir la fenêtre de sa propre chambre, contiguë à la sienne.

— J'occupais cette chambre, quand Phil vivait ici, déclara-t-elle. Il dormait dans celle où je loge actuellement. On discutait des heures, une fois que ses parents étaient couchés. (Elle posa ses coudes sur le châssis de fenêtre et appuya son menton dans ses mains, suivant le regard d'Ivy, qui contemplait le jardin.) Tout ça doit lui sembler très loin, désormais.

La regardant du coin de l'œil, elle remarqua combien elle semblait soudain attristée. Elle imagina comme elle devait se sentir seule, depuis le départ de Phil. Elle se demanda ce qu'elle pouvait dire. Jadis, elle n'aurait pas hésité, mais, désormais, elle prenait soin d'éviter de mettre les autres aussi mal à l'aise qu'il lui arrivait de l'être à l'évocation de certains sujets. Toutefois, convaincue que c'était son inconscient qui s'exprimait (« Très bien », aurait dit Gregory), et puisqu'elle avait travaillé dur pendant son trajet pour empêcher sa nouvelle tendance à la retenue de se mettre en travers de son chemin et lui interdire de se faire de nouveaux amis, elle déclara :

— Ça doit être difficile d'être là sans lui. Il doit y avoir des souvenirs de lui partout.

— C'est le cas, confirma Alma d'un ton reconnaissant qui la rendit heureuse de s'être exprimée.

— Tu n'as jamais songé à partir ?

Alma haussa les épaules.

— Ce serait pire, j'ai l'impression. Au moins, ici, il est réel. Enfin, en partie. (Elle fronça les sourcils.) Ça ne veut rien dire, si ?

— Bien sûr que si.

Alma esquissa un sourire attristé, puis, jetant un coup d'œil dans la chambre, demanda à Ivy si elle lui plaisait.

— Non. (Elle secoua la tête.) Non. C'est horrible.

Alma lui donna un coup de coude. Au bout d'un moment, elle prit congé.

— J'aimerais bien qu'on boive un verre pour te souhaiter la bienvenue, mais j'ai bien l'impression que ça va devoir attendre. Il faut que je rentre à la base.

— Tu sais que tu as du cambouis sur ta robe ?

Elle baissa les yeux, et la mémoire lui revint.

— Je vais me changer, avant d'y aller. Tu as besoin d'autre chose ?

Ivy lui garantit que tout allait bien. Elle prendrait un bain et ouvrirait ses bagages.

Toutefois, après le départ d'Alma, elle décida d'aller se promener, d'abord, et de se dégourdir les jambes. Prenant simplement le temps de donner un coup de brosse à son uniforme froissé à cause de la sueur, elle se servit un nouveau verre d'eau, sortit sur la terrasse et suivit l'allée ombragée jusqu'à la route. En fin d'après-midi, la morsure du soleil se faisait moins acérée, mais il faisait malgré tout encore très chaud. Elle déposa son verre par terre et ôta ses tennis de toile et ses chaussettes. Elle fit jouer ses orteils collés par la sueur et sentit le contact de l'herbe sous ses pieds. Un peu plus loin sur la route, elle entendit rugir un moteur de moto, mais, à part cela, les seuls bruits qu'elle percevait provenaient des cigales, des oiseaux, et, à l'occasion, de singes. Elle continua à déambuler, buvant de temps à autre une gorgée d'eau.

Elle n'avait pas eu l'intention de diriger ses pas vers la maison où stationnait la voiture du contre-amiral, d'après Alma. Elle ne s'était pas aperçue qu'elle s'en approchait avant de l'atteindre. À l'abri d'une haie, elle jeta un coup d'œil dans la propriété. La voiture était encore dans l'allée, et deux hommes discutaient dans la véranda. Elle présuma que le contre-amiral Hinds était celui en tenue blanche. Frappée par sa ressemblance avec le vieil homme qu'elle avait aperçu sur le quai, elle plissa les yeux. Elle se pencha pour poser ses tennis, et s'approcha pour avoir un meilleur point de vue. C'était lui. C'était bien lui. Comme c'était curieux. Il s'adressait à un homme en pantalon clair et chemise blanche, coiffé d'un panama. Il paraissait très distingué, et, comme Hinds, semblait proche des soixante-dix ans, voire davantage. Elle entendait le son grave de leurs voix, mais était incapable de distinguer leurs paroles.

Plus curieuse que jamais d'en apprendre davantage sur ce contre-amiral Hinds, elle approcha encore, faisant bruire les feuilles, et tendit l'oreille.

— Bonjour ? dit une voix derrière elle.

Elle sursauta, se retourna, et heurta de plein fouet un homme qui se dressait devant elle.

— Mon Dieu, je suis désolée, dit-elle à son poitrail kaki.

— Ça va ? s'enquit-il.

— Très bien.

Levant les yeux, elle croisa un regard vert amusé. L'espace d'une seconde, elle ne put rien voir d'autre. Mais elle distingua bientôt son visage, et, le reconnaissant, elle écarquilla les yeux de stupéfaction. Il s'agissait de l'homme qu'elle avait vu au port, le soldat qui l'avait surprise à le regarder fixement.

— Encore vous ? demanda-t-elle, s'apercevant en le disant qu'il aurait sans doute été plus digne de feindre de l'avoir oublié.

Son regard étincela.

— Je pourrais vous en dire autant, lui fit-il remarquer sans faire semblant non plus.

Elle se demanda si c'était une bonne chose ou non.

Elle avait du mal à réfléchir. Cela lui avait fait un choc.

— Que faites-vous là ? demanda-t-elle sans réfléchir.

— Qu'étiez-vous en train de faire ? rétorqua-t-il, sans se soucier de sa question.

— Vous êtes australien, déclara-t-elle sans plus tenir compte de sa remarque.

— Oui.

— Je suis à moitié australienne.

— Vraiment ?

Cela sembla l'amuser encore plus.

— Oui.

Sans se laisser distraire, il lui demanda de nouveau ce qu'elle faisait dans les fourrés.

— Je regardais juste.

— Ah.

Il se tourna vers les arbustes. De près, elle remarqua comme il était bronzé, comme si cela faisait très longtemps qu'il était sous les tropiques. Sa chevelure châtaine avait des reflets dorés.

— Et que regardiez-vous ?

Elle hésita, cherchant un moyen de s'expliquer.

— Quelle importance ? demanda-t-elle d'un ton plus sec qu'elle en avait eu l'intention.

Elle remarqua aussitôt les galons sur sa manche. Elle devint écarlate. Il était commandant dans l'armée de terre, plusieurs échelons au-dessus de son grade dans la Marine. Il aurait aisément pu la réprimander pour son impolitesse. Ce lieutenant qui avait emmené les autres filles à leur descente du bateau ne s'en serait pas privé, elle en était certaine.

Mais il n'en fit rien. Il se contenta de pousser un petit éclat de rire. Elle remarqua que son expression avait changé. Une ombre – dure ou triste – s'était dissipée avant même qu'elle prenne conscience de sa présence. Elle le dévisagea, se demandant de quoi il s'agissait. La guerre, probablement.

Cherchant à se convaincre que cela n'avait rien à voir avec elle, elle tourna son regard vers la route et aperçut sa moto sur le bas-côté. Faisant le lien avec le moteur qu'elle avait entendu un peu plus tôt, elle lui demanda de nouveau ce qu'il faisait là.

— Vous vivez ici ?

— Non, et vous ?

— À présent, oui.

— Quelle chance ! (Il se tourna de nouveau vers la haie.) Et vous êtes venue ici pour espionner ?

Malgré elle, elle esquissa un sourire.

— Pas vraiment, répondit-elle.

Puis elle lui demanda, vu que c'était lui qui s'était approché d'elle subrepticement :

— Et vous ?

Il éclata de rire, et, encore une fois, une ombre s'estompa, sans pour autant disparaître totalement.

— Je crains de ne pas être autorisé à vous répondre.

Elle plissa les yeux.

— Oh, vraiment ?

— Oui, vraiment. Navré.

— Vous ne paraissez pas tellement navré.

Elle se gratta le pied, derrière la cheville. Des fourmis piquaient sa peau nue. Elle donna un petit coup de pied pour les en dissuader.

— Je me faisais du souci pour vous, tout à l'heure, déclara-t-il. Assise là, sur votre malle, on aurait dit que quelqu'un vous avait abandonnée.

— C'était le cas.

— Mais on vous a retrouvée.

— Oui.

— Autrement, je ne serais pas parti.

— Vraiment ? (Elle pencha la tête d'un côté, se rappelant comme il l'avait regardée.) Eh bien, c'est bon à savoir.

Il esquissa un sourire.

— Sinon, que faites-vous à Singapour ?

Elle haussa un sourcil.

— Je crains de ne pas être autorisée à vous répondre.

Elle décela une lueur fugace dans son regard. Elle aurait été incapable de déterminer s'il s'agissait d'agacement ou d'approbation, mais, pour la première fois, elle eut le sentiment d'avoir pris le dessus. C'était puéril, mais elle ne put s'empêcher d'en être ravie.

Il lui demanda d'où elle venait, et elle lui répondit « Londres ». Il lui demanda comment elle s'appelait, et lui annonça à son tour qu'il s'appelait Kit Langton. Il lui demanda quelle moitié d'elle était australienne, et, sans réfléchir, et n'ayant sans doute aucune envie de parler de sa mère (elle s'en voulut d'avoir abordé le sujet), elle lui répondit « la moitié inférieure », une improvisation qui eut pour conséquence fâcheuse de lui faire baisser les yeux sur ses jambes, ce qui ne manqua pas de la faire de nouveau rougir.

— Si vous ne vivez pas ici, s'enquit-elle en espérant faire diversion, que faites-vous là ?

— Je suis venu voir mon supérieur hiérarchique. Il vit dans la maison où vous tentiez de vous introduire par effraction. J'étais à sa recherche quand je vous ai aperçue sur le quai. Sa secrétaire m'a dit qu'il se rendait au port.

Le visage d'Ivy se décomposa.

— Votre supérieur, c'est le contre-amiral Hinds ?

— Pour le moment, oui. Vous le connaissez ?

— Non. Pas du tout. (Elle se tourna vers les deux hommes, encore dans la véranda.) S'il vous plaît, ne lui dites pas que vous m'avez vue ici.

Sa requête, comme tout ce qu'elle pouvait dire et faire, sembla l'amuser. Se moquait-il ainsi de tout le monde ?

— Pourquoi ?

— Je vous en prie…

— C'est aussi votre supérieur direct ?

— Non, je ne crois pas. Je n'en sais rien.

— Vous ne savez pas ?

— Je viens d'arriver. S'il vous plaît, ne lui dites pas que vous m'avez vue.

— D'accord.

— Je vous remercie, dit-elle en poussant un petit soupir.

— Il faut que j'y aille, de toute façon. Ravi d'avoir fait votre connaissance, Ivy.

Il esquissa un sourire, et quelque chose se produisit : elle se sentit comme paralysée, et, soudain, elle ne vit plus que Felix.

Felix.

Depuis un moment, elle l'avait complètement oublié. Cela la fit culpabiliser. Elle lui rendit son sourire, et, après l'avoir brièvement salué – et avant que l'un d'eux ait eu le temps de dire autre chose –, elle s'obligea à tourner les talons et à s'éloigner. Cette fois, cependant, elle ne lui jeta pas un dernier coup d'œil pour vérifier s'il était encore là. Au contraire, éprouvant le besoin de se dissimuler, elle se cacha derrière les arbres jusqu'à son nouveau cantonnement.

Elle se réfugia à l'intérieur, et, sentant son cœur continuer à battre de façon désagréable, se hâta de monter se changer pour prendre un bain. Une fois enroulée dans sa serviette, prête à descendre à la salle de bains, elle sentit les piqûres de fourmis la démanger, et s'aperçut qu'elle avait oublié ses tennis sur le bord de la route. *Quelle idiote!* Elle renfila sa jupe et son chemisier et courut les récupérer, mais les chaussures – ainsi que Kit et sa moto – n'étaient plus là. Il avait dû les prendre, avec ses socquettes trempées de sueur. Elle ne savait plus où se mettre. Elle jeta un coup d'œil vers la véranda où discutaient les hommes, mais il n'y avait plus personne non plus. La voiture de Hinds n'était plus dans l'allée. La raison pour laquelle Kit était allé le voir s'était révélée visiblement suffisamment importante pour lui faire quitter les lieux.

Elle se demanda de quoi il pouvait s'agir. Elle se demanda aussi si Kit avait tenu parole et gardé pour lui le secret de leur rencontre. Sans trop savoir pourquoi, elle était convaincue que c'était le cas. Il ne semblait pas du genre à trahir sa parole.

Et puis, quelle importance, s'il en avait parlé au contre-amiral ? Elle avait le droit d'être curieuse, non ? Après tout, c'était Hinds qui avait décidé de la cantonner sur la même route que celle où il habitait. Il l'avait vue au port et ne lui avait pas adressé la parole. Elle avait simplement tenté de découvrir de quoi il retournait.

De quoi retournait-il ?

Elle n'en avait pas la moindre idée. Et elle n'avait plus de chaussures non plus. C'était Kit Langton qui les avait.

— Crotte ! (Le juron résonna dans la jungle autour d'elle, rompant le silence vert et luxurlant.) Crotte !

Chapitre 5

Ce soir-là, quand Alma rentra du travail, Ivy s'abstint de lui parler de Kit. Elle avait estimé que c'était sans intérêt. Elle ne raconta pas grand-chose de son après-midi non plus. Seulement qu'elle avait égaré ses chaussures, ce qui avait poussé Alma, les pauvres domestiques Dai et Lu, et Ivy (car elle n'avait pas envie de regarder les autres sans rien faire) à organiser une fouille complète – et inévitablement vaine – de la maison. Même Vanessa et Jane, avant d'aller travailler à l'hôpital Alexandra, se joignirent aux recherches. Ce fut Vanessa, qui, à genoux dans son uniforme, inspectant sous les chaises du salon, déclara du ton pragmatique des infirmières que ces recherches étaient un échec. Elle proposa à Ivy de lui prêter sa paire de mocassins blancs de rechange. Ce n'était pas le modèle réglementaire, et il s'avéra qu'ils faisaient deux pointures de trop, mais c'était infiniment mieux que rien.

Lorsque les filles partirent à l'hôpital, un jeune homme se présenta à leur porte, le deuxième classe Sam Waters. Tout sourires, le visage rond, il montra à Ivy des documents qu'elle devait signer. Il lui expliqua qu'il était agent administratif à la station, et qu'il y serait quand elle prendrait son poste, le lendemain. Il lui proposa de venir la chercher, ce qu'elle trouva très gentil de sa part, mais Alma, qui sortait de la cuisine avec un pichet de boisson apparemment alcoolisée à la main, lui fit remarquer qu'Ivy avait tout ce qu'il lui fallait comme chauffeur, merci beaucoup.

— Si vous en êtes sûres…, insista Sam.

— Tout à fait, répliqua Alma avec un sourire figé.

— Qu'est-ce que c'est ? demanda-t-il en jetant un coup d'œil au pichet.

— Ça s'appelle un cocktail, Sam.

— Ça a l'air bon.

Alma conserva son sourire.

Il parut évident à Ivy que Sam souhaitait se faire offrir un verre, et elle était certaine qu'Alma en avait également conscience. Mais, puisque c'était Alma qui avait fait le cocktail et qu'elle s'abstenait de lui en proposer un, Ivy préféra garder le silence.

— Bon, finit par lâcher Sam. Je vais vous laisser. J'ai hâte de vous voir demain, agent Harcourt.

— Appelez-moi Ivy.

Il esquissa un sourire.

— Avec plaisir, Ivy. Bonne soirée.

— J'ai l'impression qu'il en pince pour toi, déclara Alma dès qu'il fut parti.

— Mais non. (Alma haussa un sourcil.) Tu ne l'aimes pas ?

— Il me fait une drôle d'impression, c'est tout.

Alma apporta le pichet dans la salle à manger. Ivy lui emboîta le pas. Un plat de nouilles parfumées au gingembre les attendait sur la table. Ivy, qui n'avait pas mangé depuis le petit déjeuner à bord, sentit son estomac gronder.

— Pourquoi ? demanda-t-elle.

Alma déposa le pichet en fronçant les sourcils.

— Il raconte à tout le monde qu'il est malade du cœur. Que c'est pour ça qu'il ne combat pas.

— Où est le problème ?

— Nulle part. Si c'est vrai. Mais j'ai entendu dire que son père était médecin à un poste élevé au ministère de la Santé, et Sam étant fils unique…

Elle laissa sa phrase en suspens, lançant à Ivy un regard lourd de sens.

— Il aurait fait jouer ses relations ? demanda Ivy.

— Ce n'est pas certain. Et ce ne serait pas la faute de Sam, si c'était le cas. Mais c'est sa façon de toujours répéter combien il aimerait pouvoir tenir une arme et aller au front. (Elle haussa les épaules comme pour se débarrasser de sa drôle d'impression.) Sois patiente, il ne va pas tarder à tout te raconter.

— Il m'a semblé très amical.

— C'est sûr. « Très amical ». Envers toi.

Ivy leva les yeux au ciel, s'attabla et oublia totalement Sam. Puis elle se rappela qu'elle était censée oublier Kit aussi.

Après le dîner, elles prirent ce qui restait du cocktail d'Alma – un mélange de rhum, de citron vert frais, de sucre et d'eau gazeuse – et l'emportèrent sur la terrasse désormais plongée dans l'obscurité. Au milieu du bruissement des feuilles et du refrain nocturne de la jungle, elles discutèrent jusqu'à une heure avancée de la nuit. Alma parla un peu plus de sa famille, expliqua pourquoi sa grande sœur était retournée à Chicago avec leurs parents au début de la guerre, avant de se marier et de tomber enceinte. Ivy lui fit remarquer qu'ils devaient énormément lui manquer, et Alma le lui confirma, surtout sa sœur.

— Tu t'entends bien avec les parents de Phil ?

— Je ne sais pas. (Le regard perdu dans les ténèbres du jardin, elle but une gorgée de son cocktail.) Je vais dîner chez eux toutes les deux semaines, mais je serais encore incapable de dire ce qu'ils pensent de moi. D'après Phil, ils m'aiment bien, et on ne sait jamais ce qu'ils pensent de leurs interlocuteurs. Je ne sais pas. J'ai toujours l'impression d'être trop bavarde, avec eux. (Elle lui adressa un regard inquiet.) Je parle trop ?

— Tu parles exactement ce qu'il faut.

— Tu es gentille. Pas eux. Enfin, si, mais ils ne disent pas grand-chose. On ne parle jamais de Phil. Quand quelqu'un, généralement moi, oublie que c'est défendu et fait allusion à lui, Elsie, sa mère, file dans la salle de bains et n'en ressort qu'au bout de cinq minutes, les yeux bouffis. Toby, le père de Phil, ne lui demande même pas si ça va. (Déconcertée, Alma secoua la tête.) Qu'est-ce que c'est que ça ? Phil lui demanderait si ça va…

— Et toi ?

— Je lui pose la question, mais elle me répond toujours que tout va bien. (Elle but une nouvelle gorgée.) Alors que ça ne va pas du tout.

Se souvenant de ses propres « ça va », par le passé, Ivy se demanda si elle avait toujours été si transparente. (*Oui,* lui répondit la voix silencieuse de Gregory, *totalement transparente.*)

Elles finirent par aborder la raison pour laquelle Ivy était devenue une « oreille », les langues qu'elle parlait et ses études à Cambridge. Elle lui expliqua qu'elle parlait le français et l'allemand depuis toujours, Mae lui ayant continuellement parlé dans ces langues, lui assurant que c'était le meilleur moyen d'apprendre, mais qu'elle s'était mise au japonais sur le tard, quand une nouvelle enseignante, à son école, lui avait proposé de lui donner des cours.

— Son père était directeur d'études à Cambridge. C'est elle qui m'a encouragée à postuler.

— Tu as descendu la rivière en barque ? s'enquit Alma. Je me suis toujours demandé si ça se faisait vraiment.

Des souvenirs lui revenant à l'esprit, Ivy esquissa un sourire.

— Oui. Je suis tombée à l'eau, un jour.

— Vraiment ?

— J'étais ivre. On n'aurait même pas dû sortir. (C'était après un bal.) J'essayais de convaincre les autres que je savais diriger une barque, et la rame s'est coincée.

En se relevant, sa chevelure plaquée sur son visage, on aurait dit un rat mouillé. Elle avait tellement ri qu'elle en avait eu des crampes d'estomac.

Alma éclata de rire.

— J'aurais bien aimé voir ça !

Le sourire d'Ivy se dissipa quand elle se rappela que Felix, qui avait quitté Londres pour lui rendre visite, l'avait hissée dans l'embarcation et enroulée dans son manteau, demandant aux autres de détourner le regard et de cesser de la taquiner.

« On voit tes sous-vêtements à travers ta robe », lui avait-il fait remarquer.

« Ça m'est égal », avait-elle répondu en tremblant et en le repoussant.

— Ça va ? lui demanda Alma.

— Oui, répondit-elle en secouant la tête. Ça va.

— J'ai l'impression d'entendre la mère de Phil.

— Désolée.

Alma versa le fond du pichet dans leurs verres.

— Je ne dirai rien, cette fois. Mais que je ne t'y reprenne plus.

Elle avait adopté le ton grave d'une maîtresse d'école, mais, lorsqu'elle tendit son verre à Ivy, celle-ci remarqua la chaleur dans son regard. Un regard amical.

En le croisant, Ivy se sentit reconnaissante d'être là : dans ce jardin, buvant en bonne compagnie, et non à Kranji, même avec les autres filles. Elle ne se rappelait plus la dernière fois où elle avait oublié à ce point sa solitude.

Elle saisit son verre en souriant et trinqua.

— Je ferai de mon mieux, promit-elle, soulagée de constater à quel point elle était sincère.

Elle s'était attendue à bien dormir, cette nuit-là, surtout grâce à l'alcool, mais, sans le mouvement de balancier de son hamac, et avec cette chaleur oppressante dans la pièce, elle se tourna et se retourna dans son nouveau lit, s'emmêlant dans les draps humides, préoccupée par sa première journée de travail à Kranji après si peu de repos. Dans cette étuve, son angoisse n'arrangeait rien.

Elle finit par sombrer dans une sorte d'état d'inconscience où les images se succédèrent : les hommes dans la véranda ; Alma avec ses lèvres écarlates et sa chevelure blonde, *« J'ai l'impression d'entendre la mère de Phil »* ; les piqûres de fourmis ; ses tennis dans l'herbe, sur le bas-côté de la route. Puis elle n'était plus dans la rue, mais de retour à Cambridge, devant la porte d'une version tropicale de sa chambre universitaire. Felix l'y attendait dans la tenue de soirée qu'il portait le soir où elle était tombée à l'eau. Lui tournant le dos, il regardait par une fenêtre poussiéreuse. Ses épaules, son cou… il était comme dans ses souvenirs. Mais, quand il se tourna vers elle, au lieu de son visage, de son air doux et de son sourire prudent, elle vit le regard d'émeraude rieur et le sourire malicieux de Kit. *« Tu es venue ici pour espionner ? »* Lorsqu'elle s'approcha de lui, ses traits firent de nouveau place à ceux de Felix, et il hurlait. *« Mein Gott, nein, nein ! »* Ses cris se muèrent en détonations, lui rappelant l'effroi des bombardements.

Aveuglée par un éclair accompagné d'un coup de tonnerre, elle se réveilla en sursaut. Elle se redressa et se leva d'un bond, prête à s'enfuir. Elle était presque à sa porte quand elle recouvra ses esprits et s'aperçut que le bruit avait été causé par l'orage et non par une bombe. *Ce n'est qu'un orage. Un orage.* Son cœur faisait un vacarme de tous les diables. *Un orage.* Elle déglutit et porta les mains à son visage en sueur. *Du calme.* Elle regagna son lit et se laissa tomber sur ses draps humides. Le cœur encore battant, elle parcourut la pièce du regard, rassurée d'être là et nulle part ailleurs. Elle aurait pu pleurer de déception. Elle avait réellement cru, après le voyage, que ses cauchemars, au moins, appartenaient au passé.

Une lueur argentée pénétrait par les volets fermés. La pluie martelait le toit pentu et les vitres des fenêtres. À cause de la fatigue – et du rhum –, elle avait mal au crâne, mais elle savait qu'elle ne trouverait plus le sommeil, à présent. Elle n'essaya même pas. Les mains tremblantes, elle ouvrit le tiroir de sa table de chevet et en tira le morceau de papier plié qu'elle avait dissimulé sous ses sous-vêtements. C'était la dernière lettre que Felix lui avait fait parvenir au cottage de Hampstead, grâce à ce juif qui s'était échappé en traversant la France. Mae ne l'avait remise à Ivy que lors de sa permission, le week-end suivant. « *Je ne voulais pas que tu l'ouvres toute seule.* » Depuis, Ivy l'avait lue tant de fois qu'elle la connaissait par cœur. Pourtant, elle la déchiffra de nouveau.

Très chère Ivy,

C'est l'enfer, ici. Je pense à toi, tout le temps, et je me demande si tu existes vraiment. Si tout ça s'est vraiment passé. J'ai du mal à imaginer qu'il y a eu un monde avant ça. Et qu'il y en aura un après. J'ai tellement honte de tout ce qu'on fait ici : les vies que l'on prend et que l'on regarde prendre. Ce que j'aimerais avoir de tes nouvelles, et ne t'avoir jamais quittée. Je regrette de ne pas avoir trouvé le moyen de rester. Surtout, je regrette que tu ne m'aies pas assez aimé pour me garder auprès de toi. Je ne t'en veux pas. C'était trop tôt, trop tôt pour toi. J'en suis conscient.

Je crois que je vais mourir, Ivy. La seule chose qui m'aide à imaginer que ce ne sera pas le cas, c'est toi. Si tu m'aimes encore, ce sera peut-être suffisant pour me garder en vie. Tu m'aimes ? Ne serait-ce qu'un peu ? Peux-tu me promettre que tu seras là quand tout ça sera fini ? Dis-moi que tu peux encore m'aimer, dis-le-moi, et je crois que je pourrai m'en tirer.

Elle avait fondu en larmes en lisant cette lettre. Elle avait pleuré, serrant le papier entre ses doigts jusqu'à ce que Mae la prenne dans ses bras et lui demande de se calmer.

— Ivy, Ivy… Ce n'est pas ta faute. Tu n'aurais pas pu faire ce qu'il te demandait, et ça n'aurait pas fonctionné. On lui a ordonné de partir. Il devait partir. Tu le sais.

Ivy l'ignorait. Si elle se rappelait qu'il lui aurait été impossible d'accepter la proposition de Felix – et son soulagement coupable lorsqu'il était parti –, elle se souvenait aussi de l'avoir aimé avec une telle intensité qu'elle avait été bouleversée de ne plus avoir de sentiments pour lui. Elle avait l'impression de l'avoir trahi. Mais, si le sort qui avait été réservé au pilote l'avait fait souffrir durant des semaines, elle n'avait rien fait malgré sa culpabilité : elle avait songé mille fois à lui répondre, mais n'en avait jamais rien fait, se répétant que c'était impossible.

Aujourd'hui, elle avait du mal à comprendre comment elle avait pu se conduire de la sorte.

Écoutant la pluie battre, dehors, elle se rappela le jour où ils s'étaient rencontrés : à une soirée, lors de son premier trimestre à Cambridge. Il se tenait auprès d'elle tandis que ses amis faisaient les idiots en s'adonnant à une sorte de jeu à boire, et elle avait tenté de faire mine de ne pas avoir remarqué sa présence.

Elle l'avait reconnu. On parlait beaucoup de lui dans les couloirs de Girton. C'était quelqu'un de si raffiné, de si merveilleux avec son sérieux courtois et son élégance européenne. Elle avait eu du mal à le croire lorsqu'il s'était approché d'elle, lui avait fait remarquer combien ses amis étaient des clowns, avant de lui avouer qu'il l'avait repérée en cours de langue moderne.

« Ivy, c'est bien ça ? »

« *Oui*, était-elle parvenue à bredouiller. *Oui.* »

Ils avaient discuté toute la nuit dans un immense nuage de fumée de cigarette. Puis il l'avait envoûtée avec sa façon gracieuse de danser, et ce premier baiser. Il n'avait pas fait preuve d'autant d'assurance qu'elle l'avait escompté (elle avait découvert quelques semaines plus tard que, comme elle, il était encore vierge), mais cela lui avait plu néanmoins. Des mois durant, ils avaient été inséparables – à la bibliothèque, au café, étendus dans l'herbe, profitant du soleil de Cambridge –, jusqu'à ce que, de manière assez soudaine, elle cesse d'avoir pour lui autant d'admiration, ayant mûri, songea-t-elle, et commence à chercher des prétextes pour éviter de le voir. Lorsqu'il était parti travailler à Londres, elle se demandait déjà comment rompre avec lui. Il s'en était aperçu. Elle se souvenait encore de son regard blessé. Il méritait tellement mieux que cela. Mieux qu'elle.

« Je me satisferai de tout ce que tu m'accorderas », l'avait-il implorée.

— Je suis désolée, dit-elle à sa chambre vide et à celui qui ne pouvait plus l'entendre. Je suis tellement désolée.

Il pleuvait encore, en ville, quand Kit et ses deux colocataires – des Britanniques, James Chapman (Jimmy) et Tristan Frith, qui, comme lui, étaient tous deux commandants dans l'armée de terre – décidèrent de rentrer, à moitié ivres, à leur cantonnement afin de préparer leurs sacs pour la mission qui les attendait. Non, ce n'était pas vrai. Ils étaient totalement ivres. C'était la faute de Hinds. C'était lui qui les avait poussés à boire. Après que Kit eut discuté avec lui, dans sa véranda, l'informant qu'ils avaient reçu les documents qu'ils attendaient pour leur départ (omettant, ce qui était tout à son honneur, d'évoquer la présence d'Ivy dans les fourrés), Hinds était allé rejoindre les autres en sa compagnie, à l'endroit où ils attendaient, à la base navale. Ils étaient sous son commandement depuis leur arrivée à Singapour, en février, et il leur avait fait ses dernières recommandations avant leur voyage, puis il leur avait ordonné de rentrer chez eux, de se changer, et de le retrouver à son bar préféré pour un scotch d'adieu.

— Juste un, je suis trop vieux pour en boire davantage. Je vous laisserai poursuivre, ensuite, si vous le souhaitez. Évitez juste de boire au point d'oublier que vous partez avec la première marée, demain matin.

Kit se passa la main sur le visage et commença à ranger son matériel pour la jungle dans son gros sac de toile. L'alcool lui engourdissait le visage et les membres. Il avait trop bu. Ils avaient trop bu tous les trois. Ils étaient affectés ensemble depuis le milieu des années 1930. Ils s'étaient tous engagés avant la guerre. Kit, qui avait un père britannique, avait rejoint l'armée pour voir du pays. Jimmy parce que, dans sa famille, seize générations l'avaient fait avant lui.

Tristan s'était engagé uniquement pour provoquer ses parents pacifistes. Aujourd'hui, il le regrettait.

Sa boussole à la main, Kit s'interrompit, se rappelant combien ils s'étaient tous montrés suffisants en quittant Portsmouth pour leur première affectation. *«Adieu Angleterre, salut Hong Kong!»* Ils étaient des plus enthousiastes. Mais, peu après leur arrivée en Chine, ils avaient assisté à l'invasion des Japonais. On les avait envoyés, juste après le massacre de Nankin, faire du renseignement. Même Jimmy évitait d'évoquer ce dont ils avaient été témoins : la désolation qu'ils avaient rencontrée partout, les histoires de viols, de brûlures, de noyades… Le regard des survivants. Rien n'aurait pu être pire.

Sauf que, après un court séjour en Malaisie, ils avaient tous les trois été rappelés en Europe pour combattre l'avancée nazie en France – une bataille interminable dans la fumée des grenades et la mort –, et il avait découvert que les choses pouvaient être bien pires. Ils étaient affectés à l'arrière-garde, l'un des derniers pelotons à atteindre Dunkerque. Jimmy avait été touché, et il était presque mort à leur arrivée.

— On va s'en tirer, n'avait cessé de répéter Tristan tandis que des Messerschmitt mitraillaient la mer gelée autour d'eux. On va s'en tirer.

Entendant les balles siffler et la voix de Tristan comme s'il y était, Kit serra sa vieille boussole entre ses doigts. Moins de la moitié de leurs hommes étaient parvenus à se hisser dans les embarcations qui les ramèneraient chez eux. De retour au pays, on les avait aussitôt mis dans un autre navire, direction l'Égypte. On les avait envoyés en Égypte pour saboter les défenses ennemies. Ils avaient alors été témoins des effets atroces des bombes incendiaires sous un soleil de plomb.

— Alors, tu es content ? Tu en vois du pays, là, non ? avait fait mine de plaisanter Tristan.

Kit poussa un profond soupir, s'en voulant de repenser à tout cela. Cela ne lui avait jamais été de la moindre utilité. Repoussant ses souvenirs, il jeta sa boussole dans son sac, continua à faire ses bagages et se concentra sur l'expédition à venir.

La mission – tout comme les verres d'adieu – était une idée de Hinds. Cela faisait partie de ses préparatifs en vue de l'assaut japonais qu'ils attendaient tous.

— Comme vous le savez, avait-il expliqué à Kit et aux autres, les Japs ont déjà pris le nord de l'Indochine aux Français. (Penché sur sa carte, il avait tracé un cercle autour des terres que le régime de Vichy avait cédées à l'Armée impériale au mois de septembre précédent.) Il est probable qu'ils se dirigeront vers le sud, ensuite, et qu'ils se mettront en place pour envahir la Thaïlande. De là, ils pourront ensuite s'attaquer à la Malaisie et à Singapour. (Il avait suivi leur trajectoire possible à l'aide de son doigt.) Mais, avait-il soupiré, en l'état actuel des choses, nos amis américains se préoccupent surtout de la taille de notre empire.

— Ils craignent qu'on accroisse le nombre de nos colonies ? avait suggéré Jimmy.

— Exactement. Ils ne nous soutiendront donc pas en Thaïlande avant d'avoir la preuve de l'imminence d'une invasion jap.

Il avait poursuivi, leur annonçant que le quartier général préparait une stratégie de défense expresse pour la Thaïlande, mais qu'il leur fallait de plus amples informations. Kit et ses colocataires – accompagnés de deux marins se rendraient clandestinement en Thaïlande, se faisant passer pour des touristes, afin d'étudier les défenses en présence. Ensuite, ils poursuivraient leurs reconnaissances dans le sud de l'Indochine, puis en Malaisie, pour évaluer l'état de préparation face à l'imminence d'une invasion. (Il serait nul. La totalité des armes antiaériennes, des Spitfire et des chars étaient en Europe et en Afrique.)

Par rapport à leurs missions précédentes, celle-ci semblait moins hasardeuse, mais pas sans risques. Tout d'abord, les Japs pouvaient envahir le sud de l'Indochine de Vichy à tout moment. Pourtant, Kit ne comptait pas y penser. Il avait appris à éviter de s'appesantir sur la réalité du danger. Mieux valait garder une certaine distance avec sa propre mortalité et ne pas s'encombrer l'esprit avec ce genre de chose. C'était le seul moyen de pouvoir aller de l'avant et de rester prudent. C'était devenu sa religion. *Ne pas se laisser distraire.*

Jetant un coup d'œil aux tennis de toile sur sa commode, il fronça les sourcils. Grâce à un employé serviable, à la base navale, il savait désormais où logeait Ivy. Il lui aurait bien rendu ses chaussures plus tôt, mais elle s'était enfuie si vite qu'il n'avait pas pu voir dans quelle direction elle était partie.

— Comme Cendrillon, lui avait fait remarquer Jimmy lorsque Kit avait déposé les chaussures sur son bureau.

— Cendrillon n'a perdu qu'une chaussure, avait rectifié Tristan. Et c'était une pantoufle de verre.

Les trois hommes avaient regardé fixement les tennis.

— Si Ivy n'est pas Cendrillon, qu'est-ce qu'elle est, alors ? avait demandé Jimmy.

— Une casse-pieds, avait répondu Kit.

Le regard rivé sur les chaussures, il fit claquer sa langue. Ses chaussettes étaient encore dedans, comme elle les avait laissées. Elles exhalaient un léger parfum de lessive. Cela lui rappela son chez-lui, la chaleur de son foyer, des choses auxquelles il s'interdisait de penser. Il ne cessait de la revoir, assise sur sa malle, sur le quai. La scène lui avait paru si incongrue, la jeune femme seule au milieu du chaos, sous une chaleur torride. Elle était magnifique, aussi, c'était indéniable. Il avait senti son regard rivé sur lui. C'était la raison pour laquelle il s'était retourné. Comment disait-on ? « Le poids de son regard. » Cela lui avait plu.

Ce qui lui avait plu davantage encore, c'était qu'elle avait détourné les yeux, avant de les lever de nouveau vers lui. Et son sourire gêné.

Cela lui avait plu énormément, à vrai dire.

Mais, ensuite, cette Wren blonde était arrivée. Il lui avait paru inconvenant d'aller les interrompre. Il s'était ressaisi, se rappelant qu'il était censé retrouver Hinds. Qu'il n'avait pas de temps à perdre avec quoi que ce soit d'autre.

Sauf qu'elle ne cessait de hanter ses pensées. Même en scrutant le quai, puis en regagnant le cantonnement de Hinds, il s'était révélé incapable de la chasser de son esprit : qui était-elle ? Quelle était la raison de sa venue ? Où logeait-elle ? Il n'avait pas compris ce qui lui arrivait. Il avait manqué d'éclater de rire, lorsqu'il l'avait aperçue dans ces fourrés, son uniforme froissé sur sa frêle silhouette. Il avait eu l'impression qu'on se jouait de lui. Cette fois, il n'avait pas hésité à l'aborder. Il sourit en se rappelant son air indigné. *« Encore vous ? »* Comme si elle avait elle aussi l'impression qu'on se moquait d'elle. Puis la lueur de défi dans son regard bleu marine, quand elle lui avait renvoyé sa propre désinvolture au visage. *« Je crains de ne pas être autorisée à vous répondre. »* En y repensant, il s'était senti pincer les lèvres. Et sa façon de faire mine de ne pas avoir remarqué ces fourmis sur ses pieds…

On frappa un coup sourd contre sa porte.

— Vingt minutes ! s'écria Tristan, lui rappelant qu'il était sur le point de prendre la mer.

Mince, il allait falloir qu'il se concentre un peu plus.

Il ferma son sac avec plus de force que nécessaire, s'ordonna d'oublier Ivy, puis fronça les sourcils, car il repensait déjà à elle. Comme il avait eu du mal à la regarder partir. Il avait eu envie de la retenir, de discuter avec elle. Il avait trouvé cela… déstabilisant. Elle était déstabilisante. Il n'avait pas de place dans sa vie pour quoi que ce soit de déstabilisant. La guerre l'était suffisamment.

Il se dit qu'il ne la reverrait peut-être plus jamais.

Ce qui ne lui plaisait guère.

Il poussa un lent soupir. Avec tout le scotch qu'il avait bu, il commençait à avoir les tempes qui lui battaient. Il devait avoir l'esprit clair avant de monter à bord, et donc oublier Ivy.

Peut-être qu'en lui écrivant un mot… peut-être qu'en lui demandant de la voir à son retour… La balle serait alors dans son camp. Elle pourrait accepter ou non de lui répondre, et, loin d'elle, il pourrait passer à autre chose.

Déterminé, il attrapa ses chaussures. L'employé lui avait révélé où elle travaillait – à Kranji, ce qui l'avait intrigué, mais guère étonné –, et, puisque c'était bien plus près du point de mouillage de son navire que chez elle, il calcula qu'il avait juste le temps de lui laisser ses tennis et son message là-bas avant de rejoindre les autres sur la jetée.

Il expliqua son plan aux autres (« Excellent ! approuva Jimmy. Elle me plaît déjà. »), puis sauta sur sa moto, et, s'efforçant de regarder droit devant lui malgré son esprit embrumé, il fonça sous la pluie à la station Y.

À la frontière malaisienne, la jungle régnait. La station d'écoute, constituée de longues rangées de huttes Nissen, d'une cantine et d'un poste de garde, était nichée au milieu de collines verdoyantes suffisamment hautes pour capter des signaux à l'aide de pylônes métalliques, tout en restant dissimulée de chaque côté par une épaisse végétation.

Kit immobilisa son engin devant le poste de garde. En mettant pied à terre avant de mettre la béquille, il vit un camion se garer sous la pluie, ses essuie-glaces battant d'un côté et de l'autre. Plusieurs soldats en descendirent pour aller prendre leur service. Jugeant qu'il serait plus rapide de demander de l'aide à l'un d'eux, il s'en approcha pour les interpeller. Ils se figèrent tous pour le saluer. L'un des soldats, qui, sans sa cigarette au coin des lèvres, aurait pu passer pour un gamin de douze ans, avait la chemise ouverte. Il se hâta de commencer à la boutonner avant de le saluer, puis d'en poursuivre le boutonnage, comme s'il se demandait ce qui était le plus important. Comme si Kit y attachait la moindre importance.

Il lui demanda comment il s'appelait.

—Sam Waters, mon commandant.

—Vous êtes basé ici?

—Oui, mon commandant.

—Au service des écoutes? demanda-t-il d'un ton dubitatif.

Il se demandait si ce n'était pas dû à l'alcool, mais il trouvait que cela ne tenait pas debout. Ivy, si affûtée, avec son regard curieux, semblait évidemment faite pour ce boulot, mais ce Sam…

—Dans les bureaux, précisa Sam.

—Ah. Voilà qui est plus logique. Eh bien, Sam Waters, j'aurais besoin que vous me rendiez un petit service. Il y a une nouvelle, aujourd'hui, Ivy Harcourt…

—Ivy? demanda le garçon en souriant.

—Vous la connaissez?

—Je l'ai vue hier soir.

Ce souvenir sembla le ravir.

Kit se demanda qu'en penser. Mais il n'avait pas de temps à perdre. Il fouilla dans la sacoche de sa moto.

— J'ai quelque chose à lui remettre.

Sam regarda fixement les tennis. Son sourire se dissipa aussitôt.

— Comment les avez-vous eues ?

— Elle… (Kit fronça les sourcils.) Aucune importance. Voici également un message. Pouvez-vous les lui remettre en main propre ?

— C'est un message officiel ?

Kit haussa un sourcil.

— Vous êtes bien curieux.

Sam rougit.

— Je veux dire, c'est urgent ?

— Disons que ça l'est pour moi. Alors, vous acceptez ?

Sam acquiesça.

Kit poussa un soupir.

— Je vous remercie, mon vieux.

Plus à l'aise, il remonta sur sa moto et mit le contact. En s'éloignant, à l'approche d'un virage, il jeta un coup d'œil dans ses rétroviseurs. D'autres voitures arrivaient à la station. Il ralentit, observant machinalement ces véhicules. Une femme descendit de l'un d'eux, et, apercevant son uniforme blanc, sa façon de s'abriter de la pluie avec sa veste au-dessus de la tête, il fut persuadé de l'avoir reconnue. Elle était cependant trop loin pour en avoir la certitude. Souhaitant en avoir le cœur net, il jeta un coup d'œil par-dessus son épaule. Mais elle était déjà partie, s'étant sans doute réfugiée dans le poste de garde. S'agissait-il bien d'elle ?

Il plissa les yeux, mourant d'envie que ce soit le cas, et tenté de faire demi-tour pour arracher ces chaussures des mains de Sam Waters et les lui remettre en personne. Mais il n'en avait pas le temps. Il était conscient que cela le mettrait en retard. Avec un gros effort de volonté, il parvint à reporter son attention sur la route et à accélérer.

Mais, sur le trajet qui le mènerait Dieu seul savait où, il jeta un dernier coup d'œil par-dessus son épaule, à l'endroit où elle s'était tenue. Il s'imagina son visage, puis son air soulagé lorsque Sam lui remettrait ses chaussures. Malgré tout, il retrouva le sourire.

Il était content d'avoir rédigé ce mot.

Le premier jour d'Ivy à Kranji ne débuta pas particulièrement bien. Après qu'Alma l'eut déposée à l'entrée, elle dut patienter, toute trempée, les yeux endoloris à cause du manque de sommeil, le temps que les gardes trouvent son nom sur leur liste.

— Pourquoi n'êtes-vous pas cantonnée avec les autres nouvelles ?

Lorsqu'ils la laissèrent passer, elle était en retard, et davantage encore lorsqu'elle localisa enfin la hutte où on l'avait affectée.

Elle s'immobilisa sur le pas de la porte, le temps d'étudier son nouveau lieu de travail. Elle remarqua tristement que, sans fenêtres, il était aussi miteux que le bunker de Camberwell, et qu'il y faisait aussi dix fois plus chaud. Malgré la présence de deux ventilateurs au plafond qui ronronnaient, rien ne semblait pouvoir faire baisser la température de cette fournaise. Il y régnait une odeur de terre humide et de sueur. Des rangées d'hommes et de femmes étaient penchées sur leurs blocs-notes, des écouteurs de cuir noir sur les oreilles. Ivy distinguait tout juste le léger crépitement des transmissions. Elle repéra deux des filles du bateau, dont Kate, sa camarade de cabine, mais aucune d'elles ne sembla remarquer sa présence. Elles étaient absorbées par ce qu'elles écoutaient, avec un air concentré bien loin des sourires insouciants qu'elles avaient arborés à bord.

— Ça y est, vous êtes décidée à vous joindre à nous, Harcourt ?

Intérieurement, elle poussa un soupir. C'était Tomlins, le lieutenant du port. Il était derrière un bureau près de l'entrée de la hutte, manifestement responsable de cette unité.

— J'ai noté votre retard.

— Ce n'est pas ma faute…

— Amusant, déclara-t-il d'un air particulièrement peu amusé. J'étais à peu près certain que vous me diriez ça. Vous ne portez pas les bonnes chaussures. J'imagine que ce n'est pas votre faute non plus…

— En fait, si.

— Je le note aussi, de toute façon.

Il lui désigna son siège et son casque, et lui expliqua quelle fréquence elle devait écouter. Il lui fit comprendre que, quel que soit le traitement de faveur dont elle bénéficiait par ailleurs, il ne fallait pas qu'elle s'attende ici à profiter du même. Il se moquait de savoir quelle relation elle entretenait avec le contre-amiral Hinds.

— Je ne le connais même pas…

— Ne soyez pas ridicule.

Elle faillit lui demander ce qu'il avait voulu dire la veille en parlant de Mae, mais elle se ravisa. Même s'il en savait plus qu'il voulait bien le dire, elle doutait qu'il lui révèle quoi que ce soit.

Il lui demanda s'il était vrai qu'elle parlait couramment japonais.

— Pour les communications urgentes, ils en reviennent toujours à leur langue. Vous êtes la traductrice de cette équipe, alors vous allez devoir vous débrouiller.

— J'y arriverai, lui promit-elle.

— C'est ce qu'on va voir. C'est ce qu'on va voir.

Il tourna les talons. Elle saisit son casque, en disposa lentement les écouteurs sur ses oreilles, se prépara à voir resurgir les souvenirs qu'elle appréhendait le plus. Mais, fort heureusement, les signaux qu'elle recevait étaient très éloignés des voix des pilotes affolés qu'elle en était venue à redouter. Ses inquiétudes se dissipèrent rapidement, et elle se concentra aussitôt sur les sons, séduite par le défi de travailler d'une nouvelle manière, avec du morse.

Le restant de la journée – interrompue par un déjeuner composé de sandwichs au concombre particulièrement mous et au cours duquel elle apprit que Kate et les autres filles étaient toutes logées dans des cantonnements minuscules et humides, et qu'elle pouvait s'estimer heureuse que le contre-amiral l'ait placée dans cette maison, quelles que soient ses arrière-pensées (quand pourraient-elles toutes venir dormir chez elle ?) –, elle travailla sans relâche, enregistrant du code pour les analystes, et traduisant chaque bribe de conversation qu'elle interceptait, ou que Tomlins lui remettait : des modifications de trajectoire, des observations météorologiques… Tout cela semblait bien inoffensif, même s'il y avait beaucoup de navires dans le golfe de Thaïlande. Cela la poussa à croire qu'il y avait peut-être quelque chose dans leurs échanges qui indiquait qu'ils se préparaient à intervenir dans le sud de l'Indochine.

— Vous n'êtes pas là pour croire, la morigéna Tomlins. Vous êtes ici pour écouter et écrire. À moins que le contre-amiral vous ait promue sans me prévenir ?

Parfois, lorsque, sur sa fréquence, les communications se tarissaient et qu'elle se retrouvait désœuvrée, elle se mettait à somnoler, dans l'atmosphère étouffante de la hutte. Durant les plus longs silences, elle aurait pu s'assoupir, mais l'orage – qui avait quitté Singapour, mais qui se poursuivait ailleurs – la tenait éveillée, ses éclairs provoquant de douloureuses interférences dans ses écouteurs en s'abattant sur les poteaux télégraphiques.

La fin de son service approchant, elle songea à Alma, qui l'attendait dehors pour la raccompagner. Elles iraient en ville, dans la soirée. Alma lui avait dit qu'elle souhaitait lui présenter son vieil ami, le bar du *Raffles*. Malgré son état de fatigue, Ivy était ravie de sortir. Elle n'avait aucune envie de se coucher tôt. Elle craignait de nouveau de ne pas pouvoir trouver le sommeil.

Elle jeta un coup d'œil à Tomlins, l'implorant en silence de la renvoyer chez elle. Mais, s'il congédia les autres une à une avec un signe de tête, il attendit qu'il soit 18 heures pile avant de la laisser partir.

— Soyez là à 8 heures précises, demain, lui intima-t-il. Et avec des chaussures convenables.

— Je les ai perdues.

— Cessez de vous moquer de moi, Harcourt.

— Je ne me moque pas de vous…

— Alors, retrouvez-les.

Préférant éviter de l'énerver davantage, elle décolla ses jambes en sueur de sa chaise et prit congé. Dehors, le ciel s'était éclairci et le soleil brillait, se reflétant sur les collines détrempées, les huttes de métal et les palmiers autour d'elles. Après avoir passé un long moment dans la pénombre, elle sentit sa vision s'adapter progressivement. Le paysage était spectaculaire. L'espace, la luxuriance de la forêt tropicale… tout était très différent des rues pavées où elle avait grandi et de la morosité de Camberwell. Elle ne s'en lasserait jamais. Elle étira ses bras derrière elle pour détendre ses épaules engourdies, et savoura la fraîcheur de l'atmosphère apportée par l'orage.

— Ivy ?

C'était Sam. Elle lui adressa un sourire.

— Je me demandais quand j'allais finir par te voir, déclara-t-elle, plus par gentillesse qu'autre chose.

— Vraiment ?

Cette idée paraissant lui faire plaisir, et n'ayant aucune envie de le contrarier, elle lui répondit par l'affirmative.

— Comment ça s'est passé ? poursuivit-il.

— Bien. Un peu long…

— Je viens de voir Alma. (D'un signe de tête, il désigna le poste de garde où sa voiture était effectivement garée.) Elle m'a dit que tu allais au *Raffles*, ce soir. Je vais voir si je peux rameuter quelques gars pour qu'on puisse s'y retrouver.

— Génial.

— Vraiment ?

— Oui, répondit-elle distraitement, le regard rivé sur la voiture d'Alma. Il faut que j'y aille.

Elle s'éloigna.

— Attends ! Il faut que je te donne quelque chose. Quelqu'un a laissé des chaussures pour toi, ce matin.

Elle se figea.

— Vraiment ? (Elle sentit son cœur se mettre à battre plus vite.) Qui ça ? demanda-t-elle d'un ton délibérément désinvolte.

— Un soldat.

— Un commandant ?

— Je n'ai pas fait attention. Désolé. Je vais te les chercher.

Ivy patienta, se demandant si c'était bien Kit qui avait fait l'effort de les lui rapporter si loin de chez lui. D'ailleurs, comment avait-il découvert où elle travaillait ? Elle l'ignorait, mais, malgré toute sa détermination et son affreux cauchemar, elle ne put s'empêcher d'en être ravie.

Sam revint aussitôt. Il lui tendit ses chaussures, ses chaussettes encore à l'intérieur.

— C'est tout ? demanda Ivy, curieusement abattue. Il n'y avait aucun message ?

Elle se rappela le sourire de Kit, son rire. Sa façon de la dévisager. Elle aurait cru qu'il lui aurait au moins laissé quelques mots.

— Non, dit Sam. Rien.

Ivy baissa les yeux sur ses chaussures en fronçant les sourcils. Elle aurait voulu que cela lui soit égal, mais elle eut l'impression qu'on la rejetait, qu'on lui disait qu'elle n'était pas quelqu'un d'assez important.

— Pas très poli, hein ? Les laisser là, comme ça, sans un mot…

— Oui. Oui, renchérit-elle d'une voix monotone.

Qu'elle le veuille ou non, elle était blessée.

Mais elle se rappela Felix. Elle tenta de se convaincre que cela n'avait aucune importance si Kit Langton ne lui avait pas écrit.

C'était sans doute mieux comme cela.

Chapitre 6

Londres, juin 1941

Mae rentra chez elle, à Hampstead, l'air frais du début de soirée lui piquant les joues. Elle serrait le télégramme de Laurie entre ses doigts. Elle était restée vingt minutes au guichet de la poste, hésitant sur sa réponse, ne quittant l'administration qu'à sa fermeture sans rien avoir envoyé.

Autour d'elle, certaines fenêtres étaient déjà éteintes, et la boucherie, l'épicerie et le fleuriste étaient déjà fermés. Elle porta la main au doux châle de coton qu'elle portait sur ses épaules, et accéléra l'allure, redoutant le retentissement d'une sirène avant qu'elle ait pu regagner sa cuisine.

Elle était dans le même état qu'elle l'avait laissée : la bouilloire d'un côté, la vaisselle encore en train de sécher sur l'égouttoir. Elle resta un moment devant la porte, comme toujours, imaginant qu'Ivy l'appelait. *« Bonjour, mamie. »* La maison était affreusement silencieuse. Un bus passa devant chez elle.

Elle baissa les yeux sur le texte rédigé en lettres noires sur le télégramme qu'elle tenait dans sa main.

`Ivy bien arrivée. STOP. Sais que vous devez être inquiète. STOP. Vais m'assurer qu'on`

```
prend bien soin d'elle. STOP. Vous ressemble
beaucoup. STOP. Espère que vous allez bien.
STOP. Votre vieil ami Laurie. STOP.
```

En voyant arriver le télégraphiste, elle avait cru un instant qu'il était arrivé malheur à Ivy, comme à Beau, par le passé. Soulagée qu'Ivy aille apparemment bien et que, Dieu merci, elle ait retrouvé la terre ferme, elle avait pu lire le message de Laurie – et accepter le simple fait qu'il l'ait contactée – avec un semblant de sérénité. Au fond d'elle, elle avait attendu que quelque chose de ce genre se produise dès le moment où Ivy avait annoncé son départ. Elle était contente que ce soit Laurie qui ait découvert sa présence. Mieux valait que ce soit lui plutôt qu'un autre. Il avait toujours été quelqu'un de gentil.

Elle se demanda ce qu'il allait raconter à Ivy. Après ce long moment à la poste, elle savait qu'elle ne trouverait jamais les paroles adéquates pour lui demander de ne rien dire. Il aurait fallu bien plus d'un télégramme pour lui exposer tout ce qu'elle avait fait là-bas, et, sans la moindre explication, c'était trop lui demander. Elle comprit qu'il y avait longtemps qu'elle aurait dû dire la vérité à Ivy. Mais cela lui avait paru impossible. Et, après avoir tu ses secrets toute sa vie, elle avait toutes les peines du monde à les dévoiler.

Elle regarda fixement le télégramme. À quoi Laurie pouvait-il ressembler, aujourd'hui ? Elle avait du mal à l'imaginer plus âgé. Il avait un air si juvénile, à l'époque. Il était grand et mince, encore dégingandé à vingt-sept ans, avec de grands yeux débordants de générosité et des pommettes arrondies. Pas comme Alex, qui avait des traits plus anguleux. Elle avait tant aimé son visage…

Non. Non, ne fais pas ça.

S'efforçant de penser à autre chose, elle secoua la tête. N'ayant pas vraiment d'appétit pour le dîner, elle préféra préparer une Thermos de thé et descendre à l'abri avant que retentisse la sirène. Pour une fois, elle ne serait pas obligée de courir à travers le jardin.

Avec son thé préparé dans les règles de l'art et son dossier de documents de l'assurance et de certificats d'identité sous le bras, elle ressortit. Le soleil se couchant, le ciel prenait une teinte plus pâle. La pleine lune favoriserait les bombardements, cette nuit-là. Elle descendit dans l'Anderson, attrapa des allumettes et alluma la lampe-tempête suspendue au plafond. Elle se laissa tomber dans son fauteuil. Ivy le lui avait descendu dès le début de la guerre. Elles avaient tenté de rendre l'abri aussi confortable que possible, avec des coussins, un tapis, une petite commode surmontée de photos.

Machinalement, Mae se tourna vers les cadres, sur le meuble. Une poignée de clichés de Beau : un portrait studio quand il était encore nourrisson, tout en froufrous et en rubans, une photo de lui plus officielle, en uniforme, l'air sérieux et bien trop jeune, et une autre de lui en uniforme, le jour de son mariage. Il tenait la mère d'Ivy, la douce Louise, par la taille. Elle portait une robe crème que Mae avait empruntée à l'une des femmes du village. Ils souriaient tous les deux, Louise un peu timidement. Mae se rappela sa réticence à se faire prendre en photo.

« *Oh, je n'aime pas les appareils photo*, avait-elle déclaré avec son accent de Melbourne, tandis que Beau la tenait en riant. *Qui a besoin de photos pour garder des souvenirs, de toute façon ? Tout ça va bien finir un jour, et nous nous retrouverons.* »

En tout et pour tout, lors de leur lune de miel à Swanage, ils avaient passé une semaine ensemble. Une semaine.

Mae détourna le regard de leurs sourires. Cela la ferait trop souffrir de s'attarder.

Elle reporta son attention sur la photo d'Ivy en maillot de bain à pois, à Sandbanks. Ils y avaient passé une semaine un an avant que la guerre éclate. Felix était venu leur rendre visite, un jour. C'était lui qui avait pris ce cliché. Ivy avait pris la pose, les mains sur les hanches, le sourire aux lèvres, mais ils s'étaient disputés, peu après. À propos d'un dîner chez des amis de Felix où Ivy ne pouvait pas se rendre. Ils se querellaient souvent. Mae espérait seulement qu'Ivy, si douée pour se raccrocher au passé, saurait s'en souvenir. Et se rappeler que ce n'était pas toujours elle la fautive.

Elle examina de plus près la photo d'Ivy. Laurie avait raison, elle lui ressemblait beaucoup. Elle pouvait se voir clairement dans sa petite-fille. Et voir quelqu'un d'autre aussi.

Harriet.

À l'évocation de ce simple nom, elle ferma les yeux. Après avoir laissé son autre moitié sombrer dans l'oubli des années durant, voilà qu'elle redevenait brusquement très réelle. Elle s'imagina avec sa sœur, comme à l'époque, en sueur dans ces robes ridicules, et tenta de se représenter Ivy à Singapour, aux mêmes endroits qu'elles. Elle s'en révéla incapable : elle avait du mal à accepter sa présence là-bas, même si le télégramme de Laurie lui confirmait sans le moindre doute possible qu'elle était bien arrivée. « Vais m'assurer qu'on prend bien soin d'elle. » Mae aurait aimé croire qu'il en serait capable, qu'il la tiendrait à l'écart du danger. Mais, si elle avait confiance en lui, elle n'en avait aucune en cet endroit. En fait, si elle avait cru en un dieu, elle l'aurait imploré de tout faire pour qu'Ivy soit épargnée de tous les dégâts qu'il infligeait à d'autres. Mais ce qui lui restait de foi après son séjour à Singapour s'était dissipé sur les champs de bataille du Proche-Orient.

Trop lasse pour empêcher ses souvenirs de remonter à la surface, elle se contenta d'appuyer sa tête sur le dossier de son fauteuil. Et de repenser à cette année que sa sœur jumelle et elle avaient passée sur cette île en Orient. La dernière fois qu'on les avait vues ensemble.

Singapour, janvier 1897

Harriet s'était abstenue de raconter à Mae que David lui avait offert des gants. De lui parler de l'habitude qu'il avait prise, depuis quelques jours, de s'attarder devant sa porte, sur les douze coups de minuit. Si elle l'avait fait, Mae aurait compris à quel point ses efforts pour le conquérir étaient vains. Elle aurait cessé de s'épuiser à chercher des sujets de conversation à chaque repas, à se vêtir avec soin pour le dîner, tous les soirs. D'une certaine manière, cela l'aurait soulagée.

En fait, elle espérait tellement devenir la femme de David qu'elle n'avait jamais remarqué ses attentions de plus en plus fréquentes envers sa sœur. Elle ne songeait qu'à ses propres projets, et se berçait d'illusions, persuadée que c'était elle que David préférait. Elle s'était convaincue de l'aimer davantage. De passer outre à ses excentricités, comme cette curieuse aversion à sortir sous la pluie, sa brusquerie, la rigidité de son organisation quotidienne. De ne voir que ses bons côtés. Elle avait déterminé que son côté réservé trahissait plus de la timidité que de la distance. Elle était sûre que c'était quelqu'un de gentil (« Regarde tout le mobilier qu'il a acheté pour les chambres ») qui aimerait ses enfants quand il en aurait. (Elle pensait souvent à ces enfants : leur chaleur sur ses genoux, leurs bras empressés autour de son cou...) Elle se disait que c'était la timidité de David qui le rendait si réticent chaque fois qu'elle tentait de s'adresser à lui. Que ce n'était pas par désintérêt qu'il lui restait indifférent. Non, non, pas du tout.

Chaque fois que Harriet lui reprochait de trop en faire (« Ne vois-tu pas qu'il ne le mérite pas ? »), elle ne répondait pas. Elle avait la sensation désagréable que Harriet voyait clair dans son jeu, mais était incapable de se résoudre à se confier à elle. Avant de se voir confrontée à ses inévitables protestations, elle préférait attendre que tout soit réglé. Mais elle prenait l'inquiétude de Harriet pour des encouragements. Si elle était si préoccupée, c'était sans aucun doute parce qu'elle soupçonnait David d'être sur le point de prendre sa décision et de faire sa demande.

Ainsi, le dimanche où David finit par les emmener à la messe du matin à St. Andrew's – une cathédrale blanche non loin de la mer –, Mae était convaincue que sa déclaration était imminente. Le ciel était dégagé. Des calèches étaient alignées le long des pelouses de St. Andrew's, et l'herbe et les palmiers scintillaient à la lueur dorée et moite des rayons du soleil. La foule s'affairait devant l'édifice : des hommes en costume crème et casque colonial, des femmes en bonnet et soieries, et des enfants qui cherchaient à s'échapper de l'étreinte de leurs *amahs* chinoises. David se dirigea droit sur le gouverneur, Soames, un homme de taille moyenne au crâne dégarni, à la moustache impeccable, une femme vêtue de dentelle à ses côtés. Soames lui serra chaleureusement la main, et, constatant ses évidentes attentions et devinant de la reconnaissance dans son regard lorsque David la présenta la première, avant Harriet *(la première !)*, Mae se mordit la lèvre inférieure. *Oui, oui, ça peut vraiment se produire !* Elle s'imagina un autre dimanche, la bague au doigt, un landau à ses côtés, et, là, sur les pelouses de l'église baignées de soleil, elle se sentait ravie d'être qui elle était. Et si, remarquant le regard peiné que Harriet lui lançait, elle constata de nouveau que sa sœur avait lu en elle comme dans un livre ouvert, elle ne se laissa pas déstabiliser pour autant.

Elle était trop heureuse. Trop impatiente.

Quelle idiote!

Peut-être que si Harriet et elle n'avaient pas également fait la connaissance de Laurie et de sa sœur Sally, ce jour-là, la situation aurait déjà été réglée. Avec le temps, David aurait peut-être fini par la choisir elle, après tout. Il aurait pu être progressivement découragé par la froideur de Harriet, et commencer à considérer les efforts de Mae sous un meilleur jour. Sans doute que si cela n'avait pas été fait dans la précipitation et publiquement, ç'aurait pu être possible.

Mais, ce jour-là, ils avaient fait la connaissance de Laurie et de Sally, et, rapidement, le sujet était devenu public.

C'était la faute de Sally.

Mae pensait ne jamais pouvoir le lui pardonner.

À l'instant où elle les aperçut sur la pelouse, elle reconnut les rondeurs de Sally et le grand marin à ses côtés. Elle aurait eu du mal à oublier leur présence sur le quai, en cette matinée pluvieuse. Voyant approcher les deux inconnus (David et Soames s'étaient éloignés pour parler affaires à l'ombre du perron de l'église), elle se demanda où se trouvait l'autre individu qu'elles avaient aperçu au port. Il était bel homme. Elle l'avait remarqué malgré la distance. Curieuse de le revoir, elle jeta un coup d'œil autour d'elle. Il ne semblait pas être là.

Sally arriva à leur hauteur. Elle se présenta, ainsi que son frère, jurant qu'elle était absolument ravie de pouvoir enfin les rencontrer. Elle poursuivit, expliquant combien tout le monde était impatient de connaître les insaisissables demoiselles Grafton, et comme ils avaient tous entendu parler d'elles. Mae voulut l'implorer de baisser d'un ton. Elle était convaincue que les gens autour d'eux faisaient simplement mine de ne pas les regarder. Harriet, l'air grave, avait manifestement la même sensation.

Ce fut Laurie qui demanda à Sally de se taire. Secouant la tête d'un air contrit, il leur demanda d'excuser sa sœur. Il tendit la main et déclara qu'il était enchanté de faire leur connaissance. Lorsqu'il voulut savoir comment elles trouvaient Singapour, si elles s'y intégraient facilement, et ce qu'elles avaient déjà vu de l'île (« Rien ? Vraiment ? Eh bien, il va falloir y remédier. »), il prit un air à la fois amical et contrit. Il s'abstint de tout commentaire sur leur ressemblance, mais grimaça quand Sally y fit allusion, leur demandant si elles n'étaient pas lasses de toutes ces remarques. (Pour cette raison, il plut d'emblée à Mae.) Si Sally continua à les examiner, Harriet et elle, avec une pointe de curiosité dans le regard, faisant courir ses yeux vifs sur leurs robes et leurs visages – sans doute pour évaluer le prix de leurs soieries et la nature de leur expression –, il était presque possible, grâce à la présence de Laurie, si aimable, d'oublier le regard insistant de la jeune femme.

Sans doute fut-ce la bienveillance de Laurie qui poussa Harriet à les inviter, Sally et lui, à passer les voir le lendemain. À moins qu'elle ait déjà inconsciemment prévu de lui demander son aide pour trouver du travail. (Elle prétendit que cette idée ne lui était venue que plus tard, mais Mae avait des doutes.) Quoi qu'il en soit, comme toutes les personnes présentes sur la pelouse se dirigeaient, comme mues par quelque signal invisible, vers l'église pour la messe, Harriet les invita tous les deux.

Ils vinrent le lendemain matin, alors que les deux sœurs s'apprêtaient à prendre le thé dans le salon. Quand on frappa à la porte, Harriet se sentit prise de vertiges.

— Ils sont là, déclara-t-elle d'une voix chevrotante.

Mae était certaine que c'était plus lié à l'arrivée de Laurie qu'à celle de sa sœur autoritaire.

Elles entendirent les bruits de pas étouffés de Ling, dans le couloir. Elle ouvrit la porte. Peu après, Sally surgit dans le salon, une corbeille de scones à la main. Elle était si occupée à inspecter le mobilier et les tableaux, parcourant la pièce du regard avec une curiosité non dissimulée, qu'elle répondit vaguement aux salutations de Harriet. Apparemment aussi déconcertée que sa sœur par le comportement de Sally, Harriet arborait un air embarrassé. Ce ne fut que lorsque Laurie pénétra à son tour dans le salon, contournant sa sœur pour les remercier toutes les deux de leur invitation avec la même générosité dans le sourire que devant l'église, que se dissipa le sentiment de gêne qui régnait dans la pièce étouffante.

— On s'assied ? demanda-t-il. À moins que ce soit une nouvelle mode de prendre le thé debout ? (Il éclata de rire.) Je suis si souvent en mer que j'ai tendance à passer à côté de ces nouvelles tendances.

Harriet esquissa un sourire.

— Asseyons-nous, proposa-t-elle. Ce sera mieux comme ça, je crois.

— Parfait, répondit-il avec un autre éclat de rire chaleureux. Ouf!

Tandis qu'ils prenaient place, Sally prit la parole et insista pour que chacun d'eux goûte aux scones. Laurie lança une pique sur le fait qu'il fallait manier les pâtisseries de Sally avec précaution. Mae crut qu'il s'agissait d'une plaisanterie jusqu'à ce que, croquant dans la sienne, elle ait l'impression que sa bouche se remplissait de sable. Il esquissa une grimace d'excuse. Elle fit comme si tout allait bien, mais ce n'était pas facile, avec ces gros morceaux et ces raisins secs qui menaçaient de l'étouffer.

Les autres engagèrent la conversation. Cela demeura très superficiel : qui prenait du lait ou du sucre, combien de temps avaient-ils mis de chez Sally à ici (un quart d'heure), l'interminable sermon de la veille… Laurie leur demanda si elles avaient déjà eu l'occasion de voyager ailleurs qu'en Inde et à Singapour, et, quand Harriet lui répondit que ce n'était malheureusement pas le cas, qu'elles n'étaient jamais allées en Angleterre, il leur raconta ce qu'il y avait aimé : le changement des saisons, les rues animées et le smog londonien. Il évoqua également ses affectations à Portsmouth et Southampton.

— Moi aussi, je suis nouveau à Singapour, déclara-t-il. Je suis là depuis tout juste un an. Je ne me suis pas encore habitué à la chaleur. Ni à la petitesse de l'île.

— Tu ne restes jamais suffisamment à terre pour t'habituer à quoi que ce soit, lui fit remarquer Sally.

— Quand allez-vous reprendre la mer ? voulut savoir Harriet.

— Bientôt. Dans une semaine.

— Et où irez-vous ?

— Je n'en sais rien. J'attends encore de le découvrir. Certainement en Asie, mais je ne le sais jamais à l'avance.

Harriet soupira.

— Comme ça doit être merveilleux d'être si libre, dit-elle d'un ton mélancolique qui plomba l'atmosphère.

S'ensuivit un long silence.

Comme cela durait, Harriet se sentit rougir. Elle baissa les yeux. Mae comprit qu'elle était gênée de s'être exprimée si ouvertement. Elle en eut des frissons, en partie à cause de l'imprudence de sa sœur, mais surtout parce qu'elle ne supportait pas de l'entendre si mélancolique. « Je vais arranger ça, aurait-elle voulu lui dire. Regarde. Tu n'auras plus jamais cette impression. »

Ce fut cependant Laurie qui reprit le premier la parole :

— Ça va ? s'enquit-il d'une voix douce et inquiète en cherchant le regard de Harriet. Je peux… (Cherchant ses mots, il s'interrompit.) Je n'ai aucune envie de vous mettre mal à l'aise, mais si vous avez besoin de quelque chose…

Harriet poursuivit l'examen de sa robe. Mae patienta, s'attendant à ce qu'elle trouve le courage d'esquisser un sourire capable de déstabiliser Laurie. Mais, lorsqu'elle leva finalement les yeux et croisa le regard de ce dernier, Mae y décela un éclat qu'elle n'avait pas vu depuis très longtemps : une lueur d'espoir.

Elle ne comprit pas immédiatement ce qu'elle signifiait.

— Je veux travailler. Il faut que je trouve du travail, lâcha Harriet après avoir pris une brève inspiration.

Ce ne fut qu'à ce moment-là que Mae eut l'idée de demander de l'aide à cet homme, qui, si gentil soit-il, n'en demeurait pas moins un inconnu.

Elle regarda fixement sa sœur, tentant d'assimiler le fait qu'elle ait pu franchir le pas, et s'apercevant de son grand désespoir.

Harriet regardait Laurie droit dans les yeux.

Il se pencha en avant.

— Vous cherchez un emploi ?

— Euh…, intervint Sally, regardant tour à tour son frère et Harriet d'un air angoissé. Je ne suis pas certaine que ce soit à nous de… Eh bien, tu sais, avec Roger qui travaille…

Laurie ne tint aucun compte de sa remarque.

— Quel genre de travail cherchez-vous ? demanda-t-il à Harriet.

Tandis que cette dernière lui exposait son plan, lui expliquant que Mae et elle pourraient devenir gouvernantes, il hocha la tête, fronçant les sourcils et prenant un air concentré, d'accord avec elles sur le fait qu'elles feraient bien de profiter de cette occasion pour trouver leur propre place dans la société.

— Bien sûr que c'est possible, leur répondit-il d'un air attristé. Pourquoi ça ne le serait pas ?

Sans la moindre hésitation, il leur promit de leur communiquer les coordonnées d'agences spécialisées, et leur promit que Sally leur rédigerait à chacune une lettre de recommandation.

— Ce sera avec plaisir. N'est-ce pas, Sally ?

— Pardon ? demanda sa sœur en haussant les sourcils, avant d'esquisser aussitôt un sourire, comme si elle venait de se souvenir que c'était ce qu'il fallait faire. Oui, oui, oui, ajouta-t-elle en hochant énergiquement la tête. Avec un immense plaisir.

Mae, encore bouleversée par tout ce qui se passait, se demanda si elle n'avait pas décelé une certaine réticence dans le ton de sa voix. Elle se tourna vers Harriet pour voir si elle aussi l'avait remarquée, et comprit à son air circonspect que c'était effectivement le cas.

Mais Harriet s'abstint de tout commentaire. Elle se contenta de se tourner de nouveau vers Laurie et de le remercier chaleureusement.

— Je vous en prie, ce n'est rien. Vraiment. Tout le monde en aurait fait autant. Ne me remerciez pas.

Après le départ de Laurie et de Sally, Mae s'aperçut que personne ne lui avait demandé ne serait-ce qu'une fois si c'était également ce qu'elle souhaitait. Tout le monde était parti du principe que c'était effectivement le cas. Elle tenta de ne pas s'en formaliser, ni le prendre trop au sérieux, tout du moins. Elle se rappela que David ferait sa demande en mariage bien avant que Harriet et elle puissent postuler où que ce soit. Elle accepta même, à la demande de sa sœur, de rédiger ses propres lettres de candidature. Il lui semblait plus facile d'aller dans son sens qu'à contre-courant. D'ailleurs, Harriet sembla soudain plus heureuse. Elle avait repris des couleurs et recouvré un peu d'énergie. Mae n'avait aucune envie de lui saper le moral. Pas encore.

Le lendemain, lorsque Laurie et Sally revinrent, cette dernière n'avait pas les lettres de recommandation.

— J'ai bien peur de ne pas avoir eu le temps de m'en occuper hier soir, s'excusa-t-elle.

Laurie, en revanche, avait rapporté une pile de numéros de *The Lady* qui appartenaient à sa sœur. Il les déposa sur la table en osier, à côté de Harriet. Les pages en étaient gondolées à cause de l'humidité, mais, au dos de chaque exemplaire figuraient des listes d'agences de gouvernantes un peu partout en Angleterre. Harriet les parcourut avec enthousiasme.

— Certaines d'entre elles travaillent avec des familles de colons en Inde. (Elle leva les yeux des annonces et se tourna vers Laurie d'un air rayonnant.) Pensez donc. En Inde !

Elle reporta son attention sur les listes, entourant les adresses avec son crayon. Elle ne vit donc pas de quelle manière Laurie la regardait. Mais cela n'échappa pas à Mae, assise face à eux. Elle s'appuya contre le dossier de son siège, sa tasse et sa sous-tasse à la main, et regarda tour à tour les yeux baissés de Harriet et l'air admiratif de Laurie. Elle fut étonnée d'éprouver une pointe de jalousie. Les hommes ne les regardaient jamais de cette façon. Pas une fois qu'ils étaient au courant de leur triste situation.

Jamais.

Pourquoi Laurie ne lui avait-il pas souri ?

Sally, se resservant du thé bien qu'elle ne soit pas chez elle, dévisageait également son frère. Visiblement, elle aussi ressentit quelque chose. Mae fut convaincue qu'il ne s'agissait pas d'une coïncidence quand, quelques instants plus tard, elle fit remarquer en soupirant que c'était vraiment dommage que Laurie doive reprendre la mer si tôt, qu'il allait lui manquer, mais qu'il lui fallait aller de l'avant et progresser. Il s'écoulerait des années, après tout, avant qu'il soit d'un grade suffisant pour chercher à se marier.

Laurie lui lança un regard désespéré. Mae laissa échapper un rire sans joie.

Harriet, inconsciente de ce qui se passait, leva les yeux de sa liste d'un air perplexe.

Deux jours supplémentaires s'écoulèrent avant que Sally finisse par apporter les exemplaires manuscrits de ses recommandations.

— Je n'ai pas fait mention de vos parents, déclara-t-elle en les tendant à Harriet. (Lorsque celle-ci tenta de les lui prendre, Sally refusa de les lâcher.) Si on me pose la question, je répondrai simplement que je ne les connais pas. J'espère que vous comprenez, mais ça pourrait me mettre en fâcheuse posture, d'un point de vue social, vous savez ?

— Sally, intervint Laurie d'un ton gêné.

Mae, qui avait commencé un puzzle représentant une chasse au renard qu'elle avait découvert dans le bureau de David, esquissa un sourire pincé.

— Loin de nous l'idée de vous mettre en fâcheuse posture, lui garantit-elle.

— Je peux les avoir ? demanda Harriet.

Sally baissa les yeux sur les documents d'un air hésitant, puis les lui céda. Harriet la remercia et lui confia qu'elle passerait le restant de l'après-midi à préparer ses envois. Laurie lui promit qu'il passerait le lendemain récupérer les lettres pour les poster.

Mais, le lendemain, Sally vint seule. Elle avait apporté une nouvelle corbeille de ses scones étouffants, et, en les déposant sur une assiette, déclara que, puisque la permission de Laurie touchait à sa fin, son supérieur l'avait rappelé au quartier général de la Marine.

— Au moins, son ami Alex sera de retour avant qu'il parte. (Elle mordit dans un scone et essuya les miettes tombées sur ses cuisses. L'une d'elles resta accrochée à la commissure de ses lèvres.) Ils sont très proches, tous les deux. Une belle amitié. Alex est très riche, voyez-vous.

Mae, continuant à faire son puzzle, se demanda si Alex n'était pas le bel homme du port. Si elle avait bon espoir avec David (il leur avait proposé un dernier verre, la veille au soir ; c'était bon signe, pensait-elle), elle était tout de même curieuse de le savoir. Pour autant, elle ne comptait pas donner à Sally la satisfaction de lui poser la question.

— Oh, regardez-moi cette pile de lettres, dit Sally en se tournant vers les enveloppes que Harriet avait rassemblées sur le coin de la table. Joli travail. (Elle avala sa bouchée avec une aisance incroyable.) Je vais aller les poster.

Elle avait pris un ton qui fit réfléchir Mae. Elle ne l'avait jamais entendue si débordante d'enthousiasme. Cela sonnait faux.

Observant Sally avec méfiance, Harriet paraissait tout aussi troublée.

— Ça ira, dit-elle lentement. Laurie s'en chargera.

Sally agita la main.

— Ne soyez pas idiote, je vais m'en occuper.

— Vraiment, insista Harriet. C'est trop de dérangement.

— Foutaises. Ce n'est rien du tout. (Sally se leva en tendant la main.) Je vais les poster tout de suite.

Harriet hésita.

Le sourire de Sally se crispa.

Mae se demanda ce qui se passait. D'instinct, cependant, elle sentit que sa sœur ne devait pas lui remettre ces enveloppes. Mais elle ne voyait pas comment elle pourrait s'en tirer sans faire preuve de grossièreté.

— Je… (Harriet s'interrompit avant de reprendre.) Je ne sais pas…

— Allons, dit Sally en tendant ostensiblement la main.

Avec des doutes évidents, mais sans autre possibilité, Harriet lui remit les enveloppes.

Si Sally leur avait alors expliqué qu'elle comptait apporter les lettres au bureau de Roger, où travaillait David, pour les envoyer avec le courrier du jour, même Mae – malgré toute sa réticence à voir les ambitions de Harriet se concrétiser – se serait sentie obligée de souligner l'absurdité d'une telle idée. Quoi qu'il en soit, elle était certaine que Sally agissait en toute connaissance de cause et s'était délibérément jetée dans un piège qu'elle s'était elle-même tendu, soudain préoccupée par les conséquences que pourrait avoir sur sa réputation le fait de recommander deux bâtardes, au point de ne plus vouloir envoyer les lettres.

À peine quelques heures plus tard, David rentra à Nassim Road avec les enveloppes ouvertes.

Ce fut le moment où, pour Harriet comme pour Mae, la situation commença à se dégrader.

Elles étaient toutes les deux en train de s'habiller pour le dîner quand David rentra. Il était bien plus tard que d'habitude, alors qu'il ne pleuvait pas. Mais, en premier lieu, cela n'inquiéta pas Mae outre mesure. Elle continua à boutonner sa robe, l'écoutant distraitement gravir l'escalier. Lorsqu'il frappa à la porte de Harriet, elle comprit que quelque chose n'allait pas. Les sourcils froncés, elle se tourna vers sa propre porte, se demandant ce qui se passait.

Il demanda à Harriet s'il pouvait entrer, puis lui expliqua, manifestement derrière la porte, tout ce que Roger lui avait dit. Il semblait blessé. Mae fronça davantage les sourcils. Elle ne comprenait pas. Elle se demandait pourquoi il s'adressait à Harriet en particulier. Elles avaient rédigé toutes les deux des lettres de candidature. Pourquoi David n'était-il pas venu la voir, elle ?

Sans réfléchir, elle traversa sa chambre, uniquement chaussée de ses bas, et ouvrit sa porte avant de se glisser dans le couloir plongé dans une pénombre brûlante, sa robe bruissant autour d'elle. La porte de Harriet était entrebâillée. La lueur d'une chandelle et la voix de David s'échappaient de sa chambre. Retenant son souffle, Mae s'approcha, à la fois curieuse de voir ce qui se passait dans la pièce, et refusant de voir ou d'entendre quoi que ce soit d'autre.

Sur le côté de la porte, elle jeta un coup d'œil à l'intérieur. Harriet et David se tenaient face à face dans l'espace réduit. Harriet, vêtue d'une robe de soirée argentée, était devant son lit. N'ayant pas encore eu le temps de se coiffer, elle portait sa chevelure lâchée sur ses épaules. Elle était livide et avait les larmes aux yeux. Elle pleurait rarement. C'était affreux de la voir dans cet état. Mae mourait d'envie d'aller la voir, mais elle ne céda pas. Elle semblait d'ailleurs incapable de réaliser le moindre mouvement.

David lui tournait à moitié le dos. De profil, il avait le visage marqué par l'émotion, et ses cheveux blond-roux d'ordinaire impeccables étaient hirsutes, comme s'il venait d'y passer la main. Son costume de lin était aussi bien repassé qu'à l'accoutumée, mais il avait desserré sa cravate. Mae l'imagina en train de tirer dessus quand le mari de Sally lui avait annoncé ces nouvelles troublantes que son innocente femme lui avait révélées. Il avait jeté les lettres au pied du lit de Harriet, entre les plis ouverts de sa moustiquaire.

— Je ne comprends pas pourquoi vous avez éprouvé le besoin de faire une chose pareille, révéla David. Vous devriez savoir que je ne peux pas vous laisser partir.

— Vous allez donc me garder prisonnière ?

— Non, vous n'êtes pas prisonnière.

— Comment qualifiez-vous ça, alors ? (Harriet avait des sanglots dans la voix.) Vous savez que je n'ai aucune envie d'être là.

— J'aimerais vous donner envie de rester ici.

— C'est faux ! Vous voulez juste une femme, de l'argent.

— Je vous veux.

Mae tressaillit. Ses paroles lui firent l'effet d'un coup.

— Je ne suis pas à vendre, lui fit remarquer Harriet.

— Je vois ça. (Il s'approcha d'un pas.) Je le sais. Vous n'êtes pas comme Mae.

Elle manqua de s'étouffer.

— Laissez Mae en dehors de ça, pria Harriet.

— Vous êtes différente, poursuivit-il sans tenir compte de sa remarque. Vous ne parlez jamais à tort et à travers. Vous ne faites jamais mine de vous intéresser. Vous êtes douce, délicate et bienveillante...

Sentant ses yeux lui brûler, Mae les ferma.

— Je ne veux pas d'une femme qui n'aurait aucune fierté. (Il serra et desserra les poings, comme s'il luttait contre l'envie d'enfin se déclarer.) Je vous admire.

— Non, dit Harriet en secouant la tête.

Non, songea Mae. Elle se mordit les joues pour tenter de s'empêcher de fondre en larmes.

— C'est vous que j'ai choisie, déclara David. Vous.

— Non. Non. Jamais je ne serai votre femme.

— Ne dites pas ça.

— Pourquoi ? (Harriet avait cessé de retenir ses larmes.) C'est la vérité. Trouvez-vous quelqu'un d'autre pour vous enrichir.

— Je me moque d'être riche ! s'écria-t-il. (Mae tressaillit de nouveau.) Ça m'est égal, désormais. Si ce n'était pas le cas, je me contenterais d'épouser votre sœur. Ça n'a rien à voir avec l'argent. Vous m'avez... (il chercha ses mots) fait quelque chose. Je n'arrive plus à réfléchir comme avant. Je vous ai dans la tête en permanence. J'ai dépensé la moitié d'un mois de salaire pour vos gants.

Quels « gants » ? Mae s'écarta de la porte et s'adossa au mur, laissant son visage se décomposer. *Quels « gants » ?*

— Je vous en prie, entendit-elle Harriet l'implorer. Allez-vous-en.

— Dites-moi ce que je peux faire. (Il semblait prêt à tout.) Dites-le-moi, et je le ferai. Je ne peux pas le deviner.

— Laissez-moi partir.

— Je ne peux pas.

Durant un long moment, le silence régna. Des larmes roulaient sur les joues de Mae.

— Si vous vous laissiez un peu aller, vous pourriez être heureuse, ici, poursuivit David.

— Jamais je ne serai heureuse avec vous.

Il y eut un nouveau silence.

— Je vous en prie, promettez-moi de ne plus prendre ce genre d'initiative.

— Bien sûr que si, je vais réessayer.

— Je le découvrirai. (Il réfléchit.) C'est inutile, de toute façon, reprit-il d'un ton posé. J'ai écrit à ces agences. Je les ai prévenues, au cas où vous chercheriez à les contacter. Je leur ai expliqué qui vous étiez, votre sœur et vous.

Harriet laissa échapper un sanglot étouffé.

— C'est-à-dire ?

— Vous le savez très bien, répondit-il d'un ton calme, avec une certaine réticence.

Il était évident qu'il n'avait aucune envie de blesser Harriet, ce qui mit Mae de plus en plus mal à l'aise.

— Laissez-moi tranquille, l'implora Harriet.

Entendant le soupir de David, puis le bruit de ses pas, Mae s'obligea à regagner sa chambre d'un pas chancelant.

Alors qu'elle était encore dans le couloir, David fit une halte devant la porte de Harriet.

— Personne d'autre que moi ne vous aura, Harriet. Je vous veux. Personne d'autre ne voudra de vous.

— Vous ne m'aurez pas.

Il y eut un court silence. Lorsque David reprit la parole, ce fut à voix si basse que Mae, l'oreille pressée contre le mur, ne fut pas sûre de l'avoir entendu correctement.

Cela ressemblait beaucoup à :

— Je finis toujours par obtenir ce que je veux.

« Je finis toujours par obtenir ce que je veux. »

Ce soir-là, les paroles de David ne cessèrent de tourner dans l'esprit de Harriet. Elle refusa d'aller dîner. Elle ne se déshabilla même pas. Elle s'étendit simplement sur son lit dur avec sa robe argentée, les lettres dans sa main, le cœur lourd de déception et de colère, et tenta de déterminer ce que Mae et elle allaient bien pouvoir faire, à présent. Elle avait deviné depuis longtemps que sa sœur souhaitait épouser David : toutes ses tentatives pour lier conversation, son attitude l'autre jour à l'église, lorsqu'elle avait semblé si heureuse de faire la connaissance du gouverneur… Cela lui avait paru évident, mais elle n'avait pas su comment réagir. Elle n'avait aucune envie de l'embarrasser, ni de la contrarier en lui avouant les intentions de David à son égard. Elle avait tant espéré que tout se résoudrait comme par enchantement quand elles partiraient, misant sur le fait qu'on finirait certainement par les oublier. Elle avait compté là-dessus. À présent, dans la chaleur et l'obscurité, elle comprenait à quel point elles étaient toutes deux prises au piège. Si seulement elles avaient un peu d'argent, un peu d'argent à elles…

À minuit, entendant David gravir l'escalier, elle se crispa, s'attendant à ce qu'il vienne jusqu'à sa porte. Pour une fois, ce ne fut pas le cas. Elle s'abstint de pousser le moindre soupir de soulagement. Ce n'était qu'un moment de répit, elle en avait conscience. Il reviendrait. *« Je finis toujours par obtenir ce que je veux. »*

Le lendemain, un dimanche, il resta à la maison. Harriet, qui n'avait aucune envie de le voir, attendit qu'il soit dans son bureau pour descendre. Pâle et les yeux bouffis, Mae était encore en train de prendre son petit déjeuner. Tentant d'esquisser un sourire, elle fondit brusquement en larmes. Comprenant qu'elle devait avoir entendu ce que David lui avait dit, Harriet l'enlaça, méprisant d'autant plus cet homme pour tout le mal qu'il infligeait si négligemment à sa sœur. Elle la serra contre elle.

—Il ne te mérite pas, Mae.

—Qu'est-ce qui ne va pas chez moi ? demanda Mae. Qu'est-ce que j'ai fait de mal ?

—Allons, lâcha Harriet, ne trouvant rien d'autre à lui dire. Allons.

Des larmes roulant sur ses joues, Mae leva les yeux.

—Tout le monde te préfère à moi, déclara-t-elle.

—Ce n'est pas vrai, grimaça Harriet.

—Si. Tu le sais très bien. David, puis Laurie…

—« Laurie » ? Ne dis pas de bêtises.

—Ce ne sont pas des bêtises. (Soudain furieuse, elle repoussa Harriet.) Il te sourit tout le temps. Je l'ai bien vu !

—À toi aussi, il te sourit.

C'était le cas, mais Mae était toujours soit trop perdue dans ses pensées, soit trop absorbée par son puzzle pour le remarquer. Elle ne rendait jamais les sourires qu'on lui adressait.

—Pas comme à toi.

— Pourquoi parle-t-on de Laurie ? demanda Harriet.

— On ne parle pas de Laurie.

Ah bon ? Harriet ferma les yeux. Elle était trop lasse pour ce petit jeu.

— Il faut qu'on fiche le camp d'ici, se contenta-t-elle de lâcher.

— Où crois-tu que nous pourrons aller ?

— Il me faut un peu de temps pour réfléchir.

— Nous n'avons nulle part où aller. Nulle part ! (Elle s'éloigna encore un peu de sa sœur, séchant ses larmes d'un geste brusque.) Tu ne veux pas de David ! s'exclama-t-elle. Et il ne veut pas de moi. Alors, que fait-on ?

Harriet ne lui répondit pas. Elle n'en avait pas la moindre idée.

Mae poussa un éclat de rire dépité. Elle fondit de nouveau en larmes.

— Mae…

— Non. (Elle tendit la main pour empêcher Harriet de l'approcher.) Non.

Puis, comme si elle ne supportait pas de rester plus longtemps dans cette pièce, elle tourna subitement les talons et s'éloigna.

Elle demeura dans sa chambre le restant de la journée.

Dieu merci, David resta dans son bureau, réfléchissant à des sujets que Harriet ne devinait que trop bien. *« Je finis toujours par obtenir ce que je veux. »* De temps à autre, elle entendait le bruit de ses chaussures sur le carrelage lorsqu'il faisait les cent pas.

Juste avant 16 heures, Laurie passa en coup de vent, sans Sally, et fut mortifié par ce que sa sœur avait fait. Il prit place avec Harriet dans la véranda et lui demanda ce que David lui avait dit, à son retour, la veille. Elle lui fit un résumé. Elle omit d'évoquer sa déclaration, du moins directement, mais eut l'impression – grâce au regard compatissant de Laurie et à ses longues pauses –, qu'il avait deviné.

— Je suis navré. Vraiment navré. Sally aussi, je vous le promets. Si j'avais imaginé un seul instant qu'elle donnerait ces lettres à Roger…

— C'est du passé. Ne vous inquiétez pas.

— Si, je m'inquiète.

— Je vous en prie, il ne faut pas.

Il soupira.

— Je me demande si je pourrais postuler à d'autres postes. Comme vendeuse, peut-être…

Elle s'interrompit. Personne sur l'île n'accepterait de l'embaucher. David y veillerait. Et jamais elle ne trouverait l'argent nécessaire pour partir. Même si Laurie avait eu les moyens de lui en prêter, elle n'aurait pu se résoudre à lui en demander. Mais, de toute façon, ce n'était pas dans ses possibilités.

— Où est Mae ? s'enquit-il.

— Dans sa chambre.

Harriet jeta un coup d'œil à sa fenêtre. Laurie suivit son regard, et ils la virent tous deux s'éloigner des volets ouverts.

— Elle m'en veut ? demanda-t-il à voix basse.

— Non, répondit Harriet sur le même ton. Non. Je me demande si ça lui plaisait vraiment de devenir gouvernante, ajouta-t-elle avec circonspection.

— Oui. Je me suis également posé la question. Elle était très… (il chercha ses mots) préoccupée.

Reconnaissante pour sa gentillesse, Harriet lui adressa un bref sourire.

— Je suis vraiment navré, répéta-t-il.

— Ce n'est rien, lui assura-t-elle, même si elle n'en pensait pas un mot.

Elle se demandait même si cela finirait par aller mieux un jour.

Elle ne se sentit pas mieux quand, les jours suivants, David commença à faire de nombreux efforts pour la satisfaire. Il ne reparla plus de l'horrible conversation qu'ils avaient eue le soir où il était rentré avec les lettres. Comblant le vide laissé par le nouveau mutisme de Mae, il s'acharna à s'adresser à Harriet devant leurs biscottes au petit déjeuner et leurs œufs pochés au dîner. Il lui annonça qu'elle pouvait lui emprunter à tout moment les livres de son choix dans son bureau. Que si elle avait besoin de graines pour les planter dans le jardin, il veillerait à se les procurer. Il lui transmit des messages de la part de la femme du gouverneur, Elspeth : l'annonce de l'existence d'un club de couture au Tennis Club auquel elle devrait adhérer, et un besoin de volontaires pour servir le thé à l'école des missionnaires. Cette soudaine attention de la part d'Elspeth, qui lui donnait l'impression que leur relation était presque officielle, lui fit serrer les dents. Elle répondit à David qu'elle n'avait pas l'intention de rejoindre le moindre club, qu'il soit de couture ou d'autre chose. S'il l'avait entendue, il n'en montra rien.

Il avait recommencé à venir derrière sa porte, à minuit. Comme s'il ne pouvait s'en empêcher.

Ils n'abordèrent jamais le sujet.

Et Mae n'adressait plus que rarement la parole à Harriet.

Ce fut vite vendredi. Puisque c'était le week-end, David proposa un xérès à Harriet. Elle refusa. Il la dévisagea tout au long du repas, comme s'il rêvait de pouvoir entrer dans son esprit. Elle alla se coucher tôt, et tira sa malle devant sa porte. Quand minuit sonna, il gravit l'escalier et arpenta le couloir devant sa chambre. Enfin, le soleil se leva.

Des biscottes les attendaient.

Ainsi débuta le week-end.

Ce soir-là, le dernier du mois, ils étaient invités à un bal à la villa du commandant résident de l'armée de terre. David avait prévenu Harriet que, bien qu'il ait tendance à éviter ce genre de frivolité, il valait mieux qu'ils y aillent, cette fois, car le colonel Yates était quelqu'un d'important, et le gouverneur était en déplacement en Malaisie.

— Il faut que l'un de nous y aille.

Harriet n'avait pas hâte d'y aller. La perspective de devoir rester au bord de la piste de danse devant l'ensemble de la société singapourienne, indifférente à la présence de David et snobée par Mae, ne l'enchantait guère. Mais l'idée de devoir passer une soirée de plus dans cette demeure étouffante n'étant pas plus enviable, elle ne fit pas d'histoires. De plus, Laurie lui avait promis qu'il y serait. Au moins, elle serait contente de le voir.

Elle prit un bain, se coiffa, et enfila la robe de bal en soie pêche à mancherons, dos nu et jupe évasée que la couturière de Simla lui avait spécialement conçue. Elle se contempla dans le miroir de la coiffeuse. Elle ne voyait ni sa tête ni ses jambes, mais distinguait très bien de quelle façon l'étoffe tombait sur ses hanches. Elle lissa les plis avec sa main, repensant au moment où elle avait fait la même chose, durant l'essayage, dans la boutique de cette couturière où régnait un parfum à la fois âcre et épicé et qui semblait appartenir à un autre monde, une autre vie.

— Harriet ? appela David depuis le couloir, l'interrompant dans ses souvenirs. Vous venez ? Nous allons être en retard.

Il s'adressait à elle comme s'ils étaient déjà mariés.

Sans lui répondre, elle enfila ses gants, jeta un coup d'œil dans la pièce vide, souhaitant ne plus jamais devoir y retourner, quitta sa chambre et descendit l'escalier. Mae, vêtue d'une robe de soie rouge qui lui avait semblé si spectaculaire à Simla, mais qui, désormais, accentuait la pâleur de son visage attristé, lui emboîta le pas. Elle avait certainement remarqué que David ne l'avait pas appelée.

Dehors, le ciel était constellé d'étoiles. Les feuilles bruissaient en raison d'une légère brise.

Harriet se hissa dans le *gharry* et laissa suffisamment de place pour Mae à côté d'elle. Elle chercha la main de sa sœur, mais celle-ci la retira. David, en tenue de soirée, prit place face à elles. Il ne cessait de chercher le regard de Harriet. Mais cette dernière, qui soupçonnait son obsession croissante d'être aussi perturbante pour l'esprit cartésien de David qu'elle était exaspérante pour le sien, continua de l'éviter. Cependant elle avait l'impression que plus elle le fuyait, plus il était désespéré par son indifférence et déterminé à lui faire lever les yeux.

La villa des Yates n'était pas loin, dans une rue paisible bordée de palmiers. En s'immobilisant devant la vaste demeure blanche, ils constatèrent que toutes ses fenêtres étaient ouvertes et que des chandelles brillaient dans chaque pièce. *Finissons-en*, songea Harriet.

Elle n'attendait rien de particulier de cette soirée. Au mieux, elle espérait avoir l'occasion d'entretenir une conversation agréable avec Laurie.

Mais il n'était pas seul, ce soir-là. Son ami, enfin de retour de son voyage d'affaires à l'étranger, l'accompagnait. Alexander Blake.

Après cette soirée, tout changea de nouveau.

Chapitre 7

Singapour, 1941

Durant ses six premières semaines à Singapour, Ivy n'arrêta jamais. Chaque fois qu'Alma lui proposait de se rendre à un cocktail, ou à une soirée au *Raffles*, elle acceptait, même si elle était fatiguée après sa journée à Kranji. Et elle était toujours fatiguée après ses dures journées. Les heures qu'elle passait courbée sur son bloc-notes, les oreilles brûlantes sous son casque, absorbée par les transmissions, étaient les plus éprouvantes qu'elle ait jamais vécues. À l'arrivée du mois de juillet, la chaleur monta encore d'un cran. Elle avait le cou et le dos en sueur. Lors des pauses, elle et les autres allaient boire un thé dehors, ne manquant pas d'étirer leurs membres engourdis. Entourées par la jungle, elles tiraient sur leurs uniformes, qui leur collaient à la peau, et se remémoraient les brises rafraîchissantes à bord du navire qui les avait conduites là, s'imaginant le bien que ça leur ferait, le temps d'un merveilleux moment, avant de regagner l'atmosphère étouffante de la hutte pour quatre autres heures de travail. Ivy était constamment déshydratée, chaque fois que Tomlins la libérait (« Allez-y, Harcourt, je vois très bien que vous avez le regard rivé sur la pendule. »). Elle retournait alors à Bukit Chandu, parfois avec Alma, ou, si celle-ci était occupée, avec le camion de transport. Elle prenait un bain, enfilait une des nouvelles robes sans manches qu'elle avait fait faire par une couturière qu'Alma lui avait recommandée, puis elles allaient toutes les deux en ville. Parfois, Vanessa, leur colocataire, les accompagnait (« Il faut bien que j'aère mes tenues de soirée, de temps à autre ! »), mais c'était rarement le cas de Jane, qui, ayant le mal du pays, préférait occuper ses soirées à écrire à sa famille en Irlande. Il y avait toujours du monde qui les rejoignait : les filles de la station, Sam Waters et ses camarades, des amis d'Alma… Ils restaient jusqu'au petit matin avec les fêtards qui ne travaillaient pas le lendemain. (« Vous allez vous rendre malades », leur répétait doucement Jane.) Ils savouraient des cocktails dans la douceur nocturne.

Ivy n'était pas stupide au point de croire que Gregory serait satisfait de la voir devenue aussi sociable. Il ne se serait pas laissé abuser, elle en était convaincue. « Pourquoi redoutez-vous tant la tranquillité ? lui aurait-il demandé. Vous dormez bien, ces temps-ci ? »

« Parlez-vous aux autres comme vous me l'avez promis ? »

Non. Elle en était incapable. C'étaient les cauchemars qui l'avaient découragée. Ils la hantaient de nouveau sérieusement. Elle avait beau s'épuiser, ils tourmentaient son sommeil sans discontinuer, lui laissant généralement un répit de deux heures avant de la réveiller. Elle ignorait la raison de leur retour. Ses journées épuisantes, sans doute. Ou le bruit des orages. Et puis elle rêvait trop souvent à son goût de Felix (*« nein, nein, mein Gott ! »*), et des heures qu'elle avait passées dans ce cercueil, le poids glacé d'un cadavre, celui de Stuart, sur le dos. Dans son état d'inconscience, elle sentait le sang de Stuart traverser sa jupe et couler sur sa peau. À son réveil, elle s'apercevait qu'il s'agissait de sueur, et non de sang, mais, dans l'obscurité suffocante, il lui fallait bien trop longtemps pour se calmer et se convaincre que c'était vraiment le cas. Elle n'en fit jamais état à Alma. Elle n'avait pas du tout l'impression qu'elle ne la comprendrait pas, au contraire, mais elle était furieuse, tellement furieuse, que ces cauchemars l'aient suivie dans sa nouvelle existence... Elle refusait qu'ils prennent davantage de place dans sa vie.

Elle n'en avait même pas parlé à Mae dans les nombreuses lettres qu'elle lui avait envoyées jusqu'alors. Elle lui avait également envoyé un télégramme. Après qu'elle se fut enfin entretenue avec le contre-amiral Laurie Hinds.

Il lui avait rendu visite, un soir, tandis qu'elle rentrait du travail. Elle avait été mal à l'aise de le trouver devant la porte, car elle l'imaginait alors comme quelqu'un d'austère et d'intimidant. Mais, après l'avoir écouté un moment, elle découvrit qu'il était aussi chaleureux qu'Alma le lui avait promis, et inquiet de savoir si elle s'intégrait bien.

— S'il vous faut quoi que ce soit, n'importe quoi, lui avait-il dit, faites-le-moi savoir. J'habite à deux pas d'ici, chez Alex Blake.

Il avait tendu la main en direction de sa villa.

Ivy s'était abstenue de lui avouer qu'elle savait déjà où il vivait.

— Je vous remercie, s'était-elle contentée de lui répondre. C'est bon à savoir. (Elle avait hésité, cherchant une façon polie de lui demander pourquoi il prenait si grand soin d'elle.) J'ai cru comprendre que vous connaissiez ma grand-mère ? avait-elle commencé. C'est le lieutenant Tomlins qui me l'a dit.

— Effectivement, avait-il admis avec un petit sourire. Il y a fort longtemps.

— Je vous ai aperçu au port, le jour de mon arrivée.

— Je le sais. (Il avait pris un air contrit.) J'étais venu vous saluer. J'aurais dû le faire.

— Pourquoi êtes-vous reparti ? lui avait-elle demandé avec curiosité.

Il avait esquissé un sourire légèrement attristé.

— Vous ressemblez tellement à votre grand-mère, lui avait-il expliqué, que ça m'a déstabilisé. Je vous présente mes excuses. C'était grossier de ma part.

— Non…

— Si.

— Si vous voulez, lui avait-elle rétorqué avec son sourire habituel. Mais je vous pardonne.

Il avait éclaté de rire.

— Je vous en remercie.

Son ton amical lui avait donné de l'assurance.

— Vous avez dû bien la connaître.

— Assez bien. Ça m'a fait un choc de voir son nom sur votre formulaire.

— Ah, mon formulaire.

C'était donc comme cela qu'il avait deviné.

— Oui. Mais (il avait pris un ton inquiet), puisque c'est votre parent le plus proche…

Embarrassé, il n'avait pas achevé sa phrase.

Devinant ce qu'il souhaitait lui demander, elle l'avait devancé :

— Nous n'avons toujours été que toutes les deux. (Comme toujours mal à l'aise lorsqu'elle abordait le sujet, elle lui avait répondu à voix basse.) Mes parents sont morts à la fin de la dernière guerre.

— Ah, toutes mes condoléances. (Elle s'était sentie affreusement mal d'avoir déclenché une telle lueur de tristesse dans son regard.) Ils devaient être très jeunes.

— En effet.

Il avait froncé les sourcils, comme s'il tentait de calculer leur âge.

— Votre père ne devait pas avoir plus de vingt ans. Il est né en 1898, non ?

— Oui. En février. (Elle avait été frappée par le brusque changement de son expression. Elle l'avait examiné, tentant de comprendre le sentiment qui l'animait.) Comment savez-vous en quelle année mon père est né ?

— Je n'en sais rien. Je suis parti du principe que… eh bien, j'ai supposé que c'était l'âge des combattants à l'époque. Votre grand-mère n'avait pas d'enfants, quand elle était ici, l'année précédente, voyez-vous…

— « Ici » ?

Cela avait été à son tour de tressaillir. *« Ici » ?* Elle avait pris un ton curieusement aigu. Ainsi, Tomlins avait vu juste. Mais cela n'avait aucun sens.

— Non. Elle n'a jamais vécu ici.

Elle avait regardé Laurie en fronçant les sourcils. Il semblait un peu plus effaré à chaque nouvelle seconde qui s'écoulait.

— Si ?

— Bonté divine…

Ivy avait écarquillé les yeux.

— Elle a vraiment vécu ici ?

Il avait hoché la tête sans mot dire, ce qu'elle avait pris pour une confirmation.

— Pourquoi ne m'a-t-elle rien dit ? avait-elle demandé en tentant de comprendre. Que faisait-elle ici ?

— J'ignorais que vous n'étiez pas au courant. Navré…

— Que faisait-elle ici ?

— Non, je n'aurais jamais dû vous en parler.

— Je vous en prie. Vous devez tout me raconter.

— Je ne peux pas. Ce n'est pas à moi de le faire.

— S'il vous plaît…

Il n'en avait pas démordu. Elle avait eu beau insister, il avait refusé de céder.

— Posez la question à votre grand-mère.

C'était tout ce qu'il était disposé à dire.

Ivy avait donc demandé à Alma de l'aider à envoyer un télégramme.

`Tu as vécu à Singapour. STOP. Quand ? STOP.`

Elle avait reçu pour seule réponse un message lui annonçant qu'elle allait recevoir une lettre.

`Suis vraiment désolée ma chérie. STOP.`

— Je crains qu'il te faille faire preuve d'un peu de patience, redouta Alma. Essaie de penser à autre chose, en attendant.

Ivy avait essayé. Comme elle avait essayé de chasser ses cauchemars.

Et Kit Langton.

Lui aussi, elle avait tenté de l'oublier.

Mais, chaque fois qu'elle passait devant l'endroit où il l'avait surprise à espionner (soit quotidiennement, puisque c'était sur le chemin qui menait à la route principale), chaque fois qu'elle voyait Alex, l'ami de Laurie, écrire dans sa véranda, elle se remémorait la voix de Kit derrière elle : « *Bonjour ?* » Chaque fois qu'elle enfilait ses tennis (là aussi, tous les jours), elle se rappelait ses efforts pour les lui retourner, avant de s'agacer de nouveau parce qu'il ne lui avait laissé aucun message. Au fond d'elle, elle espérait que Sam, qui parvenait toujours à la retrouver lorsqu'elle prenait une pause – des tasses de thé sucré dans les mains, une cigarette roulée au coin des lèvres –, se rappellerait un jour que Kit lui en avait laissé un, finalement. Mais, bien que Sam lui ait déjà raconté énormément de choses – qu'il était fils unique, qu'il avait grandi non loin d'Ivy, dans le quartier londonien de Crouch End, que s'il n'était pas allé à l'université, c'était uniquement parce que la guerre avait débuté, qu'il avait un souffle au cœur, mais qu'il désirait ardemment combattre, que ce n'était pas un lâche et qu'il ne supporterait pas qu'Ivy le considère comme tel, qu'il en ferait baver aux Japs s'ils pointaient le bout de leur nez, qu'on lui donne seulement un pistolet –, il n'avait jamais évoqué Kit.

Et Kit n'était jamais nulle part. Chaque fois qu'Ivy et Alma avaient un jour de congé commun, elles se rendaient dans l'une des criques, sur la côte est. Les plages bordées de palmiers étaient bondées (pour une raison ou pour une autre – par pure bêtise, d'après Tomlins –, elles n'étaient pas du tout défendues, ni par du fil barbelé, ni par des nids de mitrailleuses). Des femmes étaient étendues dans leurs chaises longues, des enfants plongeaient dans la mer, et des soldats faisaient les idiots, leurs plaques d'identification se balançant sur leur poitrine – débordants d'énergie à force d'attendre une guerre qui n'était toujours pas parvenue jusqu'à eux –, mais pas de Kit. Dans les bars, c'étaient toujours les mêmes têtes. Pareil dans les salles de bal.

Même si cela la faisait souffrir vis-à-vis de Felix, Ivy se demandait si elle aurait l'occasion de le revoir un jour. Incapable de laisser plus longtemps cette question en suspens, elle se résolut à le découvrir par elle-même.

Elle savait qu'Alma comprendrait tout de suite, si elle l'interrogeait à ce sujet. Elle préféra donc en parler à une des autres colocataires. Jugeant peu probable que la paisible Jane soit au courant de quoi que ce soit, et puisque Vanessa paraissait tout savoir sur tout, un soir, en rentrant de Kranji, c'est à sa porte qu'elle alla frapper. Vanessa lui plaisait de plus en plus. Les rares fois où elle les accompagnait, elle s'adonnait aux festivités avec le même pragmatisme dont Ivy l'imaginait faire preuve à l'hôpital, et avec une énergie qui trahissait les longues heures passées à examiner des patients qui s'étaient fait mordre par un serpent, ou qui étaient atteints du typhus ou de la malaria. (Elle était formidablement douée pour descendre les shots de gin.)

Elle fit signe à Ivy.

— Entre, entre, l'invita-t-elle, des épingles à cheveux plein la bouche. (Elle avait revêtu son uniforme d'infirmière et se tenait devant son miroir pour fixer son calot.) Que puis-je faire pour toi ?

Ivy se hissa sur son lit, la moustiquaire tirée en arrière de chaque côté. Maintenant qu'elle était là, elle ressentait une certaine appréhension. Elle tira l'angle de l'édredon. Elles échangèrent quelques banalités sur la météo (orageuse), sur l'endroit où Alma et Ivy avaient passé la nuit, la veille (une soirée, se rappelait vaguement Ivy), puis Vanessa n'y tint plus :

— Crache le morceau. Qu'est-ce qui ne va pas ?

Ivy lui demanda alors si elle connaissait un certain Kit Langton.

Elle vit sourire dans le miroir le reflet de Vanessa. Elle avait vu clair dans son jeu, comme cela aurait également été le cas d'Alma.

— Il t'a tapé dans l'œil, hein ?

Ivy se sentit rougir.

— Ce n'est pas ça.

Vanessa disposa une nouvelle épingle.

— Bien sûr que non.

— Vraiment, insista Ivy. (Elle ne savait même pas pourquoi cela la tracassait autant.) J'ai simplement fait sa connaissance, mais je ne l'ai pas revu depuis.

— Et tu voudrais savoir où il est.

— Oui.

Vanessa ajusta son calot.

— Juste comme ça…

Ivy se mit à remuer sur le lit.

— Oui.

Vanessa se tourna vers elle.

— Je crains de ne pas savoir où il est. Mais (le regard inquiet, elle dévisagea Ivy. Celle-ci se demanda si elle faisait la même tête aux patients à qui elle avait une mauvaise nouvelle à annoncer), si je peux te donner un conseil, fais attention.

Ivy ne put s'empêcher de demander pourquoi.

Vanessa fronça les sourcils.

— La guerre ne s'est pas bien passée pour lui, jusqu'à présent. Enfin, d'après ce que j'ai entendu dire.

Ivy, qui n'avait pas oublié l'impression d'abattement dans son regard – loin de là –, ne fut guère étonnée, même si, curieusement, cela la contraria passablement.

— Est-ce une raison suffisante pour éviter quelqu'un ? demanda-t-elle.

Vanessa lui adressa un sourire attristé.

— Quelque chose me dit que tu n'es pas de cet avis.

— Ce n'est pas ce que j'ai dit.

Elle lui adressa un nouveau sourire attristé.

— J'ai l'impression que tu veux régler ses problèmes à sa place.

— Non, non…

Vraiment ?

— Je sais qu'il est séduisant, lui assura Vanessa. Mais garde les yeux ouverts, si tu souhaites t'engager dans cette voie, c'est tout.

Ivy poussa un soupir maussade.

— Je ne souhaite m'engager dans aucune voie, rétorqua-t-elle autant pour elle que pour Vanessa.

Puis elle se leva, s'habilla, se rendit avec Alma à une soirée dans la villa de l'ami d'un ami, et ajouta les conséquences que la guerre avait eues sur Kit à la liste de plus en plus longue des choses qu'il lui fallait oublier au plus vite.

Kit aurait préféré faire la fête, ce soir-là. Il aurait préféré boire un verre. Ou plusieurs. En fait, il aurait préféré se trouver n'importe où ailleurs, à faire n'importe quoi d'autre que la traversée entre la Thaïlande et l'Indochine, ce qu'il était sur le point d'entreprendre.

Les derniers renseignements indiquant qu'une incursion japonaise dans le sud du pays était imminente, Hinds était plus impatient que jamais d'obtenir des photos de reconnaissance des villages et des ports d'Indochine afin d'identifier les cibles éventuelles de futurs bombardements. Kit comprenait la logique : dans un monde où la RAF d'Extrême-Orient bénéficierait d'assez d'avions pour lancer de tels raids, des photos pouvaient se révéler fort utiles. Mais, vu qu'il doutait que la RAF dispose un jour d'appareils en nombre suffisant, et qu'il avait aussi un mauvais pressentiment à propos de ce séjour en Indochine, il aurait préféré que tout soit annulé. Tout au long de leur tournée des ports du sud de la Thaïlande, lui et les siens avaient repéré un grand nombre de « touristes » japonais en train de faire la même chose qu'eux, étudiant sans aucun doute la côte avant leur invasion. Cela commençait à chauffer, tout le monde le sentait, et ils avaient suffisamment d'informations, désormais, pour préparer une opération défensive. Si cela n'avait dépendu que de Kit, ils seraient rentrés à Singapour à toute vitesse avec les éléments dont ils disposaient.

En tant que chef de cette mission en particulier, il avait tenté de contacter Hinds par radio, ce soir-là, pour lui demander la permission de tout arrêter. Mais le contre-amiral était en réunion à Fort Canning. Son subordonné lui avait ordonné de poursuivre la mission comme prévu. Cela n'avait guère enchanté Kit, et encore moins Jimmy.

— Fais comme si tu n'avais rien entendu, lui avait-il suggéré. C'est de la pure folie.

Kit était d'accord avec lui.

— Ce n'est pas toute cette époque qui est complètement folle ? avait demandé Tristan. Et un ordre est un ordre.

Encore une vérité. Ils en étaient tous conscients.

Kit se tourna vers leur destination invisible, au-delà de l'onde noire, et prit une profonde inspiration pour tenter de dissiper son trouble. Cette nuit-là, le ciel était limpide, et la lune presque pleine. Les étoiles se reflétaient sur la surface lisse de la mer, illuminant la silhouette de ses hommes, devant lui, et l'embarcation qui tanguait, déjà chargée de leurs sacs à dos.

Jimmy croisa son regard.

— Ça ne me dit rien qui vaille, répéta-t-il.

— À moi non plus, dit l'un des deux lieutenants de Marine qui les accompagnaient, un homme du Yorkshire qui répondait au nom de Pete Gibbs, et qui, chez lui, avait un fils qu'il n'avait pas encore eu l'occasion de voir.

— Il faut qu'on y aille, fit remarquer Tristan. On ne peut pas ne pas y aller.

Il avait un air déterminé, résolu, à mille lieues de la langueur insouciante qui lui servait de carapace chaque fois qu'ils étaient en permission. Kit l'avait déjà vu arborer cet air à de nombreuses reprises : en France, lorsque la défaite leur avait paru inéluctable alors qu'ils étaient déjà loin à l'intérieur des terres. À chacune de leurs missions dans le désert. Sombre, mais jamais effrayé.

Il jeta un coup d'œil aux autres : Gibbs, à la fois songeur et inquiet ; le lieutenant Porter, un jeune homme de vingt-trois ans qui tentait de paraître aussi courageux que Tristan ; Jimmy, d'humeur constante, loin d'être un lâche, mais rongé par l'inquiétude.

Levant les yeux vers les étoiles, Kit songea un bref instant, avant qu'il puisse s'en empêcher, à son pays : à la plage non loin de laquelle il avait grandi, à Sydney, à la maison de ses parents, où ces derniers vivaient encore. Il ne les avait pas vus depuis plus de sept ans. (Sept ? Comment était-ce possible ?) Puis il reporta son attention sur l'embarcation, et, puisqu'il n'avait pas le choix, déclara :

—Allons-y.

Jimmy soupira, mais s'abstint de protester.

—Merde ! lâcha Gibbs.

Puis ils poussèrent le bateau jusqu'à l'eau, montèrent à bord d'un bond, mirent le contact et prirent le large.

Durant le trajet, ils mirent au point leur plan : Kit, Jimmy et Tristan débarqueraient, longeraient la côte pour recueillir des informations, pendant que Gibbs et Porter les attendraient sur une île voisine, à l'écoute du moindre signal radio de la part de Kit en cas de problème, ce qui, avec un peu de chance, ne se produirait pas.

De prime abord, rien ne laissait penser qu'il puisse y avoir la moindre difficulté. Les villages, baignés de lumière humide, semblaient paisibles. Les femmes bavardaient en faisant leur lessive, tandis que leurs enfants jouaient, torse nu et tout sourires. (Comme cela devait être agréable, une telle insouciance !) Kit, Jimmy et Tristan fournirent un travail intense, consommant de la pellicule par rouleaux, photographiant les sites susceptibles d'accueillir des bases aériennes ou des ports. Les pêcheurs du coin observèrent avec curiosité leurs appareils photo et leurs tenues décontractées – Kit espérait qu'ils passeraient pour trois touristes australiens et britanniques partis à l'aventure (si étrange cela puisse-t-il paraître) en Asie–, mais n'émirent aucune remarque.

— J'espère, déclara Jimmy, qu'ils oublieront notre passage, si les Japs débarquent.

— Arrête de parler d'eux, tu vas nous porter la poisse, rétorqua Tristan.

La nuit, les villageois allumèrent des lanternes et des feux au charbon, préparèrent leur repas, et il régna aussitôt un parfum de piment et de citronnelle. Kit commença à se détendre un peu.

Le troisième jour, alors qu'ils s'apprêtaient à se rendre dans un nouveau village, Jimmy retourna au port non loin pour prendre des clichés supplémentaires. Il craignait que ceux qu'il avait pris aient été exposés à la lumière. Il préférait prendre ses précautions.

— Puisque je suis là, autant que ça serve à quelque chose.

Dans la chambre de leur pension de famille, Kit et Tristan firent leurs bagages avant d'aller fumer une cigarette dans la rue. De gros nuages noirs s'étaient amoncelés, emprisonnant la chaleur. Il faisait lourd et humide. Le centre du village était paisible. Deux femmes actionnaient la pompe à eau, mais, à part elles, les lieux étaient déserts. Il n'y avait pas un souffle de vent, et les feuilles des palmiers pendaient avec une certaine raideur sous le ciel maussade. Dans le silence, Kit prit vaguement conscience d'un grincement, dans le lointain. Il en avait déjà entendu du même genre. Sentant monter l'adrénaline, il se crispa avant même d'avoir consciemment compris de quoi il s'agissait.

Au même instant, il repéra Jimmy, qui courait vers eux dans la rue de boue séchée, son appareil photo battant contre sa chemise pastel.

— Des chars ! s'écria-t-il. On fiche le camp ! Tout de suite ! Les Japs sont arrivés.

Ni Kit ni Tristan ne perdirent de temps à lui répondre. Ils tournèrent les talons, se précipitèrent dans leur chambre et attrapèrent leur émetteur radio, leurs revolvers et les petits sacs avec lesquels ils avaient débarqué. Préférant éviter l'entrée principale, Kit se rua sur l'unique fenêtre de la chambre, suivi de Jimmy et Tristan. En sueur, les lanières de leurs sacs entre les dents, ils bondirent dans la rue et foncèrent vers l'épaisse végétation qui ceignait le village.

Dès qu'ils furent cachés, Kit, les mains tremblantes à cause de l'adrénaline, envoya un message radio à Gibbs et Porter, leur donnant les coordonnées de la plage la plus proche pour qu'ils viennent les récupérer à la tombée de la nuit. Il espérait qu'ils le recevraient. Et qu'aucun Japonais ne l'intercepterait.

— J'espère juste qu'aucun de ces fichus pêcheurs n'ira leur raconter qu'on est là, lâcha Tristan, en scrutant attentivement le village entre les feuilles.

Jimmy s'abstint de lui faire remarquer qu'il avait dit la même chose deux jours seulement auparavant. Il ne fit aucun commentaire non plus sur le nombre de fois où il avait imploré Kit de ne pas les conduire en Indochine. C'était un bon gars, Jimmy.

Le bruit s'était intensifié : des camions et des chars pénétraient dans le village, et les cris étrangement familiers des Japonais parvenaient jusqu'à eux. Cela rappela à Kit, bien malgré lui, son court séjour en Chine. Il supposait que le gros des troupes était venu par la route, depuis le nord déjà occupé. En l'absence de coups de feu, il ne pouvait qu'en conclure que ces poltrons de Français de Vichy n'avaient opposé aucune résistance à leur intrusion.

Il se demanda ce qui se passait au village. Il s'imagina les visages souriants des femmes, les rires des enfants, et, se souvenant de Nankin, il serra son revolver dans sa main.

Il rageait de devoir rester dissimulé comme cela. Ses jambes mouraient d'envie de le conduire au village pour se battre.

Comme s'il lisait dans ses pensées, Jimmy le saisit par le bras d'une poigne ferme et autoritaire.

— Moi aussi, j'aimerais bien. Mais ça ne servirait à rien. Et Gibbs et Porter vont venir nous chercher. Imagine ce qui se passera s'ils ne nous trouvent pas.

— S'ils ne se sont pas fait capturer avant, fit remarquer Tristan. Les Japs vont quadriller les côtes.

— Merde, lâcha Kit.

Il imagina le nouveau-né de Gibbs attendant le retour de son père.

Les heures passèrent, chacune plus chaude que la précédente, Kit sentant les rayons du soleil lui brûler la peau. Autour d'eux, le bruit incessant des insectes était assourdissant. Il écrasait moustique après moustique, sur son cou ou ses bras nus.

Ils chuchotaient, tentant de penser à autre chose, évitant de se demander si oui ou non ils allaient pouvoir s'en tirer, préférant s'interroger sur ce qui se passerait quand ils s'en seraient sortis : l'inévitable invasion de la Malaisie, maintenant que les Japs disposaient d'un tremplin pour leur assaut. Des Indes néerlandaises, aussi.

— Singapour est foutue, déclara Tristan.

Kit ne pouvait pas lui donner tort. Et, en songeant à ce minuscule bout de terre – la prétendue île forteresse imprenable, avec ses plages sans défense, ses eaux sans le moindre navire, son faible nombre de soldats et ses terrains d'aviation déserts, à l'exception de quelques appareils dépassés qui fonctionnaient à moitié –, il éprouva un profond sentiment d'effroi.

Les nuages se dissipèrent lentement. Autour d'eux, la végétation fumait, sous les rayons du soleil de l'après-midi.

Ils n'avaient pas d'eau. Pourquoi n'avaient-ils pas pensé à prendre de l'eau ?

Tristan évoqua les bières fraîches qui les attendaient à Singapour. Il avait fait la même chose à Dunkerque. « Du champagne au *Savoy* ! » avait-il promis tandis qu'ils serraient Jimmy, en sang, entre eux, dans la mer, tous transis de froid en attendant de pouvoir monter à bord d'une embarcation. Des bombes tombaient tout autour d'eux, projetant dans les airs les dépouilles de soldats morts. « On en boira des litres sans s'en rendre compte. Des litres ! » La situation leur semblait désespérée, à l'époque, mais ils s'en étaient tirés.

Kit ne se réjouissait pas pour autant de la situation présente. Combien de fois pouvait-on compter sur la chance pour s'en sortir ?

— Peut-être que Cendrillon attend que Kit vienne la chercher, dit Tristan, le regard rivé sur la jungle, devant eux.

Kit ne prêta aucune attention à sa remarque.

— Tu as dit que Cendrillon n'avait perdu qu'une seule chaussure, fit remarquer Jimmy. C'était ma foutue blague, Tristan. Tu as dit qu'elle était nulle.

— Elle me plaît de plus en plus. Comme toi, Jimmy. (Tristan lui passa la main dans les cheveux.) Tu es de plus en plus drôle, mon vieux. Je te jure !

— Va te faire voir.

Le silence se fit.

Agacé de penser à Ivy dans un moment pareil, Kit grinça des dents. Satané Tristan. Voilà qu'il se demandait à présent comment elle allait. Était-elle en train de travailler à Kranji ? À moins qu'il s'agisse d'un de ses jours de congé. Peut-être était-elle en train de longer la même rue que celle où il l'avait vue, à Bukit Chandu. Il se souvint d'elle, derrière la haie, sa chevelure noire détachée. Il la revit sur le quai, puis en train de courir à la station Y… Ces images, qui avaient refait surface de temps à autre, ces dernières semaines, lui revenaient un peu trop facilement. Même là, malgré les Japs qui se battaient dans le lointain. *Bonté divine!*

Le bruit produit par un mégaphone qui débitait des paroles indistinctes avec un accent japonais à couper au couteau l'aida à redescendre sur terre. Il provenait d'un chemin qui menait au village, à environ trois cents mètres de là, mais de plus en plus proche. Il entendit aussi un long grincement : de nouveaux chars.

Il détestait le bruit des chars.

Malgré son calme, il sentit ses muscles se contracter. Se mordant la lèvre inférieure, il se tourna en direction de l'origine du bruit en plissant les yeux. Posant son doigt sur la détente, il s'aperçut que Tristan et Jimmy l'imitaient. Ils savaient tous qu'ils ne pourraient rien faire contre des chars avec leurs simples revolvers, mais ils restèrent tous parfaitement immobiles, prêts à passer à l'action.

Personne n'approcha d'eux.

Le bruit finit par s'éloigner avant de se dissiper complètement.

La nuit tomba.

Protégés par l'obscurité, ils quittèrent tous les trois la jungle en silence, et, contournant le centre du village éclairé par des lanternes, dirigèrent leurs pas vers la côte. Le bruit d'une certaine activité leur parvenait du village, des hommes y établissant leur camp, mais – par une chance incroyable – la plage était déserte. Kit supposa que les Japs ne craignaient pas particulièrement que quiconque vienne les déloger. Cela n'avait déjà pas été le cas lorsqu'ils avaient occupé le nord du pays, après tout.

Levant leurs appareils photo et leurs revolvers bien au-dessus de leurs têtes, ils pénétrèrent dans l'eau en attendant Gibbs et Porter.

En silence, ils contemplèrent l'horizon éclairé par la lune.

Personne ne fit remarquer que l'eau était bien plus chaude là qu'à Dunkerque.

Les minutes s'égrenèrent. Une heure s'écoula.

Puis une autre.

À force de rester immobile, Kit sentait ses jambes lui faire mal. Ses bras aussi, toujours levés pour protéger son matériel de l'eau. Il refusa de songer à la possibilité que Gibbs et Porter ne viennent jamais.

Ni Tristan ni Jimmy n'évoqua non plus cette idée.

Mais ils poussèrent un profond soupir de soulagement lorsqu'ils entendirent enfin le bruit de la proue dans l'eau et virent l'embarcation surgir des ténèbres et approcher de leur position. Kit eut envie d'embrasser Porter lorsque celui-ci se pencha pour le hisser à bord.

— Vous avez vu les Japs ? s'enquit Jimmy en montant derrière lui.

— Bien sûr qu'on a vu les Japs ! siffla Gibbs. Il aurait été sacrément difficile de les manquer. Ils sont passés juste sous notre nez. On s'est cachés au fond de la mangrove, et on a croisé les doigts.

— Continue à les croiser, déclara Tristan. Il nous faut encore gagner la Malaisie, et si on en croise sur notre chemin, on est morts.

Ils ne virent aucun Japonais. Se déplaçant rapidement, et uniquement de nuit, ils atteignirent la Malaisie sans encombre. Ils abandonnèrent leur embarcation sur une plage isolée, avant de poursuivre leur chemin dans la chaleur et la poussière de la jungle. Ils dormirent avec leurs bottes pour protéger leurs pieds des serpents et durent se contenter de leurs sacs comme oreillers. Leur teint, déjà hâlé, noircit encore au soleil. Jimmy fut même grièvement brûlé.

— C'est toujours moi, j'ai l'impression, dit-il d'un ton lugubre en examinant les cloques sur ses bras.

— C'est le cas, lui répondit Kit en lui lançant un tube de pommade. C'est le cas.

Ils durent constamment faire halte pour brûler les sangsues des uns et des autres à l'aide d'allumettes, ce qui ne les empêcha pas pour autant de progresser de plusieurs kilomètres chaque jour, inspectant le sol autour d'eux, fauchant les épaisses lianes de la jungle pour se frayer un passage.

Kit n'éprouva cependant aucun soulagement en approchant de Singapour, passant devant des pistes d'atterrissage désertes et des campements militaires de pacotille, discutant avec des soldats désabusés qui s'ennuyaient à mourir. Il avait entendu de ses propres oreilles le nombre de chars et de camions de troupes qui s'étaient introduits en Indochine, et ce dans l'unique but de s'emparer d'un petit village.

Il était facile d'imaginer le genre de forces que les Japs enverraient en Malaisie le moment venu.

L'ampleur de l'assaut qu'ils lanceraient sur Singapour.

Chapitre 8

Le dernier jour du mois de septembre, Alma demanda à Ivy de l'accompagner à une soirée organisée par quelques officiers d'état-major dont elle avait fait la connaissance à la base navale. L'un d'eux était allé à l'école avec Phil, et elle mourait d'envie de s'entretenir plus longuement avec lui. Il fallait qu'elle parle à quelqu'un qui le connaissait. Ses parents avaient de plus en plus de mal à faire allusion à lui. (Même si sa mère avait reconnu, avec l'aide d'un peu de gin, qu'elle craignait d'évoquer le sujet, au cas où il se ferait tuer, ou pire, pendant qu'elle parlait de lui. Ivy demanda ce qui pouvait être pire que de se faire tuer, et Alma lui répondit qu'elle l'ignorait, mais aurait préféré qu'Elsie continue à se taire.)

Ivy n'était guère enchantée d'aller à cette fête. Sam l'avait interceptée, un peu plus tôt dans la journée, à Kranji. Il lui avait annoncé qu'il irait également à la soirée et qu'il souhaitait aborder avec elle un sujet d'importance. Ivy estimait, quant à elle, qu'il était important d'éviter ce genre de discussion. Elle avait également mal à la gorge et des frissons. La paisible Jane avait pris sa température avant de partir travailler et l'avait trouvée élevée.

— Je t'avais prévenue qu'à force de sortir ça allait arriver, lui avait-elle rappelé sans la moindre compassion.

S'apercevant également que, pour la première fois depuis son arrivée, elle avait le mal du pays, elle se dit qu'il vaudrait peut-être mieux qu'elle passe une soirée tranquille à rédiger une nouvelle lettre qui resterait sans réponse.

Mais, une fois dans la chambre d'Alma pour lui annoncer qu'elle restait, elle fut incapable d'aller au bout de son action. Alma prit un air déconfit en constatant qu'elle était encore en peignoir, et un ton désespéré :

— Tu ne… tu ne viens pas ?

Se disant qu'elle n'avait finalement pas si mal à la gorge, Ivy lui garantit que, si, elle venait. Elle souhaitait simplement avoir son avis sur la robe qu'elle devait porter.

— La robe crème sans manches, dit-elle avec un si large sourire qu'Ivy fut ravie de lui avoir menti.

Évidemment, elle le regretta par la suite. Mais il était trop tard pour y changer quoi que ce soit.

La soirée se déroulait sur le toit-terrasse d'une maison sur Orchard Road. Alma ayant décidé de se « mettre chiffon » (ce qui, avait appris Ivy, signifiait qu'elle allait se soûler), elles prirent la direction de l'arrêt de bus, sur la route principale. En passant devant la villa de Laurie, Ivy remarqua sa présence, ainsi que celle de son ami Alex Blake, dans la véranda. Elle n'avait toujours pas eu l'occasion de discuter avec ce dernier, mais elle se promit d'inviter Laurie, un de ces jours, pour tenter une nouvelle fois de lui tirer les vers du nez au sujet de Mae. Elle n'y comptait pas trop, mais estimait que cela valait la peine d'essayer.

Elles prirent le bus jusqu'au centre-ville, puis poursuivirent leur trajet à pied. Comme à l'accoutumée, la soirée était douce, et l'atmosphère enivrante, avec son parfum de feuilles de frangipanier, de poussière et de chaleur. Elles entendaient dans le lointain le vrombissement de la circulation, le chant des grillons dans le sous-bois, et, à l'approche de l'adresse qu'on avait donnée à Alma, des notes de swing sur un gramophone.

Le son se fit bien plus fort lorsqu'elles gravirent l'escalier qui menait à la terrasse. Le petit espace était bondé, au point qu'Ivy se demanda si la maison allait pouvoir supporter tout ce poids. Elle estima que plus d'une centaine de personnes étaient présentes, toutes sur leur trente et un, comme c'était toujours le cas à Singapour. On avait installé au-dessus de leur tête un treillage auquel on avait suspendu des chandelles dans des pots de confiture. Elles se balançaient au rythme des vibrations causées par les fêtards et de la brise, pourtant presque inexistante. Il y avait aussi un bar arborant un palmier ornemental de chaque côté, et des Chinois en tenue de soirée servaient du champagne.

Alma poussa un long sifflement.

— La vache ! s'exclama-t-elle. On peut dire que ces types savent organiser une soirée.

— Oh, mince, lâcha Ivy en remarquant la présence de Sam, devant le bar. Ne me laisse pas seule avec lui, l'implora-t-elle.

Alma, qui saluait déjà de la main un homme souriant sans menton qu'Ivy supposa être l'ami de Phil (ou pas, à en juger avec quelle impatience il se frayait un passage à coups d'épaule en direction d'Alma), ne lui répondit pas.

Durant les deux heures qui suivirent, Alma submergea de questions l'ami de Phil, avide de tout savoir sur la scolarité de ce dernier. Prenant conscience qu'Alma n'avait qu'une idée en tête, ce soir-là, il se fit de moins en moins bouillonnant, et Ivy sentit sa gorge la faire souffrir de plus en plus. La seule boisson proposée étant du champagne, elle en but beaucoup plus que de raison (elle se demanda ce que dirait Jane), et devint totalement « chiffonnée ».

— C'est « se mettre chiffon », ma jolie, pas « être chiffonnée ». Même si le résultat est le même…

À un moment donné, elle perdit Alma dans la foule. Elle n'avait aucune idée d'où elle était passée. Elle devait également avoir perdu la tête, car, après avoir d'abord évité Sam avec succès, elle accepta ensuite de danser avec lui.

Il la guida vers le centre de la piste de danse qui vibrait et sans doute ployait sous le poids des fêtards, puis la rattrapa par le bras quand elle trébucha. (Elle se demanda bien contre quoi, puisque lorsqu'elle baissa les yeux pour regarder, elle ne vit rien de particulier.) Il lui saisit les mains et les déposa sur ses épaules. Elles étaient moites. Elle devait être en sueur, s'imagina-t-elle. Les pas de Sam manquaient de naturel et d'adresse, mais il lui souriait comme s'il s'en tirait merveilleusement. Elle s'aperçut vaguement qu'elle ne l'aimait pas du tout. Elle aurait probablement dû suivre les conseils d'Alma et des autres et lui demander d'aller la voir moins souvent durant les pauses. Toutefois, comment était-il possible de dire une chose pareille à quelqu'un sans le blesser ? Et si elle l'avait contrarié ? Et si, par la suite, il lui était arrivé quelque chose, à lui aussi ? C'était peu probable, compte tenu du fait qu'il travaillait dans les bureaux, mais on ne savait jamais.

Il était beaucoup plus petit que Felix.

Pourquoi dansait-elle de nouveau avec lui ? Elle ne se rappelait pas l'avoir accepté.

Il l'attira à lui, la serrant dans ses bras. Elle trouvait la musique relativement rythmée, mais Sam dansait comme si ce n'était pas le cas. Elle n'avait pas dansé de façon aussi intime avec un homme depuis Felix. Elle ferma les yeux, se remémorant le contact de ses bras autour d'elle. Il était si ferme… Comme s'il redoutait qu'elle s'enfuie s'il la lâchait. Puis sa façon de l'embrasser : il se penchait d'abord vers elle avec hésitation, puis avec une plus grande détermination, en réclamant toujours davantage. Cela lui plaisait beaucoup, au début, mais, vers la fin, elle ne parvenait plus à respirer, et elle devait le repousser.

De la même manière qu'elle ferait bien de repousser ce Sam, à présent.

Sam qui l'embrassait.

Elle ouvrit subitement les yeux. Les siens aussi étaient grands ouverts. Il la regardait comme s'il avait du mal à croire ce qu'ils étaient en train de faire.

Qu'étaient-ils en train de faire ?

Ayant brusquement un mouvement de recul, elle s'essuya les lèvres avec le revers de sa main.

— Sam, dit-elle. Non.

Jetant un coup d'œil sur le bord de la piste de danse, elle croisa le regard d'Alma, devant l'un des palmiers, deux verres de champagne à la main. Elle avait un air horrifié. « Tu es folle ? » articula-t-elle.

Avant qu'Ivy ait eu le temps de réfléchir à une réponse, Sam tenta de la rattraper. Il souriait. Il souriait vraiment. Il avait les lèvres humides.

Sentant remonter le champagne, elle crut qu'elle allait vomir.

Elle déglutit.

— Je ne veux pas. Désolée.

— Tu donnais pourtant l'impression d'être d'accord, répliqua-t-il. (Il tenta de nouveau de la rattraper.) Je suis sûr que tu en as envie, Ivy.

— Ne me dis pas de quoi j'ai envie, dit-elle avant de tourner les talons et de s'éloigner au milieu de la foule en titubant en direction de l'escalier de la terrasse.

En approchant des marches de béton, elle avait déjà les idées plus claires. Elle les descendit rapidement, sa robe de soie bruissant contre ses jambes brûlantes. Pour éviter de tomber, elle regarda attentivement où elle posait les pieds. Ce faisant, elle ne vit les hommes qui montaient que lorsqu'ils arrivèrent à sa hauteur. Elle s'immobilisa aussitôt et se plaqua contre le mur pour les laisser passer.

Le premier baissa les yeux sur elle. Comme tout le monde ce soir-là, il était en tenue de soirée. Le teint hâlé, il avait des cheveux noirs et un visage carré qui lui donnait l'air à la fois jeune et âgé.

— Bonsoir, la salua-t-il avec un accent traînant. Ça va ?

— Non, répondit-elle, incapable de mentir. Non.

Inquiet, il fronça les sourcils.

— Allons bon…

Elle jeta un coup d'œil à ses deux amis, derrière lui. L'un d'eux étant gravement brûlé par le soleil, elle se demanda s'il irait voir Jane ou Vanessa, à l'hôpital. L'autre était grand, brun, très bel homme, avec de grands yeux verts qui la dévisageaient…

Elle retint son souffle.

— Ivy, dit-il d'un ton curieusement résigné.

— Cendrillon ? demanda l'homme aux coups de soleil, ce qui n'avait aucun sens non plus.

— On va vous laisser, déclara avec son accent traînant le premier qui s'était exprimé.

Et puis, tout à coup, lui et l'homme cloqué se volatilisèrent, laissant seuls Ivy et l'Australien qu'elle avait eu tant de mal à oublier.

Il ne portait pas de cravate, remarqua-t-elle. Les boutons du haut de sa chemise blanche étaient ouverts. Ce n'était pas la première soirée où il se rendait ce soir-là.

— Vous n'avez pas répondu…, commença-t-il.

— Je ne vous ai pas vu, l'interrompit-elle, s'exprimant plus aisément que cela aurait sans doute été le cas sans toutes ces flûtes de champagne. Vous n'êtes jamais nulle part.

Il sembla surpris.

— Vous m'avez cherché ?

Elle ne répondit pas. Elle trouvait que c'était déjà suffisamment clair.

— Où étiez-vous passé ?

— Je n'étais pas là. Je vous l'avais dit.

Elle fronça les sourcils. Le lui avait-il vraiment dit ?

Quand ?

Elle avait la tête qui tournait.

— Où étiez-vous ? insista-t-elle.

— Je crains de ne pas être autorisé à vous répondre.

Dans d'autres circonstances, elle aurait éclaté de rire. Elle n'esquissa même pas un sourire. Elle avait encore le goût des lèvres de Sam sur les siennes.

Lui non plus ne souriait pas.

— Vous êtes ivre, constata-t-il.

Elle hocha la tête. C'était le cas.

— Ce ne serait rien, si vous n'étiez pas si contrariée. Que s'est-il passé ?

— Rien.

— Ce n'est pas vrai. (Il s'approcha d'un pas.) Que se passe-t-il ?

— Vraiment, ce n'est rien.

Puis, à sa plus grande honte (elle mit cela sur le compte du champagne), elle éclata en sanglots.

— Bonté divine !

Il fouilla dans ses poches, à la recherche d'un mouchoir, présuma-t-elle. Ne trouvant que son nœud papillon, il le lui tendit, ce qui lui arracha un petit éclat de rire, puis de nouvelles larmes.

— Ne pleurez pas, Ivy. Je vous en prie, ne pleurez pas.

Ça me fait trop d'effet quand vous prononcez mon nom. Elle l'avait simplement pensé.

Elle regrettait de ne pas l'avoir dit à voix haute.

À moins qu'elle l'ait réellement dit ? Elle n'en savait rien. Vraiment rien.

Elle porta ses doigts à ses yeux, s'efforçant de cesser ses sanglots.

— Vous m'avez rendu mes chaussures.

— Oui, je le sais.

— Comment avez-vous découvert où je travaillais ?

— Je vous l'ai dit.

De nouveau perplexe, elle fronça les sourcils.

— Comment ça, vous me l'avez dit ?

— Comment ça, comment ça ? Je vous l'ai dit, c'est tout.

— Je ne comprends pas de quoi vous parlez. (Cramponnée à la rampe, elle réprima un nouveau sanglot.) Je n'aurais jamais dû venir ce soir. J'ai beaucoup de fièvre. Touchez mon front, ajouta-t-elle sans réfléchir.

Avant qu'elle ait pu revenir sur ses paroles, il lui adressa un sourire en coin et porta la main à son front.

Lorsqu'elle sentit le contact de ses doigts sur sa peau, elle croisa son regard et se rappela ce qu'elle avait ressenti quand il lui avait dit qu'il était ravi de la revoir, dans la rue, plusieurs semaines auparavant. Seulement, ce soir-là, elle ne parvenait même pas à se représenter Felix. (Encore les effets du champagne ?) Le contact de Kit lui paraissait voluptueusement frais sur son front. Elle aurait voulu qu'il ne retire plus jamais sa main. Elle leva les yeux vers lui, effrayée par ce qu'elle éprouvait. Elle vit son sourire faire place à de l'inquiétude.

— Vous êtes brûlante, déclara-t-il. Vous auriez dû rester chez vous.

— Je le sais. Je n'aurais jamais dû…

— Je sais, dit-il. Vous n'auriez jamais dû sortir.

Il hésita, se tournant d'abord vers les rires et la musique, sur la terrasse, puis vers elle. Il prit une inspiration, et, semblant avoir pris sa décision, il déclara :

— Venez, je vous raccompagne.

Elle était sur le point d'accepter. Malgré sa culpabilité et les avertissements de Vanessa.

Mais, alors, elle aperçut Sam en haut de l'escalier.

— Ivy ! s'exclama-t-il à bout de souffle. Alma m'a dit que tu étais aux toilettes.

— Je croyais l'avoir vue en prendre la direction, rectifia innocemment Alma en s'immobilisant derrière lui. (Elle sourit brièvement à Ivy.) Ça va, ma belle ? (Avant que l'intéressée ait eu le temps de lui répondre, elle poursuivit.) Parfait. (Elle saisit Sam par le bras.) Laissons-la tranquille.

Sam ne tint aucun compte de sa remarque. Il dévala les marches, et Alma ne put rien faire pour l'en empêcher.

— Deuxième classe Waters, j'imagine, présuma Kit, toujours aux côtés d'Ivy.

Sam le salua brièvement avant de saisir la main d'Ivy.

— Je vais veiller sur elle, mon commandant. Elle est avec moi.

— Vraiment ?

Kit leur lança à tous les deux un regard intrigué.

Totalement prise au dépourvu, Ivy baissa les yeux sur sa main, dans celle de Sam.

— Je vais vous laisser, alors, déclara Kit. J'espère que vous allez vite vous remettre, Ivy.

Recouvrant finalement ses esprits, Ivy ôta brusquement sa main de celle de Sam. Mais Kit ne le vit pas. Il avait déjà tourné les talons et gravissait l'escalier.

En haut, Alma se tenait sur son passage. Elle semblait tentée de l'empêcher de passer.

—Allons, ma vieille, lâcha-t-il.

Poussant un soupir de mécontentement, elle s'écarta pour le laisser passer.

Quant à Ivy, trop fière pour se lancer à sa poursuite, et se rappelant désormais toutes les raisons pour lesquelles il ne valait mieux pas, elle repoussa Sam et, pressée de rentrer chez elle, dévala le reste des marches.

Quand elle fut de retour à la maison, ce soir-là, Alex rentrait d'une de ses promenades. Il sortait souvent tard. Pour ses balades, il préférait les routes désertes, après le coucher du soleil. Il préférait être seul, point. Ce n'était pas toujours possible. Il devait souvent appeler le bureau pour expliquer à ses hommes certains accords et certaines négociations. (Avec la guerre, les affaires se portaient bien, mais Alex n'en tirait aucune joie particulière. Même si l'argent faisait le bonheur – si seulement ! –, il n'avait aucune envie de profiter du malheur des autres.) Et Laurie vivait avec lui, bien sûr. Mais, malgré son côté ermite, il en était ravi. Son arrivée sur l'île lui avait fait l'effet d'une agréable surprise. Avant qu'il commence à se mêler de ses affaires, du moins.

Pourtant, quand Alex allait se promener, la nuit, jusqu'à la crique cachée où il avait jadis été un heureux homme, il préférait, non, il avait besoin d'être seul.

Il ne fut donc pas entièrement satisfait quand, en approchant de son allée, il remarqua la présence d'Ivy, qui venait dans sa direction. Il la reconnut aussitôt, même dans l'obscurité, et malgré la distance. Il l'apercevait souvent, depuis chez lui. Il reconnut aisément sa silhouette menue, sa chevelure noire et son teint pâle. Il l'aurait reconnue n'importe où. Ce soir-là, elle tenait ses chaussures à talon à la main, son autre bras agrippé à celui de l'Américaine exubérante, la blonde que, neuf fois sur dix, on entendait avant de voir.

« C'est pareil pour tout le monde », lui avait fait remarquer Laurie, non sans une certaine affection.

Alex se faufila dans son allée avant que les filles arrivent à sa hauteur. Il n'avait aucune envie de bavarder avec elles, et surtout pas avec Ivy. Il tentait, avec beaucoup de mal, de rester indifférent à sa présence dans cette rue. Il en voulait à Laurie comme il n'en avait jamais voulu à personne d'avoir fait en sorte qu'elle soit cantonnée là. Lorsque Laurie était rentré, le jour de l'arrivée de la jeune femme, et avait finalement avoué à Alex que non seulement elle existait bel et bien, mais qu'elle venait vivre à quatre numéros de chez eux, Alex était entré dans une colère noire comme il n'en avait plus connu depuis sa jeunesse. Pas uniquement à cause de tout ce qu'il lui avait dissimulé pendant tous ces mois mais surtout parce que Mae – *Mae !* – resurgissait brusquement dans sa vie, alors qu'il avait toujours tout fait pour l'oublier. Parce qu'une partie d'elle, en chair et en os, était ici, sur l'île, dans la rue même où elle avait provoqué tant de peine, à l'époque.

Il avait refusé quand Laurie l'avait imploré de discuter avec Ivy, et avec encore plus de véhémence lorsque Laurie lui avait confirmé que le père de la jeune femme était bien celui qu'ils soupçonnaient tous les deux. Il s'était attendu à la détester quand il finirait par se retrouver face à elle. À être gagné par la même rage que celle qu'il avait éprouvée lorsqu'il avait appris son existence et sa venue. Mais, alors qu'elle approchait, qu'il la distinguait de mieux en mieux, qu'il la voyait de près pour la première fois, il ressentait…

Il ignorait ce qu'il ressentait.

C'était dû à sa démarche lente, à la façon dont elle penchait la tête vers son amie pendant qu'elles discutaient. À son teint crème, à l'inclinaison de ses traits, à l'ombre de ses cils sur ses joues. Laurie l'avait prévenu. « C'est leur portrait craché ! » Mais Alex ne l'avait pas écouté. Il ne s'y était pas attendu. Jamais il n'avait imaginé que la ressemblance serait si frappante.

Mais ce n'était pas à sa grand-mère qu'il songeait. C'était à Harriet. Uniquement à Harriet.

Et, soudain, avec Ivy devant lui, il se laissa submerger par ses souvenirs : la première fois qu'il avait posé les yeux sur sa grand-tante, le jour de son arrivée à Singapour ; la façon dont elle s'était écartée du parapluie et était restée sous la pluie, le regard vague ; sa détermination à la revoir quand il était revenu sur l'île ; l'impatience avec laquelle il avait attendu la tenue de ce bal où elle se rendrait, d'après Laurie.

— Tu l'aimes bien, avait constaté Laurie, à la fois surpris et un peu amusé.

Alex avait toujours clamé haut et fort que faire la cour et se marier, cela ne l'intéressait pas. Il était bien trop occupé.

— Ça pose un problème ? avait demandé Alex, conscient du temps que Laurie avait passé avec elle, de l'affection avec laquelle il parlait d'elle.

— Pour moi ?

Laurie lui avait lancé un regard attristé. Alex se représentait très bien encore aujourd'hui le jeune de vingt-sept ans qu'il était à l'époque.

— Allons, tu sais très bien que ce n'est pas le cas, reprit-il. C'est une amie, rien qu'une amie.

Alex avait néanmoins des doutes. À cause de sa façon de détourner le regard en évoquant le sujet. Mais il n'avait pas insisté. Il n'en avait pas eu envie.

Plus récemment – lorsqu'il lui en voulut un peu moins d'avoir fait venir Ivy dans leur rue –, il lui avait demandé s'il avait déjà aimé Harriet. Ils prenaient un brandy dans la véranda. Laurie avait réfléchi.

— Je les ai aimées toutes les deux, j'ai l'impression, avait-il fini par avouer.

Âgé, marié à Nicole qu'il vénérait, il avait pu le reconnaître sans rougir, de même que, près de cinquante ans plus tard, Alex avait pu l'entendre sans lui faire de reproche. Laurie avait vidé son brandy d'un trait.

— Mais je n'ai jamais pensé que ça irait très loin. Avec l'une comme avec l'autre. Je savais que ce ne serait pas le cas. (Il s'était resservi.) Quand j'ai rencontré Nicole, ça a été différent. J'ai senti que c'était… je ne sais pas, le début de quelque chose, tu vois ?

Alex avait acquiescé. Il voyait bien.

— Mais, avec Harriet, avait poursuivi Laurie, ce n'était pas comme ça. (Il avait esquissé un sourire attristé.) Pas comme pour toi. Je n'ai jamais tenu à elle autant que toi.

— Je tiens encore à elle, avait rétorqué Alex.

— Je tiens encore à elle, répéta-t-il aujourd'hui à voix basse.

Ivy passa devant lui, captivée par ce que lui disait son amie.

— Oui, oui, je le sais, dit-elle.

Il grimaça, car même sa voix ressemblait à celle de sa grand-mère. Elle poursuivit son chemin vers chez elle. Il aurait voulu qu'elle revienne sur ses pas pour l'entendre encore.

Il faillit lui crier de s'arrêter.

Mais il n'en fit rien. Il resta à l'écart et parvint à détourner le regard.

En rentrant chez lui, il sentit trembler ses jambes, qui n'étaient plus aussi robustes qu'à l'époque.

Il pénétra dans l'entrée plongée dans la pénombre, s'adossa contre la porte et poussa un soupir. En fermant les yeux, il vit de nouveau Ivy.

Elle lui ressemblait tellement. C'en était à pleurer.

Le souvenir d'un fantôme : une femme qu'il n'avait jamais pu oublier et qui le hantait désormais depuis quarante-quatre ans.

Chapitre 9

Singapour, 1897

Harriet ne remarqua pas immédiatement la présence d'Alex, lorsqu'elle arriva chez les Yates, ce soir-là. Il y avait tant de monde entassé dans la vaste salle de bal de la villa qu'il était difficile de voir quelqu'un en particulier. Elle reconnut un grand nombre d'invités qu'elle avait vus à l'église, tous vêtus de leurs plus beaux atours : queue-de-pie pour les hommes, robe de soirée évasée pour les femmes. Les portes de la terrasse étaient ouvertes, laissant pénétrer les senteurs de la nuit tropicale : celles des arbres fruitiers, de la terre chauffée, et l'odeur d'humidité omniprésente. Mais, pour une fois, on n'entendait ni le chant des cigales ni les cris des singes, remplacés par le tintement des verres, le bourdonnement des conversations et la musique du quatuor à cordes qui jouait dans l'angle opposé. La fumée de cigare et de cigarette formait un nuage dans la pièce étouffante, se mêlant à la douce vapeur cireuse émise par les chandelles des lustres. Tout le monde était rougeaud et en sueur. Des hommes passaient leurs doigts dans leur col, des femmes s'éventaient la poitrine. Mais ils avaient tous le sourire, habitués, supposa Harriet, à cette humidité inconfortable.

Elle suivit seule David au cœur de la fête. Mae s'était rendue aux toilettes dès leur arrivée, marmonnant qu'elle avait besoin d'un moment. Elle avait semblé si abattue tout au long de leur trajet silencieux, et davantage encore lorsqu'elle avait suivi le domestique jusqu'aux toilettes, que Harriet avait été tentée de la suivre. Si elle avait cru que cela aurait pu lui être utile, elle l'aurait fait. Mais, se souvenant de quelle façon elle avait retiré sa main dans la calèche, et la soupçonnant de vouloir garder ses distances avec elle plutôt qu'avec David, elle s'était abstenue. Au lieu de cela, quand David avait gauchement tenté de lui prendre le bras, elle avait fait un pas de côté, avant de rester plusieurs pas derrière lui, tandis qu'il traversait la salle de bal, refusant de se trouver à ses côtés lorsqu'il saluerait le colonel rondouillard et sa femme, tous deux côte à côte, prêts à accueillir leurs invités.

Dès qu'elle aussi se fut fait mollement serrer la main par le couple (et eut évité de se formaliser à propos des regards inquisiteurs qu'ils lui lancèrent tous les deux, notamment le colonel, qui, lorsqu'il la dévisagea avec ses yeux injectés de sang en lui souhaitant la bienvenue d'une voix traînante, lui donna l'impression de penser que, comme sa mère, elle ne valait probablement pas grand-chose), elle fit quelques pas dans la salle avant de s'immobiliser juste derrière David, parcourant la foule du regard. Elle repéra Sally et Roger, tous deux absorbés dans la contemplation d'une table chargée de canapés flétris, le long du mur opposé, et détourna vite le regard avant que Sally puisse remarquer qu'elle l'observait. Elle aurait du mal à faire preuve de courtoisie envers elle, et elle n'avait aucune envie de devoir s'adresser à elle devant tant de monde. Elle continua à scruter le visage des invités, à la recherche de Laurie. Elle l'aperçut enfin devant les portes de la terrasse, et remarqua alors la présence d'Alex, qui se tenait auprès de lui.

Ce fut son visage qui attira son attention. C'était le genre de visage qui la captivait. Au-dessus de son col amidonné et de sa cravate blanche, sa mâchoire était finement dessinée.

Il avait des pommettes saillantes, et le regard – qui s'illumina quand Laurie lui dit quelque chose – chaleureux. Elle mourait d'envie qu'il le tourne vers elle. Elle prit conscience qu'elle attendait qu'il le fasse. Elle le regarda prendre une cigarette dans sa poche, pencher la tête, puis craquer une allumette, et, dans le creux de sa main, allumer sa cigarette. Ses joues se creusèrent quand il inspira. Il était plus petit que Laurie, mais semblait plus robuste, mieux bâti.

Elle savait de qui il s'agissait.

Même si Laurie ne lui avait pas dit – lors d'une de ses courtes visites la semaine qui venait de s'écouler – que son ami Alexander Blake, de retour de son voyage d'affaires, envisageait d'aller au bal des Yates, elle était certaine de l'avoir reconnu comme l'autre homme présent sur le quai le jour de leur arrivée, à sa sœur et à elle. Il avait la même posture pleine d'assurance, la même carrure. Elle s'aperçut alors de la force avec laquelle sa silhouette s'était imprimée dans son esprit. Elle avait l'impression d'être de retour sous la pluie, le voyant pour la première fois tandis que Mae s'éloignait avec le parapluie, tout en se trouvant dans la salle de bal de Yates. Elle paraissait incapable de détacher son regard. Comme s'il devinait son attention, il leva les yeux et croisa son regard. Il s'écoula une fraction de seconde avant qu'il esquisse un sourire, et, à cet instant, entre eux, la pièce bondée et bruyante lui sembla s'étirer, puis se contracter. Le voyant sourire, elle se sentit l'imiter. Cela faisait si longtemps qu'elle n'avait pas eu chaud aux joues qu'elle en fut surprise.

David aussi.

— Vous souriez, dit-il d'un ton amusé, mais pas mécontent. Vous semblez heureuse. C'est le cas ?

— Je l'ignore.

Était-ce le cas ?

Elle avait du mal à réfléchir. Alex continuait à soutenir son regard. Il dit quelque chose à Laurie. Celui-ci se retourna, et, remarquant Harriet, la salua de la main. Elle comprit qu'Alex avait dû la désigner. D'instinct, elle lui sourit de nouveau, puis rougit, prise de court par sa réaction.

Laurie s'apprêta à venir la rejoindre, et Alex aussi. Mais, avant que son cœur la lâche, une infirmière de la Navy en tenue guindée s'approcha d'eux, accompagnée d'une jeune femme. Cette dernière était blonde, assez grande, plus grande que Harriet, et incontestablement jolie. Elle eut du mal à le supporter. Vulnérable, elle regarda l'infirmière s'adresser à Laurie et à Alex avec un large sourire. Harriet mourait d'envie d'aller les retrouver. Elle l'aurait fait s'il ne s'était agi que de Laurie, mais elle ne trouva pas le courage d'aller retrouver Alex sans y avoir été invitée. L'infirmière recula, le regard rivé sur Alex, et désigna la blonde, à côté d'elle. Harriet ne put s'empêcher de remarquer que la fille avait le teint rosé, soit de gêne, soit de plaisir.

Le quatuor à cordes entonna un nouvel air. La foule s'écarta vers les bords de la pièce, et, comme s'ils ne faisaient qu'un, des couples envahirent la piste de danse. Harriet vit Alex reporter son attention sur elle. Il fronça les sourcils, mais se tourna aussitôt vers l'infirmière et offrit son bras à la jeune femme blonde.

Harriet, comprenant qu'ils allaient danser, sentit son pouls faire un bond désagréable. Elle aurait voulu que cela cesse, les en empêcher, mais elle ne savait pas comment s'y prendre. *Ne regarde pas*, s'intima-t-elle. *Arrête de regarder.*

Mais c'était impossible.

Elle ne put se résoudre à détourner le regard.

À l'autre bout de la salle de bal, Mae non plus.

Elle hésitait à entrer, passant inaperçue, comme toujours, et tentant de trouver le courage de participer à cette fête où personne ne voulait d'elle, quand elle l'aperçut. Les yeux gonflés à cause des larmes d'humiliation qu'elle avait versées aux toilettes, elle avait eu du mal à le resituer. Mais pas longtemps.

Elle comprit rapidement de qui il s'agissait.

Alex Blake.

Elle savait qu'il assisterait au bal. Elle avait entendu Laurie en parler, mais, avec tout ce qui se passait, n'y avait guère prêté attention. Il lui semblait incompréhensible, maintenant qu'elle l'avait devant les yeux, de ne pas avoir réfléchi davantage à sa venue.

Comment avait-elle pu ne pas y penser ?

Sans s'en apercevoir, elle fit un pas en avant et prit une petite inspiration. Il était encore plus beau que dans ses souvenirs. Il avait été une ombre, sur ces quais, sous l'orage. Un camaïeu de gris sous son parapluie. Mais, à présent… il était en chair, en os et en couleurs. Bel et bien réel.

Elle se mordit la lèvre inférieure en le voyant guider la fille jusqu'à la piste de danse et songea combien elle aimerait être cette fille. Au même moment, du coin de l'œil, elle vit David se tourner dans sa direction, puis regarder négligemment ailleurs, lui montrant à quel point elle comptait peu pour lui. Mais, pour une fois, son désintérêt lui fut égal. Ou, du moins, moins douloureux. En voyant Alex jeter un coup d'œil en direction de David, elle ressentit un frisson d'excitation, s'imaginant que s'il continuait à regarder autour de lui, il finirait par la voir. Elle se demanda s'il l'avait remarquée comme elle l'avait remarqué.

L'inviterait-il à danser ?

Une telle chose était-elle envisageable ?

Ou était-elle encore idiote de l'espérer ?

Même si elle éprouvait une certaine peur, elle se vit accepter son invitation et le prendre par le bras. Elle serra les poings en imaginant tout ce bonheur.

Elle savait qu'elle allait rejoindre Harriet et David. Dans un moment. Elle souhaitait juste pouvoir observer Alex un peu plus longtemps.

Et, peut-être, d'une minute à l'autre, finirait-il par remarquer sa présence. Peut-être même qu'en la voyant il désirerait la retrouver.

Peut-être ne souhaiterait-il pas la laisser seule plus longtemps.

—Vous voulez danser ? demanda David à Harriet d'un ton gêné qui laissait entendre qu'il lui posait la question par égard pour elle et non parce qu'il en avait envie.

C'était tout juste si elle l'avait entendu. Tout ce dont elle avait conscience, c'était de la main d'Alex sur la taille de la blonde, et du fait qu'il continuait à regarder dans sa direction et à croiser son regard. Elle observa ses doigts, les imaginant sur elle, plutôt que sur la fille, et commença à avoir très chaud.

—Vous voulez danser ? répéta-t-il. Harriet, vous m'entendez ?

Elle ne répondit pas.

Seulement lorsqu'il lui posa la question une troisième fois se surprit-elle à lui répondre :

—Je n'ai aucune envie de danser.

Pas avec toi.

—Quel dommage, déclara Laurie, la faisait sursauter en surgissant à côté d'elle. Et voilà que j'espérais danser. Ne me laissez pas sans partenaire. (Il l'implora en souriant.) Pas mon avant-dernier soir à terre.

Dans d'autres circonstances, elle lui aurait répondu que c'était hors de question, et lui aurait pris la main. Au moins, elle aurait éclaté de rire. Mais elle se contenta d'un :

— Navrée. Je suis vraiment navrée.

Il baissa la tête d'un air faussement désespéré. Puis, jetant un coup d'œil autour de lui, demanda :

— Où est Mae ?

— Là-bas, répondit David en désignant l'entrée d'un signe de tête.

Harriet se retourna. Elle la repéra. Apparemment perdue dans ses pensées, elle avait aussi le regard rivé sur la piste de danse. Elle avait les yeux brillants, vitreux. Avait-elle pleuré ?

— Elle a l'air perdue, constata Laurie.

— Elle boude, expliqua David.

— Non, elle ne boude pas, intervint Harriet.

— Comment appelez-vous ça, alors ? demanda David.

Avant qu'elle ait eu le temps de répondre, Mae remarqua qu'ils la regardaient tous. Son air songeur se dissipa, et, poussant visiblement un profond soupir, elle se fraya un chemin vers eux.

Captivée comme elle l'était, Harriet fut incapable de réfléchir à ce qu'elle pourrait lui dire lorsqu'elle se joindrait à eux. Laurie s'en tira mieux qu'elle. Il lui annonça doucement qu'il l'attendait : il lui fallait désespérément une partenaire de danse.

Mae écarquilla les yeux. Elle parut extrêmement surprise. Mais David déclara alors qu'il était confus : si Laurie attendait Mae, pourquoi avait-il juste avant invité Harriet à danser ? Le visage de Mae se referma une fois de plus.

Si David remarqua sa réaction, il ne sembla nullement s'en émouvoir. Harriet aurait pu lui reprocher sa grossièreté. Laurie ne semblait guère ravi non plus.

— Je vous en prie, Mae, insista-t-il. Vous ne souhaitez pas danser ?

— Pas dans l'immédiat, répondit-elle avant de reporter son attention sur la piste. Peut-être plus tard.

Il était évident qu'elle n'avait aucune intention de danser avec Laurie. Elle ne le regardait même pas en s'adressant à lui. Si seulement elle en faisait l'effort, songea Harriet, elle verrait tous ceux qu'il faisait pour devenir son ami.

Elle poussa un soupir en son for intérieur.

Laurie croisa son regard. « J'ai essayé », semblait-il signifier.

Les couples continuèrent à danser sous leurs yeux.

David tapait du pied, mais pas en rythme avec la musique. Il s'agissait plus de l'expression de son embarras qu'autre chose. Harriet était convaincue qu'il le faisait parce qu'il pensait que c'était ce qu'on faisait en telles occasions. Elle le soupçonnait de honnir ce genre de soirée. Le fait qu'il soit venu trahissait son ambition.

Alex et la blonde passèrent devant elle, la ramenant à la réalité. Elle n'avait que vaguement conscience que Mae les observait tous les deux.

Laurie se pencha vers elle.

— Vous avez vu ? Toutes les *mems* les regardent, déclara-t-il en désignant d'un signe de tête les spectateurs autour de la piste de danse.

Harriet leva les yeux. Plusieurs femmes d'une cinquantaine d'années vêtues de soieries suivaient effectivement du regard Alex et la fille. L'air offusqué, toutes haussaient les sourcils. Elle ne se sentit pas mieux pour autant.

— En quoi ça les regarde ? demanda-t-elle.

— Ah, lâcha Laurie. Contrairement à moi, Alex n'est pas qu'un modeste lieutenant. Elles veulent toutes qu'il se marie avec leurs filles et leurs nièces. (Il esquissa un sourire.) Si je ne l'appréciais pas tant, je le détesterais !

Comprenant qu'il tentait de lui remonter le moral, Harriet s'efforça de lui rendre son sourire. Mais elle ne parvint qu'à ébaucher une sorte de rictus.

Laurie grimaça.

— Qu'est-ce qui ne va pas ? Vous êtes si silencieuse…

— Ça va, répondit-elle, incapable de lui révéler quoi que ce soit d'autre.

— De quoi parlez-vous ? demanda David.

Harriet lui répondit que ce n'était rien.

Il ne sembla pas la croire.

Cela lui était vraiment égal.

Le morceau s'acheva. La blonde leva les yeux vers Alex, porta la main à sa poitrine en souriant, puis lui dit quelque chose. Harriet se demanda si elle espérait qu'il l'inviterait à danser une nouvelle fois, et, soudain, elle ne supporta plus davantage de se trouver là, prise en sandwich entre l'attention de David, l'inquiétude de Laurie et le silence préoccupé de Mae, évitant d'épier les moindres faits et gestes d'Alex, faisant comme si rien de tout cela n'avait la moindre importance à ses yeux. Pourquoi cela attirait-il toute son attention, d'ailleurs ? Elle l'ignorait, mais, ce dont elle était certaine, c'était qu'elle serait incapable de le deviner tant qu'elle resterait dans cette salle étouffante. Marmonnant, elle prétexta donc qu'il lui fallait prendre l'air. Elle lança un regard d'excuse à Laurie, puis traversa la salle en direction de la terrasse et sortit profiter de la douceur nocturne. Elle ne s'attarda pas sur la terrasse illuminée par des torches, où des hommes discutaient en fumant. Elle poursuivit son chemin, descendit l'escalier de bois et s'engagea sur la pelouse plongée dans l'obscurité.

Elle n'avait aucune idée d'où elle allait, mais, éprouvant le besoin de s'éloigner de la fête, elle traversa le jardin, sa robe traînant sur l'herbe chaude. Elle prit une allée, puis une autre, et s'autorisa une halte lorsqu'elle découvrit un banc de pierre. Il était de biais par rapport à la maison, invisible depuis la terrasse, mais, de là, on distinguait clairement les fenêtres qui donnaient sur la salle illuminée par les lustres. Elle s'y laissa tomber, ses jupons formant un coussin moelleux sous ses fesses, et soupira, s'apercevant qu'elle avait marché très vite et qu'elle était à bout de souffle.

La musique du quatuor à cordes semblait portée par l'atmosphère brûlante. Pensant à Alex, elle se demanda s'il dansait encore avec la fille. Elle baissa les yeux sur ses cuisses, tentant de comprendre ce qu'elle ressentait. Moins d'une demi-heure auparavant, elle ne se rappelait même plus qu'il existait. À présent, elle ne pensait plus qu'à lui. Elle porta ses doigts à ses tempes moites, les pressant contre son crâne pour se débarrasser du bruit qui l'encombrait.

Elle ignorait combien de minutes s'étaient écoulées. Peut-être une, peut-être plusieurs.

Mais, au bout d'un moment, lorsqu'elle entendit une voix chuchoter « Bonsoir », elle fut surprise de ne pas être étonnée. Elle se cramponna au bord du banc de pierre. C'était lui. Elle en était certaine. Elle s'aperçut que, inconsciemment, elle s'était attendue à sa venue.

Lentement, elle leva les yeux vers les siens. Ils étaient gris, étincelants au clair de lune. Il arborait un air sérieux, mais son sourire transparaissait au coin de ses lèvres.

— Vous vous cachez ? demanda-t-il.

— Vous avez deviné.

— C'est une bonne cachette. J'ai mis du temps à vous trouver. Je peux ?

Elle se poussa, lui laissant suffisamment de place pour s'asseoir. Dans son corsage trop serré, elle sentait son cœur battre la chamade.

Il s'installa, posant les mains sur la pierre, adoptant la même posture qu'elle, mimant sa position. Il avait les mains à quelques centimètres des siennes.

— Je m'appelle Alex, se présenta-t-il.

— Je le sais.

— Et vous êtes Harriet.

— Oui. (Elle le regarda du coin de l'œil. Il la dévisageait.) Vous me cherchiez ?

— En effet. J'espérais que vous m'accorderiez une danse.

— Vous dansiez avec cette fille…

Elle ne put s'empêcher de le lui faire remarquer.

— C'est vrai, reconnut-il. Mais je crois que vous avez compris que c'était avec vous que je souhaitais danser.

Sa franchise la fit rougir, mais elle s'abstint de tout démenti. Cela aurait été idiot.

— Je vous ai vu au port, vous savez ? (Elle s'exprimait sans réfléchir.) Le jour de notre arrivée, à Mae et à moi. J'ai vu que vous nous observiez.

— Je le sais. Je me souviens de quelle façon vous nous regardiez.

— Vraiment ?

— Oui. Vous étiez trempée. Je voulais vous prêter mon parapluie.

— Pourquoi ne l'avez-vous pas fait ?

— C'est Sally. Elle m'en a empêché. Je n'ai pas insisté. Depuis, je m'en veux énormément.

— Vraiment ?

— Oui. C'est très gênant.

— Oh. Désolée.

Elle n'était pas désolée. Pas le moins du monde. S'il semblait incroyable qu'il ait pu penser à elle ne serait-ce qu'une fois depuis, cette idée lui plaisait. Énormément.

— C'était si curieux de vous revoir, tout à l'heure. (Il désigna la maison d'un signe de tête.) Vous étiez là en train de nous observer, Laurie et moi. Vous étiez exactement comme dans mon souvenir. Je me demandais si ça allait être le cas.

— Vraiment ? (Elle rougit de nouveau.) Vous non plus, vous n'avez pas changé, se hâta-t-elle d'ajouter.

Son regard étincela. Il y eut un court moment de silence. Elle se tourna vers le jardin plongé dans l'obscurité, puis, incapable de s'en empêcher, le regarda du coin de l'œil. Elle ne cessait de remarquer de nouveaux détails, sur son visage : les petites rides au coin de ses yeux ; le mouvement de sa chevelure noire ; le muscle qui se contracta dans sa joue lorsqu'il contempla le jardin à son tour, indiquant clairement qu'il était en train de réfléchir.

— Comment avez-vous su que c'était moi, tout à l'heure ? s'enquit-elle.

— Que voulez-vous dire ?

— Il aurait pu s'agir de Mae, quand je suis entrée dans la salle. Ou au port. On se ressemble trait pour trait.

Il réfléchit un moment, puis haussa ses larges épaules, faisant bruisser l'étoffe de sa veste de costume.

— Je savais que c'était vous.

— Ah.

Elle sourit, et il l'imita. Ses pattes-d'oie se creusèrent tant qu'elle eut envie de s'approcher de lui. Elle baissa les yeux sur ses mains, à côté des siennes, sur le banc, larges sous ses manchettes blanches. Ses doigts la démangeaient. Elle voulait lui prendre la main. Elle se cramponna au banc un peu plus fort.

— Vous avez vécu des moments difficiles, dit-il. Laurie m'a raconté. Je suis désolé.

Ainsi, ils avaient parlé d'elle. Cela non plus, ce n'était pas une idée désagréable.

— Je vous remercie.

Il hocha la tête. Elle sentit son regard sur elle. Elle devina qu'il s'apprêtait à dire quelque chose de difficile. Elle attendit, inquiète, désormais, se demandant de quoi il pouvait s'agir.

Comme il gardait le silence, elle leva les yeux vers lui et lui demanda :

— Que se passe-t-il ?

Il fronça les sourcils.

— N'épousez pas Keeley. Il ne le faut pas.

Elle s'attendait à tout, mais pas à cela.

— Ce n'est pas dans mes intentions.

— La sœur de Laurie est convaincue que vous allez vous marier avec lui.

— Sally ? (Agacée, Harriet fronça les sourcils.) Je ne vais pas l'épouser, insista-t-elle, avec plus de fermeté, cette fois. Je ne le pourrais pas.

— Parfait. C'est très bien.

— Vous ne l'aimez pas ?

— Pas du tout.

Pour une raison inconnue, ils éclatèrent de rire tous les deux. Cela permit de dissiper la tension qui était montée entre eux.

Elle lui demanda pourquoi il le détestait. Il lui répondit qu'ils ne s'étaient jamais vraiment entendus. Il l'avait toujours trouvé trop intransigeant. Il était impossible de travailler avec lui, et il en avait souffert chaque fois qu'il avait dû traiter avec lui. Il lui parla d'une grève des dockers l'année précédente. David avait autorisé la sanction la plus élevée pour les meneurs, prétextant que la loi était la loi, qu'importe que ces hommes aient une famille qui comptait sur eux.

— Il a dit qu'il était navré pour les enfants, expliqua Alex. Mais il est resté inflexible.

Cela n'étonna guère Harriet.

Elle lui demanda si quelqu'un sur l'île s'entendait bien avec lui. Il lui répondit que pas vraiment. Juste le gouverneur, Soames. Sans doute parce qu'ils étaient cousins. Même si, en toute franchise, David travaillait incontestablement très dur.

— Il laisse à Soames le temps de faire ce qu'il sait faire le mieux.

— C'est-à-dire ?

Alex éclata de rire.

— Boire, pour l'essentiel.

Il lui demanda comment cela se passait pour elle, chez David. Elle lui décrivit la monotonie de son quotidien, le rythme régulier auquel les repas se succédaient.

— Je crois que je ne supporte plus les biscottes.

— Les « biscottes » ? Je ne suis même pas certain d'en avoir déjà goûté une.

— Vous ne manquez rien. C'est affreux. Je rêve tout éveillée de nos petits déjeuners de Simla.

— Ils étaient bons ?

— Ils étaient délicieux. Je ne m'en rendais pas compte, à l'époque. (Se remémorant le passé, elle prit une profonde inspiration.) Parfois, les cuisiniers faisaient chauffer du lait concentré pour que nous puissions le verser sur notre porridge. C'était exquis. Nous avions tous ces jus de fruits : à la mangue, à la banane…

— Nous en avons ici aussi, vous savez ?

— Je l'ignorais, répondit-elle en riant à cause de sa façon de lui sourire. Malheureusement.

— Pauvre Harriet.

— Oui, pauvre de moi.

Elle leva les yeux vers les étoiles, se remémorant cette salle à manger bruyante à Simla. La façon dont elle et les autres se penchaient au-dessus de la table pour attraper les plats qui y étaient disposés, parlant la bouche pleine, déclenchant l'ire de leurs enseignants.

— Ça vous manque, constata Alex.

Ce n'était pas une question.

Quoi qu'il en soit, Harriet lui répondit :

— Oui. Ça me manque.

Mais, en reportant son attention sur le jardin obscur, songeant à l'île dans son ensemble, elle ne sembla plus regretter d'être venue.

— À quoi ressemble Simla ? s'enquit-il. Je n'y suis jamais allé.

— Ah non ?

Il secoua la tête.

— Non, je ne vais que dans les grandes villes.

— Vous ratez quelque chose.

— Dites-moi.

Elle réfléchit, se demandant par où commencer. Elle entama son récit, d'abord de manière hésitante, décrivant le long trajet dans les montagnes, la terreur qu'elle avait éprouvée dans les cols escarpés, puis la petite ville en soi : le chaos sur les marchés, les vaches qui erraient dans les rues sinueuses. Il lui posa d'autres questions, et elle se libéra, les mots lui venant plus facilement au fur et à mesure qu'elle se souvenait du sourire des autochtones, de sa petite école et de son magnifique jardin, du chemin sinueux qu'ils descendaient tous pour aller à la boulangerie, du parfum du pain sur le feu et de la façon dont il se mêlait à celui des pins et de l'air de la montagne. Sans qu'Alex ait besoin de la relancer, elle poursuivit en évoquant la beauté de la neige en hiver, puis, s'apercevant qu'elle parlait beaucoup, lui demanda si elle n'était pas trop bavarde.

— Non. (Il secoua la tête en souriant.) Non. (Elle lui lança un regard hésitant, mais il semblait vraiment sincère.) Continuez, je vous en prie.

Elle ne se le fit pas dire deux fois, car elle en mourait d'envie, ne serait-ce que pour profiter encore un moment de la façon dont il la regardait, l'incitant à lui en dire davantage. Elle lui raconta qu'ils étaient généralement coupés du reste du pays jusqu'au printemps, et qu'ils trouvaient très envahissante la foule qui montait de Delhi, l'été.

— Avec tout ce monde, la vie était très différente.

— C'est-à-dire ?

Elle réfléchit un moment, se remémorant l'assaut de ces Européens bien habillés, de toutes ces danses. Des ragots.

— Je crois que ça me donnait une meilleure idée de qui j'étais.

Visiblement perplexe, il fronça les sourcils.

Soudain, surgie du néant, une idée horrible lui vint à l'esprit. Durant tout ce temps, elle était partie du principe qu'il savait tout sur elle. Et si elle se trompait ? Laurie ne lui avait peut-être pas parlé de ses parents. Cela l'aurait peut-être mis mal à l'aise. Plus elle y pensait, plus il lui semblait probable qu'Alex ignorait tout sur le sujet. Il s'était lancé à sa recherche, après tout. Aurait-ce vraiment été le cas s'il avait été au courant ? Elle sentit l'horizon s'assombrir. Et s'il réagissait comme tous les hommes de Simla lorsqu'ils avaient découvert la réalité ? Les paroles de David résonnèrent dans son esprit : *« Personne d'autre que moi ne vous aura, Harriet. Je vous veux. Personne d'autre ne voudra de vous. »*

Il fallait qu'elle lui en parle, qu'elle se débarrasse de ce poids. Il finirait bien par le découvrir, de toute façon.

— Je…, commença-t-elle avant de s'interrompre.

Ses tempes battantes ne lui facilitaient pas la tâche. Prenant une profonde inspiration, elle se tourna vers les buissons le temps de se ressaisir.

— Mes parents…

— Harriet, l'interrompit-il d'une voix douce. Inutile de m'en parler.

Elle se tourna vers lui d'un air soupçonneux.

— Vous savez ?

— Oui. Désolé. Je l'ai appris avant même votre arrivée.

— Mais vous paraissiez perplexe. Je pensais…

— J'étais furieux. Pour vous.

— Ah.

Elle se demanda si c'était dû à un certain soulagement ou à sa façon de la regarder, mais elle sentit son cœur battre encore plus vite.

— Rien de tout ça n'a la moindre importance à mes yeux, lui révéla-t-il. J'aurais aimé que ça en ait moins pour vous. (Son regard soutenu était sincère.) Votre père est la pire des ordures, et j'aimerais pouvoir le lui dire en face, mais, à part ça, je me moque de savoir qui sont vos parents.

— Vraiment ?

Il se pencha vers elle.

— Oui. Ça m'est égal. Totalement égal. Et, ce soir, j'ai l'impression que même si vous m'aviez avoué avoir assassiné quelqu'un, je continuerais à vouloir continuer à discuter avec vous, assis à vos côtés.

— Heureusement, dit-elle, parce que j'ai aussi tué quelqu'un.

Elle se demanda pourquoi elle plaisantait.

Mais il esquissa un sourire. Elle l'imita. Ils avaient les lèvres si proches qu'elles se frôlaient presque.

— Je suis triste que vous ayez dû partir de chez vous. Mais je suis ravi que vous soyez là. M'y autorisez-vous ?

— Oui. Je crois que oui.

Il se fendit d'un plus large sourire. Puis il se leva et lui offrit sa main.

— Je souhaitais vous inviter à danser, tout à l'heure. M'accorderiez-vous une danse ?

Elle baissa les yeux sur ses doigts, puis les prit dans sa main. À travers ses gants, elle sentit la chaleur qui se dégageait de lui.

Il l'aida à se lever, puis l'attira à lui.

— Espérons que personne ne nous surprendra, dit-il. Sinon, les *mems* ne se gêneront pas pour traîner votre nom dans la boue, et vos parents risquent de…

Elle lui assena un petit coup dans l'épaule, lui arrachant un sourire. Puis sans réfléchir, elle s'approcha de lui, et il serra sa main dans la sienne. Rien ne lui aurait paru plus naturel.

Ils se dirigèrent lentement vers la musique, dans le lointain.

— Pourrai-je vous revoir ? demanda-t-il. S'il vous plaît ?

— Oui. Bien sûr.

Pour elle, la question ne se posait même pas.

— Oui. Bien sûr.

Rôdant à quelques mètres de là, Mae porta la main à sa tête. Elle aurait préféré ne rien entendre de leur conversation. Ne jamais suivre Alex dans le jardin. Laurie l'avait prévenue.

— Venez danser avec moi, plutôt, non ? lui avait-il gentiment proposé. Je suis sûr qu'Alex sera revenu pour la suivante.

Mais elle avait refusé de l'écouter. En fait, elle avait fait preuve de brusquerie avec Laurie, allant jusqu'à lui demander de la laisser tranquille.

— Allez retrouver Harriet, je sais que c'est ce que vous souhaitez réellement.

Si seulement elle avait su que c'était ce qu'Alex était en train de faire…

Elle le vit dire quelque chose dans le creux de l'oreille de Harriet, puis sursauta lorsque celle-ci éclata de rire. Même si elle s'en voulait d'avoir tressailli, de jalouser sa sœur, elle se laissa gagner par un profond ressentiment. Elle aurait été incapable de le maîtriser. Ce n'était plus possible. Pas comme elle s'était efforcée de le faire toute la semaine.

Plus maintenant.

Après que Harriet se fut éloignée d'un pas si preste, et quand Alex s'était approché de Mae, David et Laurie, ce dernier lui avait présenté Mae. Officiellement. Elle en était restée désespérément muette, sonnée par sa proximité, son regard ardent posé sur elle, et le son de sa voix lorsqu'il s'était excusé, déclarant qu'il lui fallait vraiment aller quelque part… Si seulement elle avait ouvert la bouche, elle serait peut-être parvenue à le faire rester un peu plus longtemps. Avec elle. Mais elle s'était contentée de le regarder partir, s'imaginant qu'il allait revenir, de plus en plus persuadée que c'était exactement le genre d'homme dont elle s'était imaginée tomber amoureuse, avant de se faire à l'idée que de tels rêves ne pourraient jamais se réaliser.

Mais elle s'était trompée : certains rêves pouvaient se réaliser. Seulement, c'était à Harriet que cela arrivait, et non à elle. Ce n'était jamais à elle, de toute façon.

Démoralisée, elle regarda Alex attirer Harriet à lui. Ils ne s'étaient pas embrassés. Pas encore. Elle était sûre que ce n'était qu'une question de temps.

Ni elle ni Harriet n'avaient déjà été embrassées.

Incapable de supporter cette vue plus longtemps, elle détourna les yeux. Toutefois, en s'éloignant, sur le chemin de la salle de bal, elle ne put cesser de les imaginer derrière elle. Elle sentait leur présence. Une présence heureuse qui pesait lourdement sur ses épaules.

Perdue dans ses pensées, elle ne vit David, qui patientait au pied de l'escalier de la terrasse, qu'au moment de le croiser.

— Où étiez-vous passée ? demanda-t-il.

— Je me promenais.

— Qui avez-vous vu ?

Il le savait. Elle le devina au ton de sa voix. Pourtant, soucieuse de le faire souffrir comme elle souffrait, elle le lui confirma :

— Harriet et Alex Blake. Ils dansaient. (Il blêmit.) Ça vous contrarie ? demanda-t-elle en découvrant que cela l'affectait au moins autant que lui.

— Je crois bien, oui. (Il la dévisagea longuement.) Pas vous ?

Elle éclata d'un rire sans joie.

— Ça ne vous fait rien ?

— Non, répondit-elle avec un nouvel éclat de rire dissonant. Pas le moins du monde.

Tentant de la comprendre, il fronça les sourcils. Pourquoi était-ce si difficile ? Pourquoi tout était-il si difficile ? Elle se sentit soudain trop lasse pour rester là plus longtemps. Elle tenta de le dépasser, espérant découvrir un endroit discret où elle pourrait attendre la fin de cette abominable soirée.

— Attendez, la retint-il.

— Quoi ?

— Je veux que vous me racontiez ce qu'ils faisaient. Tout ce que vous avez vu. Je veux tout savoir.

Elle réfléchit. Il ne faisait aucun doute pour elle qu'elle refuserait. Elle ignorait ce qui avait poussé David à lui poser ce genre de question, mais elle était certaine que ce n'était pas pour de bonnes raisons.

Si elle n'avait pas été si contrariée, peut-être aurait-elle trouvé la force de s'éloigner de lui. Si elle n'avait pas éprouvé un tel sentiment de jalousie envers Harriet, peut-être en aurait-elle été capable.

Mais elle était contrariée. Et vraiment jalouse.

Elle ne s'éloigna donc pas.

Elle resta là, et raconta tout à David.

Chapitre 10

Singapour, septembre 1941

Quand Alma et Ivy rentrèrent du fiasco qu'avait été cette soirée sur la terrasse, la petite-fille de Mae s'écroula sur son lit, si épuisée et fiévreuse qu'elle se contenta d'ôter ses chaussures. Elle s'assoupit tout habillée, coiffée, prenant conscience qu'elle s'était endormie quand elle se réveilla à cause d'un cauchemar *(« Nein, nein, mein Gott ! »)*, de plusieurs piqûres de moustique sur le bras – elle n'avait pas mis sa moustiquaire –, suffoquant de chaleur sous sa robe de soie et ses bas nylon. Elle avait les paupières collées par les larmes, le pouls battant à cause de l'adrénaline, et la gorge sèche comme jamais. L'espace d'un instant, elle ne se souvint que de son cauchemar, mais, en se forçant à ouvrir les yeux, elle put se repérer dans la semi-pénombre de l'aube, et des souvenirs de la soirée précédente lui revinrent en mémoire : tout ce qu'elle avait bu ; le baiser humide de Sam ; la tête de Kit lorsque Sam lui avait annoncé qu'elle était avec lui. (« *Avec moi.* » Comme si elle était à lui.) Poussant un léger gémissement, elle se tourna sur le flanc, sachant qu'il lui faudrait boire un peu d'eau et aller aux toilettes, aussi, mais, prise de vertiges, elle se sentait trop faible pour faire l'un ou l'autre.

Quand elle se réveilla de nouveau, le soleil était déjà levé. Plissant les yeux à cause de la lumière vive (elle avait également oublié de fermer ses volets, seules les fenêtres étaient closes, ce qui rendait la pièce irrespirable), elle distingua une silhouette au-dessus du lit. C'était la silencieuse Jane, de retour de son travail. Étudiant le mercure d'un thermomètre, elle ne semblait guère réjouie par ce qu'elle voyait.

— Désolée, déclara Ivy, se demandant pourquoi elle présentait ses excuses.

Ses paroles lui avaient écorché la gorge. Elle parvenait tout juste à remuer la tête.

— Je t'ai dit de ne pas sortir, lui rappela Jane. (C'était effectivement le cas. Sans doute la raison pour laquelle Ivy s'était excusée.) Reste au lit, aujourd'hui.

Elle se dirigea vers la fenêtre et l'entrouvrit. Une chaleur humide s'engouffra dans la pièce.

— Il faut que tu te reposes.

Ivy s'abstint de lui répondre. Mais elle n'avait aucune envie de se reposer. D'avoir l'occasion de réfléchir. Dès que Jane eut pris congé, elle se redressa en position assise – cramponnée à son matelas tant la pièce tournait autour d'elle –, puis se leva en titubant. Malgré son mal de gorge, et sa redoutable gueule de bois, elle se débarbouilla et enfila son uniforme.

Les autres étaient déjà toutes dans la salle à manger, à son arrivée. Vanessa et Jane prenaient leur dîner, comme elles en avaient l'habitude quand elles travaillaient de nuit. Cela ressemblait à une sorte de plat sauté au piment. L'odeur lui donna un haut-le-cœur. Alma, également vêtue de son uniforme de Wren, se contentait d'un café. Elle bavardait avec Vanessa et Jane, manifestement plutôt alerte.

En attendant de trouver l'énergie suffisante pour pénétrer dans la pièce et aller s'asseoir, Ivy s'appuya contre le chambranle de la porte.

— Tu es debout ? demanda Jane.

Alma leva sa tasse de café en guise de salut.

— Quelle fille ! s'exclama-t-elle un peu trop fort.

Sans doute était-elle encore un peu « chiffonnée ».

— Quelle rien du tout ! répliqua Jane, pas chiffonnée du tout.

Elle fronçait les sourcils, même.

Même la vive Vanessa semblait dubitative.

— Qu'est-ce que je t'ai dit, Ivy ? Retourne te coucher, ma vieille.

— Non. (Elle secoua la tête, avant de le regretter amèrement.) Il faut que j'aille travailler.

— Ne sois pas idiote, l'implora Jane.

Mais Ivy était déterminée. Même si elle répugnait à l'idée de tomber sur Sam là-bas, elle ne pouvait pas rester chez elle et s'appesantir durant de longues heures sur ce qui s'était passé la veille. Ce n'était pas simplement les lèvres brouillonnes de Sam qui la narguaient. C'était aussi le souvenir de la main de Kit sur sa tête… Ce qu'elle avait éprouvé quand il l'avait laissée dans l'escalier.

Comment appelait-on ce sentiment ?

Et que signifiait-il ?

Toutes ces questions l'épuisaient déjà, mais elle semblait incapable de s'empêcher de se les poser. Donc, oui, il lui fallait aller à Kranji. Une longue journée dans sa hutte Nissen n'avait rien de séduisant en soi (elle se demandait même comment elle allait pouvoir tenir jusqu'au soir), mais c'était incontestablement préférable à l'autre possibilité qui s'offrait à elle. Tout était relatif.

Quoi qu'il en soit, elle tint environ une heure. Tomlins, qui l'observait les yeux plissés depuis qu'Alma l'avait déposée, la renvoya chez elle à 10 heures.

— Fichez-moi le camp, lui avait-il ordonné sèchement depuis l'autre bout de la pièce. Immédiatement. Avant que vous vous effondriez sur votre bureau et manquiez une information de première importance.

— Je ne vais pas m'effondrer, se défendit-elle, chacun de ses mots lui demandant de gros efforts.

— Non, parce que vous allez rentrer chez vous. Vous êtes une loque, Harcourt.

Il n'employait pas un ton méchant. Ivy eut tout juste l'énergie suffisante pour le remarquer.

— Allez à l'infirmerie, poursuivit-il, et revenez quand vous irez mieux. Pas avant. (Il parcourut du regard la hutte dépourvue de fenêtres.) Je n'ai pas envie que quelqu'un d'autre attrape ça.

— Très bien, finit-elle par céder, sans pour autant se lever.

Elle en était incapable. Elle était trop épuisée.

Peut-être pourrait-elle dormir sur son siège…

Tomlins aboya à Kate de l'aider, puis de trouver quelqu'un pour la conduire chez elle. Apparemment, elle ne pourrait pas dormir là. Dommage.

— Allez, viens, toi, dit Kate, qui se retrouva subitement à côté d'elle, la saisissant par le bras.

Tout ce dont Ivy se souvint, par la suite, fut qu'elles avaient marché toutes les deux dans la chaleur matinale déjà torride.

— Tu veux que je demande à Sam de te raccompagner ? demanda Kate avec un sourire taquin, tandis qu'elles se dirigeaient vers le poste de garde. Il raconte à tout le monde que vous êtes ensemble.

— Ce n'est pas vrai, nia Ivy en se concentrant pour parvenir à mettre un pied devant l'autre.

Maintenant qu'elle rentrait, elle n'avait qu'une hâte, se recoucher. Il fallait qu'elle écoute Jane davantage, elle en avait conscience.

— Je le sais, dit Kate, mais je crois que tu ferais bien de le lui rappeler. Oh, ne t'inquiète pas. Pas tout de suite. Regarde, il y a un bus.

Ivy leva ses yeux à moitié fermés vers la route. Il y avait effectivement un bus. Sans savoir comment, elle parvint à monter à bord. Puis elle arriva chez elle. Enfin, après avoir ôté son uniforme et enfilé sa chemise de nuit, elle se recoucha.

— Très bien, déclara Jane quand elle se réveilla avant de prendre son service. Reste au lit.

— C'est là que tu seras le mieux, approuva Vanessa. Je vais demander à quelqu'un de venir veiller sur toi.

C'était une angine.

— Ce n'est guère surprenant, déclara le médecin que Vanessa avait trouvé et à qui elle avait aimablement expliqué le travail d'Ivy et son emploi du temps festif.

Immense, il faisait bien plus d'un mètre quatre-vingts, avait de larges épaules carrées et une mâchoire encore plus carrée. Avec lui, le plafond semblait très bas.

— Il vous faut du repos, lui prescrivit-il. Je vais vous arrêter une semaine. Et prenez ça.

Il agita un flacon de comprimés. Elle acquiesça. Elle se demanda si elle aurait osé lui refuser quoi que ce soit. Elle aurait parié qu'il faisait du rugby. « Sans aucun doute », lui répondit plus tard Alma.

— Un nouveau traitement miracle. Mais interdit de consommer de l'alcool avec.

— Quoi ? s'exclama Alma, qui avait insisté pour rester le temps de la consultation. Pas une seule goutte ?

— Non, intervint Vanessa, également dans la chambre d'Ivy, ayant eu l'autorisation d'accompagner le médecin.

Même elle semblait petite, à côté de lui. Elle ne cessait de le regarder. L'esprit embrumé, Ivy se demanda s'ils étaient « ensemble », ou s'ils n'allaient pas tarder à l'être. (« C'est en bonne voie, lui avoua Vanessa avec un clin d'œil, après qu'il eut pris congé avec sa serviette d'instruments, et avant de le suivre en bas. Super, non ? »)

— Eh bien, déclara Alma quand ils furent partis tous les deux. Ma pauvre vieille…

— Oui, geignit Ivy.

— Tu as le mal du pays ? lui demanda Alma, comme si elle lisait dans ses pensées.

Elle hocha de nouveau la tête. Ce qui lui fit mal au cou.

— J'en étais sûre. C'est toujours plus difficile quand on est malade. (Elle lui adressa un sourire plein de compassion.) Tu veux que j'envoie un télégramme à ta grand-mère ? Pour qu'elle t'en renvoie un ?

L'idée était séduisante. Elle n'avait toujours pas reçu de lettres. Les convois mettaient énormément de temps à faire le trajet.

— Non, répondit-elle cependant. Ça ne ferait que l'inquiéter.

Alma acquiesça. Agitée, elle parcourut la pièce du regard, puis se dirigea vers la fenêtre.

— Tu vas sortir ? demanda Ivy, espérant que ce ne serait pas le cas.

Elle avait dormi tout l'après-midi. Elle ne pensait pas pouvoir retrouver le sommeil avant plusieurs heures, désormais.

— Bien sûr que non. Je reste avec toi. Je réfléchissais justement à ce qu'on allait faire. (Elle se hissa sur le châssis de fenêtre, lançant un regard oblique à Ivy dans son lit.) Comme si j'allais te laisser toute seule dans cet état-là.

Sa voix trahissait son inquiétude. Ivy savait que ce n'était pas uniquement lié à sa santé. La veille, sur le chemin du retour, elle lui avait tout raconté, évoquant finalement des sujets qu'elle avait jusqu'alors jugé inutile d'aborder : sa rencontre avec Kit derrière la haie, la perte de ses chaussures, le fait qu'elle avait souffert quand il les lui avait retournées sans même un message…

— Tu es sûre que Sam ne l'a pas gardé ? lui avait demandé Alma.

— Pour quoi faire ? Quoi qu'il en soit, ce n'est pas plus mal.

— Pourquoi ? lui avait demandé Alma, un peu perdue. Tu t'en veux de bien aimer Kit. Mais qui ne l'aimerait pas ? Il est exquis.

Ivy lui avait alors parlé de Felix. Cela l'avait tant soulagée d'enfin reconnaître son existence, puis sa mort et sa culpabilité, qu'elle s'était demandé pourquoi elle ne l'avait pas fait plus tôt. (« En effet, avait-elle imaginé la voix de Gregory. C'est une énigme. ») Le seul détail qu'elle avait omis de lui mentionner était sa nationalité. Elle n'avait pu s'y résoudre, même à Alma. Pas avec Phil qui se battait quotidiennement dans le désert. Mais, la langue déliée grâce au champagne, et libérée par le fait de lui avoir tout déballé, elle avait évoqué la bombe, ses séances avec Gregory, et les cauchemars et le sentiment de claustrophobie dont elle souffrait depuis. Alma avait pris le temps d'assimiler tout ce qu'elle lui avait dissimulé (« je… je ne peux pas croire… tout ce temps… »), mais, dès que ç'avait été fait, elle s'était révélée aussi adorable qu'Ivy l'avait escompté, lui promettant qu'elle pourrait lui parler chaque fois qu'elle le souhaiterait.

— Je suis sincère. (Elle avait également insisté sur le fait qu'Ivy n'était redevable en rien à Felix.) Il faut que tu vives, lui avait-elle expliqué. Sinon, à quoi bon ?

Son impatience se voyait, à présent, dans sa façon de balancer ses pieds.

— Tu as l'air sinistre, ma vieille. Je sais d'avance que tu ne vas pas être drôle du tout le restant de la soirée.

— Désolée, coassa Ivy.

— Tu peux l'être. (Elle poussa un soupir.) Je ferais peut-être mieux d'apporter mon matelas pour la nuit. Je n'aime pas te savoir toute seule.

Les deux jours suivants, Ivy resta couchée et ne se leva que pour aller aux toilettes ou pour prendre un bain rapide. Elle se sentait prise au piège entre les quatre murs de sa chambre, et ses cauchemars empirèrent comme jamais, hantant ses jours en plus de ses nuits. Curieusement, ce n'était plus Felix qui en était le protagoniste, mais Kit. Et Sam. Mae était souvent présente, aussi : une Mae beaucoup plus jeune (« comment ça ? Tu ne savais pas que je vivais ici ? »), accompagnée de Laurie Hinds. Chaque fois, les cauchemars se déroulaient dans un minuscule endroit plongé dans la pénombre, le cadavre de Stuart omniprésent. (« On est comme dans un cocon. Ne bougez pas d'un pouce. ») Ils étaient plaqués l'un contre l'autre, les parois se refermant sur eux.

Sa fièvre n'arrangeait certainement pas les choses.

— C'est certain, déclara Alma, toujours à ses côtés quand elle se réveillait, les yeux à demi fermés, des bigoudis dans les cheveux. Et cette chambre non plus.

Le troisième matin, sur l'insistance d'Alma, Ivy descendit au rez-de-chaussée, sur un lit de fortune sur la terrasse. Dai déposa un pichet d'eau sur une table. Jane apporta son petit ventilateur électrique, le branchant dans l'entrée. Il ronronnait agréablement, couvrant le chant des insectes dans le sous-bois. Rien à voir avec la chaleur étouffante au premier. Vêtue de sa robe de coton la plus légère, Ivy somnola jusqu'en début d'après-midi. Elle avait presque l'impression d'être de nouveau en mer. Ce fut ce dont elle rêva : des dauphins, du capitaine bougon (qui lui rappelait Tomlins, maintenant qu'elle y pensait), et du balancement de son hamac. Elle avait encore chaud et mal à la gorge, à son réveil, mais, pour une fois, face à l'insistance de Dai, parvint à avaler un peu de riz *congee*. En mangeant timidement à la cuillère, elle se dit que les cachets du médecin de Vanessa étaient peut-être vraiment miraculeux, en fin de compte.

Tandis qu'elle finissait son repas, elle s'aperçut que quelqu'un descendait l'allée. Levant les yeux, elle porta la main à son front brûlant. Légèrement décontenancée, mais pas vraiment surprise, elle esquissa un sourire. Alma l'avait prévenue que Laurie Hinds lui avait demandé de ses nouvelles et qu'il était possible qu'il aille lui rendre visite. Toutefois, Ivy s'était imaginé qu'il viendrait seul.

Elle observa avec curiosité l'homme coiffé d'un panama qui l'accompagnait. Ses épaules carrées, sa chemise élégante, son pantalon crème, sa démarche raide. À force de jeter des coups d'œil chez lui, elle savait de qui il s'agissait. Elle n'avait cependant jamais vraiment eu l'occasion de le voir distinctement. Maintenant qu'elle en avait la possibilité, elle sentait son regard attiré par lui. Sa silhouette et ses traits lui semblaient étrangement familiers, mais elle fut incapable de mettre le doigt dessus. Il avait un pot à la main.

Les deux hommes atteignirent les marches de la terrasse.

— Bonjour, les salua-t-elle d'une voix encore rauque.

— Bonjour, lui retourna Laurie. J'ai vu votre amie, ce matin. Elle m'a confié que vous seriez en mesure d'avoir des visiteurs. Alors, nous voilà. (Il désigna l'homme qui l'accompagnait.) J'aimerais vous présenter Alex Blake.

Le pot contenait du miel. Alex lui garantit que c'était un excellent remède contre les maux de gorge.

— J'ai été navré d'apprendre que vous étiez malade.

Il s'exprimait très bien, d'une voix grave et apaisante. Cela lui plaisait beaucoup. Elle aima sa façon de prendre un siège, réservée, mais en aucun cas maladroite, de dire gentiment à Dai – qui venait leur proposer à boire – que ce n'était pas nécessaire, vraiment, qu'il ne resterait pas longtemps. Il souhaitait simplement s'assurer que Miss Harcourt était en voie de guérison.

Estimant son inquiétude sincère, Ivy fut touchée. Intriguée, aussi. Pour la première fois, elle prit conscience que, comme Laurie, il avait certainement connu Mae, lui aussi. Les deux hommes avaient le même âge, après tout, et vivaient manifestement là depuis longtemps. Maintenant qu'elle y pensait, elle fut stupéfaite de ne pas y avoir songé avant.

Laurie lui demanda comment elle allait. Il lui révéla qu'elle manquait à Tomlins, à la station.

— Vraiment ? demanda-t-elle d'un ton dubitatif.

— Oui, oui.

— Hmm… (Ivy était sceptique.) Dites-lui qu'il me manque aussi.

Laurie esquissa un sourire, et Alex l'imita, mais avec une pointe de tristesse. Elle tenta de comprendre pourquoi. Comme si quelque chose chez elle le contrariait. Son impression se renforça lorsqu'elle lui demanda s'il avait connu sa grand-mère. Il réfléchit avant de le lui confirmer, comme si, même s'il s'était préparé à cette question, il la trouvait néanmoins toujours aussi dérangeante. Perplexe, Ivy fronça les sourcils. Elle fut d'autant plus décontenancée quand il lui répondit :

— Je les ai connues toutes les deux.

— « Toutes les deux » ?

— Oui. Quand elles vivaient ici.

« Elles » ? De qui parlait-il ?

Elle chercha à comprendre, en vain. Elle se demanda si elle n'avait pas encore l'esprit embrumé à cause de la fièvre. Et pourquoi Laurie avait-il à présent le même air affolé que le jour où il avait laissé échapper que Mae avait vécu à Singapour ?

— Désolée, dit-elle. Je ne comprends pas. (Une idée lui vint à l'esprit.) Mon grand-père vivait ici aussi ?

À sa question, ils se consultèrent tous les deux du regard. S'ensuivit un court silence. Il lui sembla empli de non-dits, ce qui l'embrouilla d'autant plus.

— Je parlais de Harriet, précisa Alex, comme s'il regrettait d'avoir engagé cette discussion et encore plus de s'être lancé dans des explications.

— « Harriet » ? répéta Ivy.

— Alex, intervint prudemment Laurie. Je crois que, peut-être…

— Qui est Harriet ? voulut savoir Ivy.

Pour une raison ou pour une autre, Alex parut stupéfait.

— Vous l'ignorez vraiment ? s'étonna-t-il en fronçant les sourcils, comme si c'était impossible. Vous le savez forcément.

— Quoi donc ? demanda-t-elle avec une certaine impatience.

— Mae ne vous en a pas parlé ?

— Il semblerait que non, intervint de nouveau Laurie. Pourquoi ne parlerions-nous pas d'autre chose ?

— Non, s'insurgea Ivy en les regardant tour à tour. Je vous en prie, qui est Harriet ?

— Alex…, dit Laurie.

— C'est votre grand-tante, répondit en même temps Alex d'une voix chargée d'incrédulité, sidéré d'avoir à lui fournir ce genre d'explication. La sœur jumelle de Mae.

Laurie poussa un soupir.

Ébahie, Ivy se contenta de le regarder fixement. C'était la dernière chose à laquelle elle s'était attendue. Elle ne savait pas à quoi elle s'attendait, mais une sœur ? Une sœur jumelle ?

Non.

Quoi ?

— Ça n'a aucun sens, déclara-t-elle.

C'était le cas. Cela n'avait vraiment aucun sens. Elle s'imagina Mae : son large sourire, son insistance pour qu'elles soient toujours honnêtes l'une envers l'autre. *« Tu peux tout me dire. Absolument tout. Ce n'est jamais bon d'avoir des secrets. »* Il lui paraissait impossible qu'elle lui ait fait une telle cachotterie : une sœur jumelle avec qui elle avait vécu ici, à Singapour.

Pourquoi diable le lui avait-elle caché pendant tout ce temps ?

— Elle avait certainement ses raisons, dit Laurie d'un ton qui la poussa à se demander s'il y croyait vraiment.

Elle était convaincue que ce n'était pas le cas d'Alex, qui contemplait à présent le jardin d'un air grave.

— Qu'est-il arrivé à Harriet ? demanda-t-elle. Où est-elle ?

— Oh, non, répondit Laurie. Non. Désolé, mais c'est à votre grand-mère qu'il faut le demander…

— Mais ça va prendre des mois, lui fit-elle remarquer. Je n'ai pas encore reçu la moindre lettre de sa part. (Elle se tourna vers Alex.) Vous ne voulez pas me le dire ? S'il vous plaît…

Il se tourna vers elle. Plus il la dévisageait, plus ses traits s'adoucissaient, plus son regard se faisait de nouveau chaleureux. Elle se prit à croire qu'il pourrait accéder à sa requête.

— Je ne peux pas, répondit-il toutefois. Navré.

— Mais je ne comprends pas.

— Je le sais.

Elle devinait ses regrets. Il lui vint alors à l'idée que, contrairement à Laurie, ce n'était pas par respect envers Mae qu'il se taisait, ou pas seulement. Il pensait ce qu'il disait : il ne le pouvait vraiment pas.

Cela, au moins, elle le comprenait.

Mais ce ne fut pas suffisant pour l'aider à supporter son désarroi.

Laurie s'éclaircit la voix et poursuivit la conversation comme s'il n'avait jamais été question de Harriet. Il annonça à Ivy que son petit-fils fêterait ses neuf ans deux mois plus tard et que Nicole, sa femme, organiserait sans aucun doute des festivités. C'était le cas pour chacun de ses petits-enfants.

— J'aimerais lui offrir un masque de lion chinois, mais je crains que Luke fête ses dix ans avant de l'avoir reçu.

— C'est probable, confirma Ivy en pensant aux lettres qu'elle avait envoyées à Mae.

Croisant le regard d'Alex, elle le vit remuer légèrement les lèvres : un soupçon d'empathie. Elle se demanda si elle se sentait mieux ou encore plus agacée.

Laurie continua à s'exprimer avec un tact résolu que, dans d'autres circonstances, Ivy aurait admiré. Il passa des masques de lion à la base navale déserte en passant par la promesse que lui avait faite le ministère de la Guerre de lui fournir des armes antiaériennes, dont il doutait qu'elle soit tenue. Il ne fit plus allusion ni à Harriet, ni à Mae, mais Ivy était incapable de penser à autre chose.

Au bout d'un moment, Laurie déclara qu'ils feraient peut-être bien d'y aller et de la laisser se reposer. Lorsqu'elle s'apprêta à se lever pour les saluer, Alex lui recommanda de rester où elle était. Il lui demanda dans combien de temps elle reprendrait le travail.

— Dans quatre jours, lui répondit-elle.

Il sembla réfléchir un moment, puis lui demanda s'il pouvait passer le lendemain après-midi. Si cela lui ferait plaisir de voir du monde.

Il lui fut inutile d'y songer. Non seulement elle était curieuse de découvrir tout ce qu'il savait sur sa grand-mère et cette mystérieuse grand-tante, Harriet, mais, maintenant qu'elle avait enfin fait sa connaissance, elle désirait le revoir. Elle en avait une envie furieuse.

Elle acquiesça donc et lui répondit que cela lui plairait énormément.

Il vint la voir chacun des trois jours suivants, la retrouvant sur la terrasse en début d'après-midi. Elle l'attendait toujours avec des boissons et des tranches de fruits. Chaque fois, il lui faisait remarquer combien elle paraissait aller mieux, et lui demandait si elle prenait son miel. Elle lui promettait que c'était le cas, que c'était très efficace, et que sa gorge ne lui faisait presque plus mal. Il en semblait ravi. Elle s'abstenait d'évoquer le remède miracle.

Il apporta un jeu de backgammon.

— Je me suis dit que vous deviez vous ennuyer…

— Énormément, reconnut-elle. Mais je crains ne pas savoir y jouer.

— Ne vous inquiétez pas, dit-il pour tenter de la rassurer en déposant le plateau de jeu entre eux. Je vous apprendrai, si vous le souhaitez.

Elle lui répondit que ce serait avec plaisir. Elle était sincère.

Elle l'écouta attentivement lui expliquer les règles, les mains sur les cuisses, concentrée sur le plateau de jeu.

— C'est une question de stratégie, précisa-t-il. Pas de chance. N'en veuillez donc pas aux dés.

Elle lui assura qu'elle n'y songerait même pas. Pourtant, après avoir perdu sa troisième partie d'affilée, elle se sentit obligée de lui faire remarquer que le hasard jouait un rôle important. Cela le fit sourire.

Progressivement, il put cesser de rectifier ses coups. Elle remporta la sixième manche.

— Regardez-moi ça ! s'exclama-t-elle avec une grande joie. Je vous ai littéralement écrasé ! (Il éclata de rire. Il avait un rire très chaleureux. Elle ramassa les pions.) On en fait une autre ?

— Pourquoi pas ?

Pendant qu'ils faisaient rouler les dés et que les heures s'écoulaient, ils continuèrent à discuter. Il l'interrogea sur ses premiers mois à Singapour, et elle fut surprise par sa facilité à se livrer : à propos de son travail, de ses sorties nocturnes, des lieux où elle aimait se rendre.

— J'ai l'impression que vous aimez bien les bars, ici.

Il lui parla également de lui : son enfance à Ceylan, son arrivée sur l'île pour lancer son entreprise, quand il était jeune homme. Il lui décrivit les épices, les soies et les étoffes brutes dont il faisait le commerce, ainsi que ses vastes entrepôts sur les quais.

— L'odeur, quand on y pénètre, expliqua-t-il en attrapant les dés, nous donne l'impression d'arriver dans dix pays différents à la fois.

— On dirait les grottes d'Aladdin, déclara-t-elle.

— Sauf qu'il n'y a pas de lampes.

— J'adorerais les voir.

— Vraiment ?

Il semblait étonné.

— Oui. Vous pourriez peut-être me les faire visiter, un jour.

— Sans doute. (Pas mécontent, il secoua les dés.) Je pourrais vous emmener prendre une glace, ensuite.

Enchantée par cette idée, elle esquissa un sourire.

Elle n'avait pas pour autant oublié Mae et Harriet. Loin de là. Elle l'interrogea sur elles, à deux ou trois reprises, durant ces trois jours. Mais, sur ce sujet, il demeurait désespérément fermé.

— Désolé. Je n'aurais jamais dû en parler. Peut-être qu'avec le temps, je vous raconterai…

Il avait dit ça pour la calmer, elle en était convaincue. Lui-même ne semblait pas y croire.

Elle s'ouvrit davantage, cependant. Au point qu'elle s'en étonna. Et, lorsqu'il lui posa des questions sur la guerre à Londres, elle refusa d'éluder le sujet ou de lui faire croire que tout s'était bien passé pour elle. Au contraire, elle lui parla, à sa plus grande horreur, des bombardements, puis de Felix, aussi, et de Gregory. De tout. Sans doute le fait d'avoir tout raconté à Alma l'avait-il libérée. Quoi qu'il en soit, elle s'exprimait sans la moindre retenue, et il était très facile de discuter avec Alex, très pondéré et bienveillant. Lorsqu'elle le lui fit remarquer, il sembla pris de court. Il lui répondit qu'il manquait pourtant d'entraînement.

— Ça ne se voit pas, répliqua-t-elle.

Le troisième après-midi, il continua à lui poser ses questions anodines, apparemment soucieux de mieux la connaître, sans pour autant lui en révéler la raison. Elle lui répondit, aussi bien sur son enfance que sur ses parents.

— Toutes mes condoléances, dit-il quand elle évoqua leur mort. Laurie m'en a parlé. (Elle décela une pointe de tristesse dans son regard.) Ça doit être affreux, pour vous.

— Je crois que ça l'est davantage pour ma grand-mère.

C'était le cas. Contrairement à Ivy, elle les avait connus. Elle se souvint de cet été où Mae l'avait emmenée au Proche-Orient (*« Mon garçon »*), de toutes les réponses qu'elle avait apportées à ses interrogations sur ses parents. Elle se remémora le coffre au grenier, et tout le temps qu'elles avaient passé, au fil des ans, devant la pierre tombale, au cimetière de Hampstead, à discuter en arrachant les mauvaises herbes.

— Elle n'a jamais voulu les oublier, déclara-t-elle. Et elle ne me l'a jamais demandé. (Elle songea à ses efforts désespérés pour oublier certaines choses.) Ça aurait été plus facile pour elle, il me semble, si nous avions oublié toutes les deux, mais elle ne m'en a jamais donné l'impression.

Sans un mot, Alex hocha la tête. Il avait repris son air triste.

Cela poussa Ivy à se demander s'il n'avait pas perdu quelqu'un aussi.

— Vous êtes marié ? demanda-t-elle doucement, préférant éviter de le contrarier davantage.

— Oui, répondit-il d'une voix sonore. J'ai été marié.

Elle aurait voulu lui demander qui avait été sa femme, et ce qui lui était arrivé, mais la façon dont il lui avait répondu l'en dissuada.

Après un court silence, il lui fit remarquer qu'elle n'avait jamais évoqué son grand-père.

— Je ne l'ai pas connu non plus. Lui aussi est mort. Avant même la naissance de mon père. Ma grand-mère parlait très peu de lui.

— Ah bon ?

— Oui. (Ivy se rappela les rares fois où elle l'avait évoqué, et la douleur dans son regard quand elle lui avait demandé pourquoi elle ne s'était jamais remariée.) Je crois qu'il lui a brisé le cœur.

Alex sembla surpris. Pour quelle raison ?

Il se garda bien de le lui révéler, naturellement.

— Il s'appelait « Harcourt », non ? demanda-t-il d'une voix légèrement tendue. Il donna l'impression d'être plus concerné qu'il l'aurait souhaité.

Sachant pertinemment qu'il aurait été vain de lui demander la raison de cette question, Ivy se contenta d'un « oui », avant de tenter de se souvenir de son prénom.

— John Harcourt, il me semble.

Alex demeura impassible. Le nom ne semblait rien évoquer chez lui.

— Vous ne le connaissiez pas ? vérifia-t-elle.

— Non.

Puis il prit une inspiration et se redressa sur son siège comme s'il s'extirpait de ses pensées. Il tendit les dés à Ivy, lui annonça que c'était son tour, et, aussi simplement que cela, la discussion sur Mae et John Harcourt fut close.

Ce soir-là, quand Alma et elle regagnèrent leurs chambres, Ivy lui parla de leur échange. Alma avait cessé de dormir par terre la nuit précédente. Ivy lui avait promis que ce n'était plus nécessaire. Ses cauchemars, s'ils ne s'étaient pas entièrement dissipés, s'étaient quelque peu estompés. Elle en ignorait la raison, mais elle dormait de nouveau mieux. Peut-être était-ce dû aux longues journées qu'elle passait dehors, à la fin de la fièvre, ou à ses conversations avec Alex. Peut-être un peu des trois. (« Vos discussions, lui souffla un Gregory imaginaire. Sans aucun doute vos discussions. »)

— Comme c'est curieux, reconnut Alma, dès qu'Ivy eut achevé son récit.

— Je sais. Je ne cesse d'y penser.

Alma haussa un sourcil.

— Tu ne penses plus à quelqu'un d'autre ?

— Non, répondit Ivy.

Parce que c'était le cas. Elle ne pensait plus du tout à Kit. À chaque instant de la journée, elle y prenait grand soin.

Kit pensait à Ivy. Il pensait bien trop à elle. Le lendemain matin, installé dans la petite véranda devant le cantonnement qu'il partageait avec Tristan et Jimmy, les volets clos pour éviter une nouvelle gueule de bois, il y pensait encore.

Dieu ce qu'il avait été contrarié quand Sam Waters lui avait pris la main. Il avait déjà trouvé terrible à son retour de Malaisie de ne pas avoir de réponse à son message. Même s'il refusait de se l'avouer, il en avait espéré une fortement. Il ne se rappelait plus la dernière fois qu'il s'était senti si déçu. Puis, le fait de la revoir contrariée à ce point… Depuis, il la guettait, désireux de s'assurer qu'elle allait bien. *« Vous n'êtes jamais nulle part »*, lui avait-elle reproché. Sauf qu'à présent, c'était à son tour d'avoir disparu. Il espérait qu'elle n'était pas trop malade. Elle avait visiblement beaucoup de fièvre. Il avait tenté de se rendre à son cantonnement, mais il craignait de tomber sur ce satané Sam Waters. *« Elle est avec moi. »*

Les bras croisés, il s'étira les jambes, sentant ses muscles se contracter à ce souvenir. Il entendait les feuilles bruisser autour de lui. Si son bungalow n'était pas loin de la foule d'Orchard Road, il était cerné par les arbres. Au-dessus de lui, la canopée l'empêchait de distinguer le ciel, formant une sorte de bouclier vert le protégeant des rayons brûlants du soleil. En cette matinée orageuse, il percevait néanmoins les bruits de la ville : des coups de klaxon, le grondement des véhicules… Mais, sinon, on aurait presque pu se croire dans la jungle. Au cœur de laquelle Kit et ses compagnons retourneraient dès la fin de leur permission de dix jours.

Ils avaient réintégré le commandement de l'armée de terre à proprement parler, et leur colonel leur avait donné pour mission de dresser la carte des lieux, en Malaisie, où il serait judicieux d'établir des défenses : où installer d'hypothétiques armes antichars et des mitrailleuses, des mines incendiaires, des tranchées, ce genre de choses.

— C'est un bon début, avait déclaré Jimmy, en quittant le bureau du colonel au camp de base.

— Effectivement, avait acquiescé Tristan en glissant un doigt dans son col. Dommage que nous soyons encore un peu courts en termes d'hommes et de puissance de feu.

— Ça pourrait changer, lui avait fait remarquer Jimmy.

— Ça ne changera pas, avait rétorqué Kit en plissant les yeux pour se protéger de l'éclat des rayons du soleil matinal.

Désormais, les nazis ayant envahi la Russie, Churchill y envoyait des troupes sans pour autant démunir l'Europe et l'Afrique. Singapour était encore descendue d'un cran sur la liste des priorités.

— Ils nous ont envoyé des hommes…, avait insisté Jimmy, toujours aussi optimiste.

— Allons, mon vieux, lui avait répliqué Kit. La moitié d'entre eux ne sont pas formés. La plupart n'ont jamais passé une journée au front.

Ils ne s'étaient jamais servis d'un pistolet et n'avaient jamais dû piloter un foutu char sous une pluie d'obus. On les avait aussi gavés avec ces conneries comme quoi les Japs ne leur arrivaient pas à la cheville : à écouter la propagande, ils étaient tous myopes, incapables de courir en ligne droite et peu disposés à se battre dans l'obscurité.

— Je me demande ce qui va se passer quand ils découvriront de quoi les Japonais sont capables.

— Pas moi, avait soupiré Tristan, l'air grave.

À présent, Kit le regardait jouer au rami avec Jimmy. Pour une fois, ils ne parlaient pas de la guerre imminente. Ce n'était qu'une question de minutes. Comme toujours. Ce n'étaient pas les seuls à être inquiets. N'importe qui doté d'un peu de bon sens ou d'une certaine expérience de l'île avait le même pressentiment. Mais, tant que le QG ne donnerait pas l'ordre d'ériger des défenses côtières et que le ministère de la Guerre n'enverrait pas davantage de troupes dans le Pacifique, personne n'y pourrait rien. Ils faisaient des cibles faciles, sur cette minuscule péninsule. Pour eux, le mieux, la seule possibilité en réalité, serait d'éviter de songer à l'avenir. Kit trouvait cela presque aussi impossible que de ne pas penser à Ivy.

Et voilà qu'il repensait à elle.

Elle lui avait semblé extrêmement confuse quand il lui avait expliqué qu'il s'était absenté, et quand il lui avait révélé qu'il savait où elle travaillait. *« Comment ça, vous me l'avez dit ? »* Il s'était montré très explicite dans le message qu'il lui avait rédigé. Il commençait à soupçonner Waters de ne pas le lui avoir remis, mais il se demanda s'il ne cherchait pas plutôt à s'en convaincre.

Il poussa un profond soupir. Si seulement il travaillait, cela l'aiderait. Mais ils avaient tous les trois encore deux jours de libres. Jurant, il chercha ses cigarettes.

— Ça va ? demanda Tristan en piochant une carte.

— Pas vraiment, répondit Kit en allumant son briquet.

— Cendrillon ? demanda Jimmy.

— Entre autres.

— Il faut que tu te la sortes de la tête, lui conseilla Tristan. Je te l'ai dit. Va la voir, dis-lui d'oublier ce Waters quelques heures, et ramène-la ici. Ça ira mieux, alors.

— Non. (Kit tira sur sa cigarette, puis souffla la fumée.) Ça n'ira pas mieux.

Il contempla le jardin envahi par la végétation en plissant les yeux. Ivy était différente. Il ne savait pas trop pourquoi. Elle semblait juste si… réelle. Lorsqu'elle avait fondu en larmes, il avait voulu tout faire pour qu'elle se sente mieux et, ne parvenant à rien, il avait eu l'impression d'être un incapable. Il avait compris qu'elle n'avait pas besoin de lui. Même si c'était ce qu'il souhaitait. À moins que ce soit lui qui ait besoin d'elle ? Quoi qu'il en soit, ce n'était pas une bonne chose. Pas maintenant. Surtout pas. Il était très important qu'il ne s'attache à personne.

Bêtement, il tenta d'expliquer tout cela à ses amis.

Tristan demeura perplexe.

— Désolé, mais tu m'as perdu quand tu as dit que tu ne voulais pas coucher avec elle.

— Je n'ai pas dit ça…

— Parfait.

— Mais je ne veux pas que ça. Loin de là. Et je me demande comment je vais pouvoir m'en tirer. (Il baissa les yeux sur sa cigarette en fronçant les sourcils.) Il vaut peut-être mieux qu'elle aille avec quelqu'un d'autre. Sauf que… (il grimaça) ce n'est pas…

— C'est incompréhensible, mon vieux.

— Si, le contredit Jimmy. Ça signifie juste qu'il en pince pour elle.

— Je la connais à peine, Jimmy.

— Et tu n'as pas envie de la connaître un peu plus ? demanda Tristan.

— Bien sûr que je veux la connaître davantage. C'est bien là le problème.

Tristan hocha la tête comme si les pièces du puzzle commençaient à s'assembler dans son esprit, ce dont Kit doutait fortement.

— Mais ce Waters ne te plaît pas, comprit Jimmy.

— Exactement, approuva Kit. C'est une calamité.

— Dis-le-lui, au moins, suggéra Jimmy, comme si c'était si simple. (Kit se dit que ce devait être le cas.) Tu vas aller la voir aujourd'hui ?

— Non.

Ils allaient à une fête, ce soir-là, dans une villa près de chez elle. Avec un peu de chance, elle y serait. Sinon, il passerait la voir le lendemain. Uniquement pour la mettre en garde contre Waters. Mieux valait qu'il n'en fasse pas davantage.

Il tira encore sur sa cigarette, et en cracha la fumée.

Il n'en ferait probablement pas davantage.

Alma allait à la soirée. Lorsqu'elle avait annoncé à Ivy que certaines des filles de la base s'y rendaient, celle-ci l'avait convaincue d'y aller aussi, consciente qu'elle venait de passer une semaine probablement fort ennuyeuse.

— Tu ne viens pas ? s'étonna Alma en sortant sur la terrasse, prête à partir.

Ivy était en train de lire une lettre. De Mae. Un paquet était finalement arrivé, le matin même, avec des lettres toutes datées de février et mars, alors qu'Ivy était encore en mer. Dans aucune elle ne faisait allusion à son séjour à Singapour. Ni à Harriet. Pourtant, Ivy les avait lues avec avidité, ayant l'impression d'avoir Mae à ses côtés durant sa lecture. Elle entendait presque sa voix, le grattement de son stylo pendant qu'elle écrivait sur la table de la cuisine, et sentait le fumet du ragoût sur la cuisinière.

— Tu as meilleure mine, déclara Alma. Et il se pourrait que Kit Langton soit là.

Ivy aurait aimé pouvoir prétendre que l'idée ne lui avait pas déjà traversé l'esprit. Elle était cruellement tentée de suivre l'avis d'Alma, mais…

— Il me reste encore un jour de médicaments, déclara-t-elle. Et tu as une mauvaise influence sur moi.

Alma haussa un sourcil parfaitement dessiné.

— C'est moi qui ai une mauvaise influence sur toi ?

— Je te promets d'aller à la suivante.

— Compte sur moi pour te le rappeler, rétorqua Alma avant de descendre les marches de la terrasse. Si tu changes d'avis, tu sais où me trouver.

Quand son amie se fut éloignée, Ivy reprit la lecture de sa lettre : sa grand-mère y évoquait l'apparition des premières jonquilles, les raids qui se poursuivaient, « mais tu n'as certainement pas envie d'en entendre parler », et le fait qu'elle lui manquait. Mae lui manquait aussi. Impatiente, Ivy perdit son regard dans le ciel déjà noir. Derrière elle, la maison lui paraissait trop tranquille. Vanessa et Jane travaillaient toutes les deux, et Dai et Lu avaient regagné la cuisine pour dîner.

Après avoir reposé la lettre, elle se leva et dirigea ses pas vers la balustrade de la terrasse. Après tous ces mois, elle était encore effrayée comme une enfant de sortir seule dans l'obscurité. Toutefois, après être restée si longtemps inactive, elle se sentait nerveuse, et se disait qu'une promenade lui ferait sans doute du bien.

Tout en continuant à réfléchir, elle alla chercher l'une des lampes à huile près de la porte, l'alluma, puis contourna la maison. Plus elle s'enfonçait dans les ténèbres, plus elle sentait trembler sa main qui tenait la lanterne. La lueur de cette dernière ondulait sur l'herbe, formant de curieuses ombres. *Continue, ça te fera du bien.* Son souffle s'accéléra. Elle se mit à haleter en rythme avec ses pensées : *Ça. Te. Fera. Du. Bien.*

Ce n'était cependant pas l'impression qu'elle avait.

Elle accéléra son allure. À l'extrémité de la pelouse, un portail donnait sur un chemin qui longeait la crête de la colline. Elle l'avait suivi à de nombreuses reprises, de jour. Mais, de nuit, cela lui semblait fort différent. Elle évita soigneusement de s'écarter de la sente uniquement tracée par de l'herbe écrasée. Sa villa se dressait à environ deux cents mètres derrière elle, ses fenêtres scintillant dans la nuit : une balise pour n'importe quel appareil japonais effectuant une mission de reconnaissance nocturne à haute altitude. Devant elle, la vallée ondulait, constituée de sommets et de ravins : le fond de la combe, puis le flanc du coteau qui se dressait en face, ponctué de quelques bungalows et de demeures plus vastes. L'une d'elles, juste en face d'elle, se démarquait des autres. Sa pelouse ceinte de lampes colorées et meublée de tables était occupée par une foule de gens. Elle percevait des notes de jazz américain. Elle distinguait la silhouette des couples qui dansaient. Avant qu'elle ait pu s'en empêcher, elle y imagina Kit, au bras d'une femme, le regard rieur…

— Ivy ?

Un nœud dans la gorge, elle sursauta, manquant de lâcher sa lampe.

— Mon Dieu, dit-elle. Alex ! Vous m'avez fichu une peur bleue.

— Que faites-vous ici toute seule ? (Il n'avait pas de lanterne. Il semblait parfaitement à l'aise dans l'obscurité.) Je vous ai aperçue, je sortais me promener. (Il fronça les sourcils.) J'étais inquiet.

— Ça va.

Il paraissait agité.

— Vous devriez éviter de sortir seule. Vous auriez pu m'appeler, je vous aurais accompagnée.

Percevant l'inquiétude dans le ton de sa voix, elle songea aussitôt à Mae. Elle aussi aurait aimé l'accompagner.

Alex se tourna vers la villa de l'autre côté de la vallée.

— On aurait dit que vous auriez bien aimé vous trouver là-bas.

— Ça se voyait tant que ça ?

— Oui. (Il soupira.) Vous me faites énormément penser à… eh bien… (Il s'interrompit.) Ah, c'est sans importance.

— À ma grand-mère ? C'est ce que tout le monde dit.

— Pas seulement.

Sentant qu'il pourrait en dire davantage, elle retint son souffle et attendit.

Mais, quand il reprit la parole, ce fut pour demander :

— Pourquoi n'allez-vous pas à la soirée ? (Ce changement de sujet – et sa propre crédulité – était si prévisible qu'elle réprima un sourire.) Ivy ?

— C'est trop tard.

— Il est à peine 22 heures.

— Je n'ai pas le droit de boire.

— Est-il obligatoire de boire aux soirées, de nos jours ?

— Pratiquement.

Le morceau de jazz s'acheva. Après un court silence, comblé par les insectes nocturnes et le bruit tout juste perceptible des fêtards, un autre titre débuta.

— Il y a quelqu'un là-bas que vous souhaitez voir ? s'enquit-il.

Déconcertée par le fait qu'il ait deviné, elle poussa un bref éclat de rire.

— Comment le savez-vous ?

— Je suis très âgé, Ivy…

— On ne dirait pas.

— C'est gentil. Mais c'est le cas. Et, parfois, pas souvent, mais parfois, il m'arrive de faire preuve d'un peu de sagesse.

Elle rit encore.

— Allez à cette fête, lui conseilla-t-il. On peut vous trouver un pousse-pousse assez facilement.

— Mais, je ne suis pas prête. (Elle désigna sa robe toute simple.) Tout le monde sera sur son trente et un.

— S'il en vaut la peine, cela lui sera égal.

Indécise, Ivy hésita.

— Il faut éviter de perdre son temps, lui recommanda Alex d'une voix bienveillante, avec un soupçon de tristesse. On ne sait jamais combien il nous en reste.

Dès son arrivée, ce soir-là, Kit aperçut le visage rond et en sueur de Sam Waters. Il était devant la table des boissons, discutant avec deux hommes visiblement de son âge vêtus de chemisettes et de chinos. Sentant le regard de Kit posé sur lui, Sam leva les yeux d'un air affolé. Kit n'avait pas particulièrement prévu de lui adresser la parole, mais…

— Vous ! (Il le désigna du doigt, à l'autre bout du jardin enfumé.) J'aimerais vous dire deux mots.

Les amis de Sam s'éloignèrent. Il sembla tenté de les suivre. Kit sentit que sa lâcheté était une raison de plus de le détester. En quelques pas, il parvint à sa hauteur. Sam porta la main à son front pour le saluer, les doigts tremblants. Kit lui lança un regard cinglant. Que croyait-il qu'il allait lui faire ?

Il s'immobilisa.

— Avez-vous remis mon message à Ivy Harcourt ? demanda-t-il de but en blanc. Parce qu'elle ne semble pas en avoir pris connaissance.

— Qu… quel message ?

—Ne vous foutez pas de moi, soldat Waters.

—Non, mon commandant. Désolé, mon commandant.

—Le lui avez-vous remis ?

—Quoi donc ?

Kit serra les dents.

—Mon message.

—Je… (Il déglutit.) Je ne vois pas de quoi vous parlez.

Contenant sa colère, Kit prit une profonde inspiration. Il vit que Tristan et Jimmy l'observaient depuis l'entrée de la maison. Ouvertement amusé, Tristan souriait. L'enfoiré. Jimmy semblait prêt à intervenir, mais il était inutile qu'il s'inquiète. Kit n'avait pas l'intention de faire quoi que ce soit. Sam ne valait pas une sanction disciplinaire.

—Je vais vous poser une nouvelle fois la question, dit-il. Et, s'il vous plaît, ne m'obligez pas à aller plus loin. Avez-vous remis à Ivy le message que je lui ai rédigé ?

Sam secoua la tête. L'air hésitant, il prétendit l'avoir perdu avant d'avoir pu la trouver.

—Mais vous n'avez pas perdu les chaussures…

—Non, mon commandant.

—Lui avez-vous dit que c'était moi qui les lui avais rapportées ?

—Je…

—Évitez de me mentir.

—Non, mon commandant, je ne vous mens pas.

—Très bien, dit Kit d'un ton tout juste égal. (Il se demanda s'il était furieux ou soulagé.) Je vois.

—Si je le lui avais dit, cela lui aurait été égal, déclara Sam d'une voix tremblante.

Il avait l'air à la fois méfiant et nerveux, tel un adolescent boudeur.

Kit se détourna de lui avant de céder à la tentation de le frapper.

— On est ensemble, ajouta Sam, se sentant manifestement plus courageux, maintenant que Kit lui avait tourné le dos.

Kit garda les yeux rivés sur la maison. L'amie blonde d'Ivy en sortait. Il l'avait vue lors de la soirée sur la terrasse. Elle avait été là, dans l'escalier. Elle faisait partie d'un groupe, cette fois, mais Ivy n'était pas avec elles. Imperturbable, il s'aperçut combien il avait espéré sa venue.

Sam l'interpella de nouveau.

— Inutile que vous lui parliez de tout ça. Elle s'en moquera. Elle est. Avec. Moi.

— Je ne compte pas lui dire quoi que ce soit.

C'était sa déception qui s'était exprimée, il en était conscient, mais, brusquement, la situation lui parut insoutenable. Il irait en Malaisie, comme on le lui avait ordonné, et les laisserait tous les deux. Ivy avait fait son choix. Et cela ne le regardait pas.

Du reste, comme il ne cessait de se le répéter : mieux valait qu'il reste seul.

Vraiment.

Il aurait simplement préféré que cela l'aide à se sentir mieux.

À bout de souffle et débordante d'impatience et d'enthousiasme, elle arriva juste à temps pour le voir bondir dans une voiture avec ses amis, et filer dans un nuage de poussière. Elle regarda s'éloigner le véhicule dans la nuit. Elle aurait juré que Kit l'avait vue. *Il va faire demi-tour*, se dit-elle. *Il faut qu'il fasse demi-tour.*

Elle patienta quelques minutes, et, personne ne venant, elle se sentit très bête.

— Il partait quand je suis arrivée, déclara Alma, dès qu'Ivy l'eut retrouvée sur la pelouse. Et il n'avait pas l'air content. Désolée, ma belle. Alors que tu arrives au même moment…

— Il ne m'a peut-être vraiment pas vue, imagina Ivy, tentant de s'en convaincre.

Alma l'enlaça.

— Tu veux te mettre chiffon ?

— Il ne vaudrait mieux pas. Jane serait furieuse.

Elle lança un regard sinistre aux hommes et aux femmes ivres, un peu partout dans le jardin, tous en sueur, le visage écarlate. Certains couples se soutenaient mutuellement devant le gramophone. Les tables étaient jonchées de cendre et de cire fondue. Tout lui avait semblé moins sordide, de loin. Sam était avachi à une table, une cigarette dans une main, un verre de bière vide dans l'autre, la regardant avec méfiance.

— Il y aura d'autres occasions, lui fit remarquer Alma.

— Tu crois ?

Cela ne lui avait jamais paru aussi peu probable que maintenant. Elle était totalement découragée.

Si seulement il avait fait demi-tour…

Pourquoi avait-il continué sa route ?

Elle parcourut de nouveau le jardin du regard, espérant toujours au fond d'elle qu'il reviendrait.

Mais ce ne fut pas le cas.

Elle sentit ses épaules s'affaisser. Elle déclara que cela valait sans doute mieux comme cela.

Elle aurait simplement préféré que cela l'aide à se sentir mieux.

Chapitre 11

Février 1897

Lorsque Harriet se réveilla, le lendemain du bal des Yates, gagnée par un sentiment de bien-être inhabituel, et ayant mieux dormi que jamais depuis son arrivée à Singapour, elle découvrit qu'on lui avait fait parvenir un assortiment de petits pains frais, de conserves et de fruits. Ce fut Ling qui la prévint de cette livraison.

— Miss Harriet, chuchota la fille de manière pressante depuis le couloir du bas, tandis que Harriet descendait l'escalier pour se rendre à l'église. Miss Harriet, venez.

— Que se passe-t-il ? demanda-t-elle.

Mais Ling la conduisit simplement au fond de la maison, après le petit cellier, dans la cuisine, où elle lui montra le panier garni.

— Moi pas vouloir monsieur voie ça, déclara Ling, le regard rivé sur la nourriture comme s'il s'agissait de bâtons de dynamite.

Le panier dégageait un parfum de pâte fraîche et de mangue. Se délectant d'avance, Harriet prit une profonde inspiration. Sans tenir compte du malaise de Ling, elle se pencha et se fendit d'un sourire. Était-ce une boîte de lait concentré, derrière les bananes ?

— J'ai dit le livreur vous partie, déclara Ling. Vous partie. Monsieur, il va être fâché. Mais, quand même, lui laissé ça.

Ling se tourna vers les fruits en secouant la tête, puis tendit à Harriet une carte de visite gaufrée. En haut figurait le nom d'Alex et l'adresse de son bureau.

— Écrit quoi, Miss Harriet ?

Harriet parcourut avidement les quelques lignes manuscrites.

Arrêtez les biscottes, j'insiste. J'espère que ça vous plaira, et que vous accepterez mon invitation à dîner, ce soir. Nous ne mangerons pas de riz vapeur, ou, du moins, pas seulement. Je viendrai vous chercher à 19 h 30, sauf indication contraire de votre part. Mais, je vous en prie, n'en faites rien.

— Écrit quoi ? répéta Ling.

Harriet relut le mot, puis encore une fois. Elle s'aperçut qu'elle était en train de rire.

— Des choses ravissantes, répondit-elle. Ravissantes.

Elle souleva le panier pour en humer de nouveau le cocktail d'arômes. Adressant un rapide sourire à Ling, elle dirigea ses pas vers la salle à manger.

La domestique tenta de la retenir.

— Vous pas aller avec ça, lui interdit-elle, affolée. Monsieur, il va être fâché.

— Il ne sera pas fâché.

Il le serait, mais elle s'en moquait. Elle n'avait aucunement l'intention de dissimuler ce panier. Elle comptait bien en manger le contenu. Du moins, une partie. Et ce soir-là, elle irait au restaurant. Avec Alex.

Alex…

Elle ferma brièvement les yeux, se remémorant pour la énième fois son visage, dans le jardin obscur, la veille, sa voix grave, la lueur de plaisir dans son regard lorsqu'ils avaient dansé. Puis le contact de sa main sur sa taille. Elle en avait encore le souvenir. Ils étaient restés là-bas si longtemps. Trop longtemps, en fait. Elle aurait souhaité ne jamais devoir partir. Mais quand ils avaient rejoint les fêtards, juste avant qu'on appelle les voitures, sous les commérages et les regards, dont celui de David, pour la première fois de sa vie, la curiosité froide des autres lui avait été parfaitement égale. Grâce à Alex, qui l'avait tenue par le bras, contre lui, comme s'il se riait du qu'en-dira-t-on (« Je m'en moque, lui avait-il garanti. Qu'ils aillent se faire pendre ! »).

Et voilà qu'elle tenait son présent entre ses mains. Elle laissa échapper un nouvel éclat de rire, à mi-chemin entre la joie, la perplexité et l'incrédulité. La veille, elle était encore si désespérée, totalement esseulée. Elle était terrifiée à l'idée que ce bonheur puisse être réel. Pourtant, elle était incapable de le repousser. Elle n'aurait pu se résoudre à le combattre.

Après s'être débarrassée de Ling, elle regagna le couloir. Elle croisa Mae, qui descendait l'escalier. Elle aussi était habillée pour l'église, avec une jaquette crème. En apercevant son air abattu et ses épaules avachies, Harriet sentit se dissiper une partie de sa propre allégresse. La veille, durant le trajet qui les avait ramenées chez elles, Mae était restée silencieuse comme jamais. Avant d'aller se coucher, Harriet avait tenté d'engager la conversation. Elle voulait l'implorer d'ouvrir les yeux, de comprendre que David ne valait pas la peine qu'elles se disputent. De lui confier combien elle rêvait que les choses redeviennent comme avant, entre elles. Elle souhaitait peut-être aussi lui révéler égoïstement une partie de ce qui s'était passé avec Alex, sentant qu'elle allait éclater si elle le gardait pour elle. Mais Mae l'avait repoussée, prétextant qu'il lui fallait aller se coucher.

— On se verra demain matin.

À présent, en rejoignant Harriet dans le couloir, elle tournait son regard las vers le panier garni.

— Qu'est-ce que c'est ?

— C'est Alex qui l'a envoyé, répondit Harriet d'un ton embarrassé. Il m'invite à dîner, ce soir.

— David va être ravi de l'apprendre. Tu lui en as parlé ?

— J'y vais de ce pas.

Mae garda un air impassible.

— Je vais vous laisser tranquilles, alors.

Regardant sa sœur tourner les talons et remonter à l'étage, elle redescendit sur Terre et appréhenda soudain la réaction de David. Que pouvait-il lui faire, de toute façon ? Se disant « Rien », elle poursuivit son chemin vers la salle à manger. Elle s'immobilisa sur le pas de la porte, le panier encore dans ses mains, écoutant David mâcher ses biscottes, dans la pièce. Pour se calmer, elle prit une profonde inspiration. *Il ne peut pas t'en empêcher*, tenta-t-elle de se convaincre. Puis, entrouvrant la porte avec son pied, elle pénétra dans le séjour.

Il s'empourpra en apercevant le panier, et davantage encore lorsqu'elle lui confirma l'identité de celui qui le lui avait fait remettre et évoqua le message qui l'accompagnait. Il lui répondit qu'il ne pouvait pas la laisser s'y rendre, que l'on n'avait jamais vu une jeune femme sortir sans chaperon, qu'elle serait déshonorée, encore plus que c'était déjà le cas. Non, non, non, il était hors de question qu'elle accepte l'invitation de Blake. Comment pouvait-elle même y songer ?

C'était la première fois que Harriet le voyait si agité. Si elle brûlait d'envie de lui répondre, elle garda le silence, croisant les doigts pour qu'il finisse par changer d'avis.

Il poursuivit, lui expliquant combien il était scandalisé qu'elle puisse envisager une telle chose. Il était certain qu'elle valait mieux que cela. Vraiment. Elle se conduisait comme la fille de sa mère. Non, il n'aurait pas dû dire cela. Mais pourquoi diable voulait-elle aller dîner avec ce drôle de type ? Lui aussi l'emmènerait au restaurant, si elle le lui demandait. Si elle lui en avait parlé, il l'aurait même déjà fait. Pourquoi ne lui avait-elle rien dit ?

Elle s'abstint de toute réponse. Elle ne lui avait répété que trop souvent qu'elle n'avait aucune envie d'aller où que ce soit avec lui. Elle jugeait inutile de le lui redire, et peut-être même un peu cruel. Elle commençait presque à éprouver une certaine pitié envers lui.

Mais il poursuivit :

— Votre sœur m'a raconté qu'elle vous avait vus danser, tous les deux, hier soir. Elle m'a tout rapporté. (Le soupçon de compassion qu'elle avait éprouvé à son égard se dissipa aussitôt.) Elle vous a surveillée toute la soirée, ajouta-t-il.

Harriet le regarda avec de grands yeux. *Pardon ?*

David continua, lui décrivant comment elle avait laissé Alex la tenir contre lui, la façon dont elle avait posé la tête contre son torse, rendant le tout terriblement honteux.

— Il vous a embrassée ?

Ce n'était pas le cas, mais Harriet ne comptait rien lui en dire, ni combien elle en avait eu envie.

Elle était encore en train de digérer le fait que Mae ait pu la suivre.

Pourquoi n'en avait-elle rien dit ?

Et comment avait-elle pu tout répéter à David ?

David poursuivit, plus calme, à présent. Il déclara qu'il était convaincu qu'il s'agissait d'un simple égarement. Elle était encore très jeune, après tout. Il était de son devoir de veiller sur elle. Il y avait encore réfléchi à l'instant, avant qu'elle arrive dans la salle à manger. Il allait veiller sur elle, elle n'avait aucune raison de s'inquiéter.

Il finit par se taire. Il fallut un long moment à Harriet pour s'en apercevoir.

— Pourquoi ne dites-vous rien ? s'étonna-t-il en fronçant les sourcils de frustration. Je n'arrive pas à savoir ce que vous pensez. (Il n'en avait jamais été capable.) Harriet ?

Chassant Mae de son esprit, ainsi que la curieuse bêtise de David, elle déclara :

— Je vais aller dîner avec Alex. (Elle fut stupéfiée par le ton imperturbable qu'elle avait employé.) Vous ne pourrez pas m'en empêcher.

— Bien sûr que si.

— Comment, David ? Qu'allez-vous faire ?

Il hésita, s'apprêta à lui répondre, mais se ravisa.

— Rien, dit Harriet. Exactement.

Puis, avant qu'il ait pu rassembler ses esprits, elle s'éloigna.

Elle se dirigea vers la chambre de Mae. Elle était assise à son bureau, se tenant la tête à deux mains, ôtant ces dernières lorsqu'elle observa d'un peu plus près son reflet. Elle semblait atterrée par ce qu'elle voyait.

Harriet ne pouvait s'en soucier pour le moment.

— Tu étais là ? demanda-t-elle.

Mae croisa son regard dans le miroir. Elle s'abstint de lui demander ce qu'elle voulait dire. Il ne faisait aucun doute qu'elle l'avait compris.

— Pourquoi, Mae ? Pourquoi m'as-tu surveillée ?

Sur la défensive, sa sœur serra les dents, mais elle rougit, trahissant sa culpabilité.

— J'étais allée faire un tour. C'est tout.

— Mais pourquoi es-tu allée parler d'Alex et moi à David ?

— Il savait déjà que vous étiez ensemble.

— Il semblerait que tu lui aies raconté beaucoup plus que ça.

Mae grimaça. Harriet n'aurait su dire s'il s'agissait de remords ou d'agacement.

— C'était pour tenter de t'attirer ses faveurs ? voulut savoir Harriet, cherchant à la comprendre. C'était ça ? Tu crois l'avoir impressionné en lui racontant mes secrets ?

— Non, répondit-elle d'un ton extrêmement las. Je sais que ce n'est pas le cas. Et je ne cherche pas à lui plaire. Plus maintenant.

— Que veux-tu, alors ? (Gardant le silence, Mae baissa les yeux sur le bureau.) Mae ? (Aucune réponse.) Mae, insista Harriet.

Lentement, Mae se tourna vers elle. Elle avait l'air incroyablement malheureuse.

— Tu peux me parler, lui garantit Harriet d'une voix plus douce. Il faut que tu le saches.

Mae la regarda comme si elle l'ignorait.

— Laisse-moi seule. S'il te plaît.

— Impossible.

— Je t'en prie.

Harriet secoua la tête.

— Ne laisse pas David s'immiscer entre nous comme ça. Je t'en supplie.

Mae garda le silence. Elle se tourna de nouveau vers son bureau, reprenant l'examen de son peigne et de ses épingles à cheveux.

Harriet patienta, espérant qu'elle relèverait la tête et en dirait davantage.

Mais ce ne fut pas le cas.

Et lorsque Mae comprit qu'elle ne souhaitait pas que sa sœur s'en aille, finalement, que cela lui ferait du bien de lui expliquer combien elle se sentait honteuse et malheureuse, Harriet lui avait déjà obéi : elle l'avait laissée seule.

Le restant de la matinée, aucun des trois ne s'adressa la parole. La seule personne avec qui Harriet discuta fut Laurie, à l'église. (Alex n'était pas présent. Il l'avait prévenue, il aimait bien travailler le dimanche, quand son personnel était en congé et qu'il était plus facile de faire avancer les choses.) « J'espère que Dieu me comprendra, avait-il plaisanté en déambulant dans le jardin en direction des festivités. Il serait plutôt décevant, après avoir travaillé sept jours sur sept toute sa vie, de se retrouver en enfer pour cette raison. » Elle ne s'entretint que brièvement avec Laurie. C'était son dernier jour avant son départ, et Sally – que Harriet tentait comme toujours d'éviter – ne le quittait pas d'une semelle.

— Je ne pars que trois mois, murmura Laurie à Harriet quand il parvint enfin à se libérer un moment, quittant avec elle les rayons implacables du soleil pour la fraîcheur de l'édifice.

— Vous allez lui manquer, lui fit remarquer Harriet.

— Je ne crois pas qu'elle soit impatiente de se retrouver seule avec Roger.

Il salua d'un signe de tête son beau-frère, qui se tenait maladroitement à côté du banc de David, agitant la main en direction de ce dernier qui, juste devant Harriet, ne le remarquait pas.

— Vous le seriez, à sa place ? demanda-t-elle.

— Eh bien, plutôt.

Sally l'interpella. Avant que celle-ci les rattrape, Harriet eut juste le temps de faire de rapides adieux à Laurie, lui promettant qu'il allait également lui manquer.

Et c'était sincère.

Elle redouta déjà son absence dès l'après-midi. Déjeunant dans la salle à manger étouffante de David, s'efforçant de ne pas tenir compte de la façon dont celui-ci ne cessait de la dévisager, dont Mae contemplait son assiette sans rien toucher, et dont la mouche bourdonnait, prise au piège dans la moustiquaire d'une des fenêtres, elle songea comme ses journées allaient lui paraître insupportables sans Laurie, son unique ami sur l'île. Heureusement, elle allait revoir Alex. Malgré tout le reste, chaque fois qu'elle pensait à lui, jetait un coup d'œil à son panier, ou relisait sa carte, elle sentait une pointe d'excitation. Car il allait venir, ce soir-là. Il serait là. Pour elle.

L'après-midi finit par passer, la nuit tomba, et il fut finalement l'heure de s'habiller. Jamais elle n'avait été si heureuse de parcourir ses nouvelles robes, de choisir celle qu'elle allait porter ce soir-là.

— Merci beaucoup, père, dit-elle à l'invisible Mr Palmer en saisissant la robe argentée sans manches.

En l'enfilant, elle s'aperçut que c'était celle qu'elle portait le soir où David était rentré avec ses maudites lettres de candidature et avait prononcé ces paroles troublantes : *« Je finis toujours par obtenir ce que je veux. »* Elle repoussa ce souvenir avant qu'il puisse l'affecter. *Ne le laissez pas tout gâcher.*

Les doigts tremblants, plus nerveuse maintenant que l'heure de l'arrivée d'Alex approchait, elle boutonna sa robe puis inséra des épingles dans sa chevelure toute propre. Elle examina son reflet dans le miroir, certaine de s'être mal coiffée. Mais, avant de céder à l'envie d'ôter toutes les épingles et de tout recommencer, elle entendit frapper, en bas.

Elle sentit sa tête la lancer.

Il était là.

Momentanément paralysée par une montée d'angoisse effervescente, elle demeura figée. Seuls le bruit des pas de Ling, en bas, et l'idée qu'elle – ou pire, David – puisse atteindre la porte avant elle la firent réagir. Elle se précipita dans le couloir puis dans l'escalier, sa longue robe traînant derrière elle.

— Ça ira, Ling, déclara-t-elle à bout de souffle. Je suis là.

Elle s'immobilisa devant l'entrée, et s'appuya brièvement contre la porte pour rassembler ses esprits. Puis, sans hésitation, elle ouvrit.

— Bonsoir, Harriet, la salua-t-il.

Au son de sa voix, sa nervosité se dissipa aussitôt.

Il avait revêtu sa tenue de soirée, comme au bal des Yates. Il était exactement comme dans son souvenir, mais, malgré tout, elle le dévisagea comme si elle le voyait pour la première fois, contemplant de nouveau le dessin de ses pommettes et de sa mâchoire, le léger désordre dans sa chevelure après qu'il avait ôté son chapeau. Luttant contre le désir de se jeter dans ses bras, elle se cramponna au chambranle. Quand il lui déclara qu'elle était splendide, elle lui répondit sans réfléchir :

— Vous aussi. (Effarée, elle écarquilla les yeux.) Oh, non, oh, mon Dieu… (Il éclata de rire.) Je suis désolée, ajouta-t-elle, mortifiée.

— Je vous en prie, dit-il en continuant de rire. Ce n'est rien.

Lorsqu'il lui offrit son bras, elle le prit avec soin, puis il la guida à sa calèche, garée sur la route. Elle le remercia pour le petit déjeuner, lui avouant qu'elle l'avait trouvé délicieux, et il lui garantit que tout le plaisir était pour lui.

— Où allons-nous ? s'enquit-elle.

— Ah. C'est une surprise.

Ils s'immobilisèrent devant la voiture. Avant de l'aider à monter, il jeta un coup d'œil par-dessus son épaule, comme si quelque chose l'ennuyait. Son regard se durcit une fraction de seconde.

D'instinct, Harriet suivit son regard. Derrière la fenêtre de son bureau, David les regardait partir. Déçue, mais pas étonnée du tout, elle soupira.

Alex se pencha vers elle pour ouvrir la porte de la calèche. Ce faisant, sa manche effleura l'épaule nue de la jeune femme.

— Ne faites pas attention à lui, lui recommanda-t-il.

— Vous avez raison.

Elle suivit son conseil.

Harriet s'était imaginé qu'ils iraient au restaurant dans le petit quartier proche de Fort Canning, très couru par les Britanniques, mais le chauffeur d'Alex dirigeait les montures vers la sortie de la ville. Bientôt, ils quittèrent les pistes usées des zones résidentielles pour des chemins de terre nettement plus étroits. On avait suffisamment coupé les arbres pour que deux calèches puissent se croiser, mais pas davantage. Et le feuillage empêchait de distinguer le clair de lune et les étoiles. Leur route était simplement éclairée par deux lanternes suspendues au siège surélevé du cocher.

Plus ils s'éloignaient, plus Harriet se sentait dévorée par la curiosité.

— Où allons-nous ? répéta-t-elle.

— Vous verrez.

Elle lui adressa un regard dubitatif, avant de se tourner vers les ténèbres.

— Il y a des tigres, par ici ?

— Ça arrive.

— Voilà qui est réconfortant.

— Ils n'approcheront pas des lanternes. Et nous sommes armés.

— Oh, mon Dieu.

Il rit doucement. Il ne redoutait visiblement pas les fauves. Elle non plus. Pas vraiment.

Elle s'enfonça dans son siège. Sa robe bruissait à chaque cahot, frôlant la pointe d'une des chaussures d'Alex. Il était assis si près qu'elle devinait le parfum de son savon, ainsi qu'un soupçon de fumée de cigarette. Elle sentait presque les battements de son cœur. Elle mourait d'envie de se pencher vers lui, de poser la tête sur son épaule, comme elle l'avait fait la veille.

— À quoi pensez-vous ? demanda-t-il.

— Aux tigres.

Cela le fit de nouveau rire.

Ils atteignirent une petite clairière. La calèche ralentit son allure avant de s'engager sur une longue piste.

— Je sens la mer, déclara Harriet.

— Elle n'est pas loin, reconnut-il.

Une pointe de sel était en effet décelable dans l'atmosphère musquée. Elle se mêlait aux senteurs nocturnes de pollen et de terre. S'ils se trouvaient encore au cœur de la jungle, elle entrevit derrière les arbres une étendue d'eau illuminée par le clair de lune. Elle retint son souffle pour en admirer la beauté.

Le cocher immobilisa les montures, et Alex aida Harriet à descendre dans la terre. Il laissa sa main dans le creux de son dos pour la guider entre les arbres. Elle sentit son contact malgré sa robe et son corset, et se rappela comme elle l'avait regardé danser avec cette fille, la veille, imaginant sa main sur elle. *Respire*, s'ordonna-t-elle. *Respire.*

Ils poursuivirent leur chemin. Elle entendit bientôt le clapotis des vagues, le chant des cigales et les cris stridents d'un oiseau, dans le lointain.

— Où sommes-nous ?

— Cet endroit s'appelle Pasir Panjang. J'habite là-haut, ajouta-t-il en désignant d'un signe de tête l'ombre des collines.

Elle tenta d'habituer sa vision à l'obscurité, en vain. Comme tout était différent de l'univers impeccable et uniforme de Nassim Road et des autres rues tracées par le gouvernement. Comme cela lui semblait délicieusement loin de tout.

Ils atteignirent une petite crique. La végétation faisait place à la courbure d'une plage bordée de palmiers. Des torches brûlaient tout autour, leur lueur se reflétant sur l'onde lisse. On avait jeté sur le sable une couverture parsemée de coussins. Des assiettes couvertes attendaient sur des réchauds. Deux serviteurs ôtèrent les couvercles, et, après leur avoir souhaité bon appétit, s'éloignèrent, Alex n'ayant pas manqué de les remercier. Des arômes de piment, de cardamome et de fenugrec embaumaient l'air, transportant instantanément Harriet en Inde. Chez elle.

Elle sentit le regard d'Alex sur elle. Il la sondait, attendant de savoir ce qu'elle en pensait.

Elle leva les yeux vers lui. Il avait l'air tendu. Inquiet. Pouvait-il réellement imaginer qu'elle n'aimerait pas ce qu'il avait préparé ?

— Ce n'est pas tout à fait Simla, s'excusa-t-il.

— C'est tellement mieux, répliqua-t-elle. (Elle passa de nouveau en revue les plats, admira la beauté des torches et de la mer, puis, bouleversée, se tourna vers lui.) Je croyais que vous travailliez, aujourd'hui.

— Je n'avais pas grand-chose à faire.

Émerveillée, elle secoua la tête.

— C'est la première fois qu'on fait quelque chose comme ça pour moi.

Il l'attira à lui.

— Dommage, dit-il doucement. C'est très dommage.

Elle posa les mains sur son torse, les yeux plongés dans les siens. Il soutint son regard. Elle sentit son cœur s'emballer. Il se pencha vers elle, et, lentement, très lentement, comme s'il souhaitait profiter de chaque seconde qui passait, il l'embrassa.

L'espace d'un instant, se demandant quoi faire, elle se crispa. Mais elle se sentit bientôt lâcher prise. Elle aurait voulu que ce baiser ne s'arrête jamais. Lorsqu'il se retira, elle tituba. Il la rattrapa, la tenant droite.

Puis, incertaine de savoir ce qu'elle faisait, elle se hissa sur la pointe des pieds et l'embrassa de nouveau.

Déjà, Alex n'avait aucune envie de la ramener chez elle. Il en avait eu la certitude avant même d'aller la chercher. Toute la journée, en préparant la soirée, il avait pensé à elle, imaginant son visage, entendant sa voix, se remémorant son émerveillement lorsqu'il avait dansé avec elle. Dans le jardin des Yates, il n'avait pas voulu la laisser partir. Mais, en même temps, il regrettait déjà de ne pas être allé la chercher, sur le quai, le jour de son arrivée. C'était manifestement cela, avec elle : il n'avait qu'une envie, rester avec elle le plus longtemps possible.

Éprouvant le besoin de le lui faire savoir, il le lui avoua.

Elle le regarda d'un air médusé. Comme si elle avait du mal à le croire.

Lui passant la main dans le cou, il l'entendit prendre une inspiration.

— C'est bien réel, déclara-t-il.

— Pareil pour toi.

Il éprouva une pointe de plaisir, reflet de l'incrédulité de Harriet. « *Pareil pour toi…* »

Leur baiser fut plus long, cette fois. Il l'attira à lui et l'étreignit. Il laissa ses mains vagabonder le long de son échine, sur la courbure de sa taille, au contact de la soie de sa robe et des baleines de son corset, en dessous. Quand elle se pressa contre lui, il sentit son corps lui réclamer d'aller plus loin, d'apprendre à la connaître davantage. Il devina qu'elle éprouvait le même besoin, celui de s'abandonner, mais avait aussi conscience qu'elle ne savait pas vraiment ce que cela signifiait, de quoi il s'agissait.

Il se demanda qui des deux se retira le premier.

Elle baissa la tête, les yeux dissimulés par ses cils, le souffle court, luttant, se dit-il, pour donner un sens à ce qui venait de se produire.

Il préférait lui éviter cette torture.

— Désolé, dit-il. Je n'aurais pas dû.

— Non, rétorqua-t-elle avec un éclat de rire confus. Je ne suis pas sûre que ce soit toi.

Elle semblait vraiment embarrassée. À la lueur des torches, il distingua ses couleurs, sur son teint pâle. Elle était contrariée.

— Harriet…

— Ce n'est rien.

— Ce n'est pas rien. Je t'en prie, dis-moi ce qui ne va pas. (Hésitant à lui répondre, elle se mordit la lèvre inférieure.) Je t'en prie, répéta-t-il.

Hésitant encore un moment, elle garda le regard rivé sur ses pieds. Il patienta, espérant qu'elle lui ferait confiance.

— Je n'ai jamais songé…, commença-t-elle avant de s'interrompre, cherchant ses mots. Je…, tenta-t-elle de nouveau, avant de froncer les sourcils d'agacement. (Il évita de la presser. Elle prit une profonde inspiration.) Tout le monde s'attend toujours à ce qu'on ressemble à notre mère, lâcha-t-elle sans vraiment réfléchir. J'ai toujours été certaine que ce n'était pas le cas. (Les sourcils froncés, elle se tourna vers la mer.) David m'a dit que je me comportais comme elle. Maintenant… Eh bien…

Perplexe, il la regarda fixement. Il ne s'était pas du tout attendu à ce genre de remarque.

— Tu crois que c'est ce que je pense ?

Elle garda le silence.

— Regarde-moi. S'il te plaît. (Lentement, avec une certaine angoisse, elle obtempéra.) Ce n'est pas le cas, lui fit-il savoir, prêt à tout pour la convaincre. Ce n'est pas le cas. (Il aurait pu tuer David de lui avoir mis cette idée dans la tête.) J'étais sincère, hier soir. Je me moque de savoir qui étaient tes parents et ce qu'ils faisaient. Je doute même que ta mère ait fait la moindre chose de mal.

Elle lui lança un regard sceptique.

— Je suis sincère. C'est ton père qui semble le plus fautif.

— Personne n'en parle jamais.

— Eh bien, non, dit-il. Bien sûr que non.

— Non.

Il y eut un court silence.

Puis elle jeta un coup d'œil aux victuailles, aux torches.

— J'ai gâché tout ça ? demanda-t-elle.

— Non, répondit-il avec un sourire. Il en faudra beaucoup plus.

Elle sourit aussi.

Il en fut soulagé.

Il l'attira de nouveau à lui, et elle posa la tête sur son torse. Malgré sa chemise, il sentit la chaleur qu'elle dégageait.

— Je me moque de savoir qui étaient tes parents, répéta-t-il. Tu es toi. Rien que toi.

Il la sentit approuver d'un hochement de tête.

La soirée se poursuivit. Ils mangèrent, discutèrent, et elle rit davantage, le faisant également rire, les heures passant bien trop vite. Et il ne cessa d'y penser :

Tu es toi. Rien que toi.

C'était beaucoup plus qu'il n'en fallait.

Chapitre 12

Il était minuit passé, lorsqu'ils regagnèrent Nassim Road. Mae n'était pas encore couchée, cependant. Ni David. Elle l'entendait faire les cent pas, dans son bureau, au rez-de-chaussée.

Elle avait la migraine, et un affreux goût dans la bouche à cause du xérès que David lui avait proposé au dîner. Elle avait été particulièrement déconcertée lorsqu'il lui avait demandé si elle en voulait, trop interloquée pour se méfier. Le sentiment d'apaisement que lui avait procuré ce verre lui avait plu, et davantage encore quand il avait de nouveau levé la carafe d'un air interrogateur, mais plus après. Elle avait alors souhaité regagner sa chambre, car il n'avait cessé de l'interroger sur Harriet, impatient, lui avait-il semblé, d'en savoir davantage sur elle. Si impatient qu'il s'était forcé à lui adresser la parole, à elle, Mae.

— Ça lui plaisait de faire des études ? lui avait-il demandé en savourant sa morue pochée, comme s'il lui était seulement venu à l'idée que cela aurait pu être le cas.

— Oui, avait répondu Mae. Ça nous plaisait à toutes les deux.

Il avait voulu savoir ce que Harriet préférait : la musique, la peinture, peut-être ? Non, pas la peinture ? Les langues étrangères ? Cela l'avait surpris.

— J'aimais beaucoup l'arithmétique, avait révélé Mae, poussée par l'alcool à tenter de se montrer intéressante.

— Les langues étrangères, vraiment ? s'était-il étonné sans tenir compte de sa remarque. Je n'aurais jamais cru. (Il avait baissé les yeux sur son assiette. Pour une fois, il avait du mal à la terminer.) Je n'en parle aucune. (Cela avait semblé le perturber. Il avait jeté un coup d'œil par la fenêtre, dans l'obscurité.) Je me demande de quoi elle parle, à présent. Je me demande où Blake l'a emmenée.

Mae s'était posé les mêmes questions. Durant les trois heures qui s'étaient écoulées depuis qu'elle avait regagné sa chambre, cela l'avait intriguée. En sueur, elle s'était étendue sous son drap fraîchement lavé, le regard rivé sur le plafond blanchi à la chaux, au-dessus de sa moustiquaire, se torturant l'esprit avec des images de Harriet et d'Alex. Elle réentendait le rire joyeux de sa sœur, la veille. Elle ne cessait de se rappeler la douceur avec laquelle Alex la tenait pendant qu'ils dansaient, comme s'il avait du mal à croire qu'elle était avec lui. Elle l'avait entendu, à son arrivée, plus tôt dans la soirée. *« Bonsoir, Harriet. »* Elle les avait regardés partir à sa fenêtre, les larmes aux yeux en voyant Alex prendre sa sœur par le bras pour l'aider à se hisser dans sa calèche. Pas un *gharry* de location, comme celui de David. Il n'avait pas eu besoin de l'argent sale de Mr Palmer pour s'en acheter une.

Elle se tourna sur le côté, sentant contre sa hanche combien le matelas était mince. Pourquoi ne pouvait-elle pas simplement être heureuse pour Harriet ? Ou, du moins, ne pas être malheureuse ? Qu'est-ce qui n'allait pas chez elle et qui l'en empêchait ?

Elle s'était sentie si mal, un peu plus tôt, dans la salle à manger de David, à boire ce xérès, écouter ses questions et satisfaire sa curiosité avec la moindre de ses réponses. Mal et sale. De seconde zone. Surtout, elle avait pitié d'elle. Une sorte d'épouvantable apitoiement. Parce qu'elle était convaincue que personne, où que ce soit – sur cette île ou ailleurs – ne posait ce genre de questions sur elle et ne se souciait d'elle.

Elle entendait à présent les chevaux de la voiture d'Alex s'immobiliser dans l'allée. Mourant d'envie de se lever, elle se crispa, s'obligeant à rester où elle se trouvait. Elle n'irait pas à la fenêtre, cette fois. À quoi bon regarder de nouveau Harriet et Alex ? Ce que cela lui avait fait lorsqu'elle les avait vus ensemble ne lui plaisait guère.

Elle sentit une larme rouler sur sa joue brûlante, se mêlant à la sueur. Elle avait été si triste quand Harriet lui avait parlé en face. *Je suis désolée*, avait-elle eu envie de lui dire. *Vraiment désolée.* Pourquoi cela lui avait-il semblé si difficile ? Elle ne comprenait toujours pas pourquoi elle avait tout raconté à David, ni comment elle avait pu devenir si amère. Envers sa sœur. *Harriet.* Celle qui avait toujours été à ses côtés, à chaque moment de solitude, à chaque anniversaire et à chaque Noël. Celle qui lui avait donné la main au feu d'artifice de Divali (*« Ce ne sont que des "boum" »*) et qui lui avait toujours souri quand personne d'autre ne le faisait. Elle se rappela que, durant la plus grande partie de leur enfance, elles avaient partagé le même lit parce que, sinon, il leur était impossible de trouver le sommeil. Elles se blottissaient l'une contre l'autre, encastrées, et leurs enseignants, qui avaient fini par cesser de tenter de les en empêcher, avaient pris l'habitude de dire en secouant la tête :

— Ah, les jumelles…

Au petit déjeuner, elles partageaient leurs œufs, Harriet préférant les blancs, et Mae les jaunes, s'arrangeant ainsi pour éviter les réprimandes de la surveillante d'internat, qui n'aurait pas manqué de leur rappeler que certains enfants avaient moins de chance qu'elles. (*Il existe des enfants moins chanceux que nous ?* s'était demandé Mae à plusieurs reprises, stupéfaite.)

« Ne laisse pas David s'immiscer entre nous comme ça », l'avait implorée Harriet.

Désormais en larmes, Mae se tourna sur le dos. Elle entendit des murmures, dehors, puis un petit rire étouffé : Harriet. Mae ferma ses yeux embués.

Ce n'est pas David qui s'immisce entre nous, dit-elle en silence à sa sœur. *C'est moi.*

Elle s'en rendait compte, à présent. Elle ne pouvait pas reprocher à tout le monde de ne pas l'aimer – David, Alex, Laurie et même Harriet –, car elle-même ne s'aimait pas. Mais, même si elle souhaitait changer, se lever le lendemain en souriant à Harriet, et lui demander comment s'était déroulée sa soirée – « Allez, raconte-moi… » –, elle savait déjà qu'elle en serait incapable.

Elle ne savait franchement pas comment s'y prendre.

De plus, à sa plus grande honte, elle était encore prête à tout pour mettre la main sur Alex.

Les jours suivants, Mae se faisant de plus en plus distante, Harriet accepta progressivement l'idée qu'elle ne recouvrerait pas ses esprits. Elle ne s'exprimait que lorsque Harriet s'adressait à elle, et elle passait des heures sur son puzzle. Elle l'avait presque terminé. Il ne tenait pas à plat sur la table, mais de manière incurvée, les pièces s'étant tordues à cause du climat. (« Je crois manquer des pièces, avait révélé Ling à Harriet en privé. J'ai compté, mais toutes pas là. Je pas vouloir le dire à Miss Mae, sinon elle encore plus triste. » Harriet était de son avis.) Elle n'avait jamais connu sa sœur si silencieuse, si absente. Même à Simla, lorsqu'elle avait été contrariée après toutes ces danses affreuses, elle lui en avait au moins parlé. Elle lui avait expliqué ce qu'elle avait ressenti. Mais, désormais, Harriet se demandait comment l'aider. En réalité, le fait que Mae s'obstine à garder ainsi ses distances commençait à l'agacer sérieusement. Harriet n'avait jamais rien fait pour encourager les attentions de David, après tout. Elle n'en avait jamais voulu, elle n'avait rien volé à sa sœur. Il fallait qu'elle le comprenne. Au contraire, c'était plutôt à Harriet d'être contrariée : c'était bien Mae qui les avait épiés, Alex et elle, et non l'inverse. Pourquoi était-ce à elle de faire tous les efforts pour se faire pardonner ?

— Elle se sent isolée, peut-être, suggéra Alex, qui n'était au courant que du mal-être de Mae, et non de son indiscrétion. (N'en voyant pas l'utilité, Harriet ne lui en avait pas parlé.) Elle ne doit pas s'amuser tous les soirs, avec Keeley. Pourquoi ne lui demanderais-tu pas de venir dîner avec nous ?

Mae refusa catégoriquement l'invitation. Harriet, partant du principe qu'elle n'y avait pas mis suffisamment d'enthousiasme – elle n'avait pu s'empêcher de soupçonner Mae de vouloir tout répéter à David –, tenta de nouveau de la convaincre.

— Tu n'as aucune envie de me voir avec vous, lui rétorqua habilement Mae. Et je suis certaine qu'Alex ne le souhaite pas plus que ça.

Elle semblait avoir pris Alex en grippe. Elle ne demandait jamais de ses nouvelles, et se contentait de regarder d'un air ahuri le panier de pain frais, de fruits et de lait concentré qu'elles recevaient chaque matin, sans jamais toucher à son contenu.

— Il faut que tu cesses de nous en envoyer, avait demandé Harriet à Alex, un soir où il était venu la chercher, même si elle n'avait aucune envie qu'il l'écoute. Je ne peux pas tout manger. Mae ne prend rien. Ling prétend qu'elle non plus, parce que David le lui a demandé, mais elle commence à devenir vraiment dodue. Tu vas me faire devenir énorme aussi !

Alex avait éclaté de rire.

— Grosse et heureuse. Pourquoi pas ?

Elle demanda à Mae si c'était à cause de David qu'elle refusait de goûter aux produits d'Alex. S'il paraissait incompréhensible qu'elle puisse encore espérer se marier avec lui, peut-être tentait-elle de se faire aimer en s'unissant à lui contre Alex.

— Non, lui dit-elle toutefois en posant une pièce de son puzzle incomplet. Je te l'ai dit, je me moque de ce qu'il pense, désormais. (Préoccupée, elle fronça les sourcils.) Tous les soirs, il parle de toi. Il ne s'arrête jamais. Il est plus déterminé que jamais.

Cela ressemblait à un avertissement. Harriet refusait de l'entendre.

Cela l'inquiéta, néanmoins. Autant que ses veillées nocturnes devant sa porte et sa façon de rester derrière la fenêtre de son bureau chaque fois qu'elle sortait avec Alex, l'attendant toujours à son retour.

Elle ne parvenait réellement à l'oublier que lorsqu'elle se trouvait avec Alex. Soit tous les soirs. Cette semaine, la suivante, et ainsi de suite.

Il venait toujours la chercher directement après le travail, la capote de sa calèche baissée si le ciel nocturne était dégagé, ou levée s'il faisait orageux. Dans ce dernier cas, il venait la rejoindre sur le perron avec son parapluie, et, ensemble, ils couraient sous la pluie chaude et se hissaient dans l'habitacle sous le regard de David. Harriet se demandait ce qui le dérangeait le plus : le fait qu'elle sorte avec Alex, ou qu'elle le fasse par tous les temps.

— La pluie, bien sûr, lui avait répondu Alex, tentant de prendre le sujet à la légère.

Ils refermaient la porte de la calèche, le chassant de leurs pensées, et, dans l'intimité de l'habitacle, la pluie battant sur le toit, elle posait la tête sur l'épaule d'Alex, devinant sa force à travers l'étoffe, rassurée de se savoir avec lui, à l'abri des regards, sans personne pour les juger.

Après leur première soirée, jamais plus il ne la ramena à la crique. Elle comprit d'instinct que c'était à cause de tout ce qu'elle lui avait dit là-bas. Il préférait éviter de lui donner l'impression d'attendre quoi que ce soit de sa part. De lui demander d'être de nouveau seule. Chaque fois qu'il l'embrassait – bonjour, bonne nuit –, elle sentait sa retenue. C'était toujours lui qui se retirait le premier. Au fond d'elle – une part honteuse croissante d'elle –, elle brûlait d'envie de lui demander de cesser de s'inquiéter, de ne pas reculer, de la ramener à la crique. *Moi aussi, j'en ai envie.* Mais, si elle avait entière confiance en Alex, elle redoutait beaucoup trop de tomber dans les travers de sa mère. Elle ne lui dit rien de tout cela. Alors, il ne l'amena plus là-bas. Ils se contentèrent de lieux où tout le monde allait.

Certains soirs, ils se rendaient dans l'un des rares restaurants de l'île : des établissements huppés, avec des tables aux nappes blanches, des lézards sur les murs humides, des serveurs chinois révérencieux, et des *pankas* en tissu qui se balançaient sans pour autant masquer les messes basses un peu partout.

— Je crois qu'ils se demandent ce que tu fais avec moi, déclara Harriet en prenant conscience des regards furtifs des femmes.

— Je les soupçonne de se dire que j'ai beaucoup de chance, répliqua Alex.

— Je les soupçonne de dire aussi beaucoup d'autres choses.

Elle savait que, crique ou pas, ils faisaient scandale, tous les deux. Même Sally était venue lui en parler, la prenant au dépourvu en se présentant un matin avec un de ses paniers de scones.

— Bonjour, chère Harriet, l'avait-elle saluée du ton plein de regrets d'une martyre uniquement venue parce qu'elle s'en sentait le devoir. Bonjour, Mae.

— Oui, bonjour, avait dit Mae, plongée dans l'assemblage d'une culotte de chasseur.

— Je vois que vous avez énormément progressé avec cette course de chevaux, constata Sally en baissant les yeux sur le puzzle, son panier dans le creux de son bras.

Vêtue de satin, elle avait de légères auréoles de sueur sous les aisselles.

— C'est une scène de chasse au renard, rectifia Mae.

— Je ne suis pas sûre que vous en ayez toutes les pièces, déclara Sally en parcourant celles qui restaient sur la table. On dirait bien qu'il en manque.

Mae sentit ses épaules se crisper, mais s'abstint de tout commentaire.

— Que nous vaut l'honneur de votre visite ? s'enquit Harriet.

Sally lui expliqua combien elle était inquiète de la voir sortir avec Alex sans le moindre chaperon.

— Je crains que ça fasse jaser, déclara-t-elle sans paraître éprouver le moindre regret. David aussi est furieux. Roger dit que c'est évident. Tout le monde croyait que vous alliez l'épouser, voyez-vous, et voilà que vous semblez avoir changé d'avis…

— Pas du tout, se défendit Harriet, se demandant comment elle pouvait avoir ce genre de conversation.

— Eh bien, reprit Sally, j'ai promis à Roger que je passerais vous prévenir. Alex peut vraiment choisir n'importe qui, ma chère, et je suis sûre que vous n'avez aucune envie de finir sur le carreau s'il décide de passer à autre chose.

C'est déjà suffisamment difficile comme ça pour David à cause de vos parents. Si ça continue comme ça, il pourrait très bien décider de ne plus vous épouser, finalement. Si c'était le cas, qu'adviendrait-il de vous ?

Harriet parvint tout juste à se contenir, se contentant de lui rappeler que cela ne la regardait nullement. Comprenant à quel point elle était furieuse, et s'apercevant que personne ne mangerait ses scones, Sally évita de s'attarder. Même Mae fut émue au point de demander à Harriet si elle allait bien.

— Je suppose que David a mis Roger au courant.

Harriet n'allait pas bien. Elle se sentit contrariée le reste de la journée. Elle ne se sentit mieux que lorsque Alex vint la chercher et parvint à lui faire dire ce qui n'allait pas. Il enrageait. Il menaça d'aller trouver Sally sur-le-champ pour lui expliquer combien elle avait dépassé les bornes.

— Bon sang, que veut-elle dire par « s'il décide de passer à autre chose » ? Je te jure que je n'ai aucunement l'intention de passer à quoi que ce soit d'autre. Sauf si tu me le demandes. Ce que je n'espère pas. (Harriet le rassura sur ce point.) Ça t'inquiète ? demanda-t-il, l'idée venant simplement de lui venir à l'esprit. Souhaites-tu un chaperon ?

— Non, lui garantit-elle. Absolument pas.

Elle était sincère. Elle n'avait aucune envie de le partager avec qui que ce soit. Elle n'avait qu'une envie, qu'on les laisse en paix.

Elle préférait les soirs où ils allaient au marché local, savourant l'anonymat des étals où régnait une animation frénétique, l'exotisme des cris et des produits vendus. Ils restaient un moment – Alex en costume, elle en robe de soirée – au milieu des woks crépitants et des arômes des *sate* qui cuisaient sur des brasiers, savourant des nouilles fumantes dans un bol ou sauçant des plats au curry à l'aide de *naan*. Elle y goûta de la bière pour la première fois, buvant directement à la bouteille (qu'auraient dit ses professeurs ? Qu'aurait dit Sally ?), portant les doigts à ses lèvres pour contenir un rot. Ce qui fit éclater de rire Alex.

Ils discutaient tellement. Ce n'était jamais assez. Alex lui parla de la maison qu'il avait fait construire à Bukit Chandu et qu'il rêvait de pouvoir lui montrer, un jour ; des ouvriers qui travaillaient pour lui, un mélange de Chinois et d'Européens, qui se considéraient comme des égaux…

— J'ai du mal à le croire, mais personne n'est mort.

Il la faisait rire avec ses histoires du Residents' Club, avec les fonctionnaires et les officiers qui s'y rendaient jour après jour, suant et buvant beaucoup trop de brandy, qui tentaient de se persuader mutuellement, au fil des verres, que sans eux l'Empire serait à genoux.

— Pourquoi tu y vas ? voulut savoir Harriet.

— Parce que la plupart sont mes clients, répondit-il avec un sourire en coin. Ils paient mes factures. Et celles de quelques autres personnes aussi.

Elle haussa un sourcil à « quelques autres personnes ». Il n'évoquait jamais la taille de son entreprise, mais elle commençait à comprendre – à la façon dont les autres l'accueillaient, au lustre de sa calèche et aux détails que Laurie avait révélés avant son départ – qu'elle était significative, et que les salaires qu'il versait permettaient à ses employés de payer bien plus que quelques factures. Elle évita cependant d'évoquer le sujet, car elle comprit que cela le mettrait mal à l'aise, et cela lui était plus ou moins égal, de toute façon, même si elle était contente pour lui, et fière. Parce que c'était lui qui l'avait fait prospérer, et elle le soupçonnait de l'avoir fait seul.

Lorsqu'ils se connurent un peu mieux l'un et l'autre, il lui raconta un jour que sa mère était morte quand il était petit en donnant naissance à une sœur qu'il n'avait jamais connue, et que, depuis, son père ne s'était guère préoccupé de lui. Lorsque cela s'était produit, il était à l'école en Angleterre et ses parents à Colombo, où son père était employé de bureau dans une plantation de thé. C'étaient ces années passées en Asie qui lui avaient donné envie d'y retourner, à ses dix-huit ans, quand il avait touché le petit pécule que les parents de sa mère lui avaient laissé.

— Jamais je n'aurais pu m'installer en Angleterre. Ce pays m'a toujours semblé très froid, il ne me correspondait pas, d'une certaine manière. Je savais que je ne retournerais pas à Ceylan, que j'avais détesté, mais, en arrivant ici, à Singapour, je ne sais pas… (Il réfléchit en contemplant ses nouilles.) J'ai eu un bon pressentiment, je crois, en entendant les gens parler, en humant l'atmosphère… Je me suis senti chez moi.

— Où se trouve ton père, à présent ? lui demanda-t-elle.

Il haussa les épaules.

— Dans une fumerie d'opium quelconque. À Colombo.

— Il travaille ?

— Non, répondit-il avec un peu de nervosité. Il compte sur moi.

— Il ne te remercie jamais ?

— Non. (Il esquissa un sourire crispé.) Non.

Elle lui demanda si son père était différent, quand sa mère était encore en vie. Il lui répondit qu'il se souvenait à peine de lui. Il n'avait que huit ans quand on l'avait envoyé en Angleterre, et son père était toujours occupé avec son travail. C'était de sa mère qu'il se souvenait le mieux : dans ses jupons aux réceptions, lui tenant la main ; ou quand elle s'étendait à côté de lui dans le lit pour lui lire des histoires.

— Je restais immobile, espérant qu'elle finirait par s'assoupir et resterait là. (Il esquissa un sourire.) Cela lui arrivait rarement.

Il lui expliqua qu'elle était rentrée avec lui en Angleterre pour le laisser à l'école. Il se rappelait combien elle avait sangloté en repartant, combien il l'avait suppliée de rester.

— Pendant un certain temps, je dissimulais mon linge sale quand ils venaient le chercher. C'était elle qui l'avait lavé en dernier, tu vois ?

Il esquissa un sourire attristé.

Harriet lui saisit la main.

Durant le silence qui s'ensuivit, il examina ses doigts enserrant les siens. Le marché autour d'eux, le bruit, les cris, les senteurs et la chaleur... plus rien n'existait.

— C'est la première fois que j'évoque le sujet, reconnut-il. Je ne souhaitais en parler à personne. (Il haussa un sourcil, ce qui lui donna un air anormalement hésitant, et soudain très vulnérable.) Quand je t'ai vue, le jour de ton arrivée, tu semblais perdue. Seule. J'ai compris ce que tu ressentais. (Elle serra sa main dans la sienne.) Je voulais t'aider. Je le veux toujours. Je le voudrai toujours. Mais (il haussa davantage les sourcils) j'ai besoin de toi aussi. (Il leva les yeux vers elle.) J'avais oublié ce que ça faisait d'avoir besoin de quelqu'un.

Elle sentit les larmes lui monter aux yeux.

— Je suis là, dit-elle. (À cet instant, elle s'aperçut de combien elle l'aimait.) Et moi aussi, j'ai besoin de toi.

Le sourire aux lèvres, il hocha la tête, et ils retrouvèrent la réalité, au cœur du marché, leur bol de nouilles devant eux.

— Je suis là, lui assura-t-il avant de soupirer comme s'il avait retenu son souffle. Je suis là.

Un autre soir, en regagnant Nassim Road en calèche, elle s'attarda sur son père, l'insaisissable Mr Palmer.

— On ne connaît même pas son prénom, révéla-t-elle. Tu y crois ? Il a demandé aux enseignants de ne pas nous le dire, parce qu'il ne voulait pas qu'on cherche à le retrouver.

— Keeley l'a déjà rencontré ?

— Non. Mae le lui a demandé. Apparemment, ils ne se contactent que par avocats interposés.

— C'est vraiment curieux. Il n'a pas d'autres proches ?

— J'imagine que non.

— Il ne s'est jamais marié ?

— Je n'en ai pas la moindre idée. (Elle s'était posé la question à de nombreuses reprises, mais avait depuis longtemps abandonné tout espoir d'en connaître la réponse.) À ce qu'on raconte, notre mère était sa bonne, mais c'est ce que racontaient les filles de mon école. (Elle ouvrit les mains d'un air impuissant.) Je n'en sais rien.

— Mais Keeley n'aura l'argent de Palmer que s'il épouse l'une d'entre vous ?

— Oui.

— Quelle horreur, lâcha Alex d'un ton de dégoût. Pourquoi Palmer ne s'est-il pas contenté de vous donner cet argent ? (Elle haussa les épaules.) Tu crois que Keeley va demander la main de Mae, maintenant ?

Harriet rougit, car cela sous-entendait qu'il n'avait plus aucun espoir avec elle. Malgré tout ce qu'Alex et elle s'étaient raconté et avaient vu l'un de l'autre, ils n'avaient pas encore évoqué le mariage.

— Je ne pense pas, répondit-elle. (Puis, préférant penser à autre chose qu'à ses joues écarlates, elle raconta à Alex combien David était déterminé.) Une fois que sa décision est prise, ou quand il a une habitude, on dirait qu'il est incapable d'en changer. Ses repas, par exemple… Il mange toujours la même chose. Et puis, jamais il ne sort quand il pleut. Il cesse toujours de travailler à minuit pile, puis il monte jusqu'à ma porte…

Regrettant aussitôt ses paroles, elle serra les lèvres.

Mais c'était trop tard.

— Et quoi ? voulut savoir Alex. Quoi ?

Elle tenta de le dissuader d'affronter David.

— Laisse-moi faire, dit-il. Je vais lui demander d'arrêter. En te raccompagnant, ce soir.

— Non, lui interdit Harriet. Ça va ne faire qu'aggraver la situation.

— Comment ça ? Comment les choses pourraient-elles être pires ?

— Je t'en prie, lui demanda-t-elle, le regard implorant. C'est très bien comme ça.

— Non, ce n'est pas bien. Pas bien du tout, même.

— Tu ne peux pas venir ce soir.

— Très bien, accepta-t-il un peu trop facilement.

— Ne va pas non plus le voir demain à son bureau, lui intima-t-elle en comprenant que telle était son intention.

Il garda le silence.

— Je t'en prie, Alex. Ça va devenir vraiment gênant, sinon. Je ne veux pas qu'il sache que je sais.

— Mais il faut qu'il cesse.

— Il n'arrêtera pas.

— Laisse-moi essayer.

— Non. Promets-moi que tu n'iras pas.

Il hésita.

— S'il te plaît, Alex...

— D'accord, finit-il par consentir.

Il ne tint pas parole, bien sûr.

Il se rendait souvent à Fort Canning. Le quartier général de l'armée de terre et les services administratifs étaient installés dans ses bâtiments blancs à colonnade, et ils étaient tous impliqués dans ses affaires : les droits de douane à l'import comme à l'export, la législation du travail, les commandes de produits en soi... D'ordinaire, il préférait éviter de devoir traiter avec David, et s'adressait directement au gouverneur. Il était beaucoup plus facile de travailler avec Soames, nettement plus accommodant. Malheureusement, Soames préférait également déléguer le plus grand nombre de tâches possible à son consciencieux adjoint pendant qu'il faisait le tour de la région, buvant du brandy dans les différents clubs. (Qui ne le ferait pas, à sa place ?) Nul ne pouvait nier que David était efficace. Il était de toutes les conversations, de tous les contrats, de tous les conflits. Si agaçant cela puisse-t-il sembler. Apparemment, le fait d'avoir un comportement compulsif était une qualité dans la fonction publique coloniale.

Malgré tout, Alex avait du mal à imaginer que David puisse un jour devenir gouverneur. Il n'avait pas la personnalité de Soames, ni sa bonhomie. En fait, personne ne l'aimait. Il se demanda si Soames avait vraiment l'intention de soutenir sa nomination, l'année suivante, ou s'il s'agissait d'une simple carotte qu'il lui agitait devant le nez.

— Bien sûr que je vais l'aider, avait-il déclaré. Je lui suis redevable. Du reste, eh bien, nous sommes de la même famille, vous voyez ? (Alex ne voyait pas.) Mais il lui faut une femme, nom d'un chien. Même une bâtarde ! avait-il pouffé. Pour être honnête, qui d'autre voudrait de lui ?

Se remémorant cette conversation, Alex grinça des dents.

Il annonça à l'assistant de David qu'il lui fallait voir David en personne, et vérifia qu'il était seul. (C'était le cas.) Il refusa le rafraîchissement que lui proposa l'assistant, puis dirigea ses pas vers le bureau de David. Il fit une halte devant la porte, se pinçant les tempes à l'aide de son pouce et de son index pour s'éclaircir les idées. Il n'avait pas dormi, cette nuit-là. Il était trop préoccupé par l'idée de savoir David devant la porte de Harriet, affligé par le fait que sa malle ne lui serait d'aucune protection, et furieux d'être loin d'elle, alors qu'elle était seule. Il était encore en rogne. Et épuisé. Ce n'était jamais un bon mélange, raison pour laquelle il lui fallut se ressaisir avant de voir David. Il n'avait aucune envie de s'énerver devant lui.

« J'ai besoin de toi », avait dit Harriet.

Il avait l'impression de l'avoir trahie.

Il serra les dents, et, les deux mains sur la double porte, il pénétra dans le bureau.

Il s'agissait d'une vaste pièce. Les volets étaient entrebâillés, laissant entrer la lumière et la brise iodée provenant du port. David était à son bureau, au fond de l'étude, penché sur une pile de documents. S'il fut surpris de voir Alex, il n'en montra aucun signe et garda un air impassible.

Alex évita de perdre du temps et lui raconta ce qu'il savait. À sa grande satisfaction, David se fit rouge de honte.

— Ne l'approchez pas, déclara Alex. Je suis sérieux.

— Vous ne pouvez pas venir ici comme ça et me dire ce que j'ai à faire.

— Si, la preuve.

— Jamais je ne lui ferai le moindre mal, se défendit-il.

Il semblait sincèrement abasourdi qu'Alex ait pu sous-entendre une chose pareille.

— Vous la faites souffrir.

Refusant d'y croire, il secoua la tête.

— Combien leur père vous lègue-t-il ? voulut savoir Alex.

Le regard de David se durcit.

— Ça ne vous regarde pas.

— Je vous donne la même somme. Quel qu'en soit le montant. Je vous l'offre.

— Pourquoi ?

— Pour que vous laissiez Harriet tranquille. Et Mae aussi.

— Mae ? Elle ne compte pas.

— Si, elle compte. Écoutez-vous parler.

Sur son fauteuil, David se tourna vers la fenêtre.

L'espace d'une seconde, Alex crut qu'il s'était bien fait comprendre.

— Ce n'est pas une question d'argent, rétorqua toutefois David. Harriet le sait parfaitement.

— Fichez-lui quand même la paix.

— Je ne peux pas. Vous le pourriez ?

— Moi ? demanda Alex, pris au dépourvu. Quel est le rapport ?

— C'est exactement pareil.

Incrédule, Alex le regarda fixement.

— Vous croyez vraiment l'aimer ?

Lorsqu'il posa la question, le visage de Harriet surgit dans son esprit de mille façons différentes : son sourire, un éclat de rire, un regard, ses yeux baissés, ses yeux levés, sur lui…

— Vous croyez qu'il s'agit d'amour ?

— Je ne le crois pas, dit David. J'en suis certain.

— Ce n'est pas de l'amour. L'enfermer chez vous sans argent, attendant qu'elle accepte de vous épouser parce qu'elle n'a pas le choix ? Ce n'est pas de l'amour.

David garda le silence. Il demeura immobile dans son fauteuil, les épaules tendues, sur la défensive.

— Vous feriez bien de partir.

— Je n'ai pas terminé.

— Si. Je crois que si, lui assura David.

Puis, avant qu'Alex ait pu lui répliquer quoi que ce soit, il se leva et quitta la pièce.

Alex le regarda s'éloigner, tenté de le rattraper. À contrecœur, il se laissa convaincre que cela ne jouerait pas en sa faveur. Harriet ne s'était pas trompée : il serait impossible de lui faire entendre raison.

Secouant la tête d'un air de dégoût, il emboîta le pas à David. Lorsqu'il fut sur le point de franchir la porte, il le vit se retourner :

— Vous ne l'aurez jamais, Blake.

— Ça ne dépend pas de vous. Ce sera à elle de choisir.

— Vous vous trompez. Vous verrez.

Mais Alex ne l'écoutait plus. Il n'avait aucune envie d'entendre ce genre d'absurdité.

Il lui passa devant – sans tenir compte de la présence des employés, les cadres les épiant depuis la porte de leurs bureaux, y compris Roger, le beau-frère de Laurie –, et poursuivit jusqu'à l'entrée en marbre du bâtiment.

Il avait autre chose à faire.

Lorsqu'il arriva, Harriet lisait dans le jardin de devant. Ou tentait de lire, du moins. Elle avait énormément de mal à se concentrer. Les nuages s'amoncelaient, donnant au jardin une curieuse teinte à la fois dorée et grisâtre. Mae débarrassait son puzzle dans le salon, où régnait une chaleur torride. (Elle s'était aperçue que Sally avait raison : il manquait des pièces. Cela ne l'avait guère étonnée. *J'en étais sûre*, avait-elle songé.) Par la fenêtre ouverte, Harriet l'entendit soupirer en faisant tomber les pièces du puzzle dans leur boîte. Elle soupira aussi. Elle était nerveuse, depuis qu'elle avait tout raconté à Alex, la veille. Nerveuse et pleine d'appréhension. Elle avait un mauvais pressentiment. Elle se persuada que c'était dû à un manque de sommeil, à l'atmosphère pesante. Cela ne voulait rien dire.

Impatiente que la soirée arrive, elle s'éventa avec son Dickens.

Des bruits de pas dans l'allée la firent sursauter. Le cœur serré, elle se retourna, certaine qu'il devait s'agir de David, souhaitant rentrer avant l'averse. Mais elle aperçut aussitôt Alex, magnifique dans son trois-pièces gris. Elle rayonna de joie.

— Je pensais à toi, dit-elle en allant à sa rencontre. Que fais-tu ici ? Tu devrais être au travail. Tu vas faire faillite !

— Avec toi, le jeu en vaut la chandelle, s'exclama-t-il en ôtant son chapeau et en plissant les yeux à cause du soleil. Je peux entrer ?

Elle décela quelque chose dans le ton de sa voix : il était préoccupé.

— Tu es allé voir David, déclara-t-elle sèchement.

— Oui, avoua-t-il.

— Alex.

— Je sais. Désolé. Tu avais raison, ça n'a servi à rien.

— Je sais que j'avais raison.

Il fit une grimace d'excuse.

— Je peux entrer ? répéta-t-il.

— Viens, l'invita-t-elle, furieuse, mais consciente qu'il l'avait fait pour elle. (Dès qu'il fut à l'intérieur, il brandit un paquet emballé dans du papier.) J'ai quelque chose pour toi.

— Qu'est-ce que c'est ?

— Tu verras. (Il se dirigea vers l'escalier.) Ta chambre est par là ?

— Ma « chambre » ? répéta-t-elle en courant derrière lui. Alex…

— Ton honneur n'a rien à craindre, je te le jure. En fait, c'est la raison de ma présence. (Il s'immobilisa dans le couloir, à l'étage, et tira un tournevis et un objet métallique de son sac.) Je t'ai apporté un verrou.

— Un « verrou » ?

— Je sais, dit-il d'un air pince-sans-rire. C'est très romantique. (Elle esquissa un sourire sans joie.) Il faut que je te sache en sécurité. C'est la seule chose qui me soit venue à l'idée. (Il parcourut le couloir du regard.) C'est laquelle, ta chambre ?

Elle la désigna du doigt.

— Tu sais l'installer ? demanda-t-elle en indiquant la serrure d'un air dubitatif.

Il lui lança un regard sévère.

— Bien sûr que je sais l'installer. Pour qui me prends-tu ?

— Pour quelqu'un qui a beaucoup de personnel pour faire toutes sortes de besognes à sa place.

Il poussa un bref éclat de rire, puis se mit au travail.

Elle le regarda fixer le verrou, en bras de chemise, un clou entre les dents. *Il doit avoir mille choses à faire, aujourd'hui. Il aurait pu envoyer n'importe qui. Mais il est là. Pour moi*, songea-t-elle.

Il eut terminé en un rien de temps. Il s'enferma avec elle dans la chambre, faisant jouer le verrou pour vérifier qu'il fonctionnait.

— Je te remercie, dit-elle.

L'attirant à lui, il l'embrassa.

— Tout le plaisir est pour moi. J'espère que tu dormiras mieux, cette nuit.

— Je crois que oui.

Parcourant la pièce du regard, il constata son dénuement.

— Je ne veux pas que tu restes là, finit-il par déclarer. Pas plus que nécessaire.

— Ah bon ?

Il marqua un temps d'arrêt avant de répondre. Dans le silence, elle sentit son pouls s'accélérer. Elle se demanda pourquoi.

Elle n'avait pas encore la réponse à sa question quand il poursuivit :

— Non. (Il enfonça la main dans la poche de sa veste.) Je t'ai apporté un autre présent, aussi.

Elle baissa les yeux sur la pochette de velours qu'il tenait dans sa main brun clair.

Elle savait de quoi il s'agissait.

Elle n'eut pas besoin d'attendre qu'il en ait tiré une bague sertie d'un saphir.

— Oh…

— Oui.

Elle contempla le bijou, et, lentement, toute l'appréhension qu'elle avait éprouvée au préalable, son mauvais pressentiment et sa tristesse se dissipèrent comme par enchantement. Elle leva les yeux vers lui. Elle vit son avenir s'ouvrir devant elle, ses rêves se réalisant soudain de manière plus concrète qu'elle n'avait jamais osé l'imaginer. Enfin libérées, de merveilleuses possibilités lui vinrent à l'esprit : un foyer, avec lui, lui, et une famille. Elle pourrait passer toute sa vie à ses côtés.

Comme s'il lisait dans ses pensées, il esquissa un sourire.

Elle l'imita.

Oh…

Chapitre 13

1941

Les jours qui suivirent sa guérison, après sa tentative ratée pour l'intercepter à la soirée, Ivy n'eut aucune nouvelle de Kit. Bien qu'elle se soit laissé tenter par Alma d'aller en ville, elle ne le trouva ni au *Raffles*, ni dans aucun des bars bondés de la ville qui sentaient la sueur. Comme la dernière fois qu'il s'était volatilisé, elle tenta – vainement – de penser à autre chose.

Elle fit également de son mieux pour éviter Sam, mais cela se révéla tout aussi difficile. Chaque fois qu'elle arrivait à la station, il l'attendait, prêt à l'accompagner jusqu'à sa hutte Nissen, non loin. Il ne cessait de lui apporter des tasses de thé à ses pauses, et des sandwichs immangeables au beurre de poisson pour le déjeuner, même si elle ne lui demandait jamais rien.

— Il va te falloir être directe avec lui, lui recommanda Kate en voyant son visage souriant approcher, un après-midi ensoleillé d'octobre. Ce n'est plus drôle, là.

— Je ne suis pas certaine de vouloir être directe avec lui, avoua Ivy.

Il fallait d'abord qu'elle ait certaines conversations.

— Bon thé, alors, dit Kate en s'éloignant.

Ivy grimaça. Elle savait que Kate avait raison, et que le moment était probablement venu.

Ainsi, lorsque Sam lui tendit sa tasse, elle lui annonça plutôt maladroitement qu'il était inutile qu'il se donne la peine de lui en apporter d'autres, à l'avenir, car elle était certaine qu'il avait beaucoup de travail. Il lui répondit que ce n'était pas le cas, et elle lui répliqua que, malgré tout, il était préférable qu'il cesse. Elle était désolée si elle lui avait laissé de faux espoirs.

— Comment ça, de « faux espoirs » ?

— Sam, dit-elle en grimaçant de plus en plus. Il n'y a rien entre nous. Il ne peut pas y avoir quoi que ce soit.

— Mais tu m'as embrassé.

— Non, rétorqua-t-elle lentement, ce vague souvenir lui faisant serrer les dents. Je crois que c'est l'inverse.

Il la dévisagea longuement.

— Tu ne voudrais pas de moi, de toute façon. Franchement, je ne suis pas…

Elle s'interrompit. Elle était sur le point de dire « pas une fille bien », mais quelque chose l'en avait empêchée. La voix de Mae, en fait, qui lui rappelait que tout n'était pas forcément sa faute.

— Tu n'es pas quoi ?

Qu'allait-elle répondre ?

— Ivy ?

— Je ne suis pas celle que tu crois. Je suis moi. Et je ne pourrai pas te rendre heureux. Mais tu trouveras quelqu'un d'autre.

Elle se rappela avoir dit quelque chose de semblable, par le passé. À Felix. Maintes fois, avant la guerre. Il n'avait jamais rien voulu entendre. Il se moquait de savoir combien cela la rendait malheureuse.

Sam aussi, manifestement. Il fronça les sourcils d'un air boudeur.

— Pourquoi ne me laisserais-tu pas décider de ce qui me rend heureux ou non ? Qu'en dis-tu, hein ?

Sauvée par le vrombissement de trois Brewster Buffalo qui filaient dans le ciel, volant si bas qu'ils firent trembler les palmiers, Ivy ne fut pas obligée de lui répondre. Momentanément distraite par la vue des appareils qui prenaient la direction de la mer, et, comme toujours, déstabilisée par le bruit des moteurs, elle tendit le cou. Elle allait bientôt en voir plus dans le ciel de l'île. Beaucoup plus. Mais leurs ailes seraient ornées d'un soleil rouge, et non de la cocarde de la RAF. Il régnait une trop grande activité dans le sud de la mer de Chine : des porte-avions, des transports de troupes… Les filles ne cessaient de transmettre les informations au QG, mais il ne semblait y avoir aucune réaction. Tomlins devenait fou.

— Où sont les défenses ? ne cessait-il de demander. Où sont les barbelés, les black-out ? C'est de la démence.

Laurie était tout aussi inquiet. Ivy le voyait souvent quand elle se rendait chez Alex. Ce qu'elle avait pris l'habitude de faire en rentrant du travail. La première fois, elle y était allée parce qu'il lui avait demandé de lui raconter comment s'était passée sa journée de reprise. Ensuite, simplement parce qu'elle en avait eu envie. Désormais, il faisait toujours préparer des boissons fraîches.

— Il existe des plans de défense, lui avait garanti Laurie, la veille. Beaucoup de plans. Et on en élabore de nouveaux. Mais on craint, en les mettant en action, de saper le moral de la population. J'espère qu'on ne tardera pas à les appliquer en Malaisie.

Rien que d'y penser, elle fut parcourue par un frisson.

— Tu veux une veste ? lui demanda Sam, la ramenant à la réalité.

— Il fait près de quarante degrés, répliqua-t-elle, avant de se rappeler qu'elle était censée être gentille. (Elle baissa les yeux sur la tasse qu'elle tenait.) Il faut que tu arrêtes tout ça, Sam, déclara-t-elle en la lui tendant. Il ne se passera rien entre nous.

L'espace d'une seconde, il sembla sur le point de protester. Mais ses traits se durcirent.

— Qu'est-ce qui te fait croire que j'en avais envie, de toute façon ? demanda-t-il sèchement, comme un enfant dans une cour de récréation.

Ivy n'eut aucun regret lorsqu'il tourna les talons et s'éloigna.

Elle n'en eut pas davantage lorsqu'elle constata son absence au poste de garde, le lendemain matin. Et le surlendemain.

— On dirait un chien qui a perdu son bâton préféré, lui raconta Kate, tandis qu'il les observait d'un œil torve depuis la porte de la hutte administrative, et qu'elles savouraient leur thé merveilleusement seules, cet après-midi-là.

— Je m'en doute, dit Ivy.

Pourtant, cela ne la préoccupait pas plus que cela.

Elle n'éprouvait aucun sentiment de culpabilité.

— Sans aucun doute, dit Alex.

Ce jour-là, Ivy était en congé, et ils savouraient une coupe chez un glacier non loin du *Raffles*. Elle venait de lui parler de ce garçon gênant, à la station, qu'elle aurait bien aimé savoir muté ailleurs.

Ils étaient passés par le port, Alex lui ayant, comme promis, fait faire la visite des entrepôts de sa société, à laquelle Ivy tenait beaucoup.

— Je vous en prie, l'avait-elle imploré, deux jours avant. Emmenez-moi. J'ai grandi dans le quartier de Hampstead.

Pour moi, un port asiatique, c'est l'aventure ! D'ailleurs, j'ai très envie de voir ce que vous faites…

Lorsqu'ils avaient pénétré dans l'immense réserve, une cargaison venait d'arriver d'Inde. Des employés baba-nyonya couraient partout sous le soleil en criant, vérifiant les biens et les chargeant sur des rayonnages à l'intérieur. Alex avait conduit Ivy au cœur des entrepôts sombres où régnait une odeur âcre, s'arrêtant pour discuter avec tous ceux qu'ils croisaient.

— Vous êtes une vraie célébrité, avait constaté Ivy, remarquant le sourire des employés, l'impatience avec laquelle ils désiraient lui serrer la main.

Il lui avait répondu que ce n'était pas le cas du tout. Il ne venait simplement pas aussi souvent qu'il l'aurait souhaité. Lorsqu'il avait jeté un coup d'œil autour de lui, son regard s'était illuminé, comme s'il était très important pour lui d'être là. Elle fut doublement ravie de l'avoir poussé à l'amener. Il lui avait montré les thés, piochant dans différentes caisses pour lui expliquer la différence entre les nombreux types de feuilles, puis leur avait préparé deux tasses de Darjeeling sur un réchaud.

— Avant, je passais mes week-ends ici, lui avait-il avoué lorsqu'ils avaient pris place sur des caisses. J'apportais mes documents et mon travail quand le bureau était désert. Rien que pour l'ambiance, vous voyez ?

— Ça vous manque ?

C'était évident.

Il avait semblé un peu surpris.

— Je n'en sais rien. Peut-être…

— Vous devriez venir plus souvent.

— Sans doute.

Elle espérait que ce serait le cas.

Il l'avait ensuite conduite dans les salles réservées aux épices, s'agenouillant dans la poussière pour ouvrir des sacs afin qu'elle puisse en humer les arômes.

— Allez, l'avait-il encouragée. Vous pouvez vous approcher.

Elle avait encore la bouche brûlante à cause du piment qu'il lui avait déconseillé de goûter. Elle avait insisté. Et elle l'avait aussitôt regretté. Elle avait cru que sa gorge allait se dissoudre. Le souffle coupé, elle s'était pliée en deux, et il avait dû la tenir par les épaules, lui aussi les larmes aux yeux, mais de rire. Non loin, des employés riaient aussi aux éclats. Dès qu'Ivy avait été de nouveau en mesure de s'exprimer, elle avait déclaré qu'elle ne trouvait pas cela très drôle.

— Elle dire quoi ? avaient demandé les employés. Elle dire quoi ?

— Qu'elle m'écoutera la prochaine fois, avait répondu Alex sans cesser de rire.

Il avait retrouvé son sérieux, depuis. Regardant Ivy par-dessus sa coupe de glace, il avait l'air inquiet.

— Je suppose que vous n'avez plus de nouvelles de Kit, dit-il avec précaution.

— Non.

Elle lui avait raconté de quelle manière il s'était éclipsé de la soirée. « Il ne vous a pas vue, avait-il tenté de la rassurer. S'il vous a vue, il le regrette déjà. Sinon, c'est stupide, et il ne mérite pas que vous vous intéressiez à lui. »

— Je crois qu'il ne m'en donnera plus.

— Bien sûr que si. Vous allez voir.

— Je ne sais pas, dit-elle en prenant une nouvelle cuillerée de crème glacée, avant, pour se changer les idées, de jeter un coup d'œil dans l'établissement débordant d'activité.

À une table voisine, une Européenne fumait pendant que ses filles, vêtues d'un tablier, discutaient devant un mille-feuille. Dans un box, des adolescents chinois parlaient plus fort les uns que les autres. Quelques couples partageaient une glace : des soldats en uniforme, des femmes en jolie robe. En les voyant, Ivy poussa un soupir mélancolique, avant de comprendre malheureusement qu'elle commençait à devenir plutôt amère.

— Prête à rentrer ? lui demanda Alex.

— Pas vraiment. (La villa serait déserte, les autres étaient toutes en service.) Il faut que vous rentriez, vous ?

— Pas nécessairement, non.

Il lui vint une idée. Ils n'étaient pas loin du cinéma Cathay. Alma lui avait dit qu'on y diffusait *Citizen Kane*. Elle rêvait d'aller le voir, et elle s'imagina que le film plairait à Alex.

— Ça vous dirait d'aller au cinéma ? s'enquit-elle.

— « Au cinéma » ? répéta-t-il comme s'il n'avait jamais entendu parler d'une telle chose.

— Oui. Ce n'est pas très loin.

— Je n'y suis jamais allé.

— Pardon ? (Elle se tourna vers lui d'un air stupéfait.) Jamais ?

Il secoua la tête.

— Non.

— Eh bien, dit-elle, je crois qu'on ferait bien d'y remédier.

Par rapport à dehors, il faisait merveilleusement frais dans la salle climatisée. Tandis que le générique du début défilait à l'écran, Ivy le guida jusqu'à leurs sièges confortables en velours, et lui chuchota de nouveau qu'elle avait du mal à croire qu'il ne soit jamais allé au cinéma.

— Je n'arrive pas croire que je suis là, lui retourna-t-il sur le même ton.

Il ne prononça plus la moindre parole durant le reste du film. Les avant-bras sur les accoudoirs, les mains croisées devant lui, il regardait fixement l'écran, ses yeux gris captivés par les images animées. Ivy se demanda ce qui lui faisait le plus plaisir : son émerveillement muet ou le jeu d'Orson Welles. Une fois, juste une fois, il se tourna vers elle et croisa son regard. Stupéfait, il secoua la tête, et elle se sentit gagnée par un profond sentiment d'affection envers lui, même si, peu de temps encore auparavant, il s'était agi d'un parfait inconnu.

Lorsque la lumière se ralluma, il avait encore le regard rivé sur l'écran.

— Ma foi..., dit-il.

Ivy ne put s'empêcher d'éclater de rire.

— On dirait qu'on vient de vous apprendre que la Terre était plate, en fin de compte.

Il se tourna vers elle en haussant un sourcil.

— Ça vous fait rire ?

— Oh, oui ! dit-elle en continuant à rire.

— Ravi de le savoir, répliqua-t-il sèchement. (Mais elle savait qu'il se retenait de sourire.) Quand vous voulez, ajouta-t-il. Je vous raccompagne. À moins que vous souhaitiez rester dîner chez moi, pour que je puisse encore vous faire rire...

La seconde semaine d'octobre fit place à la troisième, qui, à son tour s'éclipsa au profit de la quatrième.

— Comme le veut la tradition, fit remarquer Alma, un jour, au petit déjeuner, j'ai l'impression que le temps passe plus vite cette année que les précédentes. (Elle remua son porridge.) Voilà quinze mois que Phil est parti. Quinze ! (Perplexe, elle fronça les sourcils.) Comment est-ce possible ?

Ivy lui répondit qu'elle n'en savait rien. Cela faisait presque un an que Felix était mort. Cela la rendait toujours aussi perplexe. Ça et le fait qu'elle semblait s'accoutumer de plus en plus à sa disparition. Elle commençait même à oublier son visage, et elle en était soulagée, mais cela la faisait culpabiliser. Elle n'avait pas ce souci pour se souvenir de celui de Kit. L'effort était insignifiant, en comparaison.

Alma, perdue dans ses pensées, imaginant Phil dans le désert, déclara :

— Si seulement je pouvais le voir, ou ne serait-ce qu'entendre sa voix… (Elle posa sa cuillère, les traits horriblement tirés sous ses boucles décolorées.) Il me manque énormément.

Ivy serra sa main dans la sienne.

— Quand vas-tu dîner chez ses parents ? demanda-t-elle, sans vraiment savoir pourquoi, les repas guindés semblant uniquement l'attrister davantage encore.

— La semaine prochaine, répondit Alma d'un ton effondré.

Et puis, parce que c'était Alma, et parce qu'elle ne restait jamais mélancolique bien longtemps, elle demanda à Ivy :

— On sort, ce soir ?

— Si tu veux, répondit-elle, alors qu'elle n'en avait pas vraiment envie.

Elle sortait moins, ces jours-ci. Uniquement pour faire plaisir à son amie. Depuis sa visite des entrepôts et sa séance de cinéma avec Alex, elle s'était mise à passer une plus grande partie de son temps libre chez lui – aussi souvent que Laurie –, dînant sur la terrasse, affûtant sa technique au backgammon, allant parfois se promener avec lui dans l'obscurité tropicale avant de rentrer chez elle. Elle préférait de loin la quiétude de ces soirées à l'agitation en ville avec toujours les mêmes personnes, évitant un Sam sinistre et évitant de regarder la porte du lieu où elle se trouvait en espérant que Kit allait la franchir. Elle avait fini par découvrir qu'il était en mission.

Incapable de supporter l'idée qu'il puisse avoir quitté l'île de façon permanente, ou, pire, qu'il se soit fait blesser, elle avait suivi le conseil d'Alex et demandé à Laurie de découvrir où il se trouvait.

— En Malaisie, l'avait-il renseignée. Mais ce n'est pas moi qui vous l'ai dit. Ni personne d'autre, d'ailleurs. (Elle lui avait demandé quand il allait rentrer, mais il n'en avait pas la moindre idée.) Désolé.

— Aucune importance, avait-elle déclaré, même si elle n'en pensait pas un mot.

Pourquoi, pourquoi était-elle incapable de l'oublier ?

— Parce qu'il te plaît, lui expliqua Alma. Peut-être que ça t'aiderait, si tu te mettais chiffon.

— Je n'en ai pas envie.

Jane approuva.

— Ton foie te remercie, déclara-t-elle.

Alma en était moins convaincue.

— Ça ne sert à rien, un foie, de toute façon !

— Si, intervint Vanessa, qui fréquentait désormais de manière officielle son géant de médecin. (« Il n'y a plus rien qui est "en bonne voie" », avait-elle révélé à Ivy avec un de ses fameux clins d'œil.)

— Heureusement que j'en ai un robuste, alors, dit Alma.

Ce n'était pas le cas d'Alex. Il avait le foie fragile. Il en avait parlé à Ivy au cours d'une de leurs promenades, un soir. Il avait également failli mourir de la malaria, quand il était plus jeune. Il était si rare qu'il évoque le passé qu'Ivy crut un moment qu'il poursuivrait et finirait par lui parler de sa grand-mère. Mais cela n'avait pas été le cas. Durant les innombrables heures qu'ils avaient passées ensemble, jamais il n'avait mentionné Mae, ni la mystérieuse Harriet.

— C'est une période triste pour lui, déclara Laurie. Accordez-lui du temps.

— Pourquoi « triste » ?

Mais Laurie se contenta de secouer la tête.

— Accordez-lui du temps, répéta-t-il.

Ce qu'elle fit. Avait-elle le choix ?

Elle décida malgré tout d'envoyer un nouveau télégramme à Mae.

`Tu as une jumelle. STOP. Dis-m'en plus. STOP.`

Mae ne répondit qu'au bout de plusieurs jours.

`Courrier va arriver. STOP. Comment vas-tu ? STOP. Je t'aime. STOP.`

En le lisant, Ivy faillit pousser un cri de frustration. Mais elle n'en fit rien, parce que ce n'était pas une enfant gâtée. Elle fut simplement impatiente de recevoir cette lettre, ainsi que les autres.

Une fois encore, avait-elle le choix ?

La vie poursuivit son cours : les journées torrides à la station, les colères de Tomlins, le ronronnement des ventilateurs, tandis qu'elles cartographiaient les mouvements des navires japonais, et puis, les soirées avec Alma, de temps à autre, et un aller-retour jusqu'à la plage. Ivy et Alex se rendirent de nouveau au cinéma. *Week-end à La Havane*. Jane demanda si elle pouvait les accompagner.

— J'adore le cinéma.

Alma fit remarquer que si Jane y allait, elle ne voulait pas rester sur la touche, et puisque Laurie ne souhaitait pas non plus rester à l'écart, en fin de compte, seule Vanessa – qui sortait avec Marcus – fit bande à part. Ils occupèrent une rangée entière dans la salle. Jane et Alex ne cessèrent de faire taire Alma, et celle-ci, déterminée à convaincre Ivy d'aller boire un verre après la séance, refusa de faire silence.

— Alma Davies, finit par intervenir Laurie. Taisez-vous ou je vous fais mettre au trou !

De nouveaux navires de transport de troupes débarquèrent à la base navale.

— Pas assez, estima Laurie.

— Pas assez, confirma Tomlins.

C'étaient surtout de nouvelles recrues en provenance d'Australie, des garçons coiffés de chapeaux mous qui poussèrent des hourras depuis les quais avant d'envahir les rues de la ville et de se précipiter vers les bars.

Ivy espérait – malgré sa détermination à l'oublier – que Kit reviendrait, et que les Japonais rentreraient chez eux.

Elle avait l'impression d'en être réduite – comme l'ensemble de l'île, en réalité – à attendre son heure. Elle était aussi impatiente que terrifiée à l'idée de découvrir ce qui l'attendait.

Ce fut lors d'une matinée étouffante du début du mois de novembre que tout bascula.

Alma avait amené Ivy au travail. Comme elles étaient en avance, elles restèrent dans la voiture quelques minutes, discutant de Vanessa et de Marcus. Il était venu dîner chez elles, la veille – du haut de son mètre quatre-vingt-dix-huit –, et elles avaient trouvé qu'il avait très bien tiré son épingle du jeu. Elles le trouvaient parfaitement assorti à la pétulante Vanessa : aussi bien d'un point de vue intellectuel – ils souriaient aux mêmes choses, achevaient les phrases l'un de l'autre, ce genre de chose – que physique.

— La vache ! s'exclama Alma en se penchant sur le volant, lançant un sourire démoniaque à Ivy. Tu l'imagines, au lit ?

Ivy, dont l'expérience se limitait aux caresses prudentes de Felix, avait du mal à se représenter la scène.

Elle s'enfonça dans son siège et bâilla. La station était paisible, en ce début de matinée. Comme si elle n'était pas encore totalement réveillée. À l'image d'Ivy. Elle tendit le cou pour contempler le ciel couvert. Il y aurait probablement des orages, plus tard. Les écouteurs allaient grésiller à cause des éclairs. Elle détestait cela. Cela lui faisait mal.

—Je ferais bien d'y aller, je crois, dit-elle à contrecœur.

—Moi aussi. Si je ne suis pas là à 17 h 30, prends le bus. (Jetant un coup d'œil distrait au poste de garde, son regard se mit soudain à étinceler.) Oh, oh…

—Quoi ?

—Devine qui est là.

—Qui ça ?

Ivy se retourna, se demandant à quoi s'attendre.

Certainement pas à celui qu'elle aperçut, s'éloignant tête baissée du bureau du commandant de la station, un dossier à la main. Elle sentit brusquement son estomac se serrer.

Oh, mon Dieu…, songea-t-elle.

—Oh, mon Dieu, répéta-t-elle à voix haute.

—Allez, l'encouragea Alma. Va lui parler.

—Je ne sais pas si je le pourrai.

—Bien sûr que si.

Ivy était loin d'être aussi catégorique. Néanmoins, les jambes flageolantes, elle descendit de voiture. Elle ne le quittait plus des yeux. Cela lui était impossible.

Contrairement à Alma et elle, vêtues de leurs uniformes blancs de la Marine, il portait son habituelle tenue kaki. Son short et sa chemise laissaient apparaître son teint hâlé. La visière de sa casquette dissimulait le haut de son visage. L'air songeur, le regard rivé sur le sol devant lui, il se dirigeait vers elle sans le savoir. Aucune trace du sourire qu'elle l'avait si souvent vu arborer. Son air maussade lui rappela les paroles de Vanessa, la première fois qu'elles avaient parlé de lui : *« La guerre ne s'est pas bien passée pour lui, jusqu'à présent. »* Malgré la peine qu'elle avait éprouvée en le voyant partir de cette façon, ce fameux soir, elle ressentit l'envie irrésistible de diriger ses pas vers lui.

Elle resta où elle était.

Elle rêvait qu'il lève les yeux et la voie, mais cette idée la terrifiait.

Elle jeta un coup d'œil à sa hutte, se demandant si elle pourrait l'atteindre sans qu'il remarque sa présence. C'était sans doute possible, ce qui lui procura une certaine déception.

Alma choisit ce moment pour remettre le contact et klaxonner, ce qu'elle ne faisait jamais, d'ordinaire.

Ivy se retourna d'un bond. Levant brusquement la tête, Kit l'aperçut. La reconnaissant, il perdit aussitôt son air grave. Il se figea un court instant avant de poursuivre dans sa direction.

Oh, mon Dieu, oh mon Dieu… Ivy dansait d'un pied sur l'autre, se demandant s'il valait mieux qu'elle aille à sa rencontre ou qu'elle l'attende. En sueur, elle décida finalement de patienter, mais elle se sentit bientôt mettre un pied devant l'autre et exhiber son badge aux gardes en passant devant leur guérite. Ses mains tremblaient.

Du calme, s'ordonna-t-elle. *Il va simplement te dire bonjour avant de repartir, comme toujours.*

— Bonjour, dit-il.

Mais il ne repartit pas. Il ôta au contraire sa casquette, et la regarda en plissant les yeux à cause du soleil, malgré la présence de nuages noirs.

Elle avait oublié combien ils étaient verts. Elle se souvenait en revanche très bien de son visage. Trop bien, en réalité.

— Bonjour, le salua-t-elle.

— Je me demandais si j'allais vous voir, aujourd'hui. Je suis venu chercher un rapport pour mon colonel.

— Ah. Et vous l'avez récupéré ? (Elle jeta un coup d'œil à la chemise dans sa main. Évidemment.) Bien sûr, ajouta-t-elle.

Percevait-il la tension dans sa voix ?

— Ça va ? s'enquit-il. J'espère que ça va mieux. Ça n'allait pas fort…

— Oui. (Elle grimaça en se rappelant que, ivre, elle lui avait demandé de lui toucher le front. Et ses larmes, dans la foulée.) Je vais bien, je vous remercie. Et vous ?

— Très bien.

Ils se comportaient tous deux de manière très cérémonieuse. Il aurait parfaitement pu passer pour un Anglais.

— Je vous ai vue, en fait. Juste avant de partir de cette soirée, près de votre cantonnement…

— Je sais. J'ai vu que vous m'aviez vue.

— J'aurais dû m'arrêter. Je regrette d'avoir poursuivi ma route.

— Ce n'est rien, tenta-t-elle de le rassurer, même si elle n'en pensait pas un mot.

Il ne la crut pas non plus.

— Comment va Sam ?

— Sam ?

— Oui. (Il soutint son regard.) Votre petit ami.

— Mon « petit ami » ? Pardon ?

La mémoire lui revenant, elle s'interrompit. *« Elle est avec moi. »* Lui aussi avait assisté à cette autre soirée. Elle se rappelait l'avoir vu dans le jardin. Il l'avait dévisagée avec son air renfrogné. Avait-il dit autre chose à Kit ? Jugeant cela fort probable, elle plissa les yeux. Elle l'aurait volontiers étranglé.

— Sam Waters… Ce n'est pas mon petit ami.

— Vous avez rompu ?

— Nous n'avons jamais été ensemble.

— Vraiment ?

— Oui, vraiment.

— Bon…

Il garda un air impassible. Il semblait digérer la nouvelle. Attendant une réaction, elle soutint son regard. Elle trouvait cela à la fois dur et facile.

Le tonnerre gronda, dans le ciel. Il faisait extrêmement chaud. Elle mourait d'envie d'essuyer la sueur qui ruisselait sur sa peau, mais préférait éviter d'attirer l'attention sur sa transpiration.

Elle aurait bien aimé lire dans ses pensées. Elle était incapable de déchiffrer la lueur dans son regard.

En fin de compte, n'ayant d'autre choix, elle déclara :

— Je ferais bien d'y aller.

Bien qu'elle n'en ait guère envie, elle s'apprêta à partir.

— Attendez, attendez.

Il la rattrapa, ses doigts se refermant doucement sur son poignet. Elle sentit une onde de chaleur se répandre dans son bras. Elle baissa les yeux sur sa main, avant de redresser la tête.

Il fronça les sourcils. Cela lui allait presque aussi bien que son sourire.

— J'étais en mission, expliqua-t-il. En Malaisie.

— Je le sais. Je me suis renseignée.

— Vraiment ?

— Oui.

Ravi par cet aveu, il cessa de froncer les sourcils.

— Je crois que je serais allé vous voir, si j'avais été là.

— Ah bon ?

— Oui. (Il soupira lentement.) Je pense constamment à vous.

— Ah oui ?

Il la tenait encore par le poignet. Elle ne tentait pas de se libérer. Elle avait du mal à reprendre son souffle.

— Oui.

Devait-elle lui révéler à son tour qu'elle pensait aussi à lui ?

— Harcourt ! retentit une voix depuis les huttes, la faisant sursauter.

Se retournant, elle aperçut Tomlins. Ce faisant, elle échappa à l'emprise de Kit et eut soudain l'impression d'être nue.

— Venez ici, brailla Tomlins. Cessez de traînasser. Soyez à l'heure pour une fois. (Il salua Kit.) Bonjour, commandant Langton.

Kit leva la main, celle avec laquelle il tenait son dossier. L'autre, celle avec laquelle il avait tenu le poignet d'Ivy, pendait à son côté. Elle le vit serrer le poing. Il lui donna l'impression de se sentir nu, lui aussi.

— Maintenant, Harcourt, aboya Tomlins.

— Il faut que j'y aille, s'excusa Ivy.

— Oui.

Elle demeura immobile encore un moment. Kit gardant le silence, elle n'eut plus d'autre possibilité que de s'éloigner.

Elle retenait son souffle. Le silence se prolongeant, elle éprouva une profonde déception. Peu disposée à le laisser deviner son amertume, elle garda les épaules droites et l'air léger.

Elle était à mi-chemin de sa hutte lorsqu'elle entendit des bruits de pas, derrière elle. Elle en eut la chair de poule. Ce n'était pas si désagréable. Elle s'immobilisa.

— Ivy, l'appela-t-il à voix basse.

Se retournant, elle se retrouva face à lui. Elle s'aperçut qu'elle souriait. Lui aussi souriait.

— Je cède, annonça-t-il.

— À quoi donc ?

— À vous. (Ce qui n'avait pas beaucoup de sens.) Vous êtes occupée, ce soir ?

— Pas vraiment, répondit-elle, dans l'impossibilité de répondre autre chose.

— Ça vous dirait d'aller boire un verre, alors ?

— Vous en êtes sûr ? demanda-t-elle, un éclat de rire dans la voix. (Elle se demanda ce qu'elle trouvait de si amusant.) Je n'ai pas l'impression que c'est réellement ce que vous souhaitez.

Il esquissa un sourire triste. Après une brève hésitation, il déclara :

— J'en suis parfaitement sûr.

Ivy savait qu'une personne sensible aurait pris cette hésitation pour un avertissement. Vanessa, par exemple. Mais c'était trop tard. Beaucoup trop tard. Ivy ne voulait d'aucun avertissement. Et n'avait aucune envie de dire quoi que ce soit qui puisse priver ce garçon de son sourire, ni faire quoi que ce soit qui pourrait l'attrister davantage. Elle souhaitait simplement améliorer les choses. Et, si elle culpabilisait envers Felix – ce qui était le cas –, elle supposait que ce serait de toute façon toujours le cas. Qu'elle n'y pourrait rien, tout du moins. Quelque part, sans qu'elle s'aperçoive vraiment que c'était en train de se produire, l'idée d'être avec Kit commençait à prendre autant d'importance que sa culpabilité.

— Je crois que moi aussi, je vais céder, déclara-t-elle.

— Ce qui signifie ?

— Ça veut dire que j'accepte, répondit-elle en riant de nouveau. (Elle semblait incapable de s'arrêter.) J'accepte votre invitation.

— Parfait. (Toute tristesse se dissipa de son sourire. N'y demeurait que de la joie. Dans celui d'Ivy également. Elle se sentit rayonnante.) Très bien. Je viens vous chercher à 20 heures ?

— À 20 heures, répéta-t-elle. Parfait.

Il plissa les yeux.

— Espérons-le.

Il la regarda gagner sa hutte, détournant le regard uniquement lorsqu'elle en franchit la porte de bois. Et encore. Il avait envie de frapper dans le vide. Il se sentait… sur un petit nuage. Ivre, à peu de chose près.

Il l'avait compris dès qu'il l'avait vue, là, de nouveau juste devant lui : sa chevelure noire sous sa casquette, son teint pâle écarlate, son regard appréciateur… Quel imbécile il avait été de tenter de l'oublier. Il n'en avait aucune envie. Il avait le sentiment que, même si elle lui avait déclaré qu'elle fréquentait encore Waters, il l'aurait tout de même invitée. Il n'aurait pas pu s'en empêcher.

Mais, bon sang, il était ravi que cela ne se soit jamais produit.

« Je crois que moi aussi, je vais céder. »

Il se remémora ses paroles, la façon dont elle avait tenté de maîtriser son sourire, les traits de son visage quand elle avait ri. Au milieu de la pelouse de la station Y, il sourit de nouveau, tel un dément. Il s'en moquait. Il était soulagé. Il en avait plus qu'assez de faire comme si elle n'avait plus la moindre importance à ses yeux. Il s'était leurré tout au long de son séjour en Malaisie – cherchant à se faire peur avec ce souvenir d'elle où elle le regardait, ce soir-là, dans l'obscurité, tentant de se convaincre qu'elle était allée rejoindre Sam –, et c'était ridicule, parce qu'elle comptait énormément. Depuis le début. Et il l'avait invitée à sortir.

Le soir même.

Pile au moment où les Japs vont faire parler d'eux.

Cette pensée lui était venue de manière spontanée, et elle lui donna matière à réflexion. Il porta la main à sa mâchoire et la passa sur sa barbe naissante. Il repensa aux dernières semaines qu'il avait passées en Malaisie : tous les avions d'observation japonais qu'ils avaient repérés, les rumeurs sur l'activité d'une cinquième colonne, la présence d'éclaireurs... Il baissa les yeux sur le rapport dans sa main, la liste des bâtiments japs qui se massaient au large de l'Indochine, et entendit de nouveau les paroles du commandant de la station : « *La piste de l'invasion paraît inéluctable, Langton. La seule question qui se pose, c'est "quand ?"* » Il y avait encore l'espoir que cela se produirait après la mousson, en février. Mais Kit doutait que les Japonais soient du genre à patienter. Il serait difficile pour eux de débarquer en pleine tempête, mais pas impossible, et, à son avis, c'était une question de semaines tout au plus. Probablement moins. Il songea aux combattants : des dizaines de milliers de soldats d'élite japonais qui convergeraient dans le sud de l'Indochine avant de fondre sur la péninsule et de les éradiquer. Ou, pire, de les épargner pour leur infliger le même traitement que celui qu'ils avaient réservé à la Chine.

Il jeta un nouveau coup d'œil à la hutte où était entrée Ivy. Il se l'imagina, concentrée, prête à prendre des notes. Elle parlait japonais. Il le savait depuis longtemps, mais il commençait tout juste à l'assimiler. Elle parlait leur langue, et voilà des mois qu'elle les espionnait.

Que lui feraient-ils, s'ils mettaient la main sur elle ?

Il imagina différentes possibilités, toutes plus atroces les unes que les autres. Aussitôt, il éprouva un terrible sentiment d'effroi.

Se représentant son visage rieur, il songea : *il ne faut pas qu'elle soit là à leur arrivée.*

Il vaudrait mieux qu'ils ne trouvent personne, mais surtout pas elle.

Surtout pas elle.

Il aurait bien aimé avoir une petite idée sur ce qu'il lui fallait faire pour éviter que cela se produise.

Totalement inconsciente – et heureusement – de la soudaine terreur de Kit, Ivy avait du mal à penser à autre chose qu'à ce qu'elle venait d'accepter. Un rendez-vous. Un véritable rendez-vous galant. Avec Kit.

Préférant avoir l'esprit libre pour réfléchir, elle ôta son casque.

— Kit, dit-elle pour elle-même. Kit…

Tomlins leva les yeux de son bureau.

— Tout va bien, Harcourt ? Vous n'êtes pas en train de devenir barjo, hein ?

— Je ne pense pas.

— Parfait. (Il reporta son attention sur les documents devant lui.) Au travail.

Le restant de la journée, son humeur alterna entre l'enthousiasme – à l'idée de la soirée qui s'annonçait – et un sentiment d'effroi de plus en plus profond. Et de culpabilité, aussi, sa vieille amie…

— N'y pense pas, lui recommanda Alma, qui était parvenue à revenir la chercher à la station. Je suis ravie que tu aies accepté. Je te prêterai mon nouveau sac à main. Et tu pourras porter ta robe jaune citron.

Ivy suivit ses conseils. Elle fut prête beaucoup trop tôt. À 19 h 50, elle se hissa sur le bord d'un des fauteuils en osier du salon, passant les doigts sous le col de sa robe à dos nu, puis consulta sa montre-bracelet. C'était Mae qui la lui avait offerte pour ses vingt et un ans. Elle aurait bien aimé qu'elle soit là. Il n'y avait rien de mieux que de prendre une tasse de thé avec elle. Ou un cocktail avec Alma, mais cette dernière était déjà sortie. Elle allait dîner chez les parents de Phil.

— Bonne chance, lui avait-elle dit en partant. Je veux tous les détails quand je rentrerai. Mais évite de lui parler de Felix, s'il te plaît. Et essaie de ne pas penser à lui non plus.

À l'étage, Vanessa avait mis un disque sur son gramophone. La voix étouffée de Glenn Miller résonnait à travers le plancher.

Où pouvait-il bien être ? Était-il sur le point d'arriver, ou allait-il être en retard ?

Serrant et desserrant les poings, elle se leva. Elle avait les mains moites, remarqua-t-elle avec crainte. Elle eut l'impression que les murs de la pièce se refermaient sur elle. *Non, non, pas maintenant.* Elle fit jouer les muscles de ses épaules et de son cou. Elle se remémora sa promenade dans le parc avec Gregory, à Londres. Le brouillard, le gel, les canards. *« Quand ça devient difficile, si vous vous trouvez dans un espace confiné, ou si vous commencez à paniquer, imaginez-vous dans un endroit comme celui-ci. Ça pourrait vous faire du bien. »* Elle tenta de suivre son conseil. En vain. Cela n'avait pas fonctionné non plus dans les minuscules cabines du navire. Cela n'avait jamais fonctionné.

Il lui fallait prendre l'air.

Attrapant le sac qu'on lui avait prêté, et avant de se laisser totalement gagner par l'affolement, elle sortit dans la véranda, et tomba nez à nez avec Kit.

Chapitre 14

— Ça va ? lui demanda-t-il d'un air inquiet.

Il se tenait à quelques centimètres d'elle sur la terrasse, vêtu d'une chemise blanche et d'un pantalon beige. Il lui avait apporté un bouquet de marguerites, mais, n'ayant d'yeux que pour Ivy, il sembla avoir perdu conscience de leur présence. Ce geste la toucha, néanmoins. Son inquiétude aussi.

Elle lui répondit qu'elle allait très bien. Vraiment. Elle s'exprimait trop vite, elle l'entendait bien.

— Vous avez besoin de quelque chose ? s'enquit-il, sceptique. D'un peu d'eau, peut-être.

— Tout va bien, je vous remercie. (Ce n'était pas vraiment un mensonge. Elle allait mieux depuis qu'elle était à l'air libre. Elle prit une inspiration apaisante.) Vous êtes ponctuel.

— Je me suis dit que ça pourrait être un bon début. Mais ne changez pas de sujet. Vous êtes très pâle.

— Franchement, ça va.

— Vous en êtes sûre ?

— Parfaitement. Sûre et certaine.

Il la dévisagea encore un moment, puis, se souvenant de son bouquet, le lui tendit. Elle l'accepta, le remercia, refermant ses doigts sur les tiges pour les empêcher de trembler. Après lui avoir annoncé qu'elle allait les mettre dans de l'eau, elle tourna les talons et les apporta dans la cuisine, puis, tout aussi vite, alla le retrouver sur la terrasse.

Durant son aller-retour, ce qui restait de son affolement s'était dissipé, et elle se sentait presque normale. Pas tout à fait, c'était impossible en sa présence – les mains dans les poches, il contemplait le jardin en attendant son retour.

Elle s'attarda dans le couloir, l'examinant. Sa chemise ample remuait au gré de la légère brise, dessinant les contours de son dos, de ses épaules. Elle remarqua ses cheveux bruns coiffés en brosse. La peau brunâtre de son cou les faisait paraître presque dorés. Le soleil de la jungle, bien sûr. Elle se le représenta dans la forêt vierge, tentant vainement d'imaginer ce qu'il avait vu, où il avait dormi, mangé, marché... Elle espérait que cela n'avait pas été trop difficile. Et qu'il ne serait pas obligé d'y retourner.

S'apercevant de sa présence, il se retourna.

— Vous êtes prête ?

— Je le crois.

Il resta en retrait pour la laisser descendre en premier les marches de la terrasse. Ils poursuivirent ensemble dans l'allée, sans se tenir la main, mais suffisamment proches l'un de l'autre pour que le bas de sa robe effleure la jambe de son pantalon. Elle entendait le bruissement de l'étoffe contre la sienne.

Il avait garé sa moto sur la route. Surprise, elle s'immobilisa. Elle se demanda comment elle avait cru qu'ils se déplaceraient. Elle n'était pas sûre d'y avoir réfléchi. Si c'était le cas, pas comme cela, quoi qu'il en soit.

— Ne soyez pas si effrayée, tenta-t-il de la rassurer.

— Je ne suis pas effrayée.

— Parfait. Vous n'avez aucune raison de l'être. (Il esquissa un sourire.) Je ne vous laisserai pas tomber.

— Je l'espère.

— On y va ? demanda-t-il avec un sourire.

Elle acquiesça. Il tint l'engin pour elle le temps qu'elle rassemble ses jupons et se hisse sur le siège de cuir relativement bas, puis l'enfourcha juste devant elle. Ses cuisses entrèrent en contact avec ses hanches. Elle se crispa dès que ce fut le cas, convaincue qu'elle devait les changer de place, mais consciente que c'était impossible. Elle ne savait pas quoi faire de ses mains, non plus. Devait-elle se cramponner au bord de la selle ou à lui ? Elle tenta la selle, mais sa prise lui parut précaire.

Il jeta un coup d'œil par-dessus son épaule :

— Vous feriez bien de vous accrocher à moi, lui recommanda-t-il.

— Vous ne trouverez pas que je suis trop près ?

Il éclata de rire.

— Peut-être, mais je n'en parlerai pas dans votre dos, si ça peut vous rassurer.

Éclatant elle aussi de rire, elle posa les mains sur sa taille. Elle le sentit réagir, un réflexe musculaire, sous sa chemise. Elle sourit de nouveau, cette fois pour elle. *Il n'y a pas que moi, alors…*

— Prête ? demanda-t-il.

— Absolument.

Il la dévisagea encore un instant, son regard étincelant dans la nuit, puis se retourna et mit le contact d'un coup de kick. Ils prirent de la vitesse. D'instinct, elle le serra dans ses bras, plaquant ses mains sur son torse. Ils se dirigèrent vers le pied de la colline. Une douce brise lui fouettait le visage, lui donnant les larmes aux yeux. Elle les ferma, huma le parfum nocturne, les tropiques, la chaleur de son corps devant elle, et savourant l'ivresse de la vitesse. *Il est là*, songea-t-elle. *On est réellement sur cette moto.* Mais cela ne l'empêcha pas d'avoir du mal à y croire.

Le moteur faisait un vacarme infernal. Il cria pour se faire entendre.

— Pas trop peur ?

— Non, répondit-elle sur le même ton. Pas du tout.

Elle sentit aux mouvements de son dos qu'il était de nouveau en train de rire. Décelant de la joie sur son visage, elle brûlait d'envie de l'embrasser enfin. Elle se mordit la lèvre inférieure pour contenir son désir. Ils poursuivirent leur route, les arbres et les villas défilant dans le brouillard, longeant les avenues bordées par la jungle qui menaient en ville. En atteignant le centre bruyant, ils ralentirent. Les routes étaient chargées, encombrées par autant d'automobiles que de pousse-pousse, et il s'en dégageait une forte odeur d'essence et de chaud. Les trottoirs étaient bondés de soldats en permission, de femmes en uniforme et en civil, tous plus grands que les autochtones qui évoluaient parmi eux.

— Où va-t-on ? demanda-t-elle. Au *Raffles* ?

Elle espérait que non. Il s'y tenait une soirée « rétro ». Les filles de la station s'étaient déguisées en danseuses des années 1900, et les hommes en Burlington Bertie.

« On va bien s'amuser », lui avait assuré Vanessa.

Ivy n'avait pas envie de s'amuser. Elle s'aperçut qu'elle ne voulait voir personne.

— Non, je ne vous emmène pas au *Raffles*. Ni au *Singapore Club*, d'ailleurs.

— Parfait.

— J'ai votre approbation ?

— Oui.

— Dieu merci.

Elle éclata de nouveau de rire.

Ils s'engagèrent ensuite dans les ruelles étroites de Chinatown. Ivy ne fréquentait que rarement ce quartier – uniquement pour voir la femme qui confectionnait ses robes –, et n'y avait jamais mis les pieds de nuit. Les venelles étaient encombrées de locaux en tenue ample et en sandales, des sacs de riz sur les épaules, à vélo, discutant, ou aspirant à grand bruit des nouilles devant les étals du marché. Kit se faufila entre eux, les frôlant de si près qu'elle put déceler leurs visages intrigués lorsqu'ils se retournaient sur leur passage, ainsi que le contenu du panier de leurs vélos : des œufs, des fruits, des poulets vivants… Des rires retentissaient dans les habitations aux fenêtres ouvertes, du linge séchant sur le rebord. Ivy ne savait plus où regarder, l'épaule de Kit sous son menton. Elle s'efforçait de tout graver dans sa mémoire, sachant déjà qu'il s'agissait d'un moment qu'elle chercherait sans cesse à se remémorer.

Ils s'engagèrent dans une voie encore plus étroite, tout juste éclairée, et s'immobilisèrent devant un bâtiment étriqué. Lorsque Kit coupa le contact, le silence se fit. Il baissa la béquille de l'engin d'un coup de talon, mit pied à terre, et offrit sa main à Ivy. Elle la saisit, sentant ses doigts sur les siens, et descendit de moto. Elle avait mal aux jambes. Elle comprit alors combien elle les avait serrées autour de ses hanches, combien elle avait été en contact avec lui.

Elle leva les yeux vers le bâtiment.

— C'est une fumerie d'opium ? demanda-t-elle, même si elle se doutait bien que ce n'était pas le cas.

— Oui. Je vous ai amenée à une fumerie d'opium.

— Vraiment ?

— Non. On entre ?

Intriguée, elle examina les lourdes portes en teck. Elle avait encore la main dans la sienne. Aucun d'eux ne semblait vouloir libérer l'autre.

— Allons-y.

À l'intérieur, le bar était enfumé. Seules quelques tables étaient entassées dans cet espace réduit. Il faisait sombre, très sombre, et, malgré son enthousiasme et son impatience, comme un peu plus tôt chez elle, Ivy sentit son cœur se serrer. Cela la prit au dépourvu. Elle ignorait pourquoi cela s'était produit, mais cela la paniqua, et la panique l'affola davantage encore. Elle avait pourtant fréquenté son lot de bars et de clubs depuis son arrivée sur l'île. Que lui arrivait-il ? Pourquoi était-elle si nerveuse ? Gregory l'avait prévenue qu'en cas de stress ou de tension, elle pouvait rechuter. *Non*, songea-t-elle. *Ce n'est pas ce que je veux.* C'était malgré tout en train de se produire. *Pense aux canards.* Elle ne parvenait même pas à s'en souvenir. Elle ne distinguait que l'obscurité. Ses oreilles bourdonnaient. Elle porta sa main libre à son cou et tira sur sa peau soudain en sueur. Sa gorge refusait de se desserrer. Elle avait de plus en plus de mal à respirer. N'apercevant aucune porte, elle ne voyait aucun moyen de sortir.

Elle se tourna vers Kit. Il la regardait déjà, aussi préoccupé qu'à son arrivée chez elle.

— Ivy ?

— On peut sortir ? demanda-t-elle à contrecœur.

Elle avait la gorge si serrée qu'elle avait dû faire un effort pour se faire entendre.

— Oui, répondit-il sans la quitter des yeux. C'est par là.

Il la conduisit dans une cour d'où l'on apercevait les étoiles.

Elle prit une inspiration, puis une autre. La troisième lui fut plus aisée. Subitement, le bourdonnement dans ses oreilles s'interrompit, et sa tête cessa de lui faire mal. Ce curieux sentiment était des plus déroutants. Tenant encore Kit par la main, elle jeta un coup d'œil autour d'elle, et, recouvrant son calme, tenta de se repérer dans cet environnement.

L'endroit était magnifique, vraiment dépaysant. Des lampions de papier rouge luisaient sur les tables rondes, d'autres pendaient des arbres. Dans un recoin, un gramophone diffusait du jazz avec ses crépitements caractéristiques. Une poignée de couples – tous chinois – dansaient : des hommes en costume soigneusement taillé, des femmes aux longs cils merveilleusement vêtues. À l'exception d'un autre couple, qui discutait à une table, dans l'angle opposé, Kit et Ivy étaient les seuls Occidentaux. Cela plut à Ivy. Énormément. Surtout, elle fut ravie que Kit s'en soit aperçu. « *Je ne vous emmène pas au* Raffles. »

— C'est magnifique, déclara-t-elle.

Il garda le silence. Il avait encore l'air très inquiet. Il la guida à l'une des rares tables vacantes. L'aidant à prendre place sur une chaise basse, il alla lui chercher de l'eau, insistant pour qu'elle termine son verre, même si elle lui répétait qu'elle allait mieux, à présent. Un serveur se présenta à leur table, leur proposant de véritables boissons. Kit lui demanda ce qu'elle voulait. Elle répondit qu'elle n'en savait rien. En ce lieu qui n'avait rien de britannique, elle eut l'impression qu'il ne serait pas convenable de commander un shot de gin.

— Ça vous dit de goûter à quelque chose de nouveau ? demanda-t-il, comme s'il lisait dans ses pensées.

— Oui, répondit-elle avec un sourire.

Il demanda au serveur de lui apporter la carte, et la regarda parcourir la liste des cocktails. Elle en choisit un au litchi. Il opta pour une bière, appelant le serveur « mon vieux » avec une familiarité dont elle aurait jugé incapable n'importe quel Anglais qu'elle connaissait. En sa compagnie, elle se sentait plus détendue.

— Vous n'avez pas envie d'essayer quelque chose de nouveau, vous ? demanda-t-elle après le départ du serveur.

— C'est ce que je fais, se défendit-il avec un sourire.

Elle sourit à son tour, devinant qu'il parlait du fait de se trouver avec elle. Elle fut ravie que cela lui paraisse nouveau aussi.

— Vous avez meilleure mine, constata-t-il.

— Ça va mieux.

Il l'examina. Elle comprit qu'il se demandait ce qui n'allait pas chez elle. Allait-il lui poser la question ? *Seulement s'il tient à moi*, songea-t-elle.

Il lui posa la question.

Elle lui répondit avant même de s'en apercevoir. Sans doute le fait d'avoir beaucoup discuté avec Alma et Alex l'avait-il détraquée. À moins que ce soit simplement l'envie de ne rien lui cacher. Quoi qu'il en soit, elle lui expliqua :

— Je me suis fait surprendre par un raid.

Le reste suivit naturellement : les heures qu'elle avait passées prise au piège, la mort de Stuart, son propre sauvetage... Elle évita d'entrer dans les détails. Vu le visage atterré de Kit, elle le jugea inutile.

Le serveur revint avec leurs boissons.

Kit prit celle d'Ivy sur le plateau et la lui tendit. Sa main tremblait un peu.

— Désolée, dit-elle.

— « Désolée » ? Pour quoi ?

— Vous n'aviez peut-être pas envie de le savoir.

— Je voulais le savoir, Ivy.

Elle trempa les lèvres dans son cocktail, puis en but une grande gorgée.

— C'est délicieux, murmura-t-elle. (Il continua à la regarder fixement. Elle se sentit rougir. Puis elle préféra changer de sujet.) Où étiez-vous, avant de venir ici ?

— En Égypte.

Il semblait encore bouleversé.

— Et encore avant ?

— En France.

— Et avant ? insista-t-elle.

— Ça fait des années que je suis dans l'armée. Alors, ici (il tendit les mains pour désigner Singapour) ou ailleurs. Mais je n'ai aucune envie de parler de moi. J'ai du mal à croire qu'une telle chose vous soit arrivée.

— Ça va.

— Je n'en suis pas si certain. À l'instant…

— Je vous en prie. (Elle s'était exprimée plus fort qu'elle l'avait souhaité.) Je vous en prie, répéta-t-elle plus doucement. On peut parler d'autre chose ? (Il lui donna l'impression de vouloir résister.) Dites-moi d'où vous venez, lui demanda-t-elle avant qu'il puisse prendre la parole.

Il la dévisagea encore un moment, puis, au grand soulagement d'Ivy, hocha la tête. Il s'appuya contre le dossier de son siège en rotin, sa bouteille de bière à la main, et déclara :

— De Sydney, Freshie.

— Freshie ?

— Freshwater. C'est une plage. (Il but une gorgée de bière.) Le pays de Dieu, ajouta-t-il avec un sourire. (Elle sentit se dissiper les dernières tensions qui subsistaient en elle.) Tout le monde l'appelle comme ça.

— Je veux tout savoir.

Il entra dans les détails. Il évoqua la maison en bois dans laquelle il avait grandi, sa petite sœur, qui n'avait que huit ans quand il était parti, et qu'il n'avait pas revue depuis presque autant d'années.

Il l'interrogea sur sa mère.

— Elle était australienne aussi, non ?

Elle acquiesça, à la fois surprise et peu étonnée qu'il s'en souvienne. Elle lui raconta le peu qu'elle savait : elle s'appelait Louise, était originaire de Melbourne, et était infirmière en Angleterre quand elle avait fait la connaissance de son père.

— Connaissez-vous les autres membres de sa famille ?

— Un oncle est venu nous rendre visite, quand j'étais petite. Il m'envoie chaque année une carte pour mon anniversaire et pour Noël.

— Et ses parents ?

— Non. Ils étaient beaucoup plus âgés que ma grand-mère. Ils sont morts il y a des années.

Il grimaça.

— Ce n'est rien, lui garantit-elle. Vraiment. Ne soyez pas triste pour moi.

— Pourquoi ? Je n'en ai pas le droit ?

— Voilà. Exactement.

Il la dévisagea, le regard pétillant.

Elle termina son verre, et il but à la bouteille en la tenant par le goulot.

— Une amie m'a dit que la guerre ne s'était pas bien passée pour vous, s'entendit-elle dire.

Il haussa un sourcil.

— Parce qu'il y en a pour qui ça se passe bien ?

— Je ne crois pas.

Il baissa les yeux sur sa bouteille, prenant un air aussi sérieux que lorsqu'elle l'avait repéré, le matin même, à la station. Il but une nouvelle gorgée, et, quand il l'eut avalée, déclara :

— Je n'ai pas envie de penser à la guerre.

— Vous avez raison, dit-elle doucement. Je crois que moi non plus.

Puis, se doutant que ce serait lui qui souhaiterait désormais changer de sujet, elle lui demanda si son ami avait récupéré de son coup de soleil. Lui adressant un sourire reconnaissant, il lui avoua que cela était allé mieux, pendant un temps, mais que c'était à présent pire que jamais.

— Ce n'est pas un endroit pour lui.

Ils discutèrent au son du jazz du gramophone qui résonnait dans la cour, et il leur fut possible d'oublier la guerre, ce qu'ils désiraient tous les deux par-dessus tout. Il leur semblait surnaturel qu'elle puisse avoir lieu, où que ce soit dans le monde, et que, pendant qu'ils conversaient tranquillement, des hommes larguent des bombes, jettent des grenades dans le désert, coulent des navires en Méditerranée, bombardent des Russes chez eux. Kit lui parla de Jimmy et de Tristan, qui lui plaisaient déjà. Il évoqua davantage Sydney, et tout ce qui lui manquait : les baignades au point du jour, l'immensité de l'océan, et sa peau après un week-end à la plage. Elle lui parla de Hampstead, et découvrit qu'il y était allé, au tout début de la guerre.

— Je vous y ai peut-être vu. Nous sommes peut-être allés manger des *buns* et boire du thé dans le même café.

— Non, répliqua-t-il. Je me souviendrais de vous. Et je vous aurais adressé la parole, si ça avait été le cas.

— Vous avez raison, approuva-t-elle, après plusieurs cocktails. Je crois que je serais aussi allée vers vous.

Il l'interrogea également sur Mae, et elle lui expliqua combien elle lui manquait. Elle évoqua les autres filles, à la maison, à la station, notamment Alma, et Alex et Laurie.

— Dites-moi, demanda-t-il. Vous les espionniez, le jour où vous vous êtes fait piquer par toutes ces fourmis ?

Se rappelant comme elle avait tenté de faire comme si les fourmis n'avaient jamais existé, elle éclata de rire.

— Mais vous ignorez toujours ce que votre grand-mère représentait pour eux…

— Ils refusent d'aborder le sujet. Et celui de Harriet.

— Ça doit vous agacer terriblement.

— Vous n'imaginez même pas.

Ils commandèrent une nouvelle tournée. Le temps filait, mais Ivy s'en moquait. De nouveaux clients se présentèrent. Quelques Occidentaux, mais aussi de nombreux Chinois. Des hommes d'affaires, d'après Kit. Les riches marchands étaient nombreux, à Singapour. Ils souhaitaient encore moins la présence des Japs que celle des Britanniques. Il s'exprimait à voix basse, ses paroles parfois étouffées par les notes de jazz. Pour mieux l'entendre, Ivy approcha sa chaise de la sienne. Tête contre tête, ses genoux contre les siens, ils s'isolèrent de la foule. Elle sentit ses muscles lui tirer, comme s'ils l'encourageaient à s'approcher davantage encore.

— Ça vous dirait de danser ? demanda-t-il.

— Oui.

Il la prit par la main, et ils se faufilèrent entre les autres couples, tous enlacés, tournant lentement au rythme de la musique. L'atmosphère était si lourde qu'ils avaient l'impression d'être emmitouflés dans une couverture. Dès qu'il s'immobilisa, elle se retrouva dans ses bras, les siens autour de son cou. Elle ferma les yeux, prenant conscience de tout ce qui se passait, comprenant que cela se passait. Elle avait le sentiment que plus rien ne serait jamais comme avant, désormais.

— Vous m'avez caché quelque chose, tout à l'heure.

Il s'était exprimé d'une voix grave, apaisée, au-dessus de sa tête. Elle comprit qu'il avait attendu de pouvoir le dire.

— Comment ça ? demanda-t-elle, même si elle avait une petite idée de ce dont il s'agissait.

— Lorsque vous m'avez parlé de cette bombe. Il y avait autre chose, j'en suis convaincu.

Elle leva les yeux vers lui. Son visage était très proche du sien, il la regardait dans les yeux avec une certaine intensité.

— Qu'est-ce qui vous fait dire ça ?

— Il y a donc bien autre chose ? (Elle garda le silence. Elle se demandait s'il fallait qu'elle réponde.) De quoi s'agit-il ?

Elle songea à lui mentir. Elle n'avait aucune envie de lui parler de Felix. Même sans la mise en garde d'Alma, cela ne lui serait pas venu à l'esprit. Il ne faisait pas partie de ses plans, et cela lui semblait injuste de l'y intégrer. Envers lui comme envers n'importe qui d'autre. Mais elle se ravisa, car elle était convaincue que Kit le devinerait, et il méritait mieux que cela. En outre, elle avait bu un certain nombre de cocktails. Elle lui raconta donc comment, un jour, elle avait repoussé un garçon qui l'avait demandée en mariage, et comment elle avait répugné à lui écrire une lettre quand il en aurait eu besoin. Elle lui avoua combien elle avait été bouleversée par la mort de Felix, que c'était uniquement parce qu'elle était contrariée qu'elle s'était retrouvée dans cette rue de Camberwell bien avant la fin de son service, lorsqu'elle s'était fait surprendre par le bombardement. Elle reconnut que cela lui avait fait l'effet d'un châtiment.

— Vous croyez que vous le méritiez ? s'étonna Kit. Vous méritiez de vous faire ensevelir par une bombe ?

— C'est l'impression que ça m'a fait.

— Et Stuart ? Lui aussi le méritait ?

— Non, bien sûr que non.

— Vous ne le méritiez pas, Ivy. Ce que les gens font, ce que j'ai vu. Le fait de ne pas écrire une lettre… ce n'est rien.

— Ce n'est pas rien. Il n'aurait jamais dû se trouver dans cet avion.

— Comment auriez-vous pu l'en empêcher ?

— En l'épousant.

Ils avaient cessé de danser. Perplexe, il baissa les yeux sur elle.

— Quelque chose m'échappe…

Elle prit une profonde inspiration. Allait-elle réellement le lui dire ? Avant qu'elle ait pu y réfléchir, elle déclara :

— Il était allemand.

Il la regarda fixement.

Ivy le regrettait déjà. Pourquoi le lui avait-elle dit ? Pourquoi ?

Elle ne pouvait plus le regarder en face, mais elle avait l'impression qu'il le fallait. Il plongea son regard vert dans le sien. À quoi pensait-il ? À son séjour en France ? À la guerre dans le désert ? À tout cela ?

— Sur quoi volait-il ? voulut-il savoir.

— Sur un Messerschmitt, répondit-elle d'une petite voix.

— Oui, dit-il lentement. Il y en a pas mal qui ont tenté de m'abattre.

— Il haïssait Hitler, le défendit-elle. Il ne voulait pas de cette guerre. Il refusait d'y retourner. Raison pour laquelle il m'a demandée en mariage. Il disait que si nous étions mariés, son ambassade accepterait qu'il reste en Angleterre. (Elle se souvint de son désespoir, quand il l'avait suppliée. *« Ils disent qu'il faut qu'on y aille tous. Je peux te rendre heureuse, Ivy. Je te le jure. Je t'en prie, laisse-moi essayer. »*) J'ignorais ce que signifierait cette guerre, à l'époque. Je l'ai laissé partir.

— J'en suis plutôt ravi.

— Pas lui.

— Je m'en doute.

— Vous m'en voulez ?

— Qu'il soit allemand ?

— Oui.

Il réfléchit un moment avant de lui répondre.

Elle patienta. Plutôt que de redouter sa réaction, elle se sentit soulagée de lui avoir tout raconté. Il était au courant, à présent. C'en était terminé. Elle était si lasse de tous ces secrets.

— C'est à la guerre que j'en veux, finit-il par déclarer. Et à lui aussi, de vous avoir fait une telle demande.

Il fronça les sourcils. On aurait dit qu'il hésitait. Mais il poursuivit son étreinte, même s'ils ne dansaient plus. Il ne l'avait pas repoussée. Il leva les yeux vers le ciel. Elle contempla la courbure de son cou, le teint hâlé de son visage tandis qu'il tentait de se faire une opinion.

— Je crois que je suis en colère pour vous. J'étais très absorbé par tout ce qui m'arrivait. Par cette guerre. Je n'ai pas cessé de me répéter que c'était tout ce que je pouvais faire : m'en tirer vivant. (Il poussa un soupir.) Je n'avais pas la moindre idée de tout ce que vous avez vécu. Vraiment. Pas la moindre.

— Ce n'est rien.

— Ne dites pas ça, ce n'est pas vrai. (Il baissa la tête, la regardant de nouveau dans les yeux.) J'ai peur.

— De quoi ?

— De tout. (Il fronça les sourcils.) De vous décevoir.

Elle sentit ses propres traits s'adoucir.

— Vous ne me décevrez pas.

— Comment le savez-vous ?

— Je le sais.

C'était le cas.

Il hocha lentement la tête. Puis il l'attira à lui, dansant de nouveau.

— Je suis désolé pour Felix.

— Moi aussi.

— Mais vous êtes là.

— C'est vrai.

— Et si vous croyez que vous méritiez de vous faire ensevelir par cette bombe, vous méritez aussi de vivre.

Elle n'y avait jamais réfléchi sous cet angle.

— Peut-être…

— Non, rectifia-t-il. Incontestablement.

Son regard débordait de compassion. Elle était incapable d'en détacher le sien. Sans détourner les yeux, elle se rappela ce qu'il avait fait, où il était allé : en Égypte, en France, la guerre qui ne lui avait pas réussi. Elle haïssait cette guerre. Elle aurait voulu la lui épargner.

— Moi non plus, je n'ai pas envie de vous décevoir.

— Vous ne me décevrez pas, lui garantit-il d'une voix douce.

Ils s'immobilisèrent de nouveau. Il se pencha vers elle. Elle était incapable de détourner le regard. Le temps sembla se figer, les autres danseurs disparaître. Puis, enfin, il lui effleura les lèvres avec les siennes, et elle l'embrassa. Il resserra son étreinte. Submergée par l'inévitable, et convaincue du bien-fondé de la chose, elle se cambra.

Ils continuèrent à danser, chacun d'eux refusant désormais de parler de la peur.

Ils ne pensaient plus au passé, ni à la guerre, ni à la mer autour d'eux, ni aux transports de troupes prêts à encercler leur île minuscule.

Leurs corps s'accordaient à merveille. Ils se correspondaient. La musique résonnait dans la cour, et les murs ornés de lampions les empêchaient de voir au-delà.

Un parfait cocon.

Chapitre 15

Lorsque le courrier fut distribué à la maisonnette de Hampstead, en cette matinée de novembre, Mae était en train de nettoyer le garde-manger, un tablier sur sa jupe et son chandail de tweed, le contenu du placard répandu par terre : un précieux pot de confiture, des sacs de pommes, des céréales et des herbes séchées. Le garde-manger n'était pas vraiment sale et ne requérait nullement un tel récurage, pas plus que la cuisinière. Mais il lui fallait absolument s'occuper l'esprit.

Dans l'entrée, elle entendit le facteur ouvrir la boîte à lettres grinçante pour y délivrer son offrande. Puis le bruit du courrier sur le paillasson. Elle se retourna. Quelles que soient ces lettres, elles ne provenaient pas d'Ivy – celles de son trajet lui étaient parvenues la semaine précédente, et elle refusait d'avoir le faux espoir que d'autres puissent arriver si vite –, mais elle sentit néanmoins son cœur se serrer. Elle se redressa, puis se dirigea vers le vestibule pour vérifier.

Le soleil brillait, et la lumière vive de novembre illuminait la maison, pénétrant par les carreaux glacés de la porte d'entrée. Mae songea à aller se promener, un peu plus tard. Elle emporterait les lettres d'Ivy jusqu'à la tombe de Louise et les lui lirait avant la tombée de la nuit. Le soleil se couchait chaque jour un peu plus tôt. Au moins, les raids avaient cessé. Les Allemands étaient trop occupés à l'anéantissement de la Russie pour continuer à s'intéresser à la Grande-Bretagne. Pour le moment, du moins.

Elle s'immobilisa devant la porte. Il n'y avait qu'une enveloppe sur le paillasson, avec un cachet du Devon. Les deux autres envois étaient des circulaires : un nouveau tract sur la meilleure façon de profiter pleinement de son rationnement (« Bien sûr que je peux », lisait-on en légende), et une note du comité paroissial réclamant des lots pour la tombola de Noël. Cela lui parut un peu tôt.

Elle ramassa l'enveloppe. L'inclinaison de l'écriture lui fit froncer les sourcils. Inconsciemment, cela la tracassa. Elle glissa son doigt sous le sceau et en tira la lettre. Elle porta aussitôt son regard sur la signature.

— Mon Dieu, déclara-t-elle à haute voix, ses paroles résonnant dans l'entrée ensoleillée. Sally.

Ayant besoin d'un soutien, elle s'appuya contre le mur. Elle lut la missive : « J'espère que cela ne vous dérange pas que je vous contacte. (*Vraiment ?* Elle en doutait.) Quand j'ai reçu la lettre de Laurie (qu'il m'a envoyée en février, satanée poste !), dans laquelle il m'apprenait que vous étiez en Angleterre, je n'ai pas trouvé la force de vous écrire. » Évidemment. Incrédule, Mae secoua la tête. Elle entendit presque le ton emprunté de Sally s'échapper de la page. Elle la revit dans le salon de David Keeley, à l'église : une femme de trente ans vêtue d'une robe démodée qui sentait la transpiration, des miettes de scone sur les lèvres.

Elle poursuivit sa lecture. Elle évoquait les petits-enfants, la tristesse que lui avait causée la mort de Roger, apparemment peu de temps après que Mae eut quitté Singapour. La malaria. Poursuivant, Mae écarquilla les yeux. « L'année prochaine je viendrai à Londres pour le mariage de ma filleule. La vie doit continuer, non ? J'aimerais passer vous voir. La cérémonie aura lieu à Highgate l'après-midi du 29 mai, je serai donc là vers 10 heures. J'ai hâte. »

Mae relut le passage pour être sûre de bien l'avoir compris. Sally allait venir ? Elle allait passer la voir ?

Elle replia lentement la lettre, tentant de faire le tri dans ses sentiments. Elle découvrit qu'elle était plus curieuse qu'autre chose. Stupéfaite, certes, mais pas totalement réticente. Quel mal cela pouvait-il bien lui faire ? D'ailleurs, c'était encore loin. Elle glissa la missive dans son enveloppe, puis se pencha pour ramasser le reste, sur le paillasson.

Ce faisant, son collier s'échappa du col de son chandail, et la bague qu'elle avait passée autour de la chaîne étincela à la lumière, le saphir projetant mille petits diamants bleus sur les murs, le plafond et le sol.

Printemps 1897

Mae ne fut guère étonnée quand Harriet et Alex lui annoncèrent qu'ils étaient fiancés. Elle se doutait bien que cela allait arriver. Depuis quelque temps, Harriet ressemblait trop à ces joyeuses débutantes, en Inde – celles qui, au bras de leur fiancé adjudant-chef, arboraient un sourire figé –, pour qu'il puisse en être autrement. Et il était évident qu'Alex l'adorait : les paniers qu'il lui faisait livrer chaque jour, le ton doucereux de sa voix quand il venait chaque soir… « Bonsoir, Harriet… » Et puis, récemment, quand il s'était présenté avec ce verrou. Elle n'avait pu s'empêcher de les écouter pendant qu'il l'installait. Serrant les dents, elle avait remballé son satané puzzle, regrettant que la maison ne soit pas plus grande et mieux insonorisée.

— Je sais, avait dit Alex d'un ton plein d'ironie. C'est très romantique.

Mais c'est le cas, avait-elle voulu lui crier. *C'est le cas !*

Il avait ensuite refermé la porte sur eux. Elle n'avait plus entendu un bruit, ensuite, ce qu'elle trouva encore pire que leurs conversations. Mae avait retenu son souffle. Elle les avait imaginés en train de s'embrasser. Elle n'avait pas pu s'en empêcher. Lorsqu'ils étaient descendus, Harriet était écarlate, et Alex la tenait par la taille. Mae était si concentrée sur la façon dont sa sœur était blottie contre lui, se disant honteusement qu'elle se serait bien vue à sa place – puis s'en voulant de penser une telle chose –, qu'il lui avait fallu un moment pour remarquer la bague à la main gauche de Harriet.

— Félicitations, dit-elle d'un ton qui lui parut monocorde. (Elle fit une nouvelle tentative, s'efforçant de paraître un peu heureuse.) C'est une merveilleuse nouvelle.

Ce ne fut pas une franche réussite, mais ils ne semblèrent pas le remarquer.

Le regard étincelant de joie, Harriet lui annonça qu'il faudrait qu'elle vienne vivre avec eux, dès qu'ils seraient mariés. Alex et elle en avaient déjà discuté. Il avait bien sûr accepté, il fallait que Mae vienne. Elle s'y sentirait chez elle, elle aussi. On aurait dit qu'on lui avait tout donné.

— Tout sera différent, lui garantit Harriet. Je te le promets.

Mae esquissa un sourire. Elle trouva la force de le maintenir. Mais vivre avec eux ? En tant que belle-sœur d'Alex ?

Elle ne voyait pas comment elle pourrait y parvenir.

Comment allait-elle y parvenir ?

Alex révéla qu'ils allaient faire publier les bans au plus vite. Pendant qu'il s'exprimait, Mae le regardait remuer les lèvres. Il embrassa Harriet sur la tête comme si c'était la chose la plus naturelle du monde.

— Qu'en dis-tu ? voulut savoir Harriet.

— De quoi ? demanda Mae.

— De venir habiter avec nous, répondit sa sœur d'un air à la fois inquiet et plein d'espoir.

Elle veut faire les choses bien, songea Mae.

J'aimerais tellement la laisser faire.

— Alors, la pressa Harriet.

— Oui. (Mae parvint à se fendre d'un nouveau sourire.) Oui, ça me plairait bien, répondit-elle, étonnée que ce mensonge ne l'ait pas étouffée.

Harriet ne souriait pas. Elle semblait même un peu triste. Comme si elle commençait à deviner ce que ressentait Mae : de l'envie pour ce mariage, sans doute, si ce n'était pour l'homme. *Pitié, faites qu'elle n'ait pas deviné pour l'homme.*

— Tu seras heureuse, Mae. Je te le promets.

— Je n'en doute pas.

Encore un mensonge. Parce qu'elle n'avait d'autre choix que d'essayer. Si cela lui semblait impossible (elle s'imagina chez Alex : Harriet et lui lui souhaitant bonne nuit chaque soir avant d'aller se coucher, les enfants qui ne manqueraient pas d'arriver, ceux qu'elle, Mae, désirait si ardemment et était sûre de ne jamais avoir), il lui paraissait encore plus difficile de rester là à boire le xérès de David soir après soir, à lui servir de lot de consolation.

Elle se demanda comment il allait réagir.

— Mal, je suppose, répondit Alex, à qui cela semblait particulièrement égal. Je vais rester. Je vais attendre qu'il rentre.

Ce jour-là, il ne rentra que très tard (à cause de la pluie : elle avait commencé à midi et n'avait pris fin qu'à la tombée de la nuit). Une grande partie de la journée, Harriet et Alex restèrent ensemble dans la véranda à regarder tomber la pluie. Mae regagna sa chambre, prétextant le besoin de faire un petit somme, et ferma la fenêtre malgré la chaleur, n'ayant aucune envie de les écouter échafauder des plans, ni d'entendre leur bonheur. Elle aurait tellement préféré qu'il en soit autrement…

Elle n'aurait su dire ce qui lui était passé par la tête, toute la journée. Elle n'avait pas dormi, elle en était sûre, parce que, lorsqu'elle entendit Ling préparer le dîner dans un fracas métallique, elle était épuisée, déshydratée, et en sueur sous ses épais jupons et son corset. Encore un repas. Encore une journée de passée.

Passée.

Elle se leva. En apercevant son reflet dans le miroir, elle fut étonnée qu'il soit le même que toujours, alors qu'elle n'avait plus l'impression d'être la même, loin de là. Elle avait le même regard, la même peau, marquée à cause de la chaleur. Et des larmes, aussi. Elle s'aperçut avec étonnement qu'elle avait pleuré.

Elle ne s'en était pas rendu compte.

Elle continua à s'examiner. En voyant sa chevelure noire, elle se dit : *Harriet a la même.* De la même teinte, la même épaisseur. Elle avait la même habitude de friser, à cause de l'humidité. Elle ne s'appesantissait que rarement sur leurs ressemblances – elle savait que c'était également le cas de sa sœur (les autres le faisaient en général très bien pour elles) –, mais, ce soir-là, leur similitude la frappa singulièrement. Elles avaient la même peau. Le même regard. Elles étaient identiques, toutes les deux. Exactement identiques.

Sauf que ce n'était pas le cas. Parce que Harriet était heureuse. Et elle, Mae, non.

— Mais tu ne le mérites pas.

Mae chuchota ces paroles avant même de s'être aperçue qu'elle les pensait. Dans le miroir, elle vit une nouvelle larme lui rouler sur la joue.

David rentra à ce moment-là. Alex et Harriet franchirent la porte d'entrée avec lui. Mae sursauta en entendant soudain les voix dans l'entrée. Elle eut l'impression de sortir de transe.

— Je ne vous accorderai pas ma permission, déclara David.

— Nous ne vous la demandons pas, lui fit remarquer Alex d'un ton chaleureux bien plus agréable que la voix fluette de David.

— Vous ne pouvez pas faire ça.

— Bien sûr que si, rétorqua Alex.

— Et Mae vient avec nous, ajouta Harriet. N'espérez pas la garder ici.

— Je ne veux pas d'elle.

Mae se couvrit les oreilles comme elle le faisait lors des feux d'artifice de Divali, quand elle était enfant.

Seules les vibrations causées par la porte d'entrée que l'on venait de claquer lui permirent de savoir qu'Alex et Harriet étaient partis.

Ils ne l'avaient pas prévenue. Ils ne lui avaient même pas dit « au revoir ».

Se laissant tomber sur son lit, elle fondit de nouveau en larmes.

Elle but un peu trop de xérès à table, ce soir-là. Plus que les deux verres auxquels elle s'était astreinte jusqu'à présent. Ce n'était pas David qui l'avait resservie, il n'avait pas pipé mot du repas. C'était bien elle qui était allée se servir dans le buffet, à côté de la porte de la salle à manger. Ce breuvage visqueux était le seul moyen de lui faire penser à autre chose qu'à ses souffrances, à David plongé dans un profond mutisme, face à elle, au fait qu'ils étaient tous deux incapables d'avaler quoi que ce soit, à la façon insultante dont il avait dit « Je ne veux pas d'elle ».

Elle ne fit aucun commentaire lorsqu'il renonça à sa sole, fit reculer bruyamment sa chaise et, tête baissée, prit la direction de son bureau. Il s'immobilisa devant la porte, baissa les yeux sur le buffet, puis attrapa la bouteille de brandy qui s'y trouvait. Elle était presque pleine, car il n'y touchait pour ainsi dire jamais. Celle de xérès l'était à moitié. Il la laissa, elle avait de la chance.

Mae en but davantage encore. Elle mourait de soif. Elle n'avait presque pas pris d'eau de la journée.

Elle emporta la carafe dans le salon et se resservit. Une seule lampe à huile était allumée. Aucune chandelle. La pièce était plongée dans la pénombre. En d'autres circonstances, Mae y aurait remédié. Elle s'était enfermée dans une certaine routine, ces dernières semaines, lorsque Harriet s'absentait et que David travaillait dans son bureau, nuit après nuit. Après dîner, elle allait dans le salon, le rendait aussi accueillant que possible, grâce à des chandelles et des lampes supplémentaires, puis s'attelait à son puzzle, se retenant de songer au silence et à sa propre vacuité. Mais, puisque ce soir-là elle n'avait pas de puzzle (si irrationnel que cela puisse paraître, elle en voulait à Sally), et savait déjà qu'elle n'allait pas être capable de s'empêcher de réfléchir à tout cela, elle resta dans le noir. Quelle importance ?

Se laissant tomber dans un fauteuil, elle tira sur le col de sa robe. Il était humide. Il faisait très chaud, ce soir-là. Comme toujours. Elle ne le supportait plus.

Où Harriet et Alex pouvaient-ils bien être ?

Que se disaient-ils ? Que faisaient-ils ?

Elle se resservit un verre.

L'horloge faisait tic-tac, sur le mur du fond. Les minutes s'égrenaient.

Elle avait la tête qui tournait, désormais. Ce n'était pas si désagréable. Si Harriet avait été là, elle en aurait ri avec elle.

Mais elle n'était pas là. Elle n'était jamais là. Elle était heureuse. Même si elle ressemblait à Mae trait pour trait, tout le monde la préférait à elle.

Encore un verre.

Jetant un coup d'œil à l'horloge, elle ne distingua pas clairement les aiguilles. Il était soit minuit moins dix, soit 22 heures. Elle la regarda fixement, attendant que les aiguilles avancent pour se faire une idée. Mais ses yeux se fermèrent avant.

Elle savait qu'elle ferait mieux d'aller se coucher. Elle n'allait pas bien, ce n'était pas agréable. Ce n'était plus agréable. Le xérès lui collait aux dents, à la langue. Elle aurait bien aimé avoir de l'eau. Si seulement elle avait l'énergie de se lever…

Elle commença à s'assoupir dans la pièce obscure et mal aérée.

— Que faites-vous là ?

La voix de David la fit sursauter. Elle ouvrit brusquement les yeux. S'était-elle endormie ?

Elle se tourna vers David, dans l'encadrement de la porte, s'efforçant de focaliser son attention sur lui. Il tenait la bouteille de brandy. Elle était presque vide.

— Vous devriez être couchée. Il est près de minuit.

Il avait du mal à articuler. À moins que ce soit elle qui ait du mal à comprendre ?

Qu'est-ce qui n'allait pas chez elle ?

— Qu'est-ce qui ne va pas chez moi ? demanda-t-elle à voix haute, éprouvant, après toutes ses semaines, le besoin de savoir.

Elle se leva, sentant le sol se mouvoir sous ses pieds. Elle dut se rattraper au dossier de son fauteuil pour éviter une chute.

— Qu'est-ce qui ne va pas chez moi ? répéta-t-elle.

Il garda le silence.

Elle s'approcha de lui, évoluant avec difficulté sur les dalles du carrelage.

— Pourquoi l'avez-vous choisie, elle ? désira-t-elle savoir, s'en voulant d'avoir posé la question. Qu'ai-je fait de mal ?

Elle sanglotait. Encore.

— Allez vous coucher.

— Pas avant que vous m'ayez répondu, rétorqua-t-elle, juste devant lui, à présent. (Il recula d'un pas mal assuré, manifestement ivre, lui aussi.) Vous êtes contrarié, n'est-ce pas ? Parce que vous ne pouvez pas l'avoir.

— Taisez-vous.

— Mais vous n'avez jamais voulu de moi. Alors que nous nous ressemblons comme deux gouttes d'eau. Je suis la même…

— Non.

— Mais pourquoi ? sanglota-t-elle, ayant perdu toute maîtrise d'elle-même. Qu'est-ce qui ne va pas chez moi ?

— Vous n'êtes pas Harriet, déclara-t-il, même si c'était évident.

Et s'il avait pu y remédier, il ne s'en serait pas privé.

Étaient-ce des larmes qu'elle apercevait dans son regard ?

— Je suis la même, répéta-t-elle. (Elle leva les mains, sans vraiment savoir ce qu'elle faisait, et lui effleura le visage du bout des doigts.) Vous ne trouvez pas ?

Il croisa son regard, féroce, presque affolé.

Elle baissa les mains. Il ne voulait pas d'elle. Pas d'elle. C'était on ne peut plus clair. Elle s'apprêta à reculer.

Mais quelque chose d'étrange se produisit alors.

Il se baissa et l'embrassa.

Elle se figea. Mais il l'avait enlacée. Il respirait vite et bruyamment.

— Harriet, dit-il. Harriet…

— Je suis Mae, tenta-t-elle de répliquer, ses lèvres contre les siennes.

Il l'attira à lui. Voilà si longtemps que personne ne l'avait touchée. Elle savait qu'elle aurait dû le repousser, que ce n'était pas avec elle qu'il se croyait. Mais, pour une raison ou pour une autre, elle n'en fit rien.

Elle le laissa faire.

Il l'embrassa ensuite dans le cou, sur sa poitrine humide, tirant sur l'encolure de sa robe, la lui arrachant d'un coup sec.

— Harriet, poursuivit-il.

— Mae, le reprit-elle. Mae.

Prise de vertiges, elle se retrouva bientôt par terre. Il était au-dessus d'elle, remontant ses jupes en grognant. Que se passait-il ? Elle l'ignorait. Tout se passait si vite.

Elle sentit ses pieds sur ses mollets, tentant de lui écarter les jambes, ses lèvres tendues sur les siennes. *Harriet.*

Elle semblait ne plus pouvoir émettre le moindre son. Pourquoi ne disait-elle rien ?

Il baissa son pantalon, tirant sur ses dessous. Et puis, une douleur atroce. Elle poussa un petit cri.

Elle comprit alors ce qui se passait.

« Faire l'amour », disaient les autres filles lorsqu'elles abordaient le sujet en chuchotant, à Simla.

Pour Mae, les coups de reins frénétiques de David ne ressemblaient pas vraiment à de l'amour.

Pas du tout, même.

En se réveillant, le lendemain matin, elle découvrit du sang sur ses cuisses. Et une substance visqueuse. Cela lui fit vomir le reste de xérès qu'elle avait bu dans son pot de chambre.

Il lui était impossible de se lever. Même si sa tête ne l'avait pas tant fait souffrir, elle en aurait été incapable. Elle avait mal au ventre, et honte. En fermant les yeux, elle sentit David aller et venir au-dessus d'elle, et l'entendit haleter.

« Harriet. »

Elle vomit de nouveau. Puis, au goût de la bile et aux douleurs que lui provoquaient ses convulsions, elle éclata en sanglots. Elle n'était d'ailleurs pas certaine de s'être interrompue depuis que tout avait commencé, la veille. Elle n'en semblait pas capable, et elle tremblait de tout son être, de manière incontrôlable. Qu'avait-elle fait ?

Harriet pénétra dans sa chambre.

— Tu veux que j'aille chercher le médecin ? lui proposa-t-elle.

Elle se pencha au-dessus du lit de Mae, la moustiquaire accrochée à son épaule. Elle semblait inquiète. Elle la croyait malade. Mae lui avait dit que c'était le cas, lorsqu'elle était rentrée de son dîner avec Alex, et, entendant sa sœur sangloter dans sa chambre, elle était venue prendre de ses nouvelles. Elle avait rapporté de la papaye du lieu où ils étaient allés manger, et l'avait déposée sur le bureau.

— Au cas où tu aurais faim. Je sais que tu adores ça. Désolée de ne pas t'avoir dit « au revoir » avant de partir. J'étais affamée…

Mae avait alors vomi pour la première fois. Harriet lui avait tenu la chevelure en arrière en lui proférant des paroles rassurantes.

— Je vais aller te chercher de l'eau.

— C'est trop tard.

Harriet n'avait pas compris ce qu'elle avait voulu dire. Mae ne s'était pas donné la peine de le lui expliquer. Elle avait déjà commencé à dessoûler.

À présent, elle levait les yeux vers sa sœur et lui assurait qu'elle n'avait pas besoin de voir un médecin.

— Je suis sûre que je me sentirai mieux, quand je me serai reposée, lui mentit-elle.

Et Harriet n'en semblait pas persuadée non plus.

— Nous verrons dans quel état tu seras dans quelques heures.

Ensuite, elle vint régulièrement voir sa sœur, lui proposant de l'eau ou d'autres choses, tout ce que Mae serait susceptible d'aimer manger. Mae avait du mal à croire que Harriet soit là, si gentille avec elle, malgré le fait qu'elle l'ait ignorée durant toutes ces semaines. Elle savait qu'elle ne le méritait pas. Mais chaque fois que Harriet venait la voir, le souvenir de David s'introduisant en elle se dissipait le temps de quelques minutes. Elle ne se sentait plus seule.

En fin d'après-midi, elle avait cessé de vomir. Elle parvint à grignoter un morceau de pain que Harriet lui avait apporté. Installée sur le bord du lit, celle-ci la regardait manger.

— Une banane, ça te ferait du bien, lui suggéra-t-elle timidement.

Elles savaient aussi bien l'une que l'autre qu'elle proviendrait des paniers d'Alex, comme le pain, et que Mae n'avait jamais touché à leur contenu.

— Oui. C'est possible.

S'apercevant combien il était plus agréable – et plus facile – d'accepter la gentillesse plutôt que de lui résister, elle sentit les larmes lui monter de nouveau aux yeux.

— Oh, Mae. Non, non… (Harriet secoua la tête d'un air attristé.) S'il te plaît, arrête.

Elle se pencha, et, prenant sa sœur par les épaules, la remonta sur son oreiller brûlant. C'était gênant, mais Mae se laissa faire. Harriet la prit dans ses bras et sa sœur l'imita. Elle se demanda combien de fois dans leur existence elles s'étaient étreintes de la sorte.

— Tu es simplement malade ? J'ai l'impression qu'il s'est passé quelque chose…

Mae continua à sangloter. Elle se demanda ce qu'elle ressentirait si elle révélait tout à Harriet. Si elle lui avouait tout le ressentiment qu'elle avait éprouvé envers elle, avec quel désespoir elle avait souhaité apprendre que son histoire avec Alex était terminée. Si elle lui racontait quelle chose horrible David et elle avaient faite cette nuit-là. Elle serait soulagée d'un poids. Elle était à deux doigts de se libérer.

Mais, redressant la tête, elle croisa le regard de sa sœur. Y décelant une lueur d'inquiétude, elle comprit qu'elle ne pouvait rien dire. Parce que Harriet était revenue à ses côtés. Elle avait besoin d'elle. Pourquoi courir le risque de la perdre de nouveau ?

— Il ne s'est rien passé, mentit-elle. Je te le promets. Je suis désolée, Harriet, ajouta-t-elle, de m'être comportée de la sorte.

Harriet repoussa une mèche collée sur le front de sa sœur. Sa main était glacée.

— Ce n'est rien.

— Non, ce n'est pas rien, protesta Mae.

— Si. Viens ici. (Mae reposa sa tête contre elle.) C'est du passé. Nous ne tarderons pas à oublier avoir vécu ici.

Vraiment ? Harriet en serait capable. En ce qui concernait Mae, c'était moins sûr. Mais elle acquiesça néanmoins, contente que sa sœur ne puisse pas voir son visage.

Ce soir-là, Harriet refusa de sortir avec Alex. Depuis qu'elle le connaissait, c'était la première fois. Mae entendit leur conversation étouffée, devant la porte, puis les bruits de pas de Harriet dans l'escalier.

— Il est parti nous chercher à manger, lui expliqua-t-elle. Il revient tout de suite.

Il ne resta pas longtemps. Par l'intermédiaire de Harriet, il fit transmettre ses meilleurs vœux de rétablissement à Mae, mais il les laissa seules. Avec de la soupe.

Harriet en apporta à sa sœur sur un plateau. Elle lui apprit que David était rentré du travail et qu'il préférait manger seul.

— Il a l'air malade, lui aussi, dit-elle avec un petit éclat de rire.

Cela ne fit pas sourire Mae.

Harriet déposa le plateau sur ses genoux et s'installa auprès d'elle pour partager ce repas. Elle resta toute la soirée. Elle lui parla de la maison d'Alex, lui raconta qu'il la lui avait fait visiter pour la première fois la veille, après le dîner.

— C'est magnifique, déclara-t-elle, un soupçon de rêve dans la voix. Dans les collines. Il n'y a rien d'autre, là-bas. Tu vas adorer.

— Vous étiez tout seuls ? demanda Mae.

Avaient-ils…

Mais, avant qu'elle ait pu se poser la question, Harriet lui répondit :

— En tout bien tout honneur, je te le promets. Ses domestiques étaient présents. (Elle rougit.) Nous préférons attendre.

Le regard rivé sur les assiettes à soupe vides, Mae acquiesça, elle-même écarlate en se souvenant des halètements de David, de son poids sur elle et de la douleur. Alex allait-il être comme cela avec Harriet ? Les hommes étaient-ils tous les mêmes ?

Elles entendirent David gagner son bureau, en bas. Aucune des deux ne fit la moindre remarque. Elles faisaient comme s'il n'était pas là.

Harriet descendit le plateau avant de retourner s'asseoir à côté de sa sœur, à l'étroit sur le lit d'une place.

— Tu as l'air fatiguée, déclara-t-elle.

— Je crois que c'est le cas.

— Ferme les yeux.

Mae suivit ses recommandations. Même si elle était convaincue de ne pas être capable de trouver le sommeil, elle s'assoupit. Et, pour la première fois depuis qu'elles étaient enfants, Harriet resta avec elle toute la nuit, blottie à ses côtés.

Mae resta couchée deux jours supplémentaires avant de pouvoir se résoudre à faire de nouveau face à David. Elle assura à Harriet qu'elle était trop affaiblie pour se déplacer. Sa sœur lui monta donc ses repas et resta discuter. Elle avait presque l'impression que le fossé qui les avait séparées n'avait jamais existé. Il était pourtant encore bel et bien là : une ombre tenace. Mais cela n'occupait plus l'essentiel de ses pensées. Loin de là. Mae parvint même à demander à Harriet si Alex et elle avaient fixé la date de leur mariage (Dans sept semaines. Le pasteur leur ayant certifié qu'il n'était pas disponible avant, Harriet soupçonnait David de s'en être mêlé. Au moins, comme cela, Laurie serait rentré.), et si elle était impatiente de prévenir Sally.

— Oui, lui répondit-elle avec une étincelle dans le regard. Tu pourras venir avec moi, si tu veux.

Mae lui répondit que, oui, cela lui plairait énormément.

Le troisième jour, lorsqu'elle trouva enfin le courage de descendre à la salle à manger pour le petit déjeuner, elle s'aperçut, à en juger d'après la tête de David, qu'il avait redouté ce moment au moins autant qu'elle.

Tout le temps où Harriet fut là, il n'adressa pas la parole à Mae. Mais dès qu'elle se rendit aux toilettes, il se pencha au-dessus de la table, et, à voix basse, de sorte qu'il n'y ait aucun risque que quelqu'un d'autre les entende, il déclara d'une voix sifflante :

— Je ne vais pas vous épouser. J'espère que vous ne croyez pas que ça puisse être le cas.

— Bien sûr que non, lui répondit-elle sur le même ton. (Cela ne lui était même pas venu à l'esprit.) Je n'en ai aucune envie.

— Parfait. Parce que je ne peux pas.

Mae lui lança un regard de haine pure, puis, incapable de rester plus longtemps dans la même pièce que lui (chaque fois qu'elle se tournait vers lui, elle revoyait son visage brun-rouge au-dessus du sien. « *Harriet* »), elle se leva et partit. Elle refusait de se laisser atteindre par sa froideur. Elle prit sur-le-champ la résolution de ne plus le laisser la faire souffrir. C'en était assez.

Durant les quatre semaines qui suivirent, elle l'évita avec autant d'application qu'elle en avait usé pour éviter sa sœur. Chaque matin, elle restait dans sa chambre jusqu'à ce qu'il parte travailler (ou, les jours pluvieux, jusqu'à ce qu'il s'enferme dans son bureau), et alors seulement, elle descendait prendre son petit déjeuner avec Harriet. Le petit déjeuner d'Alex. Elle ne toucha plus jamais à une seule biscotte. (Harriet était heureuse qu'elle l'aide à vider les paniers, elle le devinait à son regard. Ling un peu moins.) Dans la soirée, elle s'habillait bien avant que David soit rentré du travail, et sortait dîner avec Harriet et Alex. Ils l'emmenaient dans les mêmes restaurants que ceux qu'ils fréquentaient depuis longtemps, et au marché, aussi. Elle buvait de la bière à la bouteille, et trouvait cela nettement plus rafraîchissant que le xérès. Elle les fit rire tous les deux en éructant, et, malgré tout, trouva la force de les imiter. Ce qu'il était agréable de rire…

Un soir, ils se rendirent tous chez Alex, à Bukit Chandu. Elle fut stupéfiée par la beauté des lieux : les parquets cirés, les hauts plafonds et les vastes fenêtres aux volets clos ; le parfum des arbres et de l'huile à la citronnelle que sa gouvernante faisait brûler afin d'éloigner les insectes. Ils lui montrèrent où elle dormirait : une pièce aussi spacieuse qu'accueillante, à l'autre bout de la maison. Elle s'aperçut de toute l'intimité et de la paix dont elle jouirait. D'une certaine manière, elle s'était imaginé qu'ils vivraient dans une maison comme celle de David, mais ce ne serait pas le cas. Ce serait plus facile. Beaucoup plus facile. Elle éprouvait toujours les mêmes sentiments envers Alex (ce même pincement au cœur chaque fois qu'elle le regardait, cette même chaleur aux joues chaque fois qu'il regardait Harriet), mais elle commençait à croire qu'elle pouvait se faire à l'idée qu'il aimait sa sœur. Ou, du moins, y attacher une moindre importance.

Avec le temps, le souvenir des instants sordides qu'elle avait passés avec David s'estompa. Elle y repensait de moins en moins souvent et ne sentait presque plus le parfum écœurant du brandy quand elle le revoyait grogner le nom de Harriet.

Mais ses règles eurent d'abord une, puis deux semaines de retard. Elle commença à ressentir des douleurs à la poitrine, puis à avoir des nausées. Elle savait ce que cela signifiait : à Simla, la fille d'un médecin leur avait expliqué comment tout cela fonctionnait.

Elle s'abstint d'aborder le sujet. Chaque fois qu'elle se demandait ce qui se passait dans son ventre, elle était morte de peur. Elle ne cessa de penser à sa mère, à ce qu'elle avait dû éprouver. Pour la première fois de sa vie, elle la plaignit. Et voilà qu'elle se retrouvait dans la même situation qu'elle, alors qu'elle le lui avait toujours reproché. Elle avait du mal à le supporter. Et elle ne voulait pas de l'enfant de David.

Elle ne voulait pas de lui. Il lui paraissait inimaginable qu'elle ait pu un jour le désirer. Elle le haïssait au plus haut point, mais, alors même qu'un autre avenir semblait enfin lui tendre les bras – un avenir heureux, elle en était de plus en plus convaincue –, il lui faudrait finalement l'épouser.

C'était injuste. Vraiment trop injuste. Elle refusait de l'accepter.

Chaque matin, elle attendait l'arrivée des crampes habituelles, espérant malgré tout qu'elles viendraient. Mais rien ne se produisait. Rien. Son angoisse redoubla, jusqu'à ce qu'elle finisse par comprendre qu'elle devrait lui en parler.

Ce fut chose faite un jeudi soir, six semaines après cet intermède alcoolisé qui avait tout déclenché. Il devait y avoir le lendemain un bal de mai chez le gouverneur. Tout le monde y serait, même Laurie, de retour de son voyage. Elle s'imaginait que David pourrait y annoncer leurs fiançailles. Il pourrait enfin recevoir son héritage. Le matin même, il avait reçu une lettre de l'avocat de Mr Palmer, qui voulait savoir où il en était. David en avait parlé à Harriet au petit déjeuner. La maladie de Mr Palmer commençait à le diminuer considérablement, avait-il expliqué, et l'avocat souhaitait avoir des nouvelles.

— Donnez-lui-en, avait répondu Harriet d'un ton glacial. Je n'ai aucune envie de cacher quoi que ce soit. Mae et moi serons parties avant la fin du mois.

Vraiment ? s'était demandé Mae. *Vraiment ?*

Elle frappa d'une main tremblante à la porte du bureau de David. Ils étaient dans la maison. Ling était allée voir sa mère, Harriet était sortie avec Alex et Laurie. Mae avait prétexté qu'elle était trop fatiguée pour se joindre à eux. Ce qui était le cas. Elle était épuisée. En permanence.

— Entrez, retentit la voix de David. Ah, dit-il en apercevant Mae. C'est vous.

De qui d'autre aurait-il pu s'agir ?

La gorge sèche, Mae déglutit. Elle avait une boule dans l'estomac. Sachant que si elle ne s'exprimait pas maintenant, elle ne le ferait jamais, elle prit une petite inspiration et fit appel à tout son courage.

— Je suis enceinte, annonça-t-elle d'une voix tendue. (Elle prit une nouvelle inspiration.) De vous.

Elle sentit les battements de son cœur résonner dans sa gorge. Les dés étaient jetés.

David se contenta de la regarder fixement.

Attendant sa réponse, elle serra les poings. Il baissa les yeux sur les documents qui jonchaient son bureau. Il regarda d'un côté et de l'autre, comme s'il tentait de comprendre ce qui se passait. Elle enfonça ses ongles dans la paume de ses mains. Elle suait à grosses gouttes. Elle les sentait sur sa peau, sa poitrine, ses aisselles.

— Je ne vous épouserai pas, déclara-t-il, répétant ce qu'il lui avait déjà déclaré des semaines auparavant.

Ce fut à son tour de le regarder fixement.

— Pardon ?

Il le répéta.

— Mais vous y êtes obligé !

Il secoua la tête, inflexible, ce qui affola Mae davantage encore.

Il n'y pensait pas.

Elle lui dit que c'était impossible.

Il lui garantit que c'était pourtant exactement ce qu'il était en train de faire. Il avait toujours le regard rivé sur ses papiers.

— Je suis enceinte, répéta-t-elle. De vous ! (Comment était-ce possible ?) Vous êtes obligé de m'épouser. (Elle s'approcha d'un pas.) David…

Il leva la main, la réduisant au silence. Il avait l'air aussi abattu que concentré. Il remua les lèvres, comme s'il conversait silencieusement avec lui-même. Elle comprit qu'il était en train d'échafauder un plan, de trouver le moyen de se tirer de ce mauvais pas, mais elle se demandait ce qu'il allait bien pouvoir faire, ce qui la terrifiait.

— David, répéta-t-elle. Il faut que vous reveniez à la raison…

— « À la raison » ? demanda-t-il avec un semblant de sourire. Oui, je crois que c'est précisément ce que je fais.

— Comment ça ? l'interrogea-t-elle, consciente de sa voix tremblante.

Avec un grand sourire, désormais, il finit par lever les yeux. À sa grande stupéfaction, elle décela une lueur de triomphe dans son regard. Elle était plus effrayée que jamais.

— Je ne vais pas vous épouser, dit-il encore.

— Si, insista-t-elle d'un ton désespéré. Vous y êtes obligé !

— Non, pas du tout. (Il marqua une pause, souriant à pleines dents.) Voici ce que nous allons faire…

Chapitre 16

« *Voici ce que nous allons faire…* »

Les paroles de David résonnèrent toute la nuit dans l'esprit de Mae. Celles-là et toutes celles qu'il avait prononcées ensuite.

Était-il fou ? Il n'en avait pas eu l'air. Juste enthousiaste (ou, du moins, sa version de l'enthousiasme : le regard brillant, une énergie inhabituelle, lui d'ordinaire si amorphe.)

— Ne soyez pas si ravi, lui avait-elle reproché, la voix tremblante de dégoût et d'effroi. N'allez pas imaginer que ce soit possible.

— Pourquoi ?

— Parce que je ne pourrai pas.

Elle n'aurait pas pu. Non, elle n'aurait pas pu. S'imaginait-il vraiment qu'elle aurait pu ?

— Vous avez le choix ? lui avait-il demandé.

Elle n'avait su que lui répondre.

De nombreuses heures après, elle ne le savait toujours pas. Étendue, figée par l'effroi, les yeux douloureux, elle regardait le soleil levant donner une teinte d'abord rosée, puis dorée, aux volets de sa fenêtre. Elle porta la main à son ventre. Même si elle savait que c'était le cas, elle avait encore du mal à croire qu'elle puisse y héberger la vie.

« Je ne vais pas vous épouser. »

Il allait bien falloir que quelqu'un le fasse, sinon, qu'allait-il advenir d'elle ? Elle ne pouvait pas devenir comme sa mère.

Il lui avait été suffisamment difficile d'être sa fille, toutes ces années durant. Les affronts, les messes basses... elle ne supportait plus rien de tout cela. Et cela n'allait qu'empirer. Elle s'imagina le ventre rond, puis un nourrisson dans les bras, toute seule. À cette idée terrifiante, elle sentit son pouls accélérer. Personne ne se soucierait d'elle. Le restant de ses jours, elle serait la risée de tous. Et son enfant aussi.

On frappa à sa porte. Harriet passa la tête.

— Tu as bien dormi ?

— Très bien, mentit-elle.

Elle préférait éviter que sa sœur s'inquiète, qu'elle l'interroge. Rien qu'en pensant à ce que David avait imaginé, elle eut du mal à la regarder dans les yeux.

— Tu es toute pâle, lui fit remarquer Harriet. Ça te dirait de venir au bal, ce soir ?

— Je ne sais pas.

Si je n'y vais pas, je ne pourrai pas le faire, songea-t-elle.

Avant de se demander : *Mais, si je ne le fais pas, que pourrai-je faire d'autre ?*

— Probablement, ajouta-t-elle, submergée de honte.

— Tu ne sembles pas au mieux de ta forme, constata Harriet. J'espère que ce n'est pas la même chose que le mois dernier. Tu ne veux pas que j'appelle le médecin, tu en es sûre ?

— Oui.

Mae avait répondu trop fort, trop rapidement. C'était dû à l'idée qu'un médecin puisse l'examiner.

Harriet la dévisagea d'un air intrigué.

— D'accord...

— Ça va aller, tenta de la rassurer Mae, d'un ton plus égal. Vraiment. (Elle se fendit d'un sourire forcé.) Vous avez passé une bonne soirée, hier ? demanda-t-elle pour changer de sujet.

Les traits de Harriet s'adoucirent, Mae étant parvenue, comme escompté, à détourner son attention.

— Oui, répondit-elle d'un air si heureux que Mae tressaillit de nouveau à l'idée de tout ce que David attendait d'elle.

Tu ne peux pas faire ça, se dit-elle. *Pas à elle.*

Harriet lui parlait, lui racontant comme cela lui avait plu de revoir Laurie, et qu'il serait le témoin d'Alex. Mae, qui n'avait pas oublié qu'elle soupçonnait Laurie aussi d'être amoureux de sa sœur, se demanda ce qu'il pensait de ce rôle. Mais elle s'abstint de poser la question. Elle n'éprouvait plus le besoin de s'en prendre à Harriet, de la contrarier.

Tout aurait été plus facile pour elle si cela avait été encore le cas.

— Ils arriveront au bal un peu plus tard, expliqua Harriet. Laurie a organisé un cocktail au club, d'abord. Il prétend que c'est pour féliciter Alex, mais je crois surtout qu'il souhaite fêter son retour au bercail.

Mae hocha la tête d'un air hébété. Elle était déjà au courant pour le cocktail. David aussi. Roger avait manifestement trahi les projets de Laurie au travail.

« *Je vais demander à Roger d'y aller.* (David avait hoché la tête.) *Oui, oui.* »

Non, non ! aurait voulu hurler Mae. Mais elle n'en avait rien fait. Parce qu'elle avait redouté ce que cela aurait signifié pour elle.

Elle aurait dû hurler.

— Je vais te laisser te reposer, déclara Harriet. J'ai une séance d'essayage. (Le mariage était déjà dans trois semaines. Trois semaines.) Appelle Ling si tu as besoin de quoi que ce soit, d'accord ?

— Oui, répondit mollement Mae.

Harriet quitta la chambre. Lorsque Mae l'eut entendue refermer la porte et s'éloigner d'un pas léger dans le couloir, si insouciante, elle se retourna sur son oreiller. Jamais elle ne s'était sentie si lasse, si abattue.

Pour la énième fois, elle se demanda ce qu'elle allait bien pouvoir faire.

« Il n'y a qu'une chose à faire », lui avait déclaré David.

Mais elle doutait d'y parvenir.

Ce soir-là, lorsque Harriet, Mae et David arrivèrent à Fort Canning pour la soirée, de longues files de calèches stationnaient déjà le long des allées qui menaient à la demeure du gouverneur. Le museau dans leurs musettes, les montures se laissaient caresser par leurs cochers. Une légère brise soufflait depuis le port, apportant une légère odeur de poisson, avec un soupçon de piment et d'épices. En contrebas, dans les rues de Chinatown, tintaient les sonnettes des vélos. Des lanternes diffusaient une lueur rougeâtre dans les ruelles sombres. Au large, des embarcations traditionnelles se balançaient sous les étoiles. Les apercevant en descendant du *gharry* de David, Harriet fut médusée en imaginant tous les lieux vers lesquels elles avaient vogué, vers où elles navigueraient à l'avenir. Elle éprouva soudain le curieux désir de courir à elles, de monter à bord d'une d'entre elles et de partir. Agacée par son appréhension, elle repoussa cette pulsion. Son inquiétude était allée croissant tout au long du trajet en *gharry*, et elle en ignorait la raison. Elle n'avait aucune crainte à avoir, à part pour Mae, qui semblait encore souffrante.

Se tournant vers elle, elle la regarda descendre de la voiture et ajuster sa robe pêche. Sur la proposition de Mae, elles avaient échangé leurs robes de bal. Elle lui avait paru si lasse quand elle avait fait cette suggestion que Harriet avait voulu lui faire plaisir. Elle regrettait, à présent. Elle se sentait toute drôle, dans la robe rouge de sa sœur.

Peut-être cela expliquait-il en partie son humeur incohérente.

David y était aussi pour quelque chose. Il s'était conduit bizarrement tout le long du trajet. Il n'avait cessé de sourire, comme s'il attendait cette soirée avec impatience. Lui, qui détestait les mondanités.

— Vous êtes très jovial, lui avait-elle fait remarquer.

Il lui avait répondu en émettant un son singulier. Comme un gloussement. Elle avait lancé un regard oblique vers Mae, soucieuse de savoir si elle avait remarqué son comportement curieux. Mais, les lèvres pincées, comme pour lutter contre une nausée naissante, Mae avait continué à regarder tourner les roues du *gharry*. Sa sœur lui avait fait remarquer qu'elle aurait mieux fait de garder la chambre.

— Elle va bien, lui avait garanti David.

— Vous venez ? demandait-il à présent à Mae avec un geste d'impatience vers la demeure de Soames et la file serpentine des invités parés de leurs plus beaux atours qui se dirigeaient vers l'entrée. (Les fenêtres étaient illuminées, et les pelouses bordées de torches.) Nous sommes en retard.

Mae le regarda en plissant les yeux. Harriet l'imita. Elle avait hâte que sa sœur et elle puissent recouvrer leur liberté. Alex leur avait proposé d'emménager chez lui plus tôt :

— Je ne vois pas ce que ça changerait pour vous, avait-il expliqué. Vous savez que je ne compte rien vous demander en échange.

Elle le savait. Elle souhaitait d'ailleurs de plus en plus que ce soit le cas. Ils n'étaient plus que rarement seuls, maintenant que Mae avait commencé à sortir avec eux, mais, lorsque la situation se présentait, il leur était presque impossible d'interrompre leurs baisers. Elle sentait ses mains dans le creux de son dos, autour de sa taille, ses lèvres sur son oreille, son cou… Elle pressait son corps contre le sien, à peine consciente de ce qu'elle voulait, désirant uniquement qu'il poursuive, ce qu'il faisait. Mais cela n'avait aucune importance. Les autres pouvaient bien penser ce qu'ils voulaient. Et le fait de vivre avec Alex serait aussi différent pour elle que pour Mae. C'était Mr Palmer qui les avait envoyées chez David, comme s'il s'agissait de ses pupilles. Pour elles, le fait d'emménager chez Alex avant le mariage aurait une tout autre signification. Le scandale serait énorme. Les clients d'Alex s'enfuiraient probablement. Cela n'en valait pas la peine.

— Il est préférable que nous attendions, avait-elle préconisé. Ce ne sera plus très long.

Plus que trois semaines.

— Harriet, l'appela David d'une voix plus douce que lorsqu'il s'était adressé à Mae. Je vous en prie, allons-y.

Harriet poussa un soupir de réticence.

— Tu es prête ? demanda-t-elle à sa sœur, qui était toujours aussi préoccupée par sa robe.

— Je suppose, répondit-elle sans le moindre enthousiasme.

— Tu es sûre ? Je peux te raccompagner à la maison.

Elle s'aperçut que cela lui aurait beaucoup plu.

— Elle ne rentre pas, intervint David.

Harriet fronça les sourcils. De quoi se mêlait-il ?

— Vraiment, dit-elle à Mae, on peut partir, si ça ne va pas.

Mais Mae secoua la tête d'un air sinistre.

— On est là, maintenant…

Avant que Harriet ait pu protester, Mae se mit en route.

Ne voyant pas quoi faire de plus, Harriet lui emboîta le pas.

Alex ne va pas tarder, se dit-elle.

Elle se sentirait mieux, alors.

La bâtisse était encore plus imposante de près que de loin. De grandes vérandas bordées de portes-fenêtres ornaient les deux niveaux. À l'entrée se tenaient deux domestiques malais vêtus de pantalons et de tuniques à glands. Il y en avait d'autres dans le vestibule de marbre, disposés le long du mur à intervalle régulier. Harriet se demanda ce qu'ils allaient faire toute la soirée. Avaient-ils un métier ? Ou gagnaient-ils leur vie en se contentant de donner un air grandiose au gouverneur ? (Elle soupçonnait la seconde possibilité.)

Le gouverneur en personne, accompagné de sa femme Elspeth, attendait pour accueillir les invités, qui faisaient la queue de manière officielle devant les portes de la terrasse de derrière. Harriet avait déjà eu l'occasion de croiser Elspeth à plusieurs reprises à l'église. Alex et elle étaient également tombés sur elle et Soames, un jour où ils sortaient ensemble.

« Vous avez bien fait, lui avait assuré Elspeth du coin de la bouche. Pauvre vieux Keeley, il a le cœur brisé. Je suis censée être fâchée contre vous, mais, en fait, je vous admire. (Harriet avait demandé de quelle manière elle devait le prendre.) Comme un compliment, très chère. C'est comme ça que je l'entendais. »

— Où est le beau Mr Blake ? lui demandait-elle à présent.

— Il arrive, répondit-elle, espérant ne pas se tromper.

— Mon Roger est de sortie avec lui, intervint Sally, qui surgit derrière Harriet, Mae et David. (Elle était à bout de souffle. On aurait dit qu'elle avait couru pour les rattraper.) Ils sont avec Laurie. (Elle adressa un sourire à David.) Je suis censée vous en informer.

— Moi ? (David la regarda d'un air ahuri.) Pourquoi ?

— Je… Eh bien, je n'en sais rien. Je pensais que ça vous intéresserait.

— Je ne comprends pas.

Il était évident que c'était également le cas de Sally. Son visage rond se fit écarlate.

Égal à lui-même, David resta de marbre face à son embarras.

Elspeth haussa un sourcil. Harriet, que cet échange ennuyait déjà, se tourna vers le jardin illuminé par les torches, où régnait une certaine effervescence, et se laissa pousser vers la terrasse par de nouveaux invités.

Elle examina la foule en contrebas, sur la pelouse. C'étaient les mêmes personnes que celles qui avaient assisté au bal des Yates : elle reconnut les mêmes visages, les mêmes robes de soie et les mêmes costumes en textile brossé. Elle soupçonnait d'ailleurs qu'il s'agissait du même quatuor à cordes, qui jouait au pied de l'escalier de la terrasse. Alex et elle avaient parlé de voyages, des lieux où ils se rendraient une fois mariés : en Asie, en Europe et en Inde.

« Tu me feras connaître Simla. »

Harriet avait hâte qu'ils partent. Elle avait de plus en plus de mal à respirer sur cette île minuscule.

David lui déclara qu'il allait lui chercher un verre. Elle lui répondit qu'elle n'avait pas soif, mais soit il ne l'entendit pas, soit il décida de ne pas en tenir compte.

— Je vais le prendre, lui annonça Sally. Je meurs de soif.

— D'accord, dit Harriet.

Mae grimaça comme si elle avait envie de vomir. Déclarant qu'elle allait aux toilettes, et refusant l'aide de sa sœur, elle tourna les talons.

Harriet la regarda s'éloigner tête baissée. Elle était toute pâle. Elle avait bien envie de la rattraper, de toute façon.

Sally lui donna un petit coup de coude dans le bras. Elle lui avoua qu'elle avait failli la prendre pour Mae, lorsqu'elle l'avait vue.

— Votre robe…

— Nous les avons échangées.

— Comme c'est intéressant.

Vraiment ?

Il y eut un long silence. Harriet n'avait aucune envie d'y mettre fin. Elle espérait simplement qu'Alex ne tarderait pas.

Mais ce fut David qui réapparut, avec la boisson promise. Bizarre. Comme cela lui ressemblait de ne pas penser à prendre un verre pour qui que ce soit d'autre.

— Tenez, dit-il en lui tendant le verre de boisson pétillante.

— C'est Sally qui va le prendre, déclara Harriet.

— Je ne suis pas allé le chercher pour Sally, rétorqua-t-il d'un ton grossier. C'est pour vous.

— Mais je n'ai pas soif. Sally, si.

— C'est pour vous, insista David.

— Ce n'est rien, intervint Sally, gênée, secouant la tête en faisant rebondir ses boucles. (Pour une fois, Harriet était de son côté.) Prenez-le, Harriet.

— Franchement, je n'ai pas soif.

— Je suis allé le chercher pour vous, s'obstina David.

— Je n'en veux pas.

— Mais je suis allé le chercher.

— Je ne vous ai rien demandé, lui fit-elle remarquer avec un certain agacement.

Plusieurs personnes se tournèrent vers eux. Mae, qui revenait vers eux, lança un regard curieux au verre que tenait David.

— Prenez-le, intervint gauchement Sally. D'accord ?

Harriet grinça des dents.

— Très bien.

David esquissa un sourire.

Elle porta le verre à ses lèvres pour en boire une petite gorgée. Mais il réalisa alors un geste des plus étranges. Il tendit les doigts vers le pied du verre, l'inclina vers le haut sans le lâcher, l'obligeant à boire le breuvage pétillant tiède pour éviter d'en renverser sur son menton. Effarée, elle écarquilla les yeux. Elle était convaincue qu'elle allait s'étouffer. Mais ce ne fut pas le cas, et elle vida le verre.

— Eh bien, dit Sally. Ça alors…

Harriet déglutit.

— Qu'est-ce qui vous prend ? demanda-t-elle à David. Bonté divine.

— Vous aviez l'air assoiffée…

Harriet s'essuya les lèvres.

— Ne faites plus jamais ça, lui recommanda-t-elle.

Imperturbable malgré sa réprimande, David haussa les épaules. En fait, il semblait étrangement content de lui. Presque suffisant.

Harriet, la main à ses lèvres, n'avait aucune idée de ce qui se passait. Cela la mit d'autant plus sur les nerfs.

Jusqu'à ce qu'elle voie Harriet boire ce verre, Mae s'aperçut combien elle avait peu cru que le plan sordide de David fonctionnerait. Elle ne s'était pas attardée sur la façon dont elle devrait gérer son propre rôle dans l'affaire, car il ne lui était jamais venu à l'esprit qu'elle aurait quelque chose à faire. Même un peu plus tôt, quand elle avait demandé à sa sœur d'échanger les robes, elle n'avait pas trop culpabilisé, parce qu'elle était certaine que cela n'aurait aucune conséquence pour elles.

Mais, à présent, Harriet avait bu le verre.

Et Roger était avec Alex, d'après Sally, sans doute en train de lui faire boire un breuvage de son propre cru, ou, du moins, de s'assurer qu'il ait bu suffisamment de brandy avant d'arriver au bal.

Elle n'eut pas vraiment besoin du signe de tête éloquent de David pour savoir que, désormais, il considérait que c'était à elle de jouer.

Soames approcha, donnant une tape sur l'épaule de David, lui demandant d'avoir deux mots avec lui à propos d'une affaire quelconque.

— Quelque chose de très ennuyeux, je crains, dit-il en adressant un sourire général à Mae, Sally et Harriet. C'est urgent. Navré de vous priver de la compagnie de Keeley.

Était-il sincère ?

Il s'éloigna, David sur ses talons. Avant de disparaître, ce dernier jeta un dernier coup d'œil à Mae.

« Vous avez le choix ? »

Non. Elle en était consciente.

Pour autant, cela signifiait-il qu'elle devait s'en contenter ? Elle n'était pas certaine de le pouvoir. Non, elle savait qu'elle ne le pourrait pas. Elle ne le pourrait vraiment pas.

Vraiment ?

Oh, mais, quelque part, elle en avait envie. Car, si cela fonctionnait, elle aurait tout gagné : le bébé, la maison et Alex. Et une fin heureuse pour Harriet, malgré tout.

Qu'est-ce qui n'allait pas chez elle ? Comment pouvait-elle ne serait-ce qu'envisager une chose pareille ?

Elle s'obligea à se tourner vers sa sœur, éprouvant le besoin de se rappeler qui elle était sur le point de faire souffrir. Harriet lui rendit son sourire. Elle semblait encore aller parfaitement bien. Elle avait bon teint, le regard d'aplomb. Peut-être le sédatif ne fonctionnerait-il pas, après tout.

Les espoirs de Mae furent vite anéantis. Au bout de quelques minutes de bavardages oiseaux de la part de Sally, Harriet commença à chanceler. Désemparée, les sourcils froncés, elle se cramponna à la balustrade.

— Ça ne va pas, très chère ? s'enquit Sally. Vous souhaitez aller à l'intérieur ?

— Je ne sais pas, répondit-elle lentement. Peut-être.

Sally jeta un coup d'œil envieux à la fête qui se déroulait autour d'eux, puis, s'y sentant obligée, demanda :

— Je vous accompagne ?

Une lueur d'inquiétude se mit à briller dans le regard de Harriet. Mais lorsqu'elle tenta de dire qu'elle s'y rendrait seule, elle fut incapable d'articuler.

— Je m'en occupe, déclara Mae.

— Vous en êtes sûre ? demanda Sally, pas mécontente.

— Absolument.

Elle saisit sa sœur par le bras. Celle-ci leva les yeux vers elle. Il y avait de la peur dans ses yeux.

— Je chais pas chqui chpasse.

— Viens, lui dit Mae. Viens.

Harriet s'appuya de tout son poids sur son bras. Elle parvint tout juste à mettre un pied devant l'autre, ce qui lui demanda un effort considérable.

— On va aller te chercher un peu d'eau, lui expliqua Mae.

— Il faut que je m'étende, se plaignit Harriet, se cramponnant au montant de la porte lorsqu'elles pénétrèrent dans la bâtisse.

David avait ordonné à Mae de conduire sa sœur dans une chambre, à l'étage, à l'écart. *« Demandez à l'un des domestiques. »* Atterrée à l'idée de faire ce qu'il attendait d'elle, elle ne vit toutefois aucune autre possibilité. Maintenant que la machine était lancée, c'était trop tard.

Elle suait à grosses gouttes. Elle avait déjà mal aux bras à force d'aider Harriet à se tenir droite, et elle commençait à avoir la nausée. Elle parcourut du regard le vestibule de marbre. Il était pratiquement désert, désormais, à l'exception des serviteurs au garde-à-vous. Elle se prit à espérer qu'Alex surgirait d'un instant à l'autre. S'il arrivait, ivre ou non, et les voyait, toutes les deux, elle lui expliquerait combien Harriet était malade. Inquiet pour elle, il insisterait pour la ramener chez elle. Ils partiraient, et c'en serait terminé. Mae devrait faire face au triste sort qui lui était réservé – et, comme toujours, cela la terrifiait –, mais, au moins, Harriet aurait un avenir radieux.

Mais… point d'Alex.

Un domestique s'approcha de Mae. Il lui demanda s'il pouvait l'aider, avant de prendre dans ses bras une Harriet de plus en plus immobile et de la porter jusqu'à l'étage. Elle avait perdu toutes ses couleurs. Ses yeux se fermaient tout seuls, comme si c'était au-delà de ses forces de les maintenir ouverts. C'était horrible à voir.

Le domestique les guida jusqu'à une pièce aussi grande que le rez-de-chaussée de chez David. Au centre se dressait un lit à baldaquin, sur lequel le serviteur déposa Harriet. Il proposa d'aller lui chercher de l'eau, disparut, puis revint, un pichet et un verre à la main.

Lorsqu'il eut de nouveau quitté la pièce, Mae prit place sur le lit à côté de Harriet, de la même manière que celle-ci l'avait fait, des semaines auparavant, quand elle avait été si triste, si malade. Elle se pencha sur elle, déposant une main sur son front. Elle était en sueur, comme Mae, mais sa peau était à température normale, au moins. Son souffle semblait régulier. Mae avait songé à appeler un médecin, mais ce serait peut-être inutile.

Elle se rassit, le matelas moelleux se creusant sous son poids, et examina sa sœur. Elle esquissa un sourire attristé en l'entendant commencer à ronfler.

Ce fut ce ronflement qui la décida. Elle ne pouvait pas la faire souffrir. Vraiment pas. Elle était anéantie à l'idée que ce puisse être le cas.

— Désolée, dit-elle à sa sœur endormie. Je suis, vraiment, vraiment désolée.

À ses propres paroles, elle sentit un poids sur ses épaules. Le devinant de plus en plus lourd, elle ferma les yeux. C'était le poids de ce que son existence allait devenir. Avant de pouvoir s'en empêcher, elle imagina aussi celle de Harriet, si différente de l'inévitable solitude qui l'attendait : ses années chez Alex ; les bras de ce dernier autour d'elle chaque matin, chaque nuit ; les anniversaires et les Noël, les repas, les verres dans la véranda ; leurs enfants, désirés, heureux…

— Non, dit-elle à voix haute. (Harriet ne remua même pas.) Stop !

C'était la vie de Harriet. Pas la sienne. Ce ne serait jamais la sienne.

Elle ferait bien de rentrer. Si elle restait plus longtemps, elle craignait de changer d'avis et de faire ce que David lui avait demandé, finalement. Elle n'avait pas suffisamment confiance en elle. Elle demanderait à l'un des domestiques de veiller sur Harriet, puis elle irait très loin de cet endroit. Dès le soir même. La peur au ventre, elle porta la main à sa poitrine, sur la robe de Harriet, sur son corset serré, et, déterminée, prit une profonde inspiration.

Puis elle se leva, traversa la pièce et la quitta, refermant la porte derrière elle.

Elle longea le palier, autour de la cage d'escalier, en direction du vestibule désert. Le bourdonnement des conversations et des rires lui parvenait du jardin par les portes ouvertes.

Elle descendit l'escalier, un pied devant l'autre, et dirigea ses pas vers la sortie, résolue à gagner le *gharry* de David. Mais elle entendit une voix derrière elle.

Sa voix.

Celle d'Alex.

Mais ce n'était pas son nom qu'il appelait.

— Harriet !

Alex esquissa un sourire de soulagement en la voyant se diriger vers la sortie. Il la cherchait. David lui avait expliqué qu'elle avait conduit Mae à l'étage.

— Elle ne se sent pas bien, avait-il déclaré.

— Mae ? (Sally, également présente, avait froncé les sourcils.) Non, Harriet.

— Non, avait insisté David. Mae.

Alex les avait regardés tour à tour, aussi perplexe qu'impatient. Et ivre, aussi. Il se demandait comment cela avait pu se produire. Il ne s'autorisait jamais ce genre d'écart. C'était son père, l'ivrogne, pas lui.

Il s'était éloigné, les laissant à leur curieux débat, déterminé à retrouver Harriet.

Ne se sentant pas très bien, il souhaitait rentrer chez lui. Il n'était venu que pour la voir. Et voilà qu'elle aussi semblait vouloir partir.

— Harriet, répéta-t-il d'une voix inarticulée.

Elle se retourna. Elle paraissait un peu bizarre. Il avait du mal à fixer son regard sur elle.

Il s'approcha, conscient de sa démarche chancelante en traversant la pièce uniquement éclairée par des chandelles. Il arriva à sa hauteur. Elle portait la même robe qu'au bal des Yates. Il s'en souvenait très bien.

— Ça va ? s'enquit-il. Sally m'a dit que tu étais malade.

Elle secoua la tête. Elle n'était donc pas malade. Bonne nouvelle. C'était Sally qui s'était trompée, et non David. À moins que ce soit le contraire ? Il avait du mal à réfléchir.

Il la dévisagea. Elle regardait ses pieds. Elle avait les traits tirés. C'était la première fois qu'il la voyait dans cet état. Lui en voulait-elle ?

Il lui posa la question.

Elle secoua de nouveau la tête. Il l'étreignit, et, bien qu'elle se raidisse, cela ne dura qu'un instant. Elle appuya aussitôt sa tête contre lui et ferma les yeux.

Harriet.

Il l'embrassa sur le sommet du crâne. Il ne reconnut pas sa chevelure. Il avait trop bu, sans doute. Lui aussi ferma les yeux. Ils restèrent figés un long moment. Même les yeux fermés, la pièce continuait à tournoyer.

Il la sentit lever les yeux vers lui plus qu'il la vit. Elle prit une inspiration, s'apprêtant sans doute à lui dire quelque chose, mais ses lèvres trouvèrent les siennes avant. De nouveau, elle se crispa. Voilà qui était curieux. Et son baiser, aussi… Mais, avant qu'il ait le temps d'y réfléchir, elle lui rendit son baiser, plus fort, détournant son attention. Elle lui saisit la main. Revenant à lui, il ouvrit les yeux. Il était convaincu que quelque chose ne tournait pas rond. Mais elle lui tournait déjà le dos. Elle le conduisait vers une porte, à l'autre bout du couloir.

— Où va-t-on ? demanda-t-il.

Elle poursuivit sans lui répondre.

Alors, il lui emboîta le pas.

Elle entrebâilla la porte, jeta un coup d'œil derrière, puis l'ouvrit en grand et la franchit. Elle donnait sur la bibliothèque. Alex le savait, il était déjà venu. Plus d'une fois. Lors de réunions avec Soames. Tout se brouillait dans son esprit embrumé. Seules quelques chandelles étaient allumées, sur le bureau, devant la fenêtre. Elle l'entraîna derrière les imposantes étagères de livres, vers le recoin le plus sombre de la pièce.

— Harriet, répéta-t-il encore. Où allons-nous ?

Elle se tourna vers lui, les yeux baissés, curieusement évasive. Il distinguait à peine son visage. Elle s'approcha de lui, glissant ses bras autour de sa taille, et il se sentit remuer.

— Harriet ?

Elle se contenta de le serrer dans ses bras, sans dresser la tête.

Il se pencha vers elle, lui saisit le menton, et le leva pour qu'il puisse voir ses yeux. Avant qu'il ait le temps de cligner des paupières, elle l'embrassa. Le même baiser différent. Elle se pressa contre lui, tirant sur sa veste, et, instinctivement, il réagit. Il en avait envie depuis longtemps. Si longtemps… Il prit son visage entre ses mains et posa ses lèvres sur les siennes. Ils avaient tous deux le souffle court. Cela lui fit tourner la tête encore plus vite.

Elle recula jusqu'au mur. Il l'accompagna, ses lèvres dans son cou, sur sa poitrine. Il sentit le goût salé de sa peau. Elle rassembla ses jupons et les remonta. La soulevant, il sentit ses jambes autour de sa taille.

— Tu es sûre de toi ? parvint-il à lui demander, prêt à tout arrêter.

Continuant à l'embrasser, elle ne répondit pas. Il lui caressa les jambes au-dessus de ses bas, ce qui la fit sursauter.

— S'il te plaît, l'implora-t-elle, s'il te plaît…

En entendant sa voix, il eut les idées de nouveau claires l'espace d'un instant. Il éprouva encore ce sentiment que quelque chose ne tournait pas rond. Et cette situation ne lui plaisait pas du tout. Il n'avait aucune envie de se sentir débordé, ivre, et de ne plus rien contrôler.

Mais elle tirait sur son pantalon. L'instinct prit le dessus. Ensuite, tout se déroula dans la confusion la plus totale.

Pour Mae, cela n'avait rien de confus. Elle le sentit aller et venir en elle, perçut la force avec laquelle il la serrait dans ses bras, la façon dont il l'embrassait : lentement, avec beaucoup plus de délicatesse que David. *Ça ressemble donc à ça, faire l'amour ?* songea-t-elle.

— Harriet, dit-il. Harriet.

Peinée, elle ferma les yeux. Mais il était trop tard pour revenir en arrière. Beaucoup trop tard.

Ensuite, il la libéra avec tendresse. Elle sentit ses pieds toucher de nouveau terre. Il posa sa tête sur son épaule.

— Désolé, regretta-t-il avec sincérité. Je ne voulais pas que ça se passe comme ça. (Elle grimaça.) Je t'aime, ajouta-t-il. Tu es la femme de ma vie.

Elle sentit une montée de bile dans sa gorge. Maintenant que c'était fait, elle avait considérablement honte. D'autant plus que, même si elle le regrettait, cela lui avait énormément plu. À aucun moment elle n'avait souhaité qu'il s'interrompe. Elle n'avait qu'une envie, recommencer – et que cela ne s'arrête plus –, et elle avait du mal à faire taire la petite voix en elle qui lui garantissait que, avec le temps, ils remettraient sûrement cela.

Mais elle songea soudain à Harriet, endormie, à l'étage, inconsciente que son existence venait de basculer, dans la pièce juste en dessous. Pauvre Harriet. Elle regrettait de plus en plus son geste, ne pensant plus qu'à cela. Ce sentiment occupait toutes ses pensées.

Qu'avait-elle fait ?

— Ça va ? s'enquit Alex.

Elle garda le silence.

— Harriet ? demanda-t-il d'un ton plus inquiet.

Il recula pour mieux la voir.

— C'est Mae, déclara-t-elle d'une voix étouffée. C'est moi.

D'abord, il n'eut aucune réaction. Il demeura impassible. Mais, au bout d'un moment, il se figea soudain dans ses bras. Puis il la repoussa. Les traits tendus, il avait l'air atterré.

— Non, dit-il, de l'horreur dans la voix. Non.

À ses paroles, elle sentit les larmes lui monter aux yeux. Elle n'avait plus qu'une envie, remonter le temps de quelques minutes et faire en sorte que cela ne se soit jamais produit. Partir loin d'ici. Sans tarder. Elle ne supportait pas sa façon de la regarder, son horrible stupeur. Elle baissa ses jupons, les mains tremblantes. Elle s'aperçut qu'il la regardait faire. Décelant une lueur de répulsion dans ses yeux, elle s'interrompit. Avant qu'elle puisse s'en empêcher, elle éclata en sanglots.

— Tu pleures ? Tu fais… ça, et puis tu pleures ?

— Je suis vraiment désolée.

— « Désolée » ? répéta-t-il en reculant. « Désolée » ? (Il porta les mains à sa tête et les pressa contre ses tempes. Son visage se tordit de douleur, d'incrédulité.) Mon Dieu. Mon Dieu !

— Désolée, sanglota-t-elle de nouveau, sachant combien ses paroles seraient vaines.

— Pourquoi ? Pourquoi as-tu fait ça ?

— Je ne sais pas, répondit-elle.

Sur le coup, elle n'aurait vraiment pas pu lui répondre.

— Tu ne sais pas ?

Il poussa un grognement étrange. Le plus amer qu'elle ait jamais entendu.

— Je regrette, jura-t-elle.

— Moi aussi, répliqua-t-il en haussant le ton, la faisant sursauter.

Il prit une profonde inspiration, puis soupira. Le bruit de son souffle et celui des larmes de Mae se mêlèrent au brouhaha distant de la fête. Elle le dévisagea dans l'obscurité, ses jupons encore accrochés autour d'elle de manière humiliante, des larmes roulant sur ses joues. Son gilet et sa veste étaient défaits, sa chemise fripée. Les muscles de ses joues se contractaient régulièrement.

— Ça ne s'est jamais passé, déclara-t-il. (Son regard gris se mit à étinceler. Ses propres larmes n'étaient pas loin.) Jamais.

— Non, lâcha-t-elle, tout juste consciente de ses paroles, sachant seulement qu'elle était prête à dire tout ce qu'il souhaitait si cela pouvait lui permettre de la détester un peu moins. Je suis vraiment…

— Arrête, l'interrompit-il avant qu'elle puisse lui dire une nouvelle fois combien elle était désolée. Tais-toi. (Écœuré, il esquissa un rictus. Et il souffrait. Il souffrait.) Tu n'as pas le droit de dire ça.

— Je veux le dire, je t'en prie…

Apparemment trop dégoûté pour rester, il quitta la pièce en titubant sans même se retourner.

Elle s'écroula par terre, sa robe autour d'elle, sa culotte aux genoux. Elle se recroquevilla, laissant libre cours à ses larmes, maintenant qu'il avait quitté la pièce – en partie pour ce qui venait de se produire, mais surtout pour ce qui allait se passer par la suite –, seule dans l'obscurité de la pièce déserte.

Durant les quinze jours qui suivirent, elle ne revit pas Alex. Il évitait de l'approcher chaque fois qu'il venait chercher Harriet à la maison. Mae, bien sûr, ne demandait plus à sortir avec eux.

— Je ne sais pas ce j'ai, raconta-t-elle à Harriet, qui, Dieu merci, avait recouvré la santé le lendemain du bal. Je ne me sens pas bien. Je me demande si ce vin que m'a fait boire David n'était pas bouchonné.

Elle n'allait réellement pas bien. Elle était chaque jour un peu plus malade que la veille. Elle se demandait si c'était dû à l'enfant qu'elle portait, à tout ce qu'elle avait fait, ou à ce qui l'attendait. Un peu de tout cela, sans doute. Mais, si elle se détestait pour sa trahison – elle ne cessait de repenser à l'air horrifié d'Alex, à son dégoût, *« Ça ne s'est jamais passé »* –, elle était trop terrifiée pour faire en sorte que cela cesse. David ne voulait pas d'elle, et jamais elle ne pourrait vivre chez Alex en tant que belle-sœur. Plus maintenant. Il fallait qu'elle poursuive ce qu'elle avait commencé.

Elle n'avait pas le choix.

Elle tenta de se rassurer en se disant que Harriet tournerait la page. Laurie était de retour, il sortait souvent avec Alex et elle. Sans doute apprendrait-elle à l'aimer, en fin de compte.

Non. Mae le savait très bien, au fond d'elle. Harriet ne tournerait jamais la page.

Désolée… lui disait constamment Mae en silence. En la regardant ranger ses effets dans sa malle, prête à les apporter chez Alex. En l'écoutant évoquer ses projets pour la réception du mariage (ce ne serait qu'en petit comité, ils souhaitaient faire quelque chose d'intime). *Désolée.*

Elle finit par le répéter encore une fois à Alex, quand, deux semaines après le bal de Soames, un mois après qu'elle se fut aperçue qu'elle attendait l'enfant de David, ce dernier la conduisit aux bureaux d'Alex pour lui annoncer qu'elle était enceinte de lui.

C'était pile une semaine avant son mariage avec Harriet. Celle-ci était à son dernier essayage chez la couturière lorsque la secrétaire d'Alex les invita à entrer dans le vaste bureau lambrissé. Mae avait les larmes aux yeux.

— Que voulez-vous ? leur demanda Alex dès que l'on eut refermé la porte.

Il faisait si chaud dans la pièce qu'il n'avait pas revêtu sa veste. Il avait également remonté les manches de sa chemise blanche. Il ne s'était pas levé pour les accueillir, mais les regardait depuis son fauteuil avec une haine non dissimulée. Quand bien même, il n'en demeurait pas moins le plus bel homme que Mae ait jamais eu l'occasion de croiser. Et il allait devenir son mari. Le sien. Mais elle n'en ressentait plus aucune joie, si honteuse soit-elle. Elle savait simplement que c'était une voleuse. Une horrible voleuse. Elle dérobait l'homme – quelqu'un de bien – à sa propre sœur, et elle privait cet homme de sa sœur.

Elle aurait dû tout arrêter. Mettre un terme à cette histoire avant qu'elle commence.

Elle semblait incapable de s'exprimer.

— Mae a quelque chose à vous dire.

— Ah oui ? s'étonna Alex d'un ton égal.

S'il avait soupçonné ce qui l'attendait, il n'en montrait rien.

Mae espérait qu'il l'avait deviné. Ainsi tout serait terminé, et elle ne serait pas obligée de lui raconter cette chose horrible. Durant le trajet, elle n'avait cessé de répéter à David qu'elle n'était pas certaine de pouvoir le faire.

— Je ne sais pas comment je vais le dire.

Il avait semblé perplexe.

— Ce n'est certainement pas très compliqué, lui avait-il répliqué, puisque vous y êtes parvenue avec moi.

De manière éhontée. Sans détour.

Elle baissa les yeux sur le parquet ciré, sur l'ourlet de sa robe. Comme plus tôt, dans le bureau de David, la gorge sèche, elle déglutit. Prenant une brève inspiration, elle leva les yeux vers le regard glacial d'Alex. Puis, après une nouvelle inspiration, elle se força à entrouvrir ses lèvres tremblantes. Une seconde s'écoula encore avant qu'elle lâche d'une voix étouffée, tout juste audible :

— Je suis enceinte.

Elle savait qu'elle était censée poursuivre, lui annoncer que c'était son enfant, mais elle en était incapable. Elle n'en avait simplement pas la force.

Quoi qu'il en soit, cela n'avait aucune importance. Alex, qui blêmit sous ses yeux, la dévisageant comme si tous ses rêves se brisaient subitement – ce qui était le cas –, était trop bon pour s'imaginer qu'elle puisse lui raconter cela pour une autre raison que pour lui apprendre que c'était lui le père.

Elle souffrit énormément de le voir si désemparé. Elle se répéta qu'elle ferait bien de mettre un terme à tout cela, de lui dire la vérité. Plus que quelques paroles douloureuses, et c'en serait terminé.

— Je ne peux pas vous dire combien je suis désolée.

Elle se détesta d'être si lâche.

— C'est lui qui devrait être désolé, intervint David avec une hypocrisie écœurante. Il est temps de faire face aux conséquences, Blake.

Alex garda le silence. Baissant la tête, il contempla son bureau, s'efforçant – comme une étrange répétition de la scène avec David, quelques semaines auparavant – de comprendre ce qui lui arrivait. Écartant les bras, il pressa la paume de ses mains sur la surface en teck de son bureau. Mae distingua la tension dans ses avant-bras, son visage, sa mâchoire, et se demanda d'un air sinistre si elle aurait un jour l'occasion de connaître le bonheur de rendre un homme heureux en lui annonçant qu'elle portait son enfant.

Alex leva les yeux. Il avait le regard extrêmement dur. Elle tressaillit, se remémorant de quelle manière il l'avait dévisagée, dans la bibliothèque de Soames. Avec un tel dégoût… L'espace d'un instant, elle songea qu'il allait peut-être refuser de l'épouser. Elle se demanda si elle se sentirait soulagée ou désespérée. Tout lui faisait peur, à présent.

Mais Alex ne refusa pas. Ce n'était pas David Keeley. Ni Mr Palmer.

Lentement, sans un mot, se maîtrisant parfaitement, il baissa la tête, en signe d'acceptation.

Chapitre 17

1941

Kit annonça à Ivy qu'il restait moins d'une quinzaine de jours à Singapour avant de repartir. Il se rendrait en Malaisie pour y faire des choses qu'il n'était pas autorisé à dévoiler, mais elle devina que c'était pour y organiser une défense.

— Bien vu, admit-il.

Par un caprice du destin (ou à cause de Sam, à l'administration), Ivy vit son emploi du temps modifié, les dix premiers jours de la permission de Kit. Avec quelques autres, elle fut intégrée à l'équipe de nuit, avec effet immédiat.

— Non ! faillit-elle hurler lorsqu'on lui communiqua la note. Non.

— J'ai bien peur que si, répliqua Tomlins. Les autres ont besoin d'un peu de repos, et vous êtes la traductrice attitrée. Maintenant, déguerpissez, rentrez chez vous en bus, et reposez-vous. Revenez à 20 heures.

Elle se demanda comment prévenir Kit qu'elle ne pourrait pas sortir comme prévu. À 19 heures, elle était prête et de nouveau en uniforme, et Alma l'attendait au volant de sa voiture, lorsqu'il vint la chercher pour une nouvelle soirée dehors. (Si seulement.)

Elle le retrouva sur la terrasse. Il s'immobilisa sur la dernière marche, près d'elle, contemplant sa jupe et son chemisier blancs amidonnés, sa casquette.

— Voilà un choix de tenue intéressant…

Elle lui expliqua son changement d'emploi du temps.

— Oui, dit-il. Je le craignais. (Il grimaça.) Merde.

— Je suis d'accord.

— À quelle heure tu termines ?

— À 5 heures. Je n'arrive pas à le croire.

— Oui, c'est vraiment incroyable.

Il gravit la dernière marche, la prit par la taille et l'attira à lui, ce qui la fit sourire malgré sa frustration. Il était élégamment vêtu, en veste et en chemise. Cette tenue lui allait bien, mais tout lui allait bien… Il se pencha vers elle, son front effleurant le sien, ses lèvres les siennes.

— Laisse-moi t'accompagner, au moins, d'accord ?

— Ça ne te dérange pas ? demanda-t-elle doucement.

— Bien sûr que non.

Ce fut encore une promenade à moto qu'elle aurait souhaité ne jamais voir s'achever. Lorsqu'ils atteignirent l'entrée de la station, il se tourna face à elle. Elle se tenait devant lui, les jambes entre les siennes. Quand il l'embrassa, les gardes les acclamèrent (« Officier Harcourt ! »). Kit leur demanda de ficher le camp, puis il lui promit de la retrouver à son cantonnement le lendemain matin, dès qu'elle aurait dormi un peu.

— Je suis en permission, lui rappela-t-il. Nous aurons toute la journée pour nous. Il ne faut pas que ça gâche tout.

Dans la hutte faiblement éclairée, elle pensa à lui toute la nuit. Avec Kate et les autres malchanceuses intégrées à l'équipe de nuit, elle travaillait avec un groupe d'oreilles qu'elle connaissait à peine, à l'affût du moindre signal, de la moindre parole d'un marin exténué chargé de l'observation nocturne, avertissant des tempêtes à venir et donnant leurs coordonnées. Elle imagina Kit au bar avec ses amis, puis en train de dormir sous sa moustiquaire. Elle se demanda où ils pourraient aller le lendemain, et consulta régulièrement l'horloge pour savoir combien de temps il lui restait avant de pouvoir partir, d'aller se coucher, et de le revoir.

Jamais elle ne s'était imaginé qu'il l'attendrait à la fin de son service. Mais lorsqu'elle quitta la hutte, épuisée, dans la douce chaleur nocturne, les cigales chantant en chœur, il était là. À l'endroit précis où il l'avait laissée, au poste de garde. Il avait troqué sa veste et sa chemise contre un short de treillis et une veste ample. Au clair de lune, sa chevelure semblait plus claire, sa peau plus sombre encore que d'habitude. Il se leva en la voyant approcher.

— Tu es là ? demanda-t-elle, énonçant une voluptueuse évidence.

Il hocha la tête en souriant.

— J'étais trop impatient.

Elle saisit ses mains dans les siennes et se hissa sur la pointe des pieds pour l'embrasser. Il avait les lèvres chaudes, douces, ensommeillées. Il s'était levé pour aller la chercher.

— Je te raccompagne ? murmura-t-il d'une voix grave.

— Oui. Avec plaisir.

Les jours suivants, il alla la chercher chaque matin. Il la raccompagnait chez elle. Elle se cramponnait à lui, la joue pressée contre son dos, puis il la laissait dormir et revenait la chercher à 11 heures. Alex demanda à Ivy de l'envoyer prendre le thé chez lui, un matin, pendant qu'il attendait qu'elle se réveille.

— J'ai l'impression que je ferais bien de me renseigner sur ce jeune homme, déclara-t-il lorsqu'il l'appela avant qu'elle prenne son service. Il a fait de sacrés dégâts, manifestement.

(Malgré les mots durs, elle décela un sourire dans sa voix.) Je vais vérifier qu'il en vaut vraiment la peine.

— C'est le cas, le défendit Ivy. Je vous le promets.

— Nous verrons bien, trancha Alex. Nous verrons bien.

Dès qu'elle franchit le portail du jardin et vit les deux hommes sur la terrasse, détendus sur leurs sièges, elle comprit qu'ils s'entendraient bien. Lorsqu'elle les rejoignit, les éclats de rire d'Alex la firent sourire. Il paraissait si jeune quand il riait de la sorte.

— Vous avez mon approbation, annonça-t-il. Je suis sûr que vous serez ravie de l'apprendre.

— Enchantée, même.

Il se leva, salua Kit d'une poignée de main, et ce dernier le remercia pour le thé. Ivy remarqua qu'Alex ne lui en avait pas proposé. Il évita de les retenir plus longtemps, semblant savoir combien ils avaient besoin de se retrouver seuls.

Lorsque Kit et elle descendirent l'allée pour retrouver la moto, elle lui confia combien elle était heureuse qu'ils aient sympathisé.

— Je te remercie d'y être allé. Son avis compte beaucoup pour moi.

— Il t'adore. J'avais l'impression de discuter avec ton grand-père.

— C'est vrai, acquiesça-t-elle, apercevant, en jetant un coup d'œil par-dessus son épaule, Alex qui les regardait s'éloigner. J'ai moi aussi parfois cette impression.

— Tu es sûre que ce n'est pas le cas ?

Il ne plaisantait qu'à moitié.

— Sûre et certaine, lui répondit-elle. J'ai lu le certificat de naissance de mon père.

— Il m'a dit que tu l'avais fait renaître, tu sais ?

Elle l'ignorait.

— Vraiment ?

— Oui.

— Oh, lâcha-t-elle sans quitter Alex des yeux, seul sur sa terrasse.

Heureuse, elle se sentit rougir. Kit lui adressa un sourire.

Ils allèrent à la plage. Filant dans la chaleur torride, ils allaient tous les jours sur la côte est. Ils s'étendaient sur le sable. Elle posait la tête sur ses genoux, et ils discutaient à l'ombre des palmiers : à propos de leur enfance, de week-ends de camping dans la brousse, des tombes de Hampstead, de séjours au Proche-Orient, du temps absurde qu'il avait fallu pour qu'ils se rencontrent, du fait que, à leur grand étonnement, ils n'aient jamais trouvé cette attente difficile.

— Tu valais la peine d'attendre, déclara-t-il.

— Toi aussi, il me semble, répliqua-t-elle en prenant son visage dans ses mains, adorant le voir lui sourire, son visage se découpant contre le soleil. Même si ça reste encore à prouver. Tu as intérêt à toujours rester aussi gentil.

Ils n'évoquaient jamais la guerre, ni l'avenir. Pas avant d'avoir découvert s'ils en auraient un. Ils préféraient rire, somnoler, nager dans la mer chaude, patauger en se tenant la main… Il la serra contre lui, et elle enroula ses jambes autour des siennes, sentant avec un frisson le contact de ses mains sur ses cuisses nues, goûtant à ses lèvres salées. Plus le temps passait, plus elle en désirait davantage. Il en allait de même pour lui.

— Bon sang, Ivy, déclara-t-il, sa bouche contre la sienne, les muscles de son corps contractés, dans l'eau.

Mais il faisait jour. Il y avait toujours un peu de monde sur la plage, davantage encore un peu plus loin, des camions et des pousse-pousse sur la route derrière. Ils ne seraient seuls nulle part.

Lorsque Ivy eut de nouveau ses soirées de libres, il ne restait plus à Kit que deux jours de permission. Le premier, ils se rendirent à un bar en plein air, à Emerald Hill, pour fêter les trente ans de Jimmy. Elle se demanda après coup s'ils seraient restés là à gaspiller leur temps, toutes ces minutes étant après tout autant de présents formidables, s'ils avaient su ce qui se préparait. Elle en doutait.

Ils passèrent un bon moment, au moins. Vanessa était présente, avec son médecin, Marcus, et, malgré ses réserves envers Kit, se montra très aimable avec lui.

— Il faut que je te dise que je lui ai raconté que tu m'as demandé de prendre mes précautions avec lui, lui avoua Ivy avec une certaine culpabilité lorsqu'elles se rendirent ensemble aux toilettes.

— Eh bien, je te remercie, très chère, déclara Vanessa sans quitter du regard Kit, qui discutait avec Tristan, arrachant un sourire à ce dernier. (Ivy regrettait de ne pas avoir entendu la plaisanterie.) Pour ce que ça vaut, il va sans dire que je suis contente de ne pas être parvenue à te décourager.

Ivy lui garantit que cela signifiait beaucoup pour elle.

Alma passa une excellente soirée, car elle découvrit que les garçons étaient allés en Égypte. Le sujet vint sur la table lorsque Ivy – incapable de se taire plus longtemps, et d'en détacher son regard – demanda à Jimmy s'il avait consulté un médecin pour ses coups de soleil.

— Plusieurs, même. Ils me prescrivent tous des pommades, mais, bon… (Il haussa les épaules en signe d'impuissance.) On est au niveau de l'équateur, que voulez-vous qu'ils fassent ? C'était pareil dans le désert.

Alma manqua alors de s'étouffer en buvant. Elle apprit rapidement que, non seulement ils étaient allés là-bas, mais ils y avaient aussi connu Phil, et, surtout, ils s'étaient battus à ses côtés.

— Un type bien, reconnut Tristan. Vous êtes exactement comme il vous a décrite, en fait : blonde et très bruyante !

Alma était stupéfaite.

— Je n'arrive pas à le croire, admit-elle.

Tous dansèrent, Ivy constamment avec Kit. Il la fit tournoyer et rire aux larmes. Elle s'émerveillait encore de pouvoir le faire avec lui. Tout le monde but un peu trop. Ils étaient « chiffons, déclara Alma en prenant un accent exagérément anglais. Merveilleusement chiffons. » À un moment, Kit, Jimmy et Tristan montèrent sur une table, et Marcus la souleva par en dessous à l'aide de ses jambes.

— Bien joué ! le félicita Vanessa.

Même la paisible Jane lâcha sa chevelure, révélant à Ivy et Alma combien elle était heureuse de les connaître, trébuchant contre le pied de la table de Marcus, son foie ne la remerciant pas du tout.

Ils finirent tous au cantonnement de Burkit Chandu. Ivy et Kit y arrivèrent les premiers. Ils s'embrassèrent dans l'allée, dans les bras l'un de l'autre, les animaux nocturnes bruissant autour d'eux. Quand Ivy lui mordilla tendrement la lèvre, lui effleura l'échine du bout des doigts, elle sentit ses muscles se contracter, ses bras se resserrer sur elle.

— Ivy, dit-il. Je ne sais pas ce que tu me fais.

Il repoussa les cheveux de son visage, l'embrassa avec plus de fougue, et elle éprouva soudain le désir irrésistible de lui demander de monter avec elle. Immédiatement. Son corps le réclamait.

Mais les autres surgirent dans l'allée. Tristan portait Jane. Celle-ci se mit à vomir. Son désir se dissipa brutalement. Elle ne fit rien pour tenter de le retrouver : la pauvre Jane était en lambeaux. En outre, elle était certaine de voir Kit le lendemain soir.

Mais, le jour suivant, sa permission fut écourtée. Ivy découvrit simplement en rentrant du travail le mot qu'il lui avait laissé chez elle, alors qu'elle s'était attendue à le voir arriver dans l'heure qui suivait.

Je reviens dès que possible. J'espère que ce ne sera pas long. Tu vas me manquer. Énormément. Désolé de partir comme ça, crois-moi. Sois sage. Empêche Alma de te détourner du droit chemin.

Elle pleura à chaudes larmes en lisant le message. Elle était trop épuisée et « chiffon » pour se retenir, et s'en voulait trop de ne pas avoir profité de sa dernière soirée avant son départ. Elle éprouvait également un horrible sentiment de manque. Elle souffrait atrocement de savoir qu'il était parti, qu'il n'était plus là. *« Il faut éviter de perdre son temps*, lui avait recommandé Alex. *On ne sait jamais combien il nous en reste. »* Comme cela lui semblait évident, avec du recul.

Il lui manqua. À chaque instant.

Et, le mois passant, elle s'inquiéta de plus en plus. Partout, l'atmosphère était chaque jour plus tendue. À la station Y, ils firent des heures supplémentaires, suant à grosses gouttes en recensant les forces terrestres, maritimes et aériennes japonaises impressionnantes qui se massaient en Indochine. Personne ne doutait que l'invasion était imminente, et si on racontait que les Japs attendraient la fin de la mousson, en février, personne n'en était certain. On finit par envoyer des hommes sur les plages pour y creuser des tranchées et y tirer des câbles. Si, en apparence, sur l'île, la vie suivait son cours – le restaurant du *Raffles* était toujours complet ; le *Tanglin Club* organisait encore des tournois de cartes et des matchs de tennis ; au Cathay, on diffusait *Franc Jeu* (Jane y était allée seule, cette fois. « Oh ! s'était-elle exclamée. Clark Gable… ») –, plus rien n'était pareil. De nouveaux escadrons étaient arrivés. On les avait envoyés pour répondre aux appels à l'aide des états-majors australien et britannique. La majorité de ces soldats étaient de nouvelles recrues, car on gardait les plus aguerris pour les batailles en Europe et en Afrique. Certains étaient britanniques, un grand nombre d'entre eux étaient originaires d'Australie et de Nouvelle-Zélande, et la plupart des autres, des appelés des villes et des villages de l'Empire, venaient d'Inde. En regardant ces jeunes déambuler dans la ville en se tenant souvent par la main, car c'était leur coutume, Ivy se doutait qu'ils se sentaient loin de chez eux. Ce n'était pas leur guerre, songeait-elle, et ils n'étaient autorisés ni dans les clubs, ni dans la plupart des bars. Mais ils étaient en uniforme, sans d'autre choix que de se battre. Cela l'exaspérait.

— Ça doit les exaspérer encore plus, lui avait fait remarquer Tomlins.

On envoya également des officiers, surtout des Australiens, mais aussi quelques Britanniques. C'était un bon début, mais personne n'était satisfait. Cela demeurait encore très insuffisant pour organiser une défense digne de ce nom.

— Il nous manque dix-sept bataillons, avait expliqué Laurie. Nous n'avons pas d'avions. Pas de chars. Les Japs en ont, faites-moi confiance.

Deux cuirassés étaient en route, mais c'était insignifiant par rapport à la vaste flotte impériale japonaise. C'était beaucoup trop peu : suffisamment pour souffrir en cas de défaite, une goutte d'eau pour les aider à gagner.

Personne n'évoqua le sujet, cependant. Des groupes de civils se formèrent, optimistes quant aux capacités de l'île à repousser les petits hommes jaunes qui auraient la témérité de croire qu'ils pourraient les envahir sans y avoir été invités. Des hommes trop âgés pour combattre organisèrent l'équivalent de l'ARP[1] à Blighty, leurs seaux de sable à portée de main. Des femmes – dont Elsie, la mère de Phil – se rassemblèrent en comités de premiers secours. Vanessa et Jane furent invitées à l'un de leurs cours du soir pour apprendre aux femmes qu'Elsie avait réunies comment faire des bandages.

— À quoi ressemble-t-elle ? demanda Ivy à leur retour.

— À ma mère, en fait, répondit Vanessa. (Ivy imagina une femme qui s'exprimait bien, légèrement impressionnante, souvent affublée d'un collier de perles.) C'est ça, confirma l'infirmière. Exactement ça.

Alma se demandait ce qui était arrivé à sa future belle-mère.

— Elle est si dynamique, tout à coup, constata-t-elle. Comme si elle avait repris goût à la vie. Elle a cessé de boire du gin, et son appartement déborde de matériel médical. Dieu sait d'où ça vient.

— Avec un peu de chance, elle n'en aura pas besoin, répliqua Vanessa d'un ton faussement optimiste auquel aucun d'eux ne crut.

À la fin du mois, les services de renseignement découvrirent que les Japonais avaient retiré l'ensemble de leurs divisions jusqu'alors stationnées en Chine centrale, et les avaient fait embarquer en direction du sud, sans aucun doute pour lancer l'assaut sur la Malaisie. On ordonna à l'ensemble des soldats présents à Singapour de regagner leurs unités, et on les envoya sur les défenses à moitié opérationnelles, sur le continent. Ivy reçut un courrier de Kit à la station Y. Il l'avait griffonné au crayon à papier sur un bout de feuille

1. *Air Raid Precautions*, soit « protection contre les raids aériens ». Organisation britannique mise en place dès 1924 destinée à protéger les civils contre les bombardements. (*NdT*)

tacheté de boue. Le ton n'était plus le même que sur le mot concis et presque jovial qu'il avait laissé chez elle, quand il espérait être bientôt de retour.

Je ne vais pas pouvoir revenir de sitôt. Dès que l'occasion se présentera, j'en profiterai. Je pense constamment à toi. Tu ne devines pas à quel point. Prends soin de toi. K.

Elle retourna le morceau de papier, l'enveloppe aussi, à la recherche d'une marque, d'un indice qui lui permettrait de déterminer où il se trouvait. Mais elle ne vit rien. Elle relut le message. « Dès que l'occasion se présentera, j'en profiterai. »

Quand ?

Elle n'en avait pas la moindre idée, et c'était une véritable torture.

Il était parti depuis un mois quand les Japs passèrent à l'attaque. Ivy était à la station Y, à la fin d'une demi-journée d'heures supplémentaires. Comme toujours, elle pensait à lui quand la sonnerie du téléphone de Tomlins retentit, peu après minuit, le 8 décembre. Le visage en sueur, il devint livide en écoutant la voix à l'autre bout du fil. Puis il raccrocha. Il régnait dans la hutte une odeur fétide d'humidité et de transpiration. À cause des orages qui se succédaient, la terre était détrempée. La mousson n'avait en rien stoppé les Japonais.

— Ils sont là, annonça-t-il. Ils ont débarqué à Kota Bharu.

Ivy, qui avait presque atteint la porte, s'immobilisa. Elle n'avait pas pensé qu'elle serait si bouleversée. Voilà un moment qu'ils attendaient la nouvelle. Depuis une semaine, ils surveillaient le départ des bâtiments japonais depuis leurs ports indochinois. Des avions avaient repéré des convois au large, et la tension était montée d'un cran, exacerbée par la chaleur torride, les tempêtes et la pluie incessante. Mais, maintenant que cela avait réellement débuté, elle était horrifiée. Elle avait du mal à se faire à l'idée, à se représenter ce qui se passait, même à présent.

Elle ignorait où se trouvait Kit, et cela la terrifiait.

Sur le trajet jusque chez elle, dans la navette silencieuse, elle s'efforça de ne pas s'affoler. La pluie tambourinant sur le toit, elle tenta d'imaginer ce qui se passait dans la jungle balayée par la tempête, se demandant s'il y participait. Était-il au front ? Était-il blessé ?

Encore en vie ?

Faites qu'il ne soit pas blessé, pria-t-elle en silence. *S'il vous plaît…* Elle repoussa cette idée. C'était inconcevable. Pourtant, cela la hantait. Il la hantait. Elle se rappela à quoi il ressemblait, sur cette table, dans le bar, riant aux éclats, bien loin de la guerre. Elle se souvint de lui à la plage, ses yeux si près des siens que sa vision s'était brouillée, puis lorsqu'il l'attendait sur sa moto, à la station Y, puis dans la cour du bar, puis avec son bouquet de marguerites, et ainsi de suite. Elle pressa son front moite contre la vitre brûlante et regarda les éclairs illuminer la jungle environnante.

Il pleuvait encore à torrents quand elle rentra chez elle. Son uniforme dégoulinant, elle courut se mettre à l'abri sous la véranda. La maison était plongée dans l'obscurité. Vanessa et Jane étaient de nuit, Alma, Dai et Lu dormaient. Il était près de 2 heures. Elle monta à l'étage, se glissa dans sa chambre et se dévêtit avant d'enfiler sa chemise de nuit.

Elle mit du temps à s'endormir. La tempête ne diminuait pas, et, chaque fois qu'elle fermait les yeux, Kit était là. Sauf qu'elle le voyait désormais coiffé d'un casque d'acier, sous la pluie, face à l'assaut des soldats japonais qui brandissaient leurs baïonnettes.

Son dernier souvenir fut de voir qu'il était trois heures et demie à sa montre-bracelet. Ensuite, elle trouva sans doute le sommeil, parce qu'elle se réveilla avec le sentiment d'avoir dormi des heures alors que quelque chose lui disait que cela ne faisait que quelques minutes. Elle n'avait fait aucun cauchemar, mais son cœur battait la chamade comme jamais. Entendant un bruit étrange, elle s'aperçut que c'était son propre souffle. Mais ce n'était pas tout. Un fracas assourdissant retentit en ville. Non, pas le tonnerre, pas du tout. Puis un autre. Comprenant qu'il s'agissait de bombes, elle se redressa dans son lit. Des bombes japonaises. Elle porta la main à son cou. Il était trempé. Elle était en sueur. D'autres explosions tonnèrent. Elle sentit son cœur se mettre à battre plus vite. Si vite qu'il résonnait dans ses oreilles et dans sa bouche. Elle entendit aussi le bourdonnement d'avions, dans le ciel. Cette nuit-là, elle eut l'impression d'être de retour à Londres. *« On est comme dans un cocon. »* Elle commença à suffoquer. Qu'était-elle censée faire, dans ce cas ? *Le parc. Pense au parc.* Cela n'eut aucun effet. Cela n'avait jamais fonctionné. *Essaie avec Kit.* Mais il était dans la jungle, ce qui l'effraya davantage encore. Il fallait qu'elle sorte. C'était probablement une folie, mais elle pensait que si elle pouvait atteindre la véranda, cela irait mieux.

Elle se força à se lever. Ses jambes manquèrent de se dérober sous son poids. Elle était au milieu de sa chambre lorsque la sirène retentit, bien tardivement, ce qui faillit l'achever. Puis on ouvrit la porte, et elle vit Alma, des bigoudis sur la tête, les yeux écarquillés, le regard aussi terrifié que celui d'Ivy.

— Qu'est-ce qu'on fait ? demanda Alma. Qu'est-ce qu'on fait ?

— Il faut que je sorte, répondit Ivy.

— J'ai l'impression que c'est une très mauvaise idée, répliqua Alma. Qu'est-ce que tu faisais, à Londres ?

— On allait se réfugier dans un Anderson.

— On n'en a pas, ici.

— Je le sais. (Une nouvelle salve de bruits sourds résonna. La sirène continuait à hurler.) Sérieusement, Alma, il faut que je sorte.

Alma s'apprêta à protester, mais elle fut interrompue par un martèlement contre la porte d'entrée. Elle se retourna. Ivy lui passa devant à toute vitesse malgré la faiblesse de ses jambes. Les mains tremblantes, le souffle court et douloureux, elle ouvrit la porte.

Puis elle soupira. C'était Alex, une veste de lin jetée sur son pyjama, son regard gris rongé par l'inquiétude, sous son parapluie.

— Ça va ? demanda-t-il. Je voulais en être sûr.

Elle lâcha un sanglot de soulagement. Elle ignorait pourquoi elle se sentait subitement mieux en le voyant, mais c'était le cas.

— Elle voulait sortir, résonna la voix d'Alma, derrière elle.

— Bien sûr, dit-il comme si c'était parfaitement logique.

Il jeta un coup d'œil par-dessus son épaule, en direction de la ville. Il distingua une lueur rougeâtre. Il aurait pu s'agir d'un magnifique lever de soleil, ou de n'importe quelle aurore. Les explosions avaient cessé d'un coup, avec une soudaineté presque aussi brutale que leur survenue.

— Ils rentrent chez eux, j'ai l'impression, déclara Alex.

Ils contemplèrent tous les trois l'horizon en silence.

— La vache ! s'exclama Alma en secouant la tête. Je crois bien que je n'ai jamais eu aussi peur de ma vie.

Ivy hocha lentement la tête. Elle n'était pas encore en mesure de s'exprimer.

Puis, pour la première fois, Alex l'attira à lui et l'enlaça, comme pour la réconforter. Cela ressemblait au contact d'un parent, ce dont elle n'avait plus profité depuis qu'elle avait quitté Mae.

— Vous êtes courageuse, déclara-t-il. (Elle remarqua qu'il tremblait, lui aussi.) Très, très courageuse.

— Je ne suis pas courageuse du tout, rétorqua-t-elle après avoir recouvré la voix.

— Qui pourrait l'être dans ces circonstances ? demanda Alma.

Elle avait raison.

Ils découvrirent le lendemain matin que le raid avait fait soixante et une victimes, toutes chinoises, et cent trente-trois blessés. Si les bombardiers avaient visé les bases aériennes de Tengah et Seletar, clouant au sol des appareils que la RAF ne pouvait pas se permettre de perdre, ils avaient aussi frappé le centre-ville, fauchant les lève-tôt de Raffles Place et Chinatown.

Alma et Ivy se rendirent en ville avant le début de leur service pour voir si elles pouvaient se rendre utiles. Le grand magasin *Robinson*, adoré des *mems* pour ses thés dansants et ses produits, avait été touché. Du verre brisé jonchait le trottoir, scintillant curieusement dans la brume à la lueur des premiers rayons du soleil. Ivy le sentit crisser sous ses pieds. Des articles étaient éparpillés un peu partout : des flacons de parfum en mille morceaux, des cadres à photos, des foulards de soie… Ivy en ramassa un et le passa entre ses doigts. Elle le lâcha aussitôt en grimaçant, un éclat de verre lui ayant ouvert la paume.

Plus loin, on avait aligné les corps des victimes sur le bord de la route, étendus sous des draps maculés de sang. À en juger d'après leur taille, il ne s'agissait que d'adultes.

Au-delà de ce simple fait, il était impossible de déterminer leurs blessures. À cette vue déchirante, Ivy ferma les yeux. Elle revit Stuart, son visage devant le sien dans le brouillard londonien, quelques instants avant que la bombe les prenne au piège, puis de nouveau quelques heures plus tard, lorsqu'on avait débarrassé les premières pierres de leur cocon, à l'aube: son teint cireux jaunâtre, son regard fixe. « Une hémorragie, ma puce », avait déclaré la femme de l'ARP, fermant délicatement les yeux de la victime du bout des doigts. Un geste qu'elle maîtrisait parfaitement. « Désolée. » Ivy ouvrit les yeux et regarda de nouveau les dépouilles devant elle. Des vies. Supprimées. De nombreuses autres éliminées.

Elle sentit qu'on la prenait par la main. Alma.

Elles restèrent encore un moment, puis, sans un mot, poursuivirent leur chemin jusqu'à l'endroit où l'on avait installé un centre de secours temporaire, d'après ce qu'on leur avait expliqué.

Il s'avéra que c'était Elsie qui le gérait, porte-bloc à la main. Elle était exactement comme Ivy se l'était imaginée, avec son teint d'albâtre, une voix qui portait et son accent de fidèle sujet de Sa Majesté. Elle sembla toutefois plus heureuse de voir Alma qu'Ivy s'y était attendue. Pendant tout ce temps, Alma avait semblé certaine qu'Elsie ne l'appréciait guère, mais Ivy trouva son sourire sincère quand elle les vit approcher. Serrant brièvement la main d'Alma, elle leur demanda à toutes les deux d'aller chercher des balais pour aider à nettoyer les trottoirs.

— C'est gentil d'être venues.

— C'est la façon dont les Britanniques te disent qu'ils t'aiment bien, expliqua Ivy en se dirigeant vers la pile de balais, devant la vitrine d'un magasin.

Alma lui adressa un regard incrédule.

— Vraiment, insista Ivy. Je t'assure.

Elles travaillèrent une heure dans le plus grand des silences. Aucun de ceux qui œuvraient dans la rue jonchée de débris n'ouvrit la bouche. Il semblait malvenu de s'exprimer. Les ambulances arrivèrent toutes sirènes hurlantes, et repartirent chargées des corps avant que la chaleur s'installe. Les commerçants se présentèrent également, l'air sinistre, pour mettre du ruban adhésif sur les vitres qui avaient survécu au souffle des explosions. Il y aurait de nouveaux bombardements, la nuit suivante. Personne ne prétendait le contraire.

— Les pauvres, les plaignit Alma.

À Londres aussi, elle avait entendu cela. Dans combien d'autres villes le disait-on aussi, en ce moment même ?

Ivy jeta un coup d'œil aux ravages causés par les bombes, autour d'elle.

— Oui, approuva-t-elle. Pauvre monde.

À son arrivée à la station, ce matin-là, Tomlins leur donna les dernières nouvelles. Les Japs se dirigeaient vers la Thaïlande. L'opération de défense baptisée Matador n'avait pas été déclenchée pour les repousser, et il n'était pas sûr qu'elle le soit dans un avenir immédiat.

— Nos hommes patientent, prêts à être déployés. Ils ont attendu toute la nuit sous la pluie de bombes, mais personne n'a donné l'ordre.

Il poursuivit, expliquant que, selon lui, Brooke Popham, le chef des armées, n'avait pas réagi, la nuit précédente, car il n'avait pas voulu être celui qui déclencherait les hostilités en envoyant des troupes défendre un pays neutre. Du moins, pas avant d'avoir la preuve irréfutable qu'un tel acte était justifié.

— Il a désormais cette preuve, mais il va lui être sacrément plus difficile d'agir maintenant que les Japs sont déjà sur place.

En attendant, de nombreux rapports prévenaient de l'imminence d'une prise de la ville malaisienne de Jitra, près de la frontière thaïlandaise. Les défenses étaient malheureusement insuffisantes, mais la onzième division se préparait à l'attaque, creusant des tranchées et disposant des mines.

— J'ai entendu dire que les câbles téléphoniques étaient noyés, poursuivit Tomlins. Dieu sait comment ils vont parvenir à communiquer. (Il marqua une pause.) Mon frère est dans la onzième, pour tout vous dire.

Ivy eut l'impression qu'il s'adressait plus à lui qu'à eux. Pour la première fois depuis qu'elle le connaissait, il semblait avoir baissé sa garde, et elle se sentit gagnée par un profond élan de sympathie pour lui. Tentant manifestement de rassembler ses esprits, il soupira.

— Notre mission est claire. Nous devons continuer à écouter les navires et tenter, dans la mesure du possible, de déterminer le lieu de la prochaine attaque jap. Rappelez-vous : tout ce qui est en langage clair est urgent, alors transmettez-le à Harcourt au plus vite. (Il les regarda tour à tour dans les yeux.) Ce n'est pas terminé. Pas encore. Alors, continuons à faire notre boulot.

Ce qu'ils firent le restant de la journée. Mais, en travaillant, écoutant les conversations grésillantes à cause de l'orage, traduisant les notes phonétiques des autres filles, recensant d'un air grave les nouvelles troupes qui approchaient inlassablement de la péninsule, Ivy n'était concentrée qu'à moitié sur ce qu'elle faisait. L'autre moitié de son esprit était en Malaisie, avec Kit.

Elle se résolut à demander à Tomlins s'il existait un moyen pour qu'elle découvre où il se trouvait. Il la réprimanderait peut-être, lui demanderait de se concentrer sur son travail en cours, mais elle refusa de se décourager pour autant. C'était trop important.

Quoi qu'il en soit, comme cela avait été le cas juste avant d'évoquer son frère, ses traits s'adoucirent lorsqu'elle s'approcha de son bureau pour lui faire part de sa requête.

— Il compte particulièrement pour vous, Harcourt, hein ?

Elle ne rougit même pas. Elle n'éprouva aucune gêne à l'admettre.

— Oui, mon lieutenant. Particulièrement.

— Je me posais la question, expliqua-t-il avec une compassion qui ne lui ressemblait pas. (Elle regretta qu'il ne se mette pas en colère, finalement, car cela l'aurait empêchée d'avoir l'impression de s'effondrer.) C'est quelqu'un de bien, ajouta-t-il. Pour un Australien.

— Ma mère était australienne, mon lieutenant.

— Oui, eh bien… voilà qui n'est guère surprenant.

Elle esquissa un sourire.

— Non, mon lieutenant.

— Laissez-moi voir ce que je peux faire pour vous.

Il était à Jitra, tout comme le frère de Tomlins, lui apprit ce dernier dès le lendemain.

La nuit précédente, un nouveau raid avait frappé. Cette fois, lorsqu'il avait débuté, Ivy ne dormait pas. Elle était parvenue à garder son calme. Alex était revenu la voir, espérant que cela ne la dérangeait pas. Plus pour se rassurer que parce qu'il doutait qu'elle puisse s'en tirer seule.

— Quelle jolie façon de le dire, lui avait-elle fait remarquer avec un léger éclat de rire, de nouveau soulagée par sa présence.

Ils étaient allés tous les trois – lui, Alma et Ivy – prendre place sous la véranda en compagnie de Dai et Lu, pétrifiées, le regard rivé sur le faisceau des projecteurs de l'armée. Ivy ne s'était endormie qu'aux premiers rayons du soleil. Sur son siège, dans la véranda. Elle avait dû se réveiller à 7 heures pour prendre son service. Elle se sentait nauséeuse à cause de la fatigue.

Elle porta le bout de ses doigts à sa tête, assimilant ce que Tomlins venait de lui révéler.

— Ils se battent déjà ? demanda-t-elle, bien qu'elle eût préféré ne pas le savoir.

— Non, lui répondit-il d'une voix étouffée.

Dans la hutte humide plongée dans la pénombre, tous les autres travaillaient, les radios émettant des bips, les écouteurs grésillant. Kate semblait aussi épuisée qu'Ivy. Les autres aussi, d'ailleurs. La pluie de mousson tambourinait contre le toit en tôle ondulée.

— Les Japs ne sont pas encore au contact. Ce qui est plutôt une bonne nouvelle, parce que personne n'est prêt. Les tranchées sont inondées, les nids de mitrailleuses aussi. Les terrains d'aviation de Gong Kedak et de Machang ayant été abandonnés, ils ne bénéficient d'aucun appui aérien. Ni d'aucune défense antichar.

— Que va-t-il se passer ?

Question idiote.

— Je n'en sais rien, répondit toutefois Tomlins. Il ne nous reste qu'à croiser les doigts pour que tout aille bien.

Mais la situation empira. Considérablement. Les deux cuirassés britanniques arrivés en grande pompe au début du mois de décembre, les deux seuls dont la Navy disposait en Extrême-Orient, essuyèrent une attaque au cours de laquelle ils sombrèrent. Même si les États-Unis avaient déclaré la guerre au Japon après l'épouvantable assaut sur Pearl Harbor, le 7 décembre, ils ne leur étaient d'aucune utilité : la majeure partie de leurs bâtiments les plus importants avaient subi le même sort, et il ne leur en restait aucun qu'ils auraient pu leur envoyer. Dans les océans Indien et Pacifique, le règne des Japonais était sans partage.

Duff Cooper, ami proche de Churchill, et présent à Singapour pour rassembler des gradés du quartier général d'avis divergents et élaborer une stratégie de défense cohérente (Ivy était convaincue qu'il échouerait dans cette mission. « Sans aucun doute », lui avait confirmé Tomlins), diffusa un message radiophonique. Ivy, rentrée de la station, car Tomlins avait requis un changement dans les équipes, décrétant qu'ils avaient tous besoin de se coucher plus tôt, l'écouta dans le salon. Alma était présente, mais Vanessa et Jane étaient déjà à l'hôpital, prêtes à accueillir les victimes de la nuit.

Le ton sec de Duff résonna dans les haut-parleurs. Ivy avait eu maintes fois l'occasion de le croiser sur l'île, satisfaisant son auditoire en fumant, appuyé contre un comptoir. Beau et raffiné, cet homme avait une assurance tout aristocratique. Il avait été présent, le dernier soir où Kit était allé en ville, à Emerald Hill. (« Ne le regardez pas, lui avait susurré Tristan à l'oreille. S'il croise votre regard, vous êtes fichue. Je connais des centaines de femmes à qui c'est arrivé. » Ivy avait haussé un sourcil. « Vous connaissez trop de femmes », lui avait-elle rétorqué, sans quitter Kit des yeux.) Elle s'imagina Duff, sa voix retentissant dans la nuit, les grésillements de la radio se mêlant au parfum des frangipaniers qui lui parvenait par la fenêtre ouverte, et à celui du bitume soulevé par les bombardements, en ville.

Il leur garantit qu'en dépit de leurs navires coulés et du débarquement des Japonais, rien n'avait changé depuis le mois précédent.

— Nous n'étions alors pas en sécurité, et c'est encore le cas aujourd'hui. Mais, par les temps qui courent, la sécurité n'est guère honorable, et le danger est magnifique.

À la fin du message, Ivy et Alma contemplèrent encore un moment les haut-parleurs.

— C'est la façon dont les Britanniques essaient de te rassurer ? demanda Alma.

— Non, répondit Ivy. Pas que je sache.

— « Le danger est magnifique » ?

Alma secoua la tête. Ivy savait qu'elle songeait à ces corps, à Raffles Place. Et à Phil. Quant à elle, Ivy ne pensait qu'à Kit et à Jitra, aux mitrailleuses noyées et aux terrains d'aviation déserts.

Les Japs attaquèrent le lendemain. Tomlins raconta à Ivy que des rapports évoquaient des combats à mains nues, que, d'après certaines rumeurs, ils avaient perdu du terrain. Depuis le sommet de la colline, ils entendaient des coups de feu, qui résonnaient dans la jungle. Ivy trouvait ce bruit encore plus terrifiant que celui des bombes.

— C'est la pagaille, déclara Laurie lorsqu'elle le vit brièvement en rentrant chez elle, ce soir-là. Un fiasco total. Il nous est impossible de repousser les chars, et on est obligés d'abandonner toutes nos armes, parce que personne ou presque, là-bas, ne sait se replier correctement. C'est déjà difficile avec des soldats aguerris, mais les recrues paniquent. Ce n'est pas leur faute.

— Auriez-vous moyen de découvrir si Kit va bien ? demanda-t-elle. Et Jimmy et Tristan aussi.

— Je ne vois pas comment. Désolé. (Il lui serra brièvement l'épaule.) Ils savent ce qu'ils font. Faites-leur confiance.

Elle n'avait confiance en rien.

Vanessa et Jane allaient rester à l'hôpital. Elles étaient dépassées par le nombre de blessés venus de Malaisie, et le nombre croissant de victimes de bombardements.

— Nous ne savons plus où les mettre, déclara Vanessa en rangeant ses effets dans sa valise.

— Il y en a jusque dans l'escalier, ajouta Jane. Et sur la pelouse.

Alma passa ses journées à conduire divers généraux entre la base navale de Sembawang et le nouveau quartier général de l'armée de l'air, sur Sime Road. Elle avait été témoin de plus d'une dispute sur la banquette arrière, sur le fait de savoir s'il valait mieux battre en retraite rapidement pour ensuite se réorganiser, ou s'il fallait se replier uniquement en dernier ressort.

— Des poulets sans tête, déclara-t-elle. Tous autant qu'ils sont.

Sur la proposition d'Alex – timidement, comme s'il préférait éviter de dépasser les bornes –, Ivy et Alma emménagèrent chez lui. Dai et Lu souhaitant rejoindre leurs familles, et puisque Vanessa et Jane restaient à l'hôpital, il suggéra qu'il serait mieux pour elles de venir chez lui. Il avait largement la place, et, pour le moment, sa gouvernante comptait rester. Alma répondit qu'elle en serait ravie, et Ivy accepta en grande partie parce qu'elle s'en voulait de le laisser venir tous les soirs durant les raids, sans pour autant vouloir qu'il cesse. Le bruit des explosions et des avions était nettement plus supportable en sa présence.

— Je ne sais pas ce que je ferais sans vous, déclara-t-elle.

— Vous vous en sortiriez très bien, croyez-moi.

— Ah bon ?

Elle n'en était pas si sûre.

Il esquissa un sourire.

— Vous êtes beaucoup plus forte que vous le croyez, vous savez ? C'était également le cas de Harriet.

En entendant son nom, prononcé de manière si anodine, Ivy sursauta. C'était la première fois qu'il parlait d'elle. Elle se retint cependant d'insister pour qu'il lui en dise davantage. Elle préférait éviter qu'il se referme.

Ce qui ne fut pas le cas. Au contraire. Durant les heures qu'ils passèrent sur sa terrasse avec Alma, sans jamais s'abriter durant les raids, car ils n'en voyaient pas l'utilité – les bombardiers se focalisant sur les terrains d'aviation et le centre-ville (« J'espère que vous avez raison », avait déclaré Alma) –, il se mit soudain à parler de Harriet. Comme si le fait d'avoir Ivy et Alma chez lui avait libéré quelque chose en lui. Installés tous les trois, parfois aussi avec Laurie, contemplant les explosions dans le lointain, en ressentant les réverbérations, entendant le « tacatack » des rares mitrailleuses antiaériennes de l'île, il évoquait le temps qu'ils avaient passé ensemble. Lorsqu'il la décrivit, Ivy perçut de la tristesse dans sa voix – comme ils avaient dansé dans le jardin le jour de leur première rencontre, puis leurs dîners, sa façon d'aller au marché en robe de soirée –, et finit par mieux comprendre pourquoi il avait fait l'effort d'aller à sa rencontre, de lui apporter ce miel. Il avait été amoureux de sa grand-tante, c'était évident. Il l'aimait encore. Énormément.

Ivy aurait bien aimé que Mae lui parle d'elle. Elle se demanda encore pourquoi elle n'en avait jamais rien fait. Jusqu'alors, ce qu'on lui disait d'elle lui plaisait beaucoup.

— La façon dont vous me la décrivez, dit-elle, ça me fait penser à ma grand-mère.

Elle regretta aussitôt ses paroles. Bien qu'elle soit incapable d'en déterminer la raison, Alex ne sembla guère ravi de les entendre.

— Elles étaient très différentes l'une de l'autre, lui garantit-il.

— Sûrement, tenta-t-elle de se rattraper, lançant un sourire gêné à Alma. Sûrement.

Il arrivait parfois qu'Alex se taise, baissant les yeux, réduit au silence par un souvenir. Dans ces moments-là, Ivy le regardait fixement, se demandant ce qui avait pu déclencher chez lui une telle animosité envers Mae, et s'interrogeant sur ce qui avait pu la pousser à croire qu'elle le connaissait déjà.

— Qu'est-il arrivé à Harriet ? demanda doucement Alma. Où est-elle, à présent ?

Attristé, Alex fronça les sourcils.

— Je l'ai perdue.

— Comment ça ?

Il ne répondit pas.

C'était la seule chose dont il refusait encore de parler.

Plus tard, Ivy demanda à Laurie si c'était avec Harriet qu'Alex s'était marié. Laurie se contenta de secouer la tête d'un air affligé. Elle ignorait si cela signifiait « oui » ou « non ».

Elle se fit à l'idée de ne peut-être jamais le savoir, ou du moins pas avant longtemps. Maintenant que les mers environnantes étaient devenues franchement hostiles, il y avait moins de chances que jamais qu'elle reçoive les lettres que Mae lui avait envoyées. Elle ne pouvait cependant plus se permettre de se tracasser pour cela.

Elle était bien trop préoccupée par Kit.

À la fin du mois de décembre, Jitra fut perdue, puis d'autres villes, les Japonais poursuivant leur offensive, repoussant les Britanniques avec succès. Laurie finit par découvrir où étaient Kit et les autres, et garantit à Ivy que, bien qu'ils soient engagés dans les combats, battant chaque jour en retraite et érigeant de nouvelles défenses la nuit, ils étaient bel et bien en vie. Aux dernières nouvelles, ils étaient en vie. Ivy se demanda si c'était vraiment rassurant.

En dépit des raids et des replis en catastrophe, les services municipaux avaient décoré le centre-ville pour Noël. Comme si, en refusant de reconnaître la gravité de la situation, ils pouvaient éloigner le danger. Sur Orchard Road, on avait accroché aux becs de gaz et autour des réverbères des guirlandes qui reflétaient la lumière tropicale. L'avant-veille de Noël, lors d'un de ses rares après-midi de congé, Ivy descendit en ville pour y acheter quelques présents. Elle devait également aller au bureau de poste, sur Killarney Road. Si elle n'avait reçu aucune lettre de Mae, celle-ci lui avait envoyé un télégramme. Le porteur l'avait trouvée chez Alex après avoir découvert que son cantonnement avait été déserté. « Rentre, disait-elle. S'il te plaît, rentre vite. » Il fallait qu'elle lui réponde qu'elle était navrée, sincèrement navrée, mais que c'était hors de question.

Elle fit une halte devant le supermarché *Cold Storage*. Dans une vitrine, ils avaient disposé des salades de fruits et des tartes aux figues nappées de mousseline. *Les affaires sont les affaires…* Autour d'elle, des femmes en robe déambulaient sous les palmiers, des sacs pendus à leurs bras, l'air serein, indifférentes aux arbres coupés en deux par les explosions. « Si je ne les vois pas, ils n'existent pas. » Elles souriaient, discutaient, et, dans le lointain, des canons continuaient à tirer.

— Ivy ?

Elle sursauta. Une femme se tenait devant elle. Elle était tellement plongée dans ses pensées qu'il lui fallut une seconde pour la resituer. C'était la mère de Phil.

— Elsie, la salua-t-elle. Bonjour.

— Je viens de croiser Alma, déclara-t-elle en désignant la route d'un signe de tête en direction de Fort Canning Park. Elle était partie chercher quelqu'un, et on peut dire qu'elle se faisait entendre.

— Vraiment ? (En dépit des circonstances, intriguée, Ivy esquissa un sourire.) Comment ça ?

— Elle était accompagnée de jeunes hommes dépenaillés environ du même âge que mon Phillip.

Elle s'interrompit. À la lueur du soleil, elle avait le regard rieur. Ivy sentit un frisson lui parcourir l'échine.

— De qui s'agissait-il ? demanda-t-elle avec l'impression que sa voix venait de très, très loin.

Elsie se fendit d'un sourire, égayant son teint blafard.

— Il y avait un Australien. (Ivy sentit son corps se figer.) Votre petit ami, il me semble, très chère. Il disait qu'il allait vous retrouver.

— Oh, mon Dieu. Il est là ?

— Oui.

— Où ça ? demanda Ivy, déjà prête à bondir. Je vous en prie, dites-moi où.

Elsie éclata de rire.

— À l'angle de Penang Road.

— Je vous remercie, lança Ivy, qui s'était déjà élancée. Merci beaucoup.

Elle ne s'arrêta de courir qu'en arrivant sur place. Il lui fallut moins de cinq minutes pour couvrir la distance, mais, malgré tout, par le simple fait de s'être dépensée dans la chaleur de l'après-midi, évitant les colporteurs et les pousse-pousse, elle était en nage. Sa robe de coton lui collait à peau, et sa gorge lui brûlait douloureusement. *Je vous en prie, faites qu'il soit encore là…* Elle repéra d'abord la berline d'Alma, garée le long du trottoir, la jeune femme à côté du véhicule, ses boucles blanches et son uniforme encore plus blanc étincelant au soleil. Puis elle aperçut Tristan, la peau noire, et Jimmy, couvert de cloques. Mais elle ne s'attarda pas plus longtemps sur eux. Lorsqu'elle le vit – il était vraiment là –, elle poursuivit sa course. Dès qu'il se retourna, elle se retrouva dans ses bras. Il la souleva aussitôt et la fit virevolter dans les airs. Aux anges, elle éclata de rire, la ville tournoyant autour d'eux. Ils s'embrassèrent. Enfin. Plaquant ses lèvres contre les siennes, elle prit ses joues dans ses mains, devinant le chaume sous ses paumes, la boue séchée sur son visage. Elle avait conscience d'être en larmes, mais elle s'en moquait.

— Je te croyais mort, déclara-t-elle entre deux baisers. J'avais si peur.

— Je ne suis pas mort. Et toi non plus.

— Tu es là, dit-elle en l'embrassant de nouveau. Tu es là. Pour combien de temps ?

— Une nuit.

— Juste une ?

— Juste une.

Elle refusait d'y penser pour le moment. Elle l'embrassa encore, n'ayant qu'une envie, rester seule avec lui.

Elle entendit quelqu'un toussoter. Lentement, elle prit conscience de la présence des trois autres, qui les observaient.

Elle se retourna, penaude.

Ils souriaient tous.

— Vous semblez contents de vous revoir, déclara Alma. Oui, je crois qu'on peut le dire.

Ils se rendirent tous les deux au cantonnement de Kit. Alma devait aller à Sime Road, de toute façon, et Jimmy et Tristan comptaient trouver un bar. Et quand Ivy lui demanda s'il souhaitait les accompagner, sentant qu'il pourrait peut-être en avoir besoin, il refusa. Il n'avait aucune envie d'aller dans un bar.

— Non, dit-il en levant les yeux vers elle. Non.

Malgré la chaleur, ils allèrent à pied jusque chez lui. Elle remarqua de quelle façon les autres le dévisageaient avant de détourner le regard aussitôt, refusant de le voir comme ils refusaient de voir les arbres déchiquetés par les bombes. Personne ne voulait savoir d'où il venait. Il ne lui en parla même pas.

— Je ne peux rien dire, reconnut-il, le regard attristé. Pas encore. Tu ne m'en veux pas ?

— Bien sûr que non, répondit-elle, même si elle aurait largement préféré que ce genre de situation n'ait pas à se produire.

La maison déserte avait les volets clos pour la préserver de la chaleur des rayons du soleil. Des particules de poussière étaient suspendues dans les airs. Ivy suivit Kit vers sa chambre en le tenant par la main. Ils gardèrent tous deux le silence. Elle sentait son cœur battre la chamade et sa poitrine monter et descendre au rythme de sa respiration.

Il ouvrit sa porte. La pièce baignait dans une vague lueur dorée. Un petit lit était adossé au mur. Il se tourna vers elle. Elle le prit par le cou. Elle sentit ses mains lui effleurer le dos, le contact de ses doigts sur ses hanches, puis ferma les yeux lorsqu'il baissa la tête pour l'embrasser dans le cou. Elle se retourna, cherchant ses lèvres avec les siennes, déboutonnant sa chemise de treillis, lui caressant les épaules et les bras en le déshabillant. Il était plus maigre qu'avant son départ. Il n'avait pas un gramme de gras, et il dégageait une chaleur intense, noirci par les rayons du soleil et la boue. Elle le sentit s'affairer, déboutonnant sa robe, avant de la laisser tomber en tas à ses pieds. Elle ne portait pas de bas, juste un caraco. Elle se pressa contre lui, sa peau contre la sienne.

Ils reculèrent jusqu'au lit. Il la souleva, ses lèvres rivées aux siennes, puis la déposa sur le couchage, s'agenouillant au-dessus d'elle, tandis qu'elle se laissait tomber en arrière. Il l'embrassa plus bas, sur la peau moite de sa poitrine. Il fit remonter ses mains sur la soie de son caraco, et elle se cambra vers lui, lui demandant implicitement de continuer. Se redressant pour passer son haut par-dessus sa tête, elle aperçut la densité de son regard, puis l'attira à elle. Il l'embrassa encore, partout, à des endroits dont elle ignorait qu'on pouvait les embrasser. Elle poussa un cri, ayant envie de lui comme elle n'avait jamais eu envie d'autre chose, jusqu'à ce que, enfin, au moment même où elle crut ne plus pouvoir le supporter, il s'enfonce en elle, la regardant droit dans les yeux, comme s'il pouvait faire abstraction de tout le reste, défaire tout ce qu'il avait fait.

Elle l'embrassa en lui tenant le visage à deux mains.

— Ne t'arrête pas, lui ordonna-t-elle, ses lèvres contre les siennes. Je t'en prie, ne t'arrête pas.

Elle le sentit sourire. Ce sourire. Enfin.

— Je ne suis qu'un homme, lui fit-il remarquer, ce qui les fit éclater de rire tous les deux, sans pour autant les empêcher de poursuivre.

Un long moment.

Par la suite, il la tint contre lui, sa tête dans le creux de son cou. Il la regarda repousser une mèche de cheveux de son front moite, contemplant l'ombre de ses cils sur ses pommettes et ses bonnes couleurs.

La veille, il avait vu Tristan attraper au vol une grenade dégoupillée et la renvoyer vers les lignes japonaises avant qu'elle explose, embrasant les arbres environnants. Des hommes avaient couru dans leur direction, le visage tordu de douleur, le corps en flammes, ce qui ne les empêchait pas de tirer, les balles ricochant sur le sol de la jungle. Jimmy et lui avaient ouvert le feu avec leur mitrailleuse, braillant pour qu'on leur donne de nouvelles munitions, les fauchant un à un. Combien de soldats avaient-ils liquidés, jusqu'à présent ? Il l'ignorait.

Ivy s'appuya de tout son poids contre lui, l'extirpant de ses horribles souvenirs.

— Tu ne peux pas rester ici, Ivy.

Lentement, elle leva les yeux vers lui.

— J'aimerais bien qu'on cesse de me le répéter.

— Il faut que tu me promettes de partir.

— Pourquoi ?

— S'il devait m'arriver quelque chose…

— Non, l'interrompit-elle en ouvrant grand ses yeux bleus. Je t'interdis d'en parler.

— Ils approchent. Il est impossible de les arrêter. Il ne faut pas que tu sois là à leur arrivée.

— Je n'irai nulle part.

— Je t'en prie, Ivy, insista-t-il d'une voix éraillée. Je veux te savoir en sécurité.

— Alors, reviens, dit-elle comme si rien n'était plus simple. Reviens me chercher.

— Et si je ne peux pas ?

Elle lui caressa le visage.

— Il va falloir, parce que je n'irai nulle part. Pas sans toi.

Chapitre 18

Ils quittèrent à peine sa chambre, cette nuit-là, même durant le raid. Ivy découvrit un nouveau moyen de détourner son attention des bombardements. Elle lutta contre le sommeil. Elle n'avait aucune envie de dormir. Mais, au petit matin, la tête sur son torse, son corps entre ses bras brûlants, elle s'assoupit en écoutant les lents battements de son cœur. Lui aussi dormit. Si profondément que son corps était immobile. Comme celui d'un mort.

Le soleil se leva trop vite, et Jimmy et Tristan se présentèrent trop tôt, tous deux ivres de gin. Le silence de la maison fut aussitôt rompu par leurs voix, prévenant qu'il était temps de partir, ce qui les réveilla tous les deux. Alma les accompagnait, l'uniforme d'Ivy à la main.

— Je me suis dit que ça te plairait peut-être que je te conduise à la station, déclara-t-elle, lui tendant sa tenue par la porte entrebâillée de la chambre de Kit.

Ivy contempla les vêtements soigneusement pliés d'un air hébété. Elle sentit Kit se lever, derrière elle, et embrasser son épaule nue. Elle ferma les yeux. Elle n'avait aucune envie d'enfiler son uniforme, d'accepter que la nuit soit terminée.

— Il faut qu'on soit sur la jetée dans quarante minutes, bredouilla Jimmy.

— Je ferais bien de me préparer, déclara Kit d'une voix encore ensommeillée et chargée de regrets.

— Oui, consentit Ivy. Moi aussi.

Elle s'affaira avec méthode, se retenant de fondre en larmes. Dès qu'elle fut prête, elle alla attendre dehors avec Alma. Elle avait conscience de son regard aussi vigilant que compatissant. Elle ne put se résoudre à le croiser. Elle craignait de s'effondrer.

— Je ne te demande pas comment tu vas…, déclara Alma.

— Je te remercie.

— Mais, ce soir, on va se mettre chiffon.

— Si tu veux.

— C'est le réveillon de Noël, tu sais ?

— Oui, oui.

Les garçons finirent par sortir. Lorsque Kit tendit la main vers Ivy, celle-ci se précipita vers lui et se jeta dans ses bras. Quelques heures auparavant, alors que la nuit n'était pas tombée, elle se moquait encore de lui dans la rue, et voilà que tout était terminé. Fini. Le soleil était parti, lui aussi. La pluie tombait à verse sur la pelouse, les arbres et le chemin boueux, emportant tout sur son passage.

— Ivy, très chère, déclara Tristan en descendant tant bien que mal les marches en reculant, et ravissante Alma. Je vous souhaite le plus beau des Noël. (Il réprima un rot.) Et pour le nouvel an, j'espère que vous aimez le poisson cru.

Personne ne rit. Lui encore moins.

Il tourna les talons et s'éloigna.

Jimmy les embrassa avant de le suivre jusqu'à la route, son sac sur son épaule cloquée. Alma leur emboîta le pas, adressant à Kit un sourire crispé et lui souhaitant bonne chance.

Incapable de le laisser partir, Ivy pressa son visage contre la chemise kaki propre de Kit. Après la nuit qu'ils venaient de passer, jamais il ne lui avait semblé plus humain, plus vulnérable, et cela l'effrayait.

Cherchant son regard, il lui fit dresser le menton. Soudain, elle ne vit plus que le vert de ses yeux.

— Je ne veux pas te quitter, déclara-t-il.

— Moi non plus. (Elle manqua de s'étouffer. Elle avait les larmes aux yeux.) Je ne te dirai pas « adieu », poursuivit-elle. Juste que j'attends ton retour.

— D'accord.

— Il va falloir que tu reviennes me chercher.

Il hocha lentement la tête. Puis, après un dernier baiser, comme s'il avait l'impression qu'il ne partirait jamais s'il ne le faisait pas sur-le-champ, il rejoignit les autres.

Après ce jour-là, il lui manqua plus que jamais. Le jour de Noël, on apprit que Hong Kong, jusqu'alors sous contrôle britannique, était tombée aux mains des Japonais. Tout le monde en fut ébranlé, mais cela n'empêcha pas le *Tanglin Club* d'organiser une soirée fastueuse pour le nouvel an. Le mois de janvier s'écoula, et la fumée formait un nuage permanent au-dessus de la ville de plus en plus martyrisée. Les bombardiers ennemis poursuivirent leur œuvre, décollant désormais des bases aériennes malaisiennes occupées depuis peu, des porte-avions rôdant au large. À la station Y, le travail continuait : des journées interminables dans des huttes infestées de moustiques, le sol tremblant au rythme des bombes, les détonations dans la jungle, toujours plus proches, leur rappelant combien leurs écoutes étaient vaines. Il était très démoralisant de traquer une menace que personne ne semblait en mesure d'éradiquer.

Parfois, Ivy allait en ville avec Alma. Malgré les raids, les bars étaient encore ouverts, les orchestres continuaient à jouer, et Alex, inquiet pour elles deux, était convaincu que cela leur faisait du bien de sortir. Ce qui était loin d'être le cas pour Ivy. En fait, les soirées étaient de véritables tortures : elle en passait chaque minute à contempler la porte, attendant un homme dont elle savait au fond qu'il n'allait pas la surprendre deux fois. Alma était tout aussi abattue. Le courrier n'arrivait plus de nulle part, et voilà longtemps qu'elle n'avait plus eu de nouvelles de Phil. En outre, d'après la rumeur, la situation dans le désert était aussi mauvaise que là, avec des combats incessants.

— Et s'il était mort ? demanda-t-elle un soir. S'il était déjà mort et que je n'en savais rien ?

— Tu le saurais, lui fit remarquer Ivy.

— Tu crois ? Je n'en suis pas si sûre.

Ivy non plus. Elle se posait constamment la question à propos de Kit.

Le frère du lieutenant Tomlins avait été grièvement blessé par un lance-flammes et envoyé à bord d'un navire-hôpital qui faisait cap vers Ceylan.

— Ça vaut mieux pour lui, avait admis Tomlins d'un ton bourru.

D'autres personnes commençaient également à quitter les lieux. Même si le *Raffles* était plein tous les soirs – on y tenait des discussions acharnées sur des projets de fête trois semaines à l'avance, des anniversaires d'enfant, et sur les parties de la côte où il était encore possible de pique-niquer –, les paquebots débarquaient leurs passagers à Keppel Harbour avant de faire embarquer les femmes et les enfants qui avaient obtenu un pass auprès du gouverneur pour se rendre en sécurité à Sumatra, Ceylan, voire, plus loin, en Australie. Ce n'étaient que des Européens qui partaient. Les Chinois, les Indiens et les Malaisiens devaient rester, quel que soit le sort qui leur était réservé.

Ivy reçut un nouveau télégramme de Mae.

`Rentre à la maison. STOP. Je t'en prie. STOP.`
`Je veux te savoir en lieu sûr. STOP.`

À sa grande honte, cette fois, elle ne se donna même pas la peine de lui répondre. Détestant la contredire, il lui était plus facile de ne rien dire du tout.

— Partez, lui conseilla Alex. Je vous en prie, partez. Je veux vous savoir en lieu sûr, ajouta-t-il, répétant involontairement les paroles de Mae.

— Je ne peux pas, répondit-elle, songeant – comme toujours – à Kit. Ça m'est impossible.

Un matin, au milieu du mois de janvier, Sam, plus pâle chaque jour qui passait, l'aborda lorsqu'elle alla chercher un thé au restaurant militaire. Les orages matinaux étaient passés, laissant dans leur sillage un parfum d'herbe et de terre humides. Les quelques personnes qui se trouvaient au restaurant vidaient lentement leurs tasses en silence, ramollis par la chaleur et la peur. Il lui raconta à voix basse qu'il avait eu vent des plans d'évacuation de la station. Elle était déjà au courant : Kate, Tomlins et les autres partiraient avant la fin de la semaine. Elle en avait déjà discuté avec Tomlins.

— Nous allons tous partir, déclara Sam, ce qui n'était pas tout à fait vrai. Nous faisons du renseignement. Ils ont énormément besoin de nous. Ils n'ont aucune envie de nous laisser aux mains des Japs.

Le visage rond, les traits tirés, il avait une lueur d'espoir dans le regard. Pour la première fois depuis longtemps, Ivy eut de la peine pour lui. Il avait l'air si jeune – trop jeune, en réalité – et si désespéré…

Elle serra son bras en sueur. Baissant les yeux sur ses doigts, il rougit. Elle le lâcha aussitôt, mais garda une voix douce :

— Tu ne fais pas de renseignement, Sam. Ils vont d'abord faire partir ceux qui sont prioritaires…

— On peut se passer de moi. C'est ce que tu es en train de me dire ?

— Je…, commença Ivy avant de s'interrompre. (C'était précisément ce qu'elle était en train de dire.) Uniquement en termes de renseignement, tenta-t-elle de se justifier.

— Contrairement à toi.

— Je ne pars pas, lui annonça-t-elle en se servant un thé. Ils ont besoin de volontaires qui accepteraient de rester un peu plus longtemps. Je me suis proposée.

— C'est idiot…

C'était exactement ce que Tomlins lui avait répondu. « Il n'y a aucune honte à partir, avait-il déclaré. En fait, je suis tenté d'insister pour que vous fichiez le camp d'ici. Nous manquons de traducteurs, en fait… »

Elle était parvenue à le convaincre, lui assurant qu'elle prendrait le bateau à temps, avec la poignée de ceux qui allaient rester. Elle s'était abstenue de lui exposer les raisons de sa volonté de rester. Mais elle était persuadée qu'il les avait devinées.

C'était aussi le cas de Sam.

— Tu fais ça pour Langton.

— Peu importe.

— Je n'arrive pas à croire qu'il te laisse faire.

— Il ne me laisse rien faire du tout. C'est mon choix.

Son air boudeur fit place à de l'inquiétude.

— Les Japs vont te tuer, Ivy.

— Je serai partie avant qu'ils arrivent, rétorqua-t-elle, se demandant si ce serait réellement le cas. (Quoi qu'il en soit, elle refusait de s'en préoccuper pour le moment.) Et je ne reste pas que pour Kit.

Elle disait vrai. Vanessa et Jane ne partaient pas, mais elles travaillaient en continu à l'hôpital. Si elles pouvaient tenir le coup, il n'y avait aucune raison qu'elle en soit incapable.

Alma aussi restait. Elle rejetait l'idée d'abandonner la mère de Phil, prétendait-elle. Le père de Phil était parti offrir ses talents de chauffeur de poids lourd en Malaisie, et, si Elsie se consacrait corps et âme à son travail de premiers secours, refusant de reconnaître combien elle était effrayée (« Elle est très à l'aise en situation de crise, j'ai l'impression », avait tenté d'expliquer Alma), elle avait déclaré qu'elle ne quitterait pas l'île avant le retour du père de Phil.

— Je ne suis pas certaine qu'elle ait vraiment besoin de moi, avait douté Alma, mais je ne vois pas pourquoi je partirais si elle reste.

Ivy comprenait. Elle éprouvait plus ou moins la même chose à l'égard d'Alma. Et d'Alex. Il n'avait pas l'air bien, depuis peu. Il était plus silencieux et paraissait fiévreux. Pour la première fois depuis qu'elle le connaissait, elle trouvait qu'il faisait son âge. Il prétendait ne pas avoir besoin de consulter, que c'était sa vieille malaria qui récidivait. Cela lui arrivait de temps à autre, mais il s'en remettait rapidement. Il avait des comprimés, tout irait bien.

Elle fronça les sourcils, se demandant si elle ne ferait pas mieux d'insister pour qu'il aille voir un médecin.

— Ce n'est pas que pour Kit, répéta-t-elle à Sam.

Même si, bien sûr, c'était surtout pour lui.

Fin janvier, les bombardiers effectuèrent des passages plus réguliers, larguant un tapis de bombes sur la ville, et mitraillant les civils dans les rues. La base navale était abandonnée, ses réservoirs de carburant en flammes. On avait pris soin de ne rien laisser aux Japs. Laurie dut partir : on lui avait ordonné de prendre un avion pour Ceylan.

— J'ai l'impression d'être un rat qui abandonne le navire, déclara-t-il d'un ton affligé. Mais je n'y peux rien. (Il enlaça Ivy, puis Alma.) J'espère que vous partirez aussi, toutes les deux. (Il se tourna vers la fenêtre de la chambre d'Alex, où ce dernier était assoupi, encore souffrant.) Emmenez-le avec vous, si vous en avez la possibilité.

Ivy lui promit d'essayer, même s'il devenait de plus en plus risqué d'aller où que ce soit. Les navires aussi se faisaient bombarder. Elle n'avait pas rejoint celui à bord duquel elle devait monter lorsque les opérations avaient finalement pris fin à la station Y, et avait entendu dire plus tard qu'il avait été touché à plusieurs reprises avant de pouvoir larguer les amarres. Elle espérait que les personnes avec qui elle avait travaillé les derniers jours s'en étaient tirées indemnes. Elle n'avait aucun moyen de le savoir.

La retraite en Malaisie se poursuivait. Les cinémas climatisés de Singapour, y compris le Cathay, servaient de réserves, en prévision d'un siège. On avait disposé sur les plages de nouvelles défenses en fil de fer barbelé, ainsi que des mines, toujours de nuit, car les mitraillages japonais empêchaient de travailler de jour.

Le dernier jour du mois, Alma rentra en sueur, le visage écarlate, gravissant quatre à quatre les marches de la terrasse, bredouillant que la frontière malaisienne n'allait pas tarder à fermer.

— Ils vont faire sauter le pont. Les Japs vont arriver d'un instant à l'autre.

Ivy la regarda fixement. Elle était installée sur la balancelle d'Alex, contemplant les nuages de fumée qui s'élevaient au-dessus de la ville, l'esprit ailleurs, comme d'habitude.

— C'est pour quand ?

— Minuit. Tous ceux qui seront encore en Malaisie seront coupés du monde.

— Mais Kit est en Malaisie… Et Jimmy, et Tristan…

— Ils vont s'en tirer, lui assura Alma.

— Et si ce n'était pas le cas ?

Alma s'abstint de lui répondre. Qu'aurait-elle pu dire ?

Ivy porta les mains à ses tempes, pressant ses doigts pour ne plus entendre le vacarme sous sa boîte crânienne.

— Je me sens si inutile, ici à ne rien faire... Jamais je ne me suis sentie si inutile. (Elle regarda Alma dans les yeux et y décela le même sentiment d'angoisse et de désespoir que chez elle.) Ce que j'aimerais savoir s'il va bien ! C'est tout ce que je veux savoir.

Kit n'allait pas très bien. Loin de là. Tristan était avec lui, ainsi que quatre autres membres du corps d'armée australien et néo-zélandais, l'ANZAC. Ils étaient loin du pont, à Johor Bahru. Ils avaient capté le signal radio qui annonçait la destruction du pont à minuit, puis un autre qui indiquait qu'il était possible que l'opération soit repoussée à l'aube, mais ils n'auraient su dire auquel il fallait se fier : leur radio avait été touchée par une balle lorsqu'ils avaient bondi de la route pour échapper à un groupe de Japonais à vélo. À vélo, merde ! Ils s'étaient toutefois révélés trop menaçants pour leur paraître ridicules.

Leur groupe était l'un des plus avancés. Ce qui restait de l'armée d'Extrême-Orient était derrière eux, et les Japs devant, de plus en plus nombreux. Comme en France, ils formaient l'arrière-garde, détruisant par les flammes tout ce qui restait et qui aurait pu être utile à l'ennemi : des ponts, des armes, des terrains d'aviation de moins d'un an... Les incendies causés par ces démolitions formaient un bouclier qui protégeait les milliers d'hommes et de gamins qui franchissaient le pont menant à Singapour. Jimmy était en route. Il avait pris la tête d'un régiment de Gurkhas après la mort de son commandant, et conduisait les hommes vers le pont. L'un d'eux serait sauvé, au moins.

Quant à Kit, Tristan et les autres, il leur restait des kilomètres à parcourir. Tandis qu'ils se frayaient un passage à coups de machette au milieu des lianes et des arbres, Kit consulta sa montre. Malgré le jour qui déclinait et la buée sous le verre taché de boue, il parvint à lire l'heure : près de 19 heures. Même par le chemin le plus direct, il leur faudrait plus de cinq heures pour gagner Johor Bahru, mais les Japonais étant partout, ils seraient contraints de faire des détours.

— En gros, dit-il à Tristan, qui tranchait les lianes en haletant, s'ils font sauter le pont à minuit, on est foutus.

— Et s'ils le font sauter à l'aube, rétorqua Tristan, on sera foutus à Singapour dans quelques jours.

Ils atteignirent la ville frontalière de Johor Bahru aux premiers rayons du soleil, sans savoir si le pont était encore intact ou non. Les abords de la cité avaient été désertés. On n'y voyait plus un homme, plus un char, plus rien. Seuls les sillons sur les routes boueuses, le nuage de fumée au-dessus des huttes des Malaisiens, les gourdes d'eau et les fusils abandonnés sur le bas-côté permettaient de savoir qu'une armée était passée là. Les habitations avaient pour la plupart été abandonnées, leurs portes encore ouvertes. Tous ceux qui avaient pu fuir l'avaient fait. À la faible lueur de l'aube, un vieillard accroupi sur le pas de sa porte regarda Kit droit dans les yeux, d'un regard aussi méfiant qu'intrigué.

L'un des Australiens du groupe, le capitaine Peters, fit une halte devant lui, et lui demanda lentement et en articulant où était partie l'armée.

— Pont explosé ? Oui ? Non ?

L'homme garda le silence.

— Il ne comprend pas, expliqua Kit.

Mais Peters insista.

— Vous voyez ? Oui ? Vous comprenez ? Vous voyez ce qu'ils font ?

— Bonté divine, jura Tristan.

Kit se tourna vers le pont. Il leur restait moins d'un kilomètre à parcourir. L'avaient-ils déjà fait sauter ? Avec toute cette fumée, c'était impossible à déterminer.

— On ferait bien d'y aller, annonça-t-il.

Il entendit alors un léger son, dans le lointain : de la musique. Kit savait de quoi il s'agissait. Des cornemuses.

— Qu'est-ce que…

Peters fronça les sourcils, puis, comprenant ce qui se passait, sentit son visage s'illuminer avant de finalement éprouver une vive inquiétude.

— Ce sont les Argylls, déclara-t-il, ce qui n'avait de sens pour personne.

— De quoi tu parles ? demanda Tristan.

— J'étais avec eux, répondit-il en s'élançant vers l'origine du bruit. Ils plaisantaient avec ça.

— Avec quoi ? voulut savoir Kit.

— Ils voulaient être les derniers à passer. Ils ont dit qu'ils traverseraient au son des cornemuses, et qu'ils feraient ensuite sauter le pont. Putain, courez !

Dans son lit, Alex flottait dans un état de semi-conscience lorsque la maison se mit à trembler à cause de la puissance de l'explosion, dans le lointain. Au fond, il savait ce que signifiait ce vacarme. Même s'il n'aurait su dire comment. Il n'avait pas les idées claires.

Avait-il entendu les filles en parler par la fenêtre ?

Elles n'avaient plus rien à faire chez lui. Ne leur avait-il pas ordonné de partir ?

Malgré la chaleur qui régnait dans la pièce, il frissonna. Il était en sueur. Il avait la gorge sèche et était perclus de douleurs.

Il entendit retentir la voix affolée d'Ivy, dans le couloir, en bas. Elle parlait de Kit, du pont…

— Que peut-on faire ?

Il aurait voulu la rejoindre. Il mourait d'envie de la réconforter.

« C'est ce qu'on ressent quand on est parent, entendit-il dire la voix absente de Laurie. Quand on est grand-père. »

— Je ne suis rien du tout, déclara-t-il à la chambre vide.

Puis il aperçut Ivy, les traits tirés. Elle avait pleuré, détermina-t-il.

— Oh, Alex, le plaignit-elle en posant la main sur son front.

Levant la main, il lui effleura les doigts. Il n'avait jamais souhaité la connaître. Ni l'aimer.

— Impossible, bredouilla-t-il.

— Pardon ? demanda-t-elle en se penchant sur lui. Qu'avez-vous dit ?

Il fut incapable d'articuler. Il ferma ses yeux douloureux, puis il s'échappa de sa chambre, et se trouva dans le passé. Dans son passé. Avec Harriet.

Harriet.

Il l'avait tant aimée. Il l'avait aimée, puis il l'avait détruite.

Il n'avait jamais rien fait de pire.

Chapitre 19

Mai 1897

Dès qu'elle rentra du studio de la couturière, sur Orchard Road – sa robe de mariée en dentelle achevée, lourde et magnifique dans ses bras –, en voyant que non seulement Alex, mais aussi Mae et David l'attendaient dans le salon mal aéré, Harriet comprit que quelque chose n'allait pas. La façon dont Alex sursauta lorsqu'elle pénétra dans la pièce la désarçonna. Ainsi que sa manière de s'approcher d'elle, avant de se raviser. La tristesse dans son regard, les larmes dans celui de Mae.

L'étrange satisfaction dans celui de David.

— Qu'y a-t-il ? demanda-t-elle, incertaine de vouloir le savoir.

Personne n'osa prendre la parole. Le silence s'éternisant, elle se sentit gagnée par un profond sentiment d'appréhension.

— Alex ? l'interpella-t-elle, espérant qu'il lui répondrait quelque chose, n'importe quoi, pour la rassurer.

— Je ne sais pas comment te l'annoncer, déclara-t-il d'une voix chargée de douleur, ce qui ne la rassura pas du tout.

— M'annoncer quoi ? s'inquiéta-t-elle, son instinct lui ordonnant de tourner les talons et de quitter la pièce.

Elle se demanda ce qu'elle faisait encore là, sa robe de mariée dans les bras.

— Nous avons une nouvelle…, commença David.

— Non, l'interrompit Alex avec une violence inhabituelle. Je vous ai dit que je le ferais.

Harriet les dévisagea tour à tour. *Faire quoi ?* Elle sentit ses jambes se mettre à trembler. Elle n'avait aucune idée de ce qui se tramait. Elle avait l'impression que tout le monde était au courant sauf elle.

— Il s'est passé quelque chose, se risqua Alex d'une voix hésitante. Quelque chose que je n'ai jamais eu l'intention de faire. (Elle sentit ses jambes trembler davantage encore.) C'était au bal de Soames. J'ai pris Mae pour toi. Elle avait ta robe. (Il grimaça.) La pièce… Il faisait très sombre…

— Quelle pièce ?

Elle articulait, mais elle reconnut à peine sa voix crispée. En se tournant vers Mae, qui avait la tête baissée, le visage marqué par les larmes, elle prit peur.

— Alex ?

— J'ai cru que c'était toi, ajouta-t-il.

— Pourquoi ne cesses-tu de le répéter ? demanda-t-elle d'une voix toujours aussi tendue.

— Parce que, sinon, je ne l'aurais jamais fait.

— De quoi parles-tu ?

Mae poussa un sanglot étouffé.

— Alex ? demanda Harriet, à son tour au bord des larmes. Qu'as-tu fait ?

— Dites-le-lui, le poussa David. Ou je le fais.

— Je ne l'ai jamais voulu, se défendit Alex. Je ne l'ai jamais souhaité.

— Tu me fais peur. Je t'en prie…

— Harriet, dit-il d'une voix cassée. Mae est enceinte.

Elle se figea.

Il la dévisagea, une lueur de désespoir dans le regard. La vision de Harriet se troubla. Elle en eut vaguement conscience. Ses paroles résonnèrent inlassablement dans son esprit. Elle ne les comprenait pas. Elle n'entendait plus rien d'autre. Elle se sentait… engourdie. Et encore. Elle n'était pas certaine de ressentir quoi que ce soit.

Enceinte ?

Non.

Non !

Elle s'aperçut qu'elle secouait la tête.

— Ils vont se marier la semaine prochaine, annonça David d'une voix étouffée, comme s'il se trouvait à des kilomètres de là.

Elle avait du mal à respirer. Elle trouva soudain insupportable le poids de sa robe sur ses avant-bras. Elle la lâcha, et elle tomba à ses pieds avec un léger bruissement. Sans pour autant la soulager.

— Je ne vivrai pas avec elle, poursuivit Alex. Elle ira en Angleterre dès que nous aurons pris nos dispositions. Elle vivra là-bas avec l'enfant. Je n'aurai plus rien à voir avec eux…

« Un enfant ? Un enfant » ?! La gorge nouée, elle porta les mains à son cou. Elle comprit qu'il fallait qu'elle laisse sortir ses larmes. Elle n'en avait aucune envie, pas plus qu'elle souhaitait que tout cela soit vrai. Se tournant de nouveau vers Mae, elle se demanda pourquoi elle semblait si contrariée. Puis elle porta son attention sur David, qui arborait un sourire triomphant. Quelque part dans son esprit, elle entendit de nouveau ses paroles : *« Je finis toujours par obtenir ce que je veux. »* D'autres souvenirs lui revinrent aussi en mémoire : combien elle avait été mal à l'aise lorsque Mae lui avait demandé d'échanger leurs robes. L'insistance de David pour qu'elle boive ce champagne. Elle se sentit agir contre son gré.

— C'est vous qui avez tout manigancé, déclara-t-elle. Vous avez mis quelque chose dans mon verre. (Elle haussa le ton.) Vous avez demandé à Roger de sortir avec Alex…

David resta de marbre. Il ne nia ni ne confirma quoi que ce soit, mais elle savait qu'elle avait raison. Il lui aurait révélé ce qui s'était passé même si Mae n'était pas tombée enceinte. *« Enceinte » ? Est-ce vraiment le cas ?* Il y aurait pris un malin plaisir.

Mais Mae ? Comment avait-elle pu se laisser prendre au jeu ?

En se posant la question, Harriet sentit les derniers effets anesthésiants du choc qu'elle avait subi faire place à une grande douleur, et les larmes lui monter aux yeux.

Le visage d'Alex se décomposa. Il s'approcha d'elle, mais elle tendit les mains, l'empêchant d'aller plus loin, regrettant d'être obligée d'en arriver là.

— Non, dit-elle. Non.

Il obtempéra, mais serra les poings, les muscles crispés, comme s'il devait fournir un énorme effort pour s'immobiliser. Sans savoir pourquoi, elle imagina à quoi il devait ressembler, enfant, quand sa mère le laissait à l'école. Elle ignorait d'où lui venait cette idée, mais elle comprit qu'il avait dû se sentir abandonné, et qu'elle n'avait aucune envie que cela recommence. Elle souhaitait le réconforter. En dépit des circonstances, elle le désirait plus que tout. Mais elle en était incapable. Elle ne le pourrait jamais plus. Elle ne savait même pas si elle devait lui en vouloir, ou si les seuls responsables étaient Mae et David. Mais cela n'avait aucune importance, car rien ne pourrait modifier la situation. Se sentant gagnée par une immense souffrance, elle porta les mains à son ventre, enfonçant les ongles dans son corset.

— Je suis vraim…, commença Mae.

— N'y songe même pas ! s'exclama Harriet entre deux sanglots. Ne t'avise même pas de me dire que tu es désolée.

— Mais c'est le cas, rétorqua sa sœur en fondant en larmes. (Pourquoi pleurait-elle, au juste ?) Je te jure qu'Alex dit vrai. Il ignorait que c'était moi.

— C'est ce qu'il prétend, intervint David.

— Il l'ignorait ! insista Mae.

— Ça m'est égal ! répliqua Harriet, à deux doigts de crier. (Elle se tourna vers Alex, se pliant presque en deux en voyant son visage décomposé.) C'est fait. Quoi qu'on en pense, c'est fait.

Les larmes aux yeux, elle avait la voix déformée par les sanglots.

— Laisse-moi t'emmener quelque part, l'implora Alex.

S'exprimant en même temps que lui, Harriet demanda à Mae :

— Pourquoi tu m'as fait ça ?

David répondit à sa place :

— Elle voulait ce que vous aviez, dit-il avec un ton de dégoût. Alors, elle s'est servie.

Harriet serra les mâchoires.

— Et vous croyez que vous allez obtenir ce que vous voulez, à présent ? C'est ça ?

— Je ne souhaite que votre bonheur. Jamais je ne vous ferais subir ce genre de chose.

Alex manifesta son écœurement. On aurait dit qu'il voulait lui mettre un coup de poing dans la figure. Harriet aurait souhaité qu'il le fasse, mais ce ne fut pas le cas. Il s'approcha d'elle.

— Laisse-moi te parler. Seule. Je t'en prie.

— Non, rétorqua-t-elle. Je ne peux pas.

Parce qu'elle ne le pouvait pas, elle en ressentait énormément le besoin, et cela l'aurait trop fait souffrir de le laisser faire. Elle aurait voulu le haïr. De tout son être. Elle recula jusqu'à la porte, sans savoir où elle allait, avec la simple volonté de ne plus se trouver dans la même pièce que lui.

D'une manière ou d'une autre, elle parvint à gagner sa chambre, à l'étage. Elle se laissa aussitôt tomber à terre, sa robe se gonflant autour d'elle, la puissance de ses sanglots lui donnant des haut-le-cœur, des images horribles lui venant à l'esprit : Alex embrassant Mae, l'enlaçant les yeux fermés, et lui faisant des choses qu'elle ne pouvait qu'imaginer ; puis les deux prononçant leurs vœux devant l'autel de St. Andrew ; l'enfant d'Alex – le sien, jamais celui de Mae – dans les bras de sa sœur. Elle posa la paume de ses mains sur le plancher, sa chevelure tombant sur son visage, en sanglots, ses larmes se mêlant à la sueur qui lui dégoulinait sur les joues et dans le cou.

Puis elle devina la présence d'Alex. Elle n'avait plus suffisamment d'énergie pour résister quand il la souleva et la serra dans ses bras. Elle se cramponna donc à lui, versant ses larmes sur sa veste, prête à tout pour ne jamais le laisser partir. Elle se remémora tous leurs projets, et les mille et une petites choses qu'elle avait été ravie, un jour, de considérer comme acquises : se lever à ses côtés, le voir chaque fois qu'elle le souhaitait, se promener, partager ses repas avec lui, l'avoir en permanence à ses côtés… Elle avait du mal à croire qu'en l'espace de quelques minutes elle ait pu tout perdre. Mais elle ouvrit alors les yeux et se retourna. En apercevant Mae dans le couloir, l'air piteux, elle se rappela ce qu'Alex et elle avaient fait, et se souvint de la présence du bébé dans son ventre. Ses mains remuèrent, comme si elles étaient douées d'une volonté propre, et repoussèrent Alex.

— Harriet, l'implora-t-il. Je t'en prie…

— Il faut que tu partes.

— Je ne peux pas.

— Il le faut. (Elle le poussa de nouveau vers la porte.) Je t'en supplie. Laisse-moi seule.

— Je n'en ai pas envie.

Cette fois, elle se mit à hurler.

— Ça n'a rien à voir avec ce dont tu as envie ou non.

Il tressaillit. Mais il s'abstint de protester. C'était trop tard. Il quitta la pièce, et, lorsqu'il fut hors de vue, elle s'aperçut combien elle aurait souhaité qu'il reste.

Elle baissa les yeux sur ses mains tremblantes, sa bague de fiançailles ornée d'un saphir encore à son doigt. Elle l'ôta, sortit dans le couloir et la remit à Mae.

— Je n'en veux pas, rétorqua cette dernière.

— Prends-la, lui ordonna Harriet en insistant. Pourquoi tu n'en voudrais pas ? Tu as tout le reste.

Le lendemain, il n'y eut pas de panier pour le petit déjeuner. Mais elle reçut une enveloppe rédigée de la main même d'Alex.

Harriet,

Je ne pourrai jamais te dire combien je suis navré. J'ai déjà écrit cette lettre de dix façons différentes, et, chaque fois, il me paraît encore plus impossible de te l'expliquer. Je n'ai pas le droit de te demander quoi que ce soit, encore moins d'écouter mes excuses, mais je crains qu'il me faille te donner quelques explications.

Premièrement, je te prie de croire que j'ignorais totalement qu'il s'agissait de Mae, et que je n'ai jamais désiré – et ne désirerai jamais – être avec quelqu'un d'autre que toi. Je ne te dis pas ça pour que tu me pardonnes. Il faut simplement que tu saches que tu es tout pour moi. Rien de moins. Je ne comprendrai jamais comment j'ai pu réaliser cette méprise. Je ne me pardonnerai jamais d'avoir tout gâché. À tes côtés,

j'étais le plus heureux des hommes, et tu mérites bien plus que ce que j'ai pu t'offrir.
Deuxièmement, laisse-moi t'aider. Comme je te l'ai expliqué hier, Mae va partir pour Londres dès que nous aurons trouvé où la loger. Elle y vivra de manière fort respectable – nombreux sont ceux qui y retournent pour échapper au climat –, et j'aimerais que tu t'y rendes aussi. Je crois que tu serais malheureuse si tu restais, et je voudrais que tu puisses prendre un nouveau départ, loin de moi, loin de Keeley. Ce sera possible, là-bas, en vivant avec Mae, si tu le souhaites, ou de ton côté. Quel que soit ton choix, je te laisserai un pécule dans lequel tu pourras puiser, sans que je te pose la moindre question, jusqu'à ce que tu sois autonome, ce qui se produira, je n'ai aucun doute là-dessus. En rédigeant ces mots, je t'imagine en train de les lire, et tout refuser en bloc. Tu ne veux rien qui vienne de moi. Mais je te supplie d'accepter au moins ça.
Troisièmement, accepterais-tu de me rencontrer ? Je vais quitter l'île juste après le mariage. Je veux que tu puisses vivre chez moi dans les meilleures conditions possible, jusqu'à ce qu'on ait pris des dispositions pour ton voyage. En toute honnêteté, je ne puis me résoudre à y vivre en compagnie de Mae. Je ne prévois de rentrer qu'une fois que tu seras partie, mais je ne supporterai pas de savoir que je ne te verrai plus jamais. Je ne le mérite pas, mais ma calèche viendra te chercher ce soir, à 19 heures. Je ne serai pas dedans, et toi seule décideras d'y monter ou non. Si tu ne viens pas ce soir, je l'enverrai de nouveau demain, et après-demain, jusqu'au mariage. À toi de voir. Je respecterai ta décision.
Je t'aime, Harriet. Je serai désolé à tout jamais.

Lorsqu'elle eut achevé la lecture de la lettre, elle pleurait à grosses larmes. Elle la conserva tout au long de cette journée interminable, la lisant et la relisant dans la chaleur étouffante de sa chambre, puis, lorsqu'elle ne supporta plus le manque d'air, dans la véranda. La missive sur les genoux, effleurant du bout des doigts le papier qu'il avait touché, connaissant par cœur chacune des paroles qu'elle renfermait, elle contempla le jardin, qui, une fois de plus, avait cédé aux mauvaises herbes, en se demandant ce qu'elle devait faire. Mais, à cause de la chaleur et de la douleur, il lui était impossible de prendre la moindre décision.

David rentra du travail, et, en le regardant remonter l'allée en balançant son parapluie roulé (elle ignorait pourquoi il en avait un alors qu'il refusait catégoriquement de sortir quand il pleuvait), elle eut au moins une certitude.

Lorsqu'il lui demanda si elle allait s'habiller pour le dîner, elle lui répondit « non », puis lui annonça que Mae et elle partiraient pour Londres dès la fin de la cérémonie. Remarquant son air scandalisé, elle n'éprouva même pas la moindre satisfaction. Plus rien n'avait de sens, désormais.

— Vous allez accepter l'aumône de Blake ?

— Jusqu'à ce que je trouve du travail.

— Je vous croyais plus fière.

— Et pourtant, répliqua-t-elle d'une voix sourde, vous pensiez que j'allais vous épouser…

— Je n'y ai pas encore renoncé.

— Alors, vous êtes un imbécile.

— Je souhaite vous rendre heureuse.

— C'est vous que vous souhaitez rendre heureux. Ça n'a rien à voir.

— Je vous en prie, l'implora-t-il en baissant d'un ton. Ne partez pas.

Elle garda le silence.

Il hésita, attendant une réponse. Finalement, devant son mutisme, il rentra. Il ne balançait plus son parapluie.

À 19 heures, elle vit approcher la calèche d'Alex. Elle se leva, les jambes raides à force d'être restée assise, et se dirigea vers le chauffeur.

— Je ne viendrai pas, je crains, lui annonça-t-elle.

— Je vais attendre.

— C'est inutile.

— Je vais attendre, répéta-t-il.

Il tint parole. Elle retourna s'asseoir dans la véranda sans le quitter des yeux, de la même manière qu'il regardait ses chevaux dodeliner de la tête. Peu avant 20 heures, il reprit la route.

Comme Alex l'avait promis, il revint le lendemain soir, et le surlendemain.

— Pourquoi refusez-vous de le voir ? s'enquit Laurie, qui passa lui rendre visite le matin du troisième jour. Il est dans tous ses états, je vous le garantis.

— Je ne peux pas l'aider, répondit-elle.

— Mais vous ne voulez vraiment pas le voir ? insista Laurie, visiblement dérouté.

— Bien sûr que si.

Et c'est précisément la raison pour laquelle je ne peux pas.

Elle résista presque jusqu'au bout. Elle acheva de faire ses bagages dans un silence apathique, écoutant sa sœur en faire autant dans la chambre voisine. Elle écrivit à Alex, lui expliquant qu'elle ne comptait pas le voir, mais qu'elle irait à Londres. « Je crois que je n'ai pas le choix. » Elle lui demanda un service : une recommandation pour l'aider à trouver un emploi. Elle ne deviendrait jamais gouvernante. Elle avait déterminé qu'il lui serait trop difficile de vivre au sein d'une famille, n'importe laquelle, alors qu'elle avait été si près d'en fonder une. Mais elle se dit qu'elle pourrait apprendre la dactylographie et trouver du travail dans un bureau. Alex lui envoya aussitôt sa lettre de recommandation, ainsi qu'une liste de personnes qu'elle pourrait contacter pour l'aider en Angleterre. Le caractère définitif de toutes ces démarches la fit sangloter. Elle se remémora chacun des moments qu'ils avaient partagés, chacune des conversations et des sourires qu'ils avaient eus, tous gâchés par ce qui s'était produit par la suite. L'intimité que Mae avait eue avec lui et qu'elle n'aurait jamais la hantait. Elle s'efforça de l'accepter, de même qu'elle tentait de se conditionner à le haïr le plus possible. Chaque fois que David essayait de l'aborder, elle faisait comme s'il n'existait pas. Elle ne prêta aucune attention non plus aux excuses interminables de Mae. Et lorsque, à 19 heures chaque soir, la calèche d'Alex venait la chercher, elle s'ingéniait à ignorer sa présence dans l'allée.

Elle céda finalement la veille du mariage. Le *gharry* de location de David était également venu le chercher, ce soir-là, pour l'emmener dîner chez Soames. (Il lui avait demandé de l'accompagner, mais elle avait refusé.) Peut-être le fait de voir les deux véhicules garés côte à côte lui rappela-t-il à quel point Alex comptait à ses yeux, et combien il l'avait tirée du désespoir durant ces deux mois passés trop vite. Peut-être l'idée de ne plus jamais le revoir lui était-elle soudain devenue intolérable. Quoi qu'il en soit, sans prendre consciemment la moindre décision, elle quitta la pièce sans même avoir coiffé son bonnet, sortit sur la terrasse, longea l'allée, ouvrit la portière de la voiture, et monta à bord.

En partant, elle vit que Mae l'observait à sa fenêtre. David était dans son étude, prêt à partir.

Elle ne se donna pas la peine de se demander ce qu'ils penseraient d'elle.

Quelle importance, désormais ?

Le cocher la conduisit à la crique où Alex l'avait emmenée le premier soir. Lorsque le véhicule s'immobilisa et qu'elle en descendit, elle sentit ses jambes trembler. Pendant le trajet, elle était devenue de plus en plus nerveuse. Elle se demandait ce qu'elle allait bien pouvoir dire et faire, mais, maintenant qu'elle était là, sur la terre meuble, humant le parfum des arbres qui l'entouraient et le sel de la mer, sachant qu'Alex ne se trouvait qu'à quelques pas de là, elle eut l'impression d'être au bord de quelque chose. Du précipice, sans doute.

Le chauffeur brandit l'une des lanternes de la calèche et lui indiqua la baie, derrière les arbres. Il n'y avait rien à manger, cette fois. Et pas de torches non plus. Rien qu'Alex, qui l'attendait au bord de l'eau. Sur l'onde noire, aussi lisse qu'un miroir, se reflétaient les étoiles. Il ne s'attendait pas à la voir. Elle le comprit à la résignation dans ses épaules quand il se retourna, puis à son air soulagé quand il l'aperçut. Ce soulagement la toucha. Elle se sentit terriblement mal de ne pas être venue avant. Comme si elle l'avait laissé tomber, comme si elle avait fait sérieusement souffrir un homme dont elle avait toujours souhaité le bonheur. Mais lui aussi l'avait fait souffrir. Et c'était encore le cas.

Le cocher les laissa seuls.

Aucun d'eux ne prit la parole.

Elle avait tant de choses à lui dire…

Il s'approcha d'elle. Elle s'aperçut, en croisant son regard gris débordant de lassitude, qu'elle avait les larmes aux yeux. Elle était incapable de les retenir. Elle repensa à tout ce qu'elle avait perdu, avant d'exprimer quelques paroles qu'elle n'avait jamais eu l'intention de prononcer. Il sembla aussi étonné qu'elle de les entendre.

Il lui caressa le visage.

— Harriet…

— Je t'en prie.

Il esquissa un sourire des plus tristes, se pencha vers elle et l'embrassa. Elle ferma les yeux, et, dès cet instant, elle oublia tout le reste. Elle se souvenait simplement de qui il était et de ce qu'il signifiait à ses yeux. Elle lui rendit son baiser avec une fougue qui la scandalisa. Elle ne s'interrompit pas pour autant. Lui non plus. Pour une fois, aucun d'eux ne voulut mettre fin à ce moment. Ils savaient l'un comme l'autre que, sinon, c'en serait terminé. Il défit les agrafes de son corsage, les lacets de son corset, lui déposant un baiser sur les épaules, l'embrassant dans le cou, ce qui la fit sursauter. Il la dévêtit méthodiquement : sa robe, son corset, ses jupons, ses bas, offrant sa peau nue à une douce brise. Il la caressa et l'embrassa comme s'il ne voulait pas manquer le moindre recoin. Suivant un instinct qu'elle avait trop longtemps réprimé, elle lui rendit ses baisers et le déshabilla également.

Telle mère, telle fille, finalement. Elle ne le regrettait pas.

Ensuite, ils s'étendirent sur l'herbe, leurs corps enchevêtrés. Il s'attarda sur la courbure de ses reins. Elle avait de plus en plus de mal à reprendre son souffle. *C'est donc à cela que ça ressemble*, songea-t-elle. Elle sentit le contact de ses doigts partout sur son corps. Elle aurait voulu que ce moment ne cesse jamais.

— C'était différent ? lâcha-t-elle. Enfin, c'était…

— Non, je t'en prie. (Il se leva sans la quitter des yeux, l'implorant du regard.) Inutile de poser ce genre de question.

— Si.

— Je me souviens à peine de ce qui s'est passé. C'était insignifiant. Et moins que ça encore. Tandis que je me rappellerai chaque instant de ce que nous faisons à présent.

Elle tourna la tête vers la mer. Elle sentait l'herbe ondoyer sous son corps.

— Quel curieux sujet de conversation, déclara-t-elle.

— Parlons d'autre chose, suggéra-t-il doucement. Et, je t'en prie, cesse d'y penser.

— Je vais essayer.

Mais elle en fut incapable.

Elle resta, malgré tout. Elle resta avec lui jusqu'au lever du soleil, et ils refirent l'amour. Plusieurs fois.

Cela lui plut énormément. Pourtant, elle s'en voulut prodigieusement. Elle savait qu'il s'en était aperçu, mais aussi qu'il aurait été incapable de lui demander d'arrêter. Elle ne le comprenait que trop bien, car elle n'avait aucune envie qu'il le lui demande. Et s'il était atroce, bien plus qu'atroce, de se sentir bien à ses côtés en sachant qu'il en avait fait autant avec Mae, et que quelques heures plus tard il l'épouserait, car il y était contraint, il lui aurait paru encore plus horrible de lui faire ses adieux.

Et totalement impossible de passer une minute de plus sans lui.

Mae, quant à elle, ne put fermer l'œil de la nuit. Même si elle n'avait pas été si terrifiée par ce qui allait se produire le lendemain, par l'idée de devoir se tenir devant l'autel en compagnie d'Alex, elle n'aurait pas mieux dormi. Elle était si malade que cela lui était impossible, et l'épuisement aggravait son état. Elle était allée s'asseoir dans le salon, son insomnie lui paraissant moins menaçante lorsqu'elle ne se trouvait pas dans la pièce où elle était censée dormir.

Elle s'y trouvait, parfaitement éveillée, quand Harriet rentra, la robe froissée, la chevelure en désordre. Mae n'éprouva aucun sentiment de colère en la voyant, juste une pointe de douleur en repensant à toutes les souffrances qu'elle lui avait causées, et à sa lâcheté de ne pas y avoir mis un terme. Elle garda le silence lorsque Harriet gagna l'escalier. Elle n'avait aucune envie de lui adresser la parole. Elle était terrifiée par ce qu'elle aurait pu lui dire. Elle était allée si loin, à présent, qu'il lui était impossible de revenir en arrière.

Quoi qu'il en soit, elle attendait David. Il était parti juste après Harriet dans son *gharry*. Il n'était pas encore rentré, et Mae était à peu près certaine qu'il n'était pas allé voir Soames, mais qu'il avait suivi Harriet.

Sans surprise, il réapparut quelques minutes après Harriet.

— Où étiez-vous ? s'enquit Mae en surgissant dans le couloir.

Surpris, il sursauta.

— Vous avez suivi Harriet ? insista-t-elle.

— Ça ne vous regarde pas.

— Fichez-lui la paix, voulez-vous ?

Déconcerté, il la dévisagea.

— Je ne peux pas…

Harriet refusa d'assister au mariage. Elle ne fit même pas ses adieux à Mae lorsque celle-ci, vêtue d'une simple robe crème, monta dans le *gharry* de location pour se rendre à la cérémonie, accompagnée par un David à l'air épuisé. À un moment, elle se demanda, bêtement, s'il avait prévenu Mr Palmer de ce mariage, et s'il obtiendrait son argent, finalement. Mais elle pensa vite à autre chose : cela lui était parfaitement égal.

Elle aida Ling à descendre au rez-de-chaussée sa malle et celle de Mae, avant de regagner sa chambre et de regarder tourner d'un œil douloureux et asséché les aiguilles de la pendule sur sa table de chevet. Lorsqu'elles approchèrent des 10 heures, elle s'imagina Alex devant l'autel, magnifique dans sa queue-de-pie, l'air sinistre. Laurie ne devait pas être loin, c'était son témoin. Elle supposa que Sally devait être présente, ne serait-ce que pour éviter de manquer ce spectacle.

Il se mit à pleuvoir. David devait pester. Quand les aiguilles indiquèrent 10 h 15, elle comprit que le sort devait en être jeté.

Elle refusa de fondre en larmes. Elle avait assez pleuré comme cela.

Mae rentra à 11 heures, dans la calèche d'Alex, et non dans le *gharry*. La pluie battait sur le toit de la voiture. Elle en descendit sans s'encombrer d'un parapluie et se dirigea vers la maison. Harriet fut choquée de la voir si maigre. En dépit de la haine qu'elle avait pour elle, elle n'en tira aucun plaisir.

— Tu es prête ? appela-t-elle d'une petite voix hésitante depuis le perron.

Ce n'était pas le cas, mais Harriet quitta néanmoins sa chambre. Sans se retourner. Elle n'avait aucune intention d'y revenir.

Le cocher chargea leurs malles dans la calèche. Mae et elle se hissèrent à bord sans un mot. Rien n'était encore réglé pour leur logement à Londres, et elles devraient encore passer plusieurs semaines ensemble chez Alex, à Bukit Chandu. Harriet se demandait comment cela allait se passer. Elle aurait préféré qu'Alex soit là, finalement, mais il devait se rendre au plus vite à Bombay.

Ne pars pas, l'avait-elle presque imploré en le quittant, ce matin-là, l'étreignant une dernière fois. *Reste. Je ne le supporterai pas.* D'une manière ou d'une autre, elle était parvenue à ravaler ses prières.

Lorsque la voiture s'éloigna, David n'était toujours pas rentré. Harriet l'imagina coincé sur le perron de l'église, attendant la fin de l'averse. Mae et elle prirent la route de Bukit Chandu en regardant silencieusement par la vitre embuée de la calèche. Cela lui rappela leur arrivée à Singapour. Seulement, cette fois, elles ne se dirigeaient pas vers un petit bungalow du gouvernement, mais vers une magnifique demeure. Ce n'était pas David qui les attendait à l'abri dans la véranda, mais Xing-Hao, le domestique d'Alex, dans l'allée, un parapluie à la main.

Il les conduisit à l'intérieur, les guida à l'étage et accompagna Mae jusqu'à sa chambre. Celle qu'ils avaient choisie pour elle à l'époque où elle devait emménager en tant que belle-sœur d'Alex. Harriet la regarda s'éloigner, tentant de se convaincre de son insignifiance.

— Madame Harriet, dit Xing-Hao en l'invitant à le suivre à l'autre bout de la maison. Par ici, oui ?

Elle décrocha son regard de sa sœur et emboîta le pas au serviteur.

Il ouvrit la porte de la chambre contiguë à celle d'Alex. Comme pour Mae, c'était celle qu'elle avait toujours pensé avoir.

— Il dit vous choisir, déclara Xing-Hao. D'autres chambres, si vous préférez.

— Non, je vous remercie. Je veux celle-ci.

Elle ne resterait pas longtemps, avant de partir pour Londres. Y avait-il quelque chose de mal à vouloir se sentir près de lui le temps de son séjour ?

Xing-Hao prit congé. Elle s'approcha du lit. Elle remarqua la présence d'un billet sur son oreiller.

J'ai pensé à toi à chaque instant, à chacune de mes paroles. Je penserai à toi à tout jamais. A.

Elle s'assit lentement sur le matelas moelleux, puis s'étendit, serrant le mot dans son poing. Se disant finalement qu'elle n'avait peut-être pas assez pleuré, elle fondit de nouveau en larmes.

Les jours et les semaines qui suivirent, Mae et elle s'adressèrent fort peu la parole, et encore, uniquement comme des étrangères : un petit « après toi » à voix basse dans l'escalier ; quelques mots au cours des repas pour demander de passer le sel, l'eau ou les légumes ; une ou deux questions, à l'occasion, pour savoir si l'autre comptait se rendre à l'église cette semaine-là, généralement suivies d'un hochement de tête, comprenant l'inévitable réponse : « Non, je n'en aurai pas le courage. » Mae maigrit davantage encore. Harriet l'entendait souvent vomir, mais ne put se résoudre à lui en parler. Elle appela le médecin, cependant. Un homme charmant d'une quarantaine d'années que la chaleur laissait manifestement de marbre. Il gravit l'escalier qui menait à la chambre de Mae d'un air peu préoccupé qui laissait entendre qu'il considérait les indispositions d'une femme enceinte indignes de lui. Il ausculta Mae en tout et pour tout cinq minutes, puis annonça à Harriet qu'il lui avait prescrit des infusions au gingembre, du repos et aucun voyage.

— Nous sommes censées aller à Londres, lui fit remarquer Harriet.

— Il vous faudra attendre. Elle n'accouchera que dans plusieurs mois, vous avez le temps.

Harriet, qui ne cessait pourtant de se répéter que le mieux pour elle serait de partir au plus vite pour pouvoir recommencer sa vie dès que possible, se sentit curieusement soulagée. Elle s'était laissé gagner par une sorte de léthargie. C'était la première fois qu'elle éprouvait cette sensation. Elle était incapable de trouver l'énergie pour quoi que ce soit, et se sentait de moins en moins prête à aller où que ce soit. Elle ne quittait que rarement la maison, quand ce n'était pas pour descendre à la crique. Elle passait des heures sur la côte pentue, le regard perdu dans l'onde, se demandant où était Alex, ce qu'il faisait, et s'il pensait autant à elle qu'elle pensait à lui. Il lui arrivait parfois d'entendre un bruissement dans les arbres, derrière elle, et elle avait alors l'impression d'être épiée. Elle se retournait, le cœur battant, s'attendant presque à voir Alex. Mais il n'y avait jamais personne.

Fin juin, le secrétaire d'Alex vint leur rendre visite. Mae prétendant être trop mal en point pour le recevoir, Harriet le vit en tête à tête. Ce Chinois fort affable lui révéla dans un anglais impeccable qu'ils avaient trouvé une maison dans un village à l'ouest de Londres, que la transaction était en cours, et qu'il pouvait réserver le trajet jusqu'à Tilbury à la date qui leur conviendrait. Harriet lui répéta ce que lui avait dit le médecin de Mae.

— Nous devons attendre.

Le secrétaire rougit, visiblement gêné par le sujet, puis reporta son attention sur les horaires de la P&O[1], devant lui. Harriet comprit qu'il n'avait aucune envie de parler de la grossesse. Elle non plus, de toute façon. Ensemble, ils se mirent d'accord sur une traversée en septembre. Cela leur permettrait encore de gagner l'Angleterre avant la naissance, prévue en janvier.

Lorsque Laurie vint rendre visite à Harriet, celle-ci lui confia leurs plans. Il appelait souvent, parvenant parfois à la distraire avec des anecdotes sur les curieuses soirées de Sally et Roger, des blagues que lui avaient racontées des amis marins, ou le récit des endroits qu'il avait explorés. Lorsqu'il entendit que la date du départ était fixée, son regard s'assombrit. Il expliqua qu'il devait s'absenter à cette période, et qu'il serait triste de constater l'absence des deux sœurs à son retour. Il lui répéta combien il était navré par tout ce qui s'était passé, et elle parvint à esquisser un petit sourire de gratitude. Sa compassion ne lui était d'aucun secours, mais elle comptait beaucoup, malgré tout.

1. Peninsular and Oriental Steam Navigation Company. Compagnie de Ferries fondée à Londres en 1837. (*NdT*)

Les mois de juin et juillet s'écoulèrent, faisant place à un mois d'août pour le moins suffocant. Mae était toujours aussi malade, sans aucun signe d'amélioration.

— La médecin l'a revue ? s'enquit Sally, qui passait prendre des nouvelles de temps à autre. Ce n'est peut-être pas dû qu'au bébé. Il y a eu des cas de malaria, et…

— Je sais, l'interrompit Harriet.

Laurie l'avait informée de l'épidémie en Malaisie, et lui avait expliqué que la population redoutait qu'elle se propage. Harriet était également inquiète, mais le docteur Yardley, jugeant ses craintes absurdes, lui avait cloué le bec lorsqu'elle avait évoqué le sujet :

— Les symptômes n'ont rien à voir. Parlez-moi de douleurs et de frissons, et aussi de fièvre, et nous pourrons suspecter un cas de malaria, mais pas avant.

— Apparemment, elle va vite se rétablir, déclara-t-elle alors à Sally. Nous avons encore reporté le voyage. À octobre. Ça devrait nous laisser assez de temps.

Elle changea ensuite de sujet. Elle n'avait aucune envie de parler de son départ. Ni même d'y songer.

Parce que l'idée d'un nouveau départ, chose rarement aisée, était, en quelques semaines seulement, devenue impossible. Pas simplement à cause de la fatigue, ni même de l'effroi à la simple perspective de quitter la maison d'Alex, leurs souvenirs. Non, ce n'était plus le cas. En fait, son malaise s'était dissipé, en même temps que ses nausées occasionnelles, qu'elle avait d'abord prises – sans doute bêtement – pour une des conséquences de son chagrin. Elle lui avait également imputé le retard de ses règles, mais cela faisait maintenant trois mois (trois !), et son ventre commençait à grossir. Chaque matin, avant de s'habiller, elle baissait les yeux sur ses rondeurs, les mains sur sa taille de moins en moins fine, effleurant la saillie tout juste perceptible de son ventre, les yeux écarquillés, se demandant ce qui pouvait bien se passer à l'intérieur.

Cela ne la faisait pas pleurer. En fait, il lui arrivait même parfois de sourire. Mais, si elle avait commencé à aimer l'idée que la vie puisse se développer en elle, elle se sentait progressivement gagnée par l'affolement. Parce qu'elle était enceinte. Ses projets, sa nouvelle vie londonienne… tout avait volé en éclats, et elle se demandait ce qui allait remplacer tout cela. Elle mourait d'envie d'en parler à Alex, mais il n'était pas là. Il ne reviendrait pas avant leur départ, et il ne pourrait pas l'aider, de toute façon. Elle ne se donna donc même pas la peine de lui demander de rentrer. Il avait épousé sa sœur, et servirait de père à la nièce ou au neveu de Harriet.

Elle ne dormait plus. Au mois de septembre, son ventre grossit davantage encore, assez pour qu'elle trouve gênant d'enfiler un corset. Elle se rendit de plus en plus souvent à la crique. Ôtant sa robe, elle prenait des bains de pieds pour les faire dégonfler. Dans la chaleur étouffante, elle scrutait l'horizon, la mer turquoise et le ciel d'azur, portant la main à son ventre : le bébé d'Alex. Souvent, elle sursautait en entendant ce bruissement dans les arbres, convaincue que quelqu'un s'y trouvait, et que, cette fois, ce serait lui.

Mais elle ne vit personne.

— Ça va aller, promit-elle à son petit ventre.

Mais c'était avant tout pour se rassurer. Elle aurait tellement voulu croire que c'était vrai, mais elle ne parvenait guère à s'en convaincre.

Elle était loin d'être persuadée que tout irait bien.

Chapitre 20

Février 1942

Le lendemain de la démolition du pont malaisien se retrouvaient à Singapour tous les soldats britanniques, australiens et indiens parvenus à quitter le continent à temps. Les rues enfumées étaient bondées d'hommes et de garçons brûlés par le soleil, l'air hagard, des cernes de fatigue sous les yeux, les vêtements couverts d'une croûte de boue, certains, n'ayant nulle part où aller, dormant sur leur paquetage devant des portes cochères.

En revenant du quartier général, à Fort Canning, où Alma et elle étaient vainement allées demander des nouvelles de Kit, Ivy contempla la scène par la vitre de la voiture. Il régnait un certain chaos sur la colline d'ordinaire si tranquille. Ses versants luxuriants et ses bâtisses blanches étaient encombrés de combattants sur le retour. Dans les bureaux, les téléphones sonnaient sans discontinuer, et, affolés, des commandants en sueur allaient et venaient dans tous les sens, faisant claquer les portes derrière eux. Personne n'avait été en mesure de leur dire quoi que ce soit. Si incroyable cela puisse-t-il paraître, au milieu de cette effervescence, elles avaient vu un sergent épingler sur le principal panneau d'affichage une note de service concernant les jours de congé du mois suivant.

— C'est la version britannique de l'optimisme ? avait demandé Alma.

Ivy avait éclaté d'un rire sans joie.

— Du déni, je dirais.

En regagnant la voiture, elles étaient tombées sur Jimmy. Il revenait du bunker de commandement, le Battle Box, un dédale de salles étouffantes où l'on traitait de stratégie militaire enterré sous de l'herbe et des palmiers. Ivy ne s'y était rendue qu'une seule fois, pour y transmettre un rapport, et n'avait aucune envie d'y remettre les pieds. Maigre comme il était, la peau maculée de boue et de sang séché, elle avait failli ne pas le reconnaître.

— Ce n'est pas le mien, avait-il précisé.

Il n'avait aucune nouvelle de Kit et de Tristan, et semblait très inquiet pour eux. Les larmes aux yeux, Ivy avait attendu sous le soleil, attendant qu'il lui assure que tout irait bien pour eux.

— Ils devraient être là, maintenant, fut tout ce qu'il répondit. Tout le monde est là.

Ce fut Alma qui lui dit qu'elle était sûre que tout irait bien.

Elle le répéta en quittant le centre-ville, remontant vers Bukit Chandu.

— Garde espoir.

— Je garde espoir, lui assura Ivy, incapable de renoncer.

Même si elle était terrifiée. *« Ils devraient être là, maintenant. »* Ces paroles résonnaient dans son esprit, impossibles à dissiper.

Dès leur retour, elles montèrent dans la chambre d'Alex, dont les volets étaient clos. Il était réveillé, cohérent, pour une fois, mais, si une telle chose était possible, semblait dans un état plus délabré que jamais. Il avait le teint cireux, la peau tendue sur les os, et, malgré la chaleur, tremblait comme une feuille. Vanessa était passée, un peu plus tôt, épuisée, pressée de récupérer quelques affaires dans leur cantonnement. Elle avait expliqué que l'hôpital Alexandra était submergé de blessés en provenance de Malaisie, mais qu'Alex avait probablement besoin de fluides en intraveineuse, et d'une dose plus importante de quinine. Ils feraient mieux de l'amener à l'hôpital, si son état ne s'améliorait pas.

Ivy préférait éviter de le transporter, mais elle était trop inquiète pour y renoncer. Elle poussa un soupir affligé, puis lui lança un regard contrit.

— On y va ?

Il hocha faiblement la tête.

— Ce serait sans doute préférable.

Chaque mouvement le faisait souffrir, mais il fit de son mieux pour descendre l'escalier et sortir jusqu'à la voiture, soutenu d'un côté par Ivy, de l'autre par Alma. Il détestait devoir se reposer sur elles, et sa faiblesse le mettait mal à l'aise. Il se crispa, tentant de réduire l'impact de son poids. Elles lui garantirent que cela allait, qu'il pouvait prendre appui sur elles. Il devina l'effort dans leurs voix. Lorsqu'ils atteignirent l'allée, ils étaient tous épuisés. Il se laissa tomber avec gratitude sur la banquette de cuir de la berline. Écarlate, Ivy prit place à ses côtés, l'air songeur. Elle s'inquiétait pour lui. Et pour Kit. Il aurait voulu la rassurer, mais il n'avait pas l'énergie suffisante.

Sur la route, la tête en arrière, les yeux mi-clos, il contemplait les arbres. Les feuilles défilaient au-dessus d'eux, floues à la lueur des rayons du soleil. Aucun nuage ne venait troubler le bleu du ciel, juste quelques traînées blanchâtres. *Des bombardiers*, songea-t-il avant de sombrer dans un profond sommeil.

Il fut réveillé par les secousses de la voiture qui s'immobilisait. Ils étaient déjà à l'Alexandra. Le véhicule stationnait à côté d'une file d'ambulances qui déchargeaient leurs patients. Il entrouvrit les yeux, désorienté par la soudaineté de leur arrivée, la puanteur des gaz d'échappement et l'odeur de sang. Il parcourut du regard la scène chaotique, tentant de lui trouver un sens. Les pelouses de l'hôpital, d'ordinaire sereines, étaient couvertes de brancards, ainsi que les terrasses à colonnades blanches. On extirpait des hommes des ambulances et on leur faisait gravir l'escalier du perron. Entre deux plaintes, les blessés poussaient des hurlements de douleur. Des infirmières couraient dans tous les sens, reconnaissables à leurs tabliers et à leurs calots blancs, penchées sur les civières, des aiguilles et des bandages à la main.

— Mon Dieu, lâcha Ivy.

— Attendez-moi ici, déclara Alma. Je vais chercher Vanessa.

Ils la regardèrent en silence se frayer un passage entre les brancards devant le perron avant de pénétrer dans l'édifice. Moins de cinq minutes plus tard, elle en ressortit, blême, l'air horrifiée. Vanessa l'accompagnait. Alex reconnut sa silhouette et son air déterminé. Elle avait une sacoche sur l'épaule, une poche de perfusion à la main.

— Rebonjour, dit-elle en approchant de la voiture. (Toujours ce même ton posé.) Je vous aurais bien invités à entrer, mais je crains que nous ne soyons pas au mieux. (Elle tendit les poches à Alex.) On va vous fixer ça, d'accord ? J'ai un emplacement en plein air pour vous, derrière. C'est plus sûr, là-bas. Ces foutus insectes ne cessent de nous mitrailler.

— En voilà des manières ! parvint à articuler Alex.

— Désolée, dit-elle, sans comprendre son trait d'humour. Je m'exprime très mal.

— Il parlait des Japonais, lui fit remarquer Ivy, qui comprenait toujours.

Ils mirent la main sur un fauteuil roulant, puis le guidèrent jusqu'à une chaise longue, sur la terrasse de derrière. En retard pour son service, Alma prit congé. Ivy resta, cependant. Elle prit place à côté de lui, lui prenant la main gauche tandis que Vanessa cherchait la veine dans son avant-bras droit et y enfonçait la canule sans provoquer la moindre douleur.

— J'ai l'habitude, malheureusement, expliqua-t-elle en ajustant l'ouverture de l'appareillage.

Ivy demanda des nouvelles de Jane. Vanessa lui indiqua qu'elle était en salle d'opération, mais qu'elle leur passait le bonjour.

— Ils vont vous évacuer ? s'inquiéta Ivy.

— Non. (Elle se tourna vers les hommes étendus sur la terrasse de bois, certains bandés, d'autres, comme Alex, sous perfusion.) La plupart des patients ne sont pas en mesure d'être déplacés. Nous resterons ici jusqu'au bout. Je n'abandonnerais pas Marcus, de toute façon. (Elle chassa une bulle dans la ligne de perfusion d'Alex en tapotant dessus.) Et voilà. (Elle lui sourit comme s'ils venaient de discuter de l'organisation d'une soirée. Il sentit son cœur se serrer.) Je savais bien que ça ferait l'affaire.

Il la remercia, regrettant de ne pouvoir rien faire pour lui rendre la pareille.

— Je reviendrai dans quatre heures pour vérifier que la poche est bien vide, poursuivit-elle. Ensuite, vous pourrez prendre des comprimés à dosage élevé chez vous.

Elle tapota une dernière fois sur la perfusion, puis, avec un nouveau sourire et après avoir serré brièvement le bras d'Ivy, elle s'éloigna.

Sentant le liquide se répandre voluptueusement dans ses veines, Alex appuya sa tête sur le siège. Exténué, il ferma les yeux. Il entendit alors les plaintes des blessés, autour de lui, leurs demandes de morphine, leurs appels à l'aide. Cette cacophonie résonnait dans son esprit, telle une berceuse macabre.

Lorsqu'il se réveilla, la poche était à moitié vide. Il avait moins de vertiges, se sentait plus lucide. À ses côtés, Ivy lui tenait encore la main. Il se demanda si elle était restée là tout ce temps. Manifestement perdue dans ses pensées, elle regardait fixement les blessés. La faisant sursauter, il lui demanda si elle était inquiète pour Kit.

— Non, répondit-elle. Enfin, si, bien sûr. Mais je pensais aussi à mon père.

Il ne s'y était pas attendu. Elle parlait très rarement de ses parents, et il ne l'interrogeait guère sur le sujet, surtout sur son père. Des années durant, il avait fait comme si cet enfant n'existait pas. Il ignorait même qu'il s'agissait d'un garçon. C'était resté une chose : invisible, asexuée, facile à nier. C'était si commode, de cette façon.

— J'espérais que ce n'était pas comme ça quand il est parti, expliqua-t-elle. (Elle porta son attention sur une civière, un peu plus loin, sur laquelle un garçon était étendu, bandé de la tête aux pieds, seul.) Je crains malgré tout que ç'ait été le cas.

Le regard dans le vide, Alex imagina la scène avant même de pouvoir s'en empêcher. Il sentit les larmes lui monter aux yeux.

Ivy avait dû le remarquer, car elle lui demanda :

— Vous ne le connaissiez vraiment pas ?

— Non, répondit-il, le regrettant pour la première fois. Je ne l'ai jamais vu.

— Et mon grand-père ?

— Votre « grand-père » ? répéta-t-il, à deux doigts d'en dire davantage.

Mais il se rappela aussitôt combien elle souffrirait d'apprendre ce qui s'était passé à l'époque, tout ce que Mae avait fait. Il ne pouvait pas lui faire cela.

— Je ne connaissais pas John Harcourt, déclara-t-il, ce qui était vrai. Vous avez ma parole.

Déçue, elle fronça légèrement les sourcils. Mais, au grand soulagement d'Alex, elle s'abstint d'insister.

— Avez-vous songé combien votre grand-mère doit être inquiète ? demanda-t-il, conscient qu'il s'agissait d'une basse manœuvre qu'il lui fallait néanmoins tenter. Elle a perdu votre père, et voilà à présent que vous êtes là…

— Je le sais, admit Ivy.

— Alors, partez. Prenez un billet et tentez votre chance. Kit refuserait que vous restiez là.

— Il y a aussi Alma. Et vous…

— Non. Pas moi. Je monte sur un bateau dès demain si ça peut vous inciter à partir.

— Vous n'êtes pas en état.

— Ivy…

— Je ne peux pas partir. Navrée. Je ne peux simplement pas.

— Vous êtes très obstinée.

— Non, juste terriblement effrayée.

Les jours suivants, grâce à son nouveau dosage de quinine, il sentit son état s'améliorer progressivement. Suffisamment pour descendre de sa chambre, recevoir des hommes de son bureau et approuver le transfert de l'ensemble de ses comptes professionnels, commerciaux et personnels à Colombo, où régnait encore la paix.

Ils durent fermer la maison et emménager dans le centre-ville. La côte voisine avait été identifiée comme l'un des lieux probables de débarquement des Japonais, et on y avait accru les défenses et bloqué les accès. Toutes les villas de Bukit Chandu avaient été délaissées, les rocking-chairs se balançant en silence sur les terrasses, au gré du vent, des jouets abandonnés dans les jardins. Alex avoua à Ivy que cela lui brisait le cœur de partir.

— Jamais je n'aurais cru en arriver là.

La gouvernante refusait également de partir. Elle craignait les bombardements à Chinatown. Elle n'accepta de rentrer dans sa famille que lorsque Alex insista sur le fait que ce serait plus sûr pour elle. Mieux valait éviter qu'elle soit liée à des Britanniques à l'arrivée des Japonais.

Ils emménagèrent dans l'appartement des parents de Phil, sur Orchard Road. Le père de Phil n'était pas rentré. Elsie se demandait où il avait conduit son camion.

— Mieux vaut rester occupé, déclara-t-elle, se rendant chaque matin à un nouveau poste de premiers secours, au port.

Alma travaillait dur, également, conduisant ceux à qui on avait accordé un permis d'évacuer aux derniers navires sur le départ. Mais, les Japonais patrouillant les mers environnantes, de plus en plus de bâtiments se faisaient couler. Sam, qui rendit visite à Ivy, un matin, après être tombé sur Alma au camp de base (où il avait été affecté après la fermeture de la station Y), déclara qu'il s'en moquait.

— Je préférerais monter à bord d'un navire, n'importe lequel.

Mais cela lui était impossible. Personne ne lui donnerait de billet.

Ivy songeait constamment à Kit. Elle attendait patiemment d'avoir de ses nouvelles, mais rien : pas un murmure, pas une parole. Les rumeurs quant au traitement que subissaient les prisonniers allaient bon train : les exécutions, les passages à tabac, la torture par noyade… Au pont, des officiers qui s'étaient rendus avaient été ligotés nus avec du fil barbelé avant de se faire descendre. En apprenant la nouvelle, à l'idée que l'un de ces hommes ait pu être Kit, Ivy avait eu la nausée. Elle n'avait aucun moyen de savoir, et c'était une véritable torture. Elle n'avait plus revu Jimmy non plus, depuis son passage à Fort Canning. Lui aussi avait disparu. Ils avaient tous disparu.

Le 9 février, l'invasion débuta enfin. Les Japonais débarquèrent aux quatre coins de l'île. En dépit d'une farouche résistance, ils progressèrent, et, à l'ouest, le terrain d'aviation de Tengah, le dernier aux mains des Britanniques, fut rapidement perdu. Chose rare, on cessa de voir des avions de la RAF dans le ciel. Des fermiers et leurs familles, chassés de leurs maisons anéanties par les obus dans les *kampongs* frontaliers, investirent le centre-ville. Le son grave des détonations formait une sorte de bruit de fond incessant. Ivy avait oublié à quoi ressemblaient le silence et une atmosphère non chargée d'explosifs et de désespoir.

Comprenant qu'elle perdrait sans doute la raison si elle ne réagissait pas, elle se rendit chez Elsie, dont l'appartement surplombait une boutique, comme il était typique dans la région, pour voir si elle pouvait lui être d'une quelconque utilité. « Mieux vaut rester occupé. » Elsie fut ravie de la voir (elle serra sa main dans la sienne), et reconnut qu'elle tombait à pic. Elle lui tendit un tablier à volants, un foulard à carreaux pour ses cheveux, puis l'emmena dans le petit jardin de derrière, désigna deux montagnes de bandages ensanglantés, et lui demanda de les laver.

La tâche était monotone et suffisamment machinale pour ne pas être le moins du monde distrayante. Ivy remuait les cuves de tissu fumant, regardant le liquide prendre une teinte brun rouille, accrochait les bandes sur des cordes à linge, changeait l'eau et recommençait, regrettant avec une certaine culpabilité d'être venue. Le ciel s'assombrit, et le grondement du tonnerre se mêla aux coups de canon, dans la jungle lointaine. *Où es-tu, Kit?* se demandait-elle à chaque instant, alors que les heures défilaient lentement. *Où es-tu passé?*

Kit se posa plus ou moins la même question à son sujet lorsqu'il atteignit l'entrée barrée de la route qui menait à Bukit Chandu. Le caporal responsable du barrage lui avait expliqué que l'ensemble des résidents avait évacué les lieux. Kit se demandait où elle avait pu aller, et manquait de temps pour la chercher. Poussant un soupir d'épuisement, il passa ses mains sur son visage couvert de poussière, de sueur et d'un chaume de plusieurs jours, tentant de contenir sa déception.

Depuis son retour à Singapour, deux jours auparavant, il n'avait pas arrêté. Avec Tristan et les autres, il n'était pas parvenu à gagner le pont, mais avait été contraint de longer la côte, évitant certains Japs, en tuant d'autres, jusqu'à ce qu'ils tombent sur un bateau de pêche abandonné. Dès qu'ils avaient débarqué sur l'île, on leur avait ordonné de se rendre sur la côte nord. Les Japs étaient déjà à terre, et Jimmy tentait désespérément de les repousser avec l'aide de ses Gurkhas et de quelques Anzac, des gars qui, quelques mois auparavant, réalisaient encore de petits boulots en Australie avant de se laisser embobiner par des officiers recruteurs qui leur avaient promis d'en faire des héros. Leurs pertes étaient trop nombreuses. Et ce n'était pas terminé. Mais Kit, Jimmy et Tristan avaient reçu l'ordre de se rendre avec ce qui leur restait d'hommes dans les marais de la côte est, où l'on attendait un nouvel assaut. Jimmy était parti avec les autres, mais Kit avait pris la route de Bukit Chandu à bord d'un camion que Tristan avait réquisitionné, prêt à tout pour au moins tenter de voir Ivy.

— Elle a peut-être déjà fichu le camp, suggéra Tristan en se hissant sur le siège passager.

— Non, répliqua-t-il, se rappelant combien elle était déterminée à rester. Elle a juste déménagé. (Il aurait voulu abattre son poing sur le tableau de bord. Il rêvait tant d'être avec elle.) Merde !

Tristan soupira, s'abstenant de lui conseiller de ne pas s'inquiéter.

Dès qu'ils reprirent la route, il se mit à pleuvoir. Sans discontinuer. Lorsqu'ils grimpèrent dans un autre camion pour prendre la direction de la côte est, après avoir fait une halte au camp de base, le ciel était noir, et la pluie torrentielle. Plus ils approchaient des combats, plus la pluie battait sur la bâche du camion. Le tonnerre retentissait, se mêlant au sifflement des obus, au bruit des explosions. Les Japs campaient sur leurs positions à quelques centaines de mètres de là, derrière les palétuviers, et pilonnaient avec régularité les tranchées britanniques : un ensemble de fossés irréguliers à moitié achevés et trop peu profonds. Ils descendirent de leur camion et progressèrent sous l'averse brûlante, se baissant chaque fois qu'un obus s'abattait un peu trop près, les aspergeant de boue et de sable.

— C'est foutu ! s'écria Tristan sous la pluie battante. On court au suicide. Encore.

Dans les tranchées s'entassaient des soldats aux traits tirés. À part l'officier à l'air particulièrement sinistre, il s'agissait manifestement de nouvelles recrues. C'était facile à deviner en les voyant sursauter à chaque explosion, le regard terrifié tourné vers les positions japonaises. Il fallut à Tristan et à Kit plus d'une heure, se frayant un passage entre les hommes, leur criant de baisser la tête et de sortir leurs armes de la boue, avant de retrouver Jimmy et les autres. Ce dernier était en train d'aider un jeune Indien à sécher le canon de son fusil quand il les vit approcher. Il écarquilla les yeux de soulagement.

— Dieu merci, vous êtes là, lâcha-t-il avant de les mettre au courant de la situation, s'égosillant pour se faire entendre malgré l'orage et les obus.

Il leur expliqua qu'ils s'attendaient à ce que les Japs avancent à tout moment, demanda à Kit de se rendre à une cinquantaine de mètres de là pour prendre la tête des hommes qui s'y trouvaient, et à Tristan d'aller cinquante mètres plus loin.

— Nous avons pour ordre de les battre. Il nous suffit de les tenir à distance.

Ils firent de leur mieux. L'après-midi maussade fit place à une soirée encore plus noire. Sous une pluie toujours aussi brûlante, la première vague de Japs se mit à charger depuis la côte marécageuse, leurs balles sifflant, leurs couteaux et leurs dents étincelant à la lueur des explosions. Les hommes de Kit n'hésitèrent pas une seconde : ils firent feu, sans véritable cible. Plus d'une fois, il leur brailla des instructions sur la façon de recharger un fusil, tandis qu'il continuait à tirer sur les assaillants hurlants. Ce n'était qu'une sinistre répétition de la veille, des batailles de Malaisie, aussi, et les efforts des hommes – ils en faisaient énormément – ne comptaient guère. Chaque fois qu'ils lâchaient une munition avec leurs doigts un peu trop tremblants pour la charger dans le canon de leur arme, ils la remplaçaient aussitôt par une autre, un peu plus vite à chaque nouvelle tentative. Mais c'était insuffisant. Ce n'était pas un terrain de manœuvre, et les soldats qui se ruaient sur eux s'étaient entraînés des mois durant pour ce moment précis. Sous le regard impuissant de Kit, des hommes mouraient un peu partout – qu'ils soient originaires des villages indiens, des cités de l'Empire ou des plages australiennes – d'une balle dans la tête, anéantis par les flammes, tandis qu'ils s'efforçaient, les mains glissantes à cause de la pluie, de tenter de comprendre comment dégoupiller une grenade. Ils durent reculer, les jambes et les armes s'enfonçant dans la tourbière, camper sur leurs nouvelles positions, et poursuivre le combat.

L'orage se dissipa enfin. Le soleil se leva, réchauffant l'atmosphère, et les mouches apparurent pour se repaître des morts et des blessés hors d'atteinte. Les Japonais poursuivirent leur assaut, hystériques et en sueur, bondissant dans leurs semblants de tranchées. Ils se battaient au corps à corps. Kit agissait par automatisme, indifférent à l'écœurante sensation d'enfoncer son couteau dans le ventre de ses ennemis. Il repoussait les morts pour libérer son arme, sans se donner la peine de tous les regarder tomber, s'efforçant déjà d'oublier leur existence. Le combat s'éternisa. Personne ne dormit. Ils n'avaient rien à manger, et pas assez d'eau. Les lignes de ravitaillement depuis la Malaisie avaient été coupées.

— Combien de temps vont-ils laisser continuer ce massacre ? demanda-t-il à un capitaine rasé de près, monté au front au lever du soleil, dans une atmosphère enfumée et puante, profitant d'un rare intermède de tranquillité pour faire passer des messages.

— J'aimerais bien le savoir, répondit l'homme avec un accent anglais à la fois brusque et honteux. Ils nous battent sur tous les fronts. Mais je crains qu'il s'agisse (il déposa une feuille de papier dans sa main couverte de boue) d'un ordre d'interdiction de reddition de la part du général Wavell.

Jetant un coup d'œil par-dessus son épaule, il aperçut le palétuvier et les palmiers anéantis, les hommes affaiblis avachis contre des parois de terre, une cigarette pendant à leurs lèvres inertes.

— Vous êtes censé le lire à vos hommes, déclara-t-il, mais tous ceux à qui je l'ai donné jusqu'à présent l'ont déchiré.

Kit le lut, ainsi que le mot de Percival, l'adjoint de Wavell (« Dans certaines unités, les troupes n'ont pas manifesté la combativité que l'on est en droit d'attendre de la part de soldats de l'Empire britannique. Si nous sommes vaincus par une armée de vauriens très inférieure à la nôtre, nous en subirons à tout jamais le déshonneur… »), puis déchira lui aussi les deux messages. Tristan et Jimmy en firent autant avec les leurs.

— Rejeter la faute sur les autres, déclara Jimmy. C'est le seul déshonneur que je vois ici.

Ce jour-là, les Japs procédèrent de nouveau à une attaque d'envergure, et, le lendemain, ordre de reddition ou non, on demanda aux officiers de renoncer à l'est et de se replier au centre de l'île. Ils ramenèrent tous les trois – Kit, Jimmy et Tristan – ce qui restait de leur section décimée au camp de base, se demandant à quoi ils avaient bien pu servir, à part retarder l'occupation japonaise de deux ou trois jours. Ils avaient perdu des centaines d'hommes et de jeunes qui n'auraient jamais dû se retrouver en première ligne, pour commencer.

Ils firent leur rapport à leur colonel, dans son bureau tapissé de cartes, à la base, s'attendant à se faire envoyer dans une autre partie de l'île. Il leur recommanda au contraire de ficher le camp. La capitulation était imminente, tout serait terminé en moins de vingt-quatre heures, quarante-huit tout au plus, et l'armée ne pouvait pas se permettre de les perdre, de les laisser se faire capturer. Pas avec leur expérience de la région. Lui-même ne tarderait pas à partir. Il désigna les cartes sur les murs et leur décrivit le nouvel itinéraire d'évacuation que la direction des opérations spéciales leur avait bricolé. Cernés par les Japonais, ils n'avaient plus qu'une seule échappatoire : franchir le bras de mer qui les séparait de l'île de Sumatra encore inoccupée, puis remonter l'Indragiri jusqu'à Rengat, avant de traverser les montagnes jusqu'au port encore sûr de Padang, de l'autre côté de l'île. Une embarcation traditionnelle les attendrait à la tombée de la nuit.

— Dans quatre heures, fit remarquer Kit.

— Oui, répondit sèchement le colonel. Cela vous convient-il ?

— Pas vraiment, rétorqua-t-il en songeant à une personne en particulier. Pas du tout, même.

En quittant le bureau, se demandant ce qu'il allait bien pouvoir faire, il s'efforça de garder son calme. Ni Jimmy ni Tristan ne prirent la parole. Ils étaient conscients de ne pas avoir grand-chose à dire. Il scruta le nuage de fumée d'un regard affolé. Il regarda passer les camions chargés de soldats, vit des hommes en sueur piétiner la pelouse, entrer et sortir du restaurant militaire et des bâtiments administratifs. Puis, repérant un visage familier, il fronça les sourcils.

— Hé ! appela-t-il. Vous. Oui, vous. Vous avez deux minutes ?

De retour dans le jardin d'Elsie, car elle n'avait rien d'autre à faire, Ivy se pencha sur la cuve d'eau savonneuse et essora les derniers bandages de la journée. Protégée par un vieux tablier, elle avait rassemblé sa chevelure à l'aide d'un foulard. Le dos en compote, les mains à vif, elle était folle d'angoisse.

Alma allait partir le soir même. Elsie avait fini par la convaincre qu'il serait plus dangereux pour elle de rester que de partir, et elle avait obtenu une place sur l'un des derniers navires à destination de Sumatra. Elle avait en outre reçu un télégramme de Phil, alors au Caire, qui la suppliait de déguerpir, ce qui l'avait grandement aidée à prendre sa décision. Ivy ne savait pas si son départ la rendait heureuse ou l'anéantissait.

— Ni l'un ni l'autre, insista Alma. Viens avec moi, plutôt.

Elsie comptait rester. Elle attendait encore des nouvelles de son mari, Toby. Alex aussi préférait rester. Il ne supporterait pas le voyage. Mais il insista auprès d'Ivy, lui répétant constamment toutes les raisons pour lesquelles il fallait qu'elle parte : c'était certainement ce que souhaitait Kit, et il ne fallait pas qu'elle s'inquiète pour lui, Alex, qui allait rester. Il était âgé, lui fit-il remarquer, et c'était un civil. On l'internerait, mais personne n'aurait aucune raison de lui vouloir du mal. Contrairement à elle. Dès qu'ils découvriraient le travail qu'elle avait accompli, ils la tueraient. Et qu'est-ce que cela lui ferait, à lui ?

— Je ne le supporterai pas, avait-il reconnu le matin même. Je ne pourrai pas.

Redoutant de plus en plus, maintenant que les Japonais étaient à leurs portes, qu'il ait raison, elle fronça les sourcils. Elle n'avait aucune envie de mourir. Et encore moins d'être torturée. D'horribles images lui vinrent à l'esprit. Elle dut serrer les poings pour les empêcher de trembler dans l'eau savonneuse. *N'y pense pas. Cesse d'y penser.* Tentant de se calmer, elle prit une inspiration, puis se leva en rassemblant les bandages.

Elle entendit alors du bruit, derrière elle, dans l'embrasure de la porte : un mouvement. Elle se figea. L'entendant de nouveau, elle en eut la chair de poule. Elle ignorait pour quelle raison elle refusait de se retourner. Quelque chose l'en empêchait. L'espoir, sans doute. Elle était trop effrayée.

Mais une voix grave retentit :

— Ivy Harcourt. Je vous cherchais.

Elle fit volte-face en poussant un petit cri à la fois de soulagement et de joie. C'était lui. C'était bel et bien lui. En treillis couvert de boue et de Dieu sait quoi d'autre. Il était là. En chair et en os.

— Oh, mon Dieu, lâcha-t-elle. Dieu du ciel…

Il s'approcha, son regard vert étincelant au milieu de son visage noirci. Elle alla à sa rencontre, s'élançant à travers le jardin et se jetant dans ses bras, le seul endroit dont elle rêvait.

Tandis qu'ils s'étreignaient tous les deux, Alex demeura en retrait, préférant éviter de leur gâcher ce moment. Témoin de leur joie, il esquissa néanmoins un sourire. Même si cela l'anéantissait de songer à tout ce que Kit avait manifestement vécu, à toutes les épreuves qui l'attendaient.

Kit l'avait découvert chez Elsie moins d'une demi-heure auparavant, dans un grand état d'affolement. Il lui avait raconté qu'il avait dû soudoyer ce garçon, Sam Waters, en lui réservant une place sur son embarcation pour qu'il lui donne l'adresse de cet appartement.

— Satané Sam, avait lâché Alma. (Kit avait insisté pour qu'elle les accompagne aussi. Elle serait plus en sécurité de cette façon que sur un plus gros navire.) Je vous suis si Ivy vient, avait-elle décrété.

Alex était déterminé à ce qu'Ivy accepte. C'était la raison de sa présence.

Kit reposa Ivy par terre. Alex les vit se faire face, front contre front, se dévorant du regard, et se rappela à quoi cela ressemblait.

— J'ai cru que tu étais mort, déclara-t-elle.

Kit esquissa un sourire en coin.

— Tu me l'as déjà dit, la dernière fois.

— Fais en sorte que je n'aie plus à te le répéter.

— J'y songerai, lui promit-il avant de lui raconter le reste, et de lui garantir qu'il fallait qu'ils partent sans tarder.

Ivy se tourna vers Alex, remarquant sa présence pour la première fois. Elle fronça les sourcils.

— Partez, ordonna-t-il avant qu'elle ait pu tenter de le contredire. Je suis sérieux. Faites-le pour moi. Et pour votre grand-mère, aussi, si vous ne voulez pas le faire pour vous.

— Je ne partirai que si tu pars, insista Kit.

— Nous avons vos affaires, poursuivit Alex. Alma a fait vos bagages. Elle vous attend dehors.

Ivy les regarda tour à tour. Patient, Alex retint son souffle.

— Je vois que vous avez tout prévu, déclara-t-elle.

Mais il n'y avait plus la moindre résistance dans le ton de sa voix.

En entendant sa réponse, Alex éprouva une impression de victoire.

Elle le regarda dans les yeux.

— Vous savez que je n'ai aucune envie de vous abandonner ? demanda-t-elle d'une voix tremblante. Vous êtes sûr de vous ?

— Bien sûr, répondit-il en serrant les dents. Bien sûr.

Sans le quitter des yeux, elle acquiesça. Elle lui rappela farouchement quelqu'un d'autre, et une issue différente.

Elle s'approcha de lui et se hissa sur la pointe des pieds pour lui déposer un baiser sur la joue. Gagné par la douleur, maintenant que le moment était venu de la laisser partir, il ferma les yeux, mais s'obligea à lui sourire lorsqu'elle recula.

— On se reverra, déclara-t-elle, le regard inquisiteur, éprouvant le besoin d'être rassurée.

— Oui, lui promit-il, manquant de s'étouffer. On se reverra.

Kit s'approcha également. Il lui tendit la main. Alex la saisit avec toute la force qu'il trouva.

— Je vous remercie, lui dit Kit.

Alex voulut lui répliquer que c'était à lui de le remercier, mais il n'avait plus de voix.

Ivy continua à le regarder dans les yeux, comme si elle s'accrochait à lui. Puis, inspirant avec détermination, elle l'étreignit de nouveau.

— Au revoir, lui chuchota-t-elle avant de tourner aussitôt les talons, s'obligeant à partir.

Un instant plus tard, elle n'était plus là.

Le cœur lourd, Alex la regarda s'éloigner en compagnie de Kit, des coups de feu retentissant un peu partout alentour. S'apercevant qu'il était de nouveau seul, il poussa un long soupir et se rappela qu'il était plutôt doué pour cela. Puis il haussa les épaules. *Faites qu'elle reste hors de danger, à présent*, songea-t-il. *Je vous en prie, faites qu'ils restent tous les deux hors de danger.* Lentement, il prit la direction de l'appartement d'Elsie pour y attendre la suite des événements.

Chapitre 21

L'embarcation traditionnelle mouillait dans une petite crique cernée de tous côtés par la jungle, à bonne distance des lieux de débarquement des Japonais, même si l'on pouvait tout de même entendre les coups de feu. Alma les conduisit aussi loin que possible entre les arbres, puis gara pour la dernière fois la voiture de la Navy, prenant soin d'en emporter les clés, préférant éviter de simplifier la tâche à quiconque la découvrirait. Il faisait déjà nuit, mais encore chaud, et on voyait les étoiles dans le ciel qui, pour une fois, était dégagé.

Ils progressèrent en silence. Cramponnée à la main de Kit, Ivy courut entre les arbres jusqu'au rivage. Les autres étaient déjà là, prêts à partir. Elle reconnut la silhouette carrée et trapue de Tristan, ainsi que les longues jambes maigrelettes de Jimmy, qui dépassaient de son short. Elle reconnut Sam, aussi, les épaules voûtées, les mains dans les poches, légèrement à l'écart. Deux autres hommes, qu'elle ne connaissait pas, étaient déjà à bord. Elle vit Jimmy se tourner vers eux, puis sourire et porter ses doigts à ses lèvres.

Il aida d'abord Alma à monter à bord, puis s'y hissa à son tour, bientôt suivi des autres. Kit soutint Ivy et grimpa en dernier.

Elle prit place à ses côtés, sur les planches détrempées de l'embarcation, Alma coincée auprès d'elle, en face de Sam. Ils préférèrent s'éloigner à la rame plutôt qu'à l'aide du moteur, leurs avirons fendant l'onde entre les mines. Personne ne prit la parole avant qu'ils soient à bonne distance de l'île. Lorsque ce fut le cas, les deux autres hommes se présentèrent en chuchotant : les lieutenants de Marine Gibbs et Porter, qui, depuis quelques jours, aidaient des gens à effectuer la traversée jusqu'à Sumatra. Lorsque Gibbs mit le contact, le vacarme du moteur fit grimacer Ivy. Ils s'enfoncèrent dans les ténèbres. Sur le chemin, Kit avait expliqué à Ivy et Alma l'itinéraire qu'ils comptaient suivre : ils ne s'éloigneraient pas trop des côtes, évitant les eaux profondes qu'empruntaient les plus gros navires chargés de l'évacuation. Avec un peu de chance, ils parviendraient à se soustraire aux patrouilles japonaises.

Ivy leva les yeux vers lui, comme elle n'avait cessé de le faire tout au long du trajet en voiture, éprouvant le besoin de se rassurer en vérifiant régulièrement qu'il était avec elle, sain et sauf. Les traits indiscernables à cause de l'obscurité, il la regardait déjà, comme s'il ressentait le même besoin. L'air épuisé, il serrait les dents. Elle tenta d'imaginer ce qu'il avait subi ces derniers jours. Les images qui lui vinrent à l'esprit étaient toutes plus atroces les unes que les autres.

— Essaie de te reposer un peu, lui chuchota-t-il.

— Essaie, toi.

Elle le vit esquisser un sourire.

Il l'attira à lui, et elle posa la tête contre lui, sentant la chaleur qu'il dégageait et les battements de son cœur. *Merci mon Dieu.* Au bout d'un moment, son souffle se fit plus profond et plus lent. Elle se demanda quand il avait pu dormir pour la dernière fois. Jimmy et Tristan aussi avaient sombré, à l'autre bout de l'embarcation, leurs bottes leur servant d'oreiller.

À côté d'elle, Alma remua.

— Ça va ? s'enquit Ivy.

— Un peu fatiguée, je crois bien. Ravie d'être là, en tout cas.

— Couche-toi sur moi, si tu veux.

Alma obtempéra, pelotonnée sur le flanc, la tête sur les cuisses d'Ivy. Celle-ci contempla la mer, les étoiles, et regarda passer la nuit. Gibbs et Porter pilotaient l'embarcation, les sens en alerte, les yeux grands ouverts. Quand ils franchirent la masse noire de quelques îlots, Ivy tenta d'imaginer ce que faisaient Alex, Elsie, Jane et Vanessa, et pria pour qu'ils soient tous en sécurité. Certaine que Mae devait en faire autant pour elle, elle se demanda quand elle aurait la possibilité de lui annoncer qu'elle avait fui. Toutes ces questions lui revenaient inlassablement à l'esprit. Des heures s'écoulèrent avant qu'elle sente finalement ses paupières s'alourdir.

Elle fut réveillée par la chaleur des premiers rayons du soleil, un torticolis douloureux et la gorge desséchée. Kit la serrait encore contre lui, mais elle sentit qu'il était déjà réveillé. Ses boucles blondes en désordre, Alma était allée retrouver Tristan et Jimmy. À genoux, elle buvait de l'eau dans un bidon. Sam dormait à poings fermés, la tête en arrière, la bouche béante.

— Quelle heure est-il ? demanda Ivy à Kit.

— Tu es réveillée, constata-t-il doucement. Il est presque 7 heures. Nous avons dû faire un détour pour éviter un cuirassé. Il nous reste encore du chemin.

Se frottant le cou en grimaçant, elle déclara qu'elle ferait peut-être bien de boire un peu d'eau. Kit demanda à Tristan de lui en lancer. Elle était chaude et avait le goût métallique du bidon, mais elle la but avec reconnaissance. Ils avaient également des pêches en conserve, des bananes et des biscuits. Tous mangèrent. Sam se réveilla, affamé, et dévora sa part.

Tandis que Jimmy était en train de remballer les restes de nourriture, sous le soleil haut et implacable, dans le ciel, Gibbs, le regard rivé dans ses jumelles, jura :

— Merde.

Il tendit les jumelles à Porter, qui jura à son tour.

— Que se passe-t-il ? demanda Sam, comme s'il ne souhaitait pas connaître la réponse.

Personne ne lui répondit. Gibbs coupa le contact, réduisant l'embarcation au silence. Elle se mit à se balancer au rythme des vagues. Jimmy, Kit et Tristan les rejoignirent, Porter et lui, jetant un coup d'œil dans les jumelles à tour de rôle.

Plissant les yeux, Ivy se tourna dans la direction qu'ils avaient pointée.

— C'est de la fumée ? demanda-t-elle en se levant aussi.

C'était le cas. Kit lui tendit les jumelles. Elle repéra à l'horizon les débris d'un navire à demi coulé, sans doute celui sur lequel Alma aurait dû monter. Des avions japonais décrivaient des cercles autour de l'épave. Non loin, deux cuirassés japonais et un transport de troupes avaient jeté l'ancre.

— On peut les contourner ? voulut savoir Tristan.

— Non, répondit Gibbs. On n'aura pas suffisamment de carburant. Il va falloir qu'on débarque.

— À quelle distance sommes-nous de l'Indragiri ? demanda Kit.

— Assez loin, répondit Gibbs en tapotant sur la jauge. (Il serra les dents, puis, sans les desserrer, jura) Merde.

— Bon, dit Kit. Pourquoi ne pas nous montrer où nous sommes ?

On sortit des cartes, et Gibbs désigna leur position, au sud-est de la côte sumatranaise. Aux dernières nouvelles, les environs n'avaient pas encore été envahis par les Japonais, mais, comme Sam l'avait répété plus d'une fois, il était impossible de savoir combien de temps cela allait durer, surtout avec les transports de troupes qu'ils venaient de voir. Cependant, n'ayant pas vraiment le choix, ils décidèrent de traverser la jungle à pied jusqu'à l'Indragiri, en espérant alors pouvoir rejoindre Rengat en bateau.

— Une petite semaine de marche, estima Jimmy. Parfait.

— Vous êtes fous ? demanda Sam. Ça n'a rien de parfait !

Kit lui lança un regard noir.

— Si vous préférez, vous n'aurez qu'à attendre ici, mon vieux.

— Ne m'appelez pas « mon vieux ».

— Allons, Sam, intervint Alma.

— Ne me prenez pas de haut.

— Elle ne prend personne de haut, lui garantit Ivy.

— Que tout le monde se calme, conseilla Tristan.

Ils ramèrent jusqu'à la côte et immobilisèrent l'embarcation sur une étroite plage de sable bordée par la jungle. Il régnait dans l'air matinal un parfum de sel et de terre chaude. Il n'y avait aucun bruit. Pas un coup de feu. Rien. Ils n'entendaient même pas le bruit du moteur des avions qu'ils venaient de voir. Ivy supposa qu'ils étaient partis, et se demanda d'un air grave ce qu'il avait pu advenir des passagers du navire.

Ils rassemblèrent leurs effets et se mirent en route. Sam continua à geindre, cette fois à propos du fait qu'ils n'avaient des provisions que pour trois jours tout au plus. Il poursuivit sur le sujet – « Ça n'inquiète que moi ? » – jusqu'à ce qu'Alma lui demande de la boucler.

Dans la jungle, le bruit des insectes était assourdissant. Des gibbons et des orangs-outans s'interpellaient, des oiseaux poussaient des cris stridents, et, chaque heure qui passait, la chaleur se faisait plus intense et plus humide.

Le soleil poignait entre les branches des arbres, et Ivy, uniquement vêtue d'une robe à manches courtes, sentit sa peau pâle commencer à lui brûler. Jimmy, qui, contrairement aux autres hommes, avait gardé sa chemise pour se protéger, lui déclara qu'il compatissait.

— Une rose anglaise, plaisanta Tristan en repoussant des lianes. Et Ivy aussi.

Juste derrière Kit, Ivy vit ce dernier rire en remuant les épaules. Cette bonne humeur lui remonta le moral.

Ils firent une halte pour déjeuner. Encore des pêches en boîte, et un peu de corned-beef. Épuisés, ils mangèrent en silence, songeant, Ivy en était convaincue, aux longues journées qui les attendaient. Elle se tourna vers Kit, face à elle, ses plaques d'identification autour du cou, et s'aperçut qu'il observait le visage pensif de chacun, avant de plisser les yeux d'un air inquiet.

— Il faut qu'on se détende un peu, déclara-t-il. Ce n'est pas bon.

— Il te reste du gin ? demanda Tristan.

— Non, mon vieux. Il va falloir trouver autre chose.

Jimmy suggéra une partie de cartes. Personne n'en avait non plus. Finalement, Kit proposa de donner quelques cours sur la jungle. À chacune de leurs pauses, décréta-t-il, l'un d'eux devrait avoir préparé une leçon pour les autres. Quelque chose d'essentiel à la survie.

— Comme… (il prit une inspiration) comment éviter de se faire mordre par un croco.

— Ou (Tristan se tourna vers Jimmy et Ivy) comment éviter de prendre des coups de soleil.

— Va te faire voir ! lui lança Jimmy.

— L'idée me plaît bien, lança Alma, visiblement sincère. (Sans son maquillage, son visage rougi paraissait plus jeune.

Ivy éprouva soudain une grande affection pour elle.) Je vais commencer.

— Vraiment ? demanda Kit.

— Oui. Et ne me regardez pas comme ça. Ça fait des années que j'habite à Singapour. Je vais vous apprendre à tous ce qu'il faut faire si vous vous faites mordre par un serpent.

— J'aurais bien aimé savoir comment Kit compte empêcher un croco de me dévorer, fit remarquer Tristan.

— Tant pis, vous allez devoir attendre. À présent, Ivy, fais-moi voir ton bras…

C'était un jeu, vraiment idiot, ils en étaient tous conscients, mais cela leur permettait de se changer les idées.

Cet après-midi-là, tandis qu'ils crapahutaient, Tristan les guidant à l'aide de sa boussole, Ivy songea au cours qu'elle allait donner. Sachant qu'elle n'avait qu'un seul tour dans son sac (merci, les Éclaireuses !), et préférant éviter que quelqu'un le lui subtilise, elle s'était proposée pour le soir même. Dès qu'ils firent halte dans une petite clairière et qu'ils furent tous installés, les moustiquaires accrochées à de grosses branches, elle demanda à chacun de ramasser du bois sec et de l'observer attentivement. Elle se baissa sur ses genoux douloureux, frotta deux bâtons l'un contre l'autre, souffla, les frotta de nouveau et ainsi de suite, jusqu'à ce que, enfin, la friction produise de la fumée, puis une flamme. Sentant la chaleur sur ses joues, elle se fendit d'un sourire victorieux. Elle se leva, fit une révérence et déclara :

— Et voilà.

Croisant le regard étincelant de joie de Kit, elle sourit encore plus franchement.

— Ivy, se plaignit Tristan. J'allais faire un feu…

— Navrée, déclara-t-elle sans la moindre sincérité en se blottissant auprès de Kit.

Ils alimentèrent le feu toute la nuit. Les garçons prétendaient que cela permettrait de faire fuir les animaux.

— Quel genre d'animaux ? s'enquit Sam.

— Des tigres, j'imagine, répondit Alma, levant les yeux au ciel en le voyant avoir un mouvement de recul.

Ils montèrent la garde à tour de rôle. Alma et Gibbs prirent le premier relais. Étendue dans les bras de Kit, Ivy écouta Gibbs parler à Alma de son fils de dix-huit mois qu'il n'avait pas encore eu l'occasion de rencontrer.

— Regardez, dit-il, son accent du Yorkshire se mêlant au crépitement des flammes. C'était à sa naissance. (Trop lasse pour ouvrir les yeux, Ivy imagina qu'il lui tendait une photo.) C'est ma femme. Il lui ressemble, vous ne trouvez pas ?

Ivy sentait la poitrine de Kit se soulever et retomber. Elle cala son souffle sur le sien. Ayant de plus en plus de mal à réfléchir, elle sentit son esprit s'engourdir. Elle eut tout juste conscience qu'Alma lui répondait que c'était effectivement le cas, avant de s'assoupir pour de bon.

Elle fut réveillée par Kit, accroupi auprès d'elle, lui chuchotant de se réveiller. Le soleil était sur le point de se lever, et c'était à leur tour de monter la garde. En remuant, elle sentit une douleur dans le flanc à force d'être restée trop longtemps sur un sol de boue durcie. Cillant, elle s'obligea néanmoins à se redresser. Tout le monde dormait. Même Tristan et Sam, les derniers à avoir veillé sur eux, avaient regagné leurs moustiquaires.

Kit lui sourit.

— Tu as plein de feuilles dans les cheveux, chuchota-t-il.

— Toi aussi, lui retourna-t-elle sur le même ton, se penchant pour lui en ôter une.

Il saisit sa main, l'embrassa, ce qui la fit sourire à son tour.

Ils s'installèrent devant les braises mourantes du feu, regardant disparaître les vers luisants et s'illuminer les arbres aux premiers rayons du soleil. Ils discutèrent à voix basse. À propos de la veille, du navire coulé, de la tête de Sam quand Jimmy avait annoncé la durée de l'expédition... Au fil des minutes, Kit commença à raconter avec de plus en plus de détails les combats qu'il avait dû mener les semaines précédentes, la panique, sa colère due à la présence de soldats si peu aguerris.

— Normalement, je n'en parle jamais, déclara-t-il. J'ai toujours enfoui ça en moi. (Il fronça les sourcils comme s'il tentait de comprendre ses propres pensées.) Je croyais que ça valait mieux. (Il croisa son regard.) Je peux me rappeller quand je suis avec toi. Tu me donnes une raison de faire tout ça.

— Ah bon ? demanda-t-elle doucement.

Elle aurait bien aimé pouvoir le pousser à tout lui raconter.

— Oui.

Elle se pencha pour l'embrasser.

— Toi aussi.

Son regard étincela.

— Je n'aurais jamais pu partir sans toi, tu sais ? J'en aurais été incapable.

— Je le sais, lui assura-t-elle.

C'était également son cas. Elle s'approcha un peu plus de lui, sentant son bras autour de sa taille. Elle se sentait incroyablement bien. Elle prit une profonde inspiration, le regardant la dévisager, et s'aperçut combien il était inimaginable qu'elle ait pu exister sans lui, qu'elle ait pu lui refuser une place dans sa vie.

— On va s'en tirer, lui garantit-il.

— Je le sais, répéta-t-elle.

— Vraiment ?

— Non, reconnut-elle. Pas vraiment.

Ils éclatèrent alors de rire doucement, même s'il n'y avait rien de drôle.

Les autres se réveillèrent lorsque le soleil fut entièrement levé. Ils mangèrent des bananes, levèrent le camp et reprirent la route. Ce midi-là, Tristan leur apprit comment brûler des sangsues pour les faire partir (« Si Ivy avait la bonté avant tout d'allumer un feu… Oh, non, inutile, j'ai des allumettes ! »), et le soir, Jimmy leur expliqua comment récupérer l'eau d'un arbre. La nuit suivante, Ivy monta de nouveau la garde avec Kit. Le temps qu'ils passèrent seuls devant le feu, tête contre tête – évoquant timidement l'après-guerre pour la première fois, imaginant où ils pourraient vivre, les proches qu'ils rencontreraient –, si lent durant la journée, passa beaucoup trop vite. Le lendemain midi, ce fut au tour de Kit de leur faire la leçon. Il leur parla de la faiblesse de la mâchoire des crocodiles, les faisant tous rire, à l'exception de Sam, en leur démontrant, avec l'aide des bras de Tristan, que lorsqu'on maintenait fermée la gueule de l'animal (« Comme ça, oui, comme ça. Tristan, mon vieux, pour l'amour du ciel… »), il était incapable de mordre qui que ce soit. Cette nuit-là, Porter et Gibbs s'associèrent pour montrer comment ramener à la vie un noyé. (« Quel est le rapport avec la jungle ? demanda Tristan. C'est tiré par les cheveux. ») Au repas suivant, Sam refusa de participer, prétextant qu'ils se comportaient tous comme des enfants. Ce fut donc de nouveau au tour d'Alma.

— Que diriez-vous de savoir comment faire un repas à base de feuilles ? suggéra-t-elle.

— Je passe mon tour, déclara Tristan.

Ainsi les jours s'écoulèrent. Et si, de temps à autre, lors de moments de silence durant leurs longues journées de marche, Ivy se surprenait à s'inquiéter pour Alex et les autres, elle s'efforçait de recouvrer son calme, sachant qu'elle ne pouvait plus rien y faire. Apercevant l'air déterminé d'Alma, à côté d'elle, mourant de chaud dans sa robe sale et déchirée, elle partit du principe qu'elle tâchait d'en faire autant.

Le quatrième jour, dans la matinée, ils atteignirent un village où ils achetèrent de l'eau et des fruits. Ils en profitèrent pour se laver à la pompe des villageois, se débarrassant de la boue et de la sueur dont ils étaient couverts sous le regard intrigué des habitants. Ils s'installèrent ensuite sur le mur de la pompe, séchant au soleil, tous réticents à l'idée de se remettre en chemin. Kit se tourna vers la jungle, sa chevelure brune décolorée et ébouriffée dégoulinante. Il effleura le doigt d'Ivy avec le sien.

— Plus que deux jours, annonça-t-il. Nous atteindrons la rivière dans deux jours.

Ce n'était pas grand-chose. Ivy commença à croire qu'ils allaient vraiment pouvoir s'en tirer.

C'était stupide de sa part, naturellement.

Plus tard dans la journée, tandis qu'ils progressaient difficilement dans une zone arborée particulièrement dense, Tristan, qui ouvrait la marche, leva la main pour leur demander de s'arrêter. Sans un mot, ils obtempérèrent. La gorge sèche, Ivy déglutit. Le souffle court, Alma, à côté d'elle, articula : « Que se passe-t-il ? » Ivy haussa les épaules. Elle scruta les arbres, tendant l'oreille pour tenter de deviner ce qui avait poussé Tristan à tant de prudence. Tout d'abord, elle ne décela aucun bruit autre que la cacophonie des insectes. Mais, soudain, elle entendit : un battement, pas très loin de là.

Elle se tourna vers Kit. L'air grave, il avait les traits tirés et le visage dégoulinant de sueur.

— Ce sont des coups de feu ? chuchota-t-elle.

Il hocha la tête.

— Merde…, lâcha Jimmy, juste derrière.

Tristan rebroussa chemin pour leur demander ce qu'ils souhaitaient faire. Il fut décidé que, puisqu'elles étaient bien cachées, Ivy et Alma devraient rester dissimulées, tandis qu'ils iraient reconnaître si le passage était hors de danger. Ce serait plus long, mais il leur faudrait progresser de cette façon dorénavant.

— Je vais rester derrière aussi, annonça Sam. Pour protéger les filles.

— Parfait, mon vieux, déclara Kit en remettant son arme à Ivy. (Il lui en avait déjà expliqué le fonctionnement.) On revient dans une minute.

— Ça va aller, dit-elle, refusant de reconnaître son malaise grandissant. Allez.

— À tout de suite, lui promit-il avec un petit baiser sur le front avant d'aller rejoindre les autres.

Elle regarda son dos hâlé s'éloigner dans le sous-bois, puis s'installa par terre, le dos contre un tronc. Alma se hissa sur une grosse branche non loin de là, et Sam, les mains dans les poches de son short, se mit à taper du pied, respirant bruyamment par le nez.

Une minute s'écoula. Ivy essuya son visage plein de sueur et contempla un oiseau coloré dans les branches au-dessus d'elle. Une autre minute passa.

Finalement, Alma prit la parole, chuchotant son nom.

— Qu'y a-t-il ? demanda Ivy.

— Ne bouge pas, siffla Alma avant qu'elle ait pu faire le moindre mouvement. Regarde. Juste devant moi.

Ivy s'exécuta, puis se crispa aussitôt en apercevant le serpent qui rampait vers le mollet d'Alma. Il s'immobilisa, comme s'il sentait son attention, dressa la tête, prêt à bondir.

— Merde ! s'exclama Sam.

— Pas un geste, déclara Alma. Pas. Un. Geste.

Le serpent continua à la dévisager avec ses yeux jaunes fendus.

Va-t'en, lui ordonna Ivy en silence. *Va-t'en!*

—Au diable! dit Sam en filant se mettre à l'abri dans les arbres.

Au même instant, le serpent bondit, plantant ses crochets dans le mollet d'Alma. Celle-ci poussa un hurlement, et Ivy, sans se poser de questions, dégaina le pistolet et tira dans le cou du serpent. Il tomba, gueule ouverte. Alma se pencha pour saisir sa jambe, du sang s'écoulant de deux trous violacés.

Sam cria qu'il allait chercher les autres. Ivy fit comme s'il n'existait pas. Elle était déjà à genoux, se répétant inlassablement le cours d'Alma, suçant le venin de sa jambe.

—Oh, mon Dieu, sanglota Alma. Quel comble!

Ivy ignorait depuis quand elle faisait cela. Elle était trop effrayée pour s'interrompre. Elle s'arrêta seulement au moment où Alma l'appela d'un ton extrêmement inquiet. Encore à genoux, elle leva les yeux, aussitôt parcourue par un frisson. Alma regardait au-dessus d'elle d'un air pétrifié.

Ivy demeura immobile. Elle se retint de se retourner. Elle savait déjà qui était là.

Elle ne fut donc guère surprise d'entendre un Japonais lui demander de se relever.

Lorsqu'il entendit claquer le coup de feu, Kit fit volte-face. Il sentit son cœur se serrer. Sans prendre le temps de réfléchir – sauf pour s'en vouloir de l'avoir laissée seule –, il s'élança dans la direction d'où il était venu. Jimmy et Tristan lui emboîtèrent le pas, ce dernier ordonnant à Gibbs et à Porter de rester où ils étaient. Ils filèrent entre les arbres, les branches leur giflant les bras et les jambes. Ils virent ensuite Sam, qui venait à leur rencontre, les yeux hagards.

—Que s'est-il passé? lui demanda Kit d'une voix tendue par l'effroi.

— Les Japs sont là, haleta Sam. Je les ai vus se diriger vers elles. Où sont les autres ?

— Comment ça, les putains de Japs sont là ? Vous les avez laissées ?

Sam s'abstint de lui répondre. Il s'éloigna.

Kit s'apprêta à reprendre sa course, mais Tristan le retint.

— Doucement, dit-il, à bout de souffle. Il faut qu'on y aille doucement. Si on se fait repérer, ça ne les aidera pas.

— Il a raison, intervint Jimmy, en sueur, lui aussi à bout de souffle.

— Très bien, admit Kit à contrecœur. Très bien.

Ils parcoururent la distance restante en silence. Kit percevait l'affolement dans son propre souffle, dans les battements de son cœur. Puis il la vit, à genoux auprès d'Alma, un serpent mort à côté d'elles, et des Japs, douze, peut-être davantage, tout autour. Il s'apprêta à s'élancer, mais, une fois encore, Tristan et Jimmy l'en empêchèrent.

— Évite de les effrayer, siffla Tristan. Attends.

— *Josho*, déclara l'homme le plus proche d'Ivy. *Ima. Josho.*

Tentant de se libérer, Kit sentit les mains de Jimmy et Tristan, qui ne l'avaient pas lâché.

— *Josho*, répéta l'homme.

Ivy n'eut pas la moindre réaction. Elle préférait éviter qu'il découvre qu'elle comprenait.

Il lui aboya de nouveau dessus.

Elle demeura impassible.

Le soldat marmonna quelque chose, puis dégaina son revolver. Kit écarquilla les yeux, mais, avant qu'il ait pu se libérer des autres, le soldat déclara dans un anglais hésitant avec un fort accent :

— Moi pas vouloir vous faire de mal. Debout.

Lentement, Ivy obtempéra. Alma était encore étendue par terre, à côté du cadavre du serpent. Ayant compris qu'elle avait dû se faire mordre, Kit voulait la rejoindre pour l'aider. Il fallait qu'il aille retrouver Ivy. Mais, recouvrant peu à peu ses esprits, il s'aperçut que Tristan avait raison. Mieux valait éviter de provoquer la moindre panique, surtout avec autant d'hommes armés.

Braquant son pistolet sur Ivy, le soldat lui demanda de lever les mains. Kit la vit obtempérer. Il eut un pincement au cœur en voyant ses bras trembler.

— Ils sont trop nombreux, chuchota Tristan.

Il avait raison. Une fois de plus. Kit n'avait même pas son arme, il l'avait remise à Ivy.

— Allez chercher les autres, leur ordonna-t-il.

Ni Jimmy ni Tristan n'esquissa le moindre geste.

Kit examina les soldats devant eux, cherchant un moyen de les vaincre. Voyant deux d'entre eux reluquer Ivy et Alma, une lueur manifeste de désir dans le regard, il se sentit gagné par un profond sentiment de colère.

Le soldat qui avait dégainé leur annonça à toutes les deux qu'elles étaient prisonnières de guerre.

— Qui d'autre est avec vous ?

Ivy lui répondit, mais Kit n'entendit pas sa réplique.

Le Japonais non plus, manifestement, car il lui demanda de répéter.

Elle obéit, sa voix tremblant terriblement.

— Personne.

L'homme sembla accepter cette réponse. Il aboya un ordre en japonais aux autres hommes, et on releva Alma, puis on les ligota toutes les deux, les mains dans le dos.

— Nom de Dieu, souffla Jimmy. Qu'est-ce qu'on fait ?

Kit garda le silence. Il n'en avait pas encore la moindre idée.

Il vit l'un des soldats pousser Ivy, puis Alma, les obligeant à avancer. C'était la première fois de sa maudite existence qu'il se sentait si impuissant.

Chapitre 22

1897

Au milieu du mois de septembre, Laurie reprit la mer. Harriet et Mae étaient également sur le départ. L'achat de la maison à Londres était finalisé. L'acte de propriété au nom de Mae ainsi que des liasses de billets, des certificats de voyage et des tickets étaient entassés sur le bureau de Mae. Les journées interminables s'écoulèrent jusqu'à la date où le départ avait finalement été fixé, en octobre, où l'on espérait qu'elle irait mieux.

Elle n'avait pas l'impression que ce serait le cas. Chaque jour, elle se réveillait avec l'arrière-goût âcre de ses régurgitations nocturnes, la langue pâteuse de déshydratation, et un mal de tête colossal. Il lui semblait chaque fois un peu moins probable qu'elle se sente de nouveau bien un jour. Commençant à croire que c'était à cause de l'île, elle souhaitait la fuir au plus vite : la chaleur étouffante, le chant inexorable des cigales, les singes curieux qui venaient frapper à ses volets, et la couche de sueur permanente sur sa peau. La solitude, aussi. Il fallait absolument qu'elle échappe à tout cela. Elle n'avait jamais rien connu de semblable au silence de ses journées. Les domestiques la regardaient avec une indifférence glaciale, et Harriet la méprisait. Elle le méritait – elle ne cherchait pas à se persuader du contraire –, mais cela l'attristait chaque fois énormément. Son unique espoir était qu'une fois parties, loin de Singapour et de tout ce que signifiait cette île, leur relation pourrait se normaliser. Elle avait besoin de croire que c'était possible, qu'elle n'avait pas laissé passer sa dernière chance.

Le docteur Yardley, qui ne comprenait pas pourquoi elle était si impatiente de partir, lui avait demandé d'attendre la naissance de son enfant avant d'entreprendre le moindre voyage. Il était allé la voir juste après un cas de malaria, à la frontière malaisienne. C'était sa troisième visite, et la première qu'il effectuait de son plein gré. Il la prenait apparemment un peu moins pour une mère névrosée, et un peu plus pour quelqu'un qui méritait ses compétences. (Cela ne l'incita pas à se sentir mieux.)

— Les battements de cœur ne sont pas aussi forts que je le souhaiterais, avait-il déclaré, et vous n'avez pas beaucoup grossi, pour une grossesse de quatre mois.

Enceinte depuis plus de cinq mois, mais dans l'impossibilité de le lui avouer, elle avait tressailli.

— Pourquoi ne restez-vous pas ici ? s'était-il enquis. Je suis convaincu que Mr Blake refuserait de faire courir le moindre risque à son enfant. (Loin d'en avoir la certitude, Mae était demeurée inflexible. Exaspéré, Yardley s'était contenté de soupirer.) Au moins, quand vous serez partie, vous ne risquerez plus d'attraper cette malaria. Vous ne devez pas être très résistante, en ce moment. (Il lui avait adressé un regard sévère.) Restez au lit jusqu'à votre départ.

Voilà un conseil qu'elle était plus que disposée à suivre.

Elle était étendue, à présent, un singe grattant à son volet, le regard rivé sur les plis de sa moustiquaire. Elle était trouée. Inutile de se demander pourquoi elle ne cessait de se faire piquer. Elle effleura son petit ventre du bout des doigts.

— Tout va bien se passer, hein ? demanda-t-elle au bébé.

C'était peut-être l'enfant de David (« *Harriet, Harriet* », ce souvenir la hantait toujours autant), mais il était horrible de penser que le petit cœur qui luttait en elle ne grandissait pas normalement parce qu'elle était incapable de garder la moindre nourriture.

— Porte-toi bien, s'il te plaît. On aura fait tout ça pour rien, sinon.

Au pied de l'escalier, Harriet levait les yeux vers la chambre de Mae, éprouvant l'envie familière d'aller la retrouver. Elle l'imagina sur son lit, squelettique, les ombres comme autant d'ecchymoses sur son visage pâle, les yeux si enfoncés que l'on aurait dit que ses orbites étaient asséchées. Déterminée à enfin tenter de la réconforter, elle s'apprêta à gravir les marches. Mais, au même instant, comme cela s'était déjà produit à de nombreuses reprises, certains souvenirs lui revinrent en mémoire : la façon dont Mae lui avait demandé d'échanger leurs robes pour le bal du gouverneur ; l'idée qu'elle ait pu conduire Alex dans une chambre plongée dans l'obscurité… Elle se cramponna alors à la rampe, tentant de chasser ces pensées de son esprit, mais finit par se raviser, laissant Mae seule – elle savait certainement que c'était ce qui l'attendait jusqu'à la fin de ses jours –, longea le couloir, sortit de la maison, descendit à la crique de Pasir Panjang, s'accordant un répit de courte durée.

Elle regrettait que Laurie soit parti. La seule personne avec qui elle pouvait encore discuter était Sally, qui l'appelait deux fois par semaine, mais cela ne comptait pas vraiment. Elle posait toujours des tonnes de questions – à propos de Mae, de la nouvelle maison, voulait savoir si elle avait des nouvelles d'Alex (non) –, et Harriet savait qu'elle était seulement friande de ragots pour penser à autre chose qu'à l'épidémie de malaria. Et puis, la dernière fois, elle n'avait cessé de jeter des coups d'œil au petit ventre de Harriet.

— Vous semblez très... en forme, avait-elle déclaré.

L'espace d'un instant de folie, Harriet avait imaginé lui confier qu'elle était enceinte et qu'elle attendait un enfant conçu avec son beau-frère la veille de son mariage. Elle s'était imaginé sa tête, ce qui lui avait donné envie de rire. Pas un petit rire, plutôt un rire de démente mêlé de sanglots. Elle avait donc aussitôt saisi la théière.

— Je vous ressers ? avait-elle demandé, repoussant cette idée de son esprit.

À présent, malgré la chaleur de l'après-midi, elle frissonnait en se remémorant combien elle avait été près de tout révéler, et en se rappelant qu'elle n'avait toujours pas la moindre idée de ce qu'elle allait faire.

Au bord de l'eau, elle déboutonna sa robe, puis dénoua son corset, soupirant lorsqu'elle fut libérée de son étreinte. Le ciel était dégagé et le sol brûlant. Elle s'assit pour ôter ses bas, faisant glisser la soie fine comme du tulle sur sa peau, ce qui lui rappela le contact d'Alex lorsqu'il les lui avait retirés, cette fameuse nuit. En se débarrassant du second, elle entendit un bruit familier, dans les arbres. Elle se retourna, ayant abandonné l'espoir de voir qui que ce soit. Seulement, cette fois, il y avait quelqu'un.

Elle eut un mouvement de recul, serrant ses bras de manière protectrice autour de son buste.

— David ! Que faites-vous là ?

— Ne soyez pas si effrayée, lui rétorqua-t-il d'un ton affligé. Je vous en prie.

Elle se leva en ramassant sa robe et en la tenant devant elle. Elle sentit son cœur battre à toute allure. L'avait-il vue nue ?

— Vous avez un problème, déclara-t-il, confirmant ses doutes. Je veux prendre soin de vous.

— Je n'ai pas besoin de votre aide.

— Oh que si, répliqua-t-il en approchant. (Il écrasa un insecte sur son poignet.) Je vous observais…

— Vous m'observiez ? (Elle repensa à toutes les fois où elle avait entendu les feuilles bruisser, derrière elle.) Ici ?

Il ne lui répondit pas.

— Laissez-moi vous épouser, déclara-t-il.

— Non.

Il était presque arrivé à sa hauteur. Elle recula. Il tendit la paume de ses mains, l'implorant de ne pas le fuir, comme s'il s'agissait d'un animal sauvage. Elle devina qu'il n'avait pas la moindre idée de ce qu'elle pensait, ni de la façon dont elle comptait réagir. Visiblement, cela lui faisait perdre ses moyens, mais, pour une fois, elle n'eut aucunement l'impression que c'était à son avantage. Elle non plus ne savait pas quoi en penser.

Il poursuivit d'un ton égal, maîtrisé. Comme souvent, on aurait dit qu'il avait préparé ce qu'il souhaitait dire. Il lui avoua combien il avait été inquiet, le soir où elle était partie dans la calèche d'Alex, avant le mariage de Mae. Il lui apprit qu'il s'était lancé à sa recherche, qu'il l'avait vue avec Alex.

— Un chien. Profiter de vous de cette façon…

Depuis, il était trop préoccupé pour la laisser seule. Il avait commencé à comprendre qu'elle était enceinte. Ce n'était pas sa faute. On l'avait mal traitée. Mais il souhaitait toujours l'épouser.

— Je ne pourrai accepter cet enfant chez moi, mais je veillerai personnellement à ce qu'on s'occupe bien de lui. Je lui donnerai mon nom. Vous voyez à quel point je vous aime ?

À la lueur du soleil, son regard lui sembla des plus déterminés. Il avait le visage en sueur, des auréoles sous les aisselles. Harriet souffrait de la chaleur, de la lourdeur et de l'humidité de l'atmosphère. Se fiant à ses paroles, elle réfléchit à ce qu'il avait dû voir. Alex et elle ensemble, nus.

— Non, dit-elle. Non.

— Si, s'obstina-t-il en la saisissant par les mains d'une poigne moite et insistante si différente de celle d'Alex.

Alex, dont il souhaitait lui retirer l'enfant. Tout ce qui lui restait. Comment pouvait-il croire qu'elle accepterait ?

Elle sentit ses mains, puis ses épaules se mettre à trembler. Bientôt, elle trembla de la tête aux pieds, aussi bien de rage que de dégoût. Soudain, elle réagit et le repoussa.

— Non, répéta-t-elle. Jamais je ne vous épouserai.

— C'était le souhait de votre père.

— « De mon père » ?

— Oui. (Il fronça les sourcils.) C'est son avocat qui me l'a dit.

— Il est mort ?

La nouvelle ne lui fit aucun effet, même si elle était furieuse que David la lui ait annoncée sans le moindre ménagement, ce qui lui ressemblait finalement beaucoup. Même cela lui était égal. Avec tout ce qui se passait, la mort d'un homme qu'elle n'avait jamais connu n'avait aucune signification.

— Vous ne pouvez pas aller contre la dernière volonté de votre père, déclara David.

— Bien sûr que si. Et je veux que vous partiez.

— Non.

— Si.

Elle aussi était en sueur, désormais. Elle sentit ses jupons lui coller à la peau, ce qui lui rappela qu'elle était très peu vêtue.

— Pas avant de m'avoir promis de m'épouser.

— Je. Ne. Veux. Pas. Vous. Épouser.

— Il le faut.

— Non.

— Si. Parce que sinon, je raconterai à tout le monde que vous attendez un enfant du mari de votre sœur.

Harriet écarquilla les yeux d'effroi.

— Vous ne feriez pas ça…

— Si. J'aurais préféré éviter de vous le dire, mais vous ne m'avez pas laissé le choix. (Il secoua la tête.) Pourquoi m'obliger à vous menacer ? Je serai un bon mari. (Il tenta de nouveau de lui attraper les mains, mais elle les recula.) Vous vous en rendrez compte avec le temps.

— Non, parce que je ne vous épouserai pas. Je me moque de ce que vous direz aux autres. (Elle n'en était pas vraiment certaine, mais savait que c'était une nécessité.) Je vais à Londres.

— Quel genre d'avenir votre enfant aura-t-il quand tout le monde sera au courant ? J'ai de la famille, là-bas, et Soames aussi. Nous vous retrouverons.

— Vous en avez parlé à Soames ?

Elle s'imagina le gouverneur. Elle le devina haussant un sourcil, l'entendit prononcer un « eh bien, dites donc… »

— Oui, il est au courant. Il sait aussi que je compte veiller sur vous.

— Vous appelez ça « veiller sur moi » ? (Elle aurait éclaté de rire si elle n'avait pas eu à ce point les larmes aux yeux.) Vous ne pouvez pas me faire chanter. Je ne vous laisserai pas faire. J'en parlerai à Alex, à Laurie… Ils m'aideront.

— Non, rétorqua David avec une détermination qui lui rappela les paroles qu'il lui avait adressées plusieurs mois auparavant : *« Je finis toujours par obtenir ce que je veux. »*

— Comment pouvez-vous en être aussi certain ? demanda-t-elle, feignant une certaine insouciance, alors qu'elle était épouvantée.

— Parce que si vous les impliquez, ce sont eux qui vont le regretter.

Harriet continua à feindre l'indifférence.

— Que pourriez-vous leur faire ?

— Beaucoup de choses, répondit-il d'un ton compatissant. Je peux faire renvoyer Hinds de la Navy, empêcher Blake de faire des affaires, détruire tout ce qu'il a bâti par son travail. (Il s'interrompit.) Parfois, poursuivit-il, moins sûr de lui, on peut aussi mal tomber dans une ruelle, sur un quai…

— Non ! s'exclama-t-elle d'un air incrédule. Vous ne feriez pas ça…

— Je ferais n'importe quoi pour vous.

— Je vous en empêcherais.

— Vous ne pourriez pas.

— J'en parlerais à Soames…

— C'était son idée.

Il soutint son regard d'un air vraiment féroce.

— Vous êtes abject.

— Je vous aime, rétorqua-t-il, comme si cela justifiait tout.

Ce qui, pour lui, était probablement le cas.

— Fichez-moi la paix, lui ordonna-t-elle, s'en voulant d'avoir pris un ton si défaitiste.

Il hésita, semblant sur le point de protester. Il était tendu, comme s'il s'apprêtait à la toucher. Elle retint son souffle, prête à le repousser. Mais il demeura immobile. Lentement, il y renonça, hochant la tête.

— Je viendrai vous voir demain, lui annonça-t-il. Nous prendrons alors nos dispositions.

Elle s'abstint de le reprendre, de lui certifier qu'ils n'en feraient rien. Elle n'avait qu'une envie, qu'il s'en aille.

Dès qu'il eut tourné les talons, elle se laissa tomber dans l'herbe, la tête sur les genoux, pressant ses mains sur son cou moite, et tenta – comme à de nombreuses reprises par le passé – de trouver le moyen d'échapper à ces menaces, à cette emprise. Son esprit refusait cependant de coopérer. Il ne semblait y avoir qu'une seule voie. Mais elle était inenvisageable.

Lorsqu'elle finit par quitter la crique, ce soir-là, elle était folle d'angoisse et d'effroi. Il lui fallait de l'aide. Elle en avait parfaitement conscience. Mais elle ne voyait plus qu'une personne auprès de qui se tourner.

Elle se demanda si elle parviendrait à s'y résoudre.

Elle ne le savait toujours pas lorsque, au coucher du soleil, elle rentra et s'engagea, tremblante, dans le couloir éclairé d'Alex. Elle leva avec peine les yeux vers la chambre de Mae, et tenta de s'imaginer en train d'aller tout lui raconter. Elle trouvait toujours aussi difficile de lui faire de nouveau confiance, de partager quoi que ce soit avec elle, surtout un sujet aussi grave. Surtout maintenant, les conséquences de sa trahison plus insupportables que jamais. Elle se demanda si elle y parviendrait. Elle n'était même pas certaine d'en voir l'utilité. Mae accepterait-elle de l'aider ? Si cela se trouvait, elle serait furieuse et lui en voudrait terriblement. Harriet n'était pas sûre de pouvoir le supporter.

Tentant de trouver une logique à ses pensées débridées, elle pressa le talon de sa main contre son front. Elle entendit la voix de David : « *Je ne pourrai accepter cet enfant chez moi.* » Elle le revit au bord de l'eau, ses doigts le démangeant de la toucher. « *Vous voyez à quel point je vous aime ?* » Tentant de repousser cette vision, elle se frotta les yeux, mais il refusait de partir. Elle ne parvenait pas à l'oublier. Soudain, le fait de ne rien faire lui sembla trop horrible. Il fallait au moins qu'elle essaie. Cela en valait certainement la peine. Elle hésita encore un moment, mais, consciente de la nécessité de passer à l'acte, et avant qu'elle puisse changer d'avis, elle s'obligea à agir, et alla trouver sa sœur.

Mae était au lit, recroquevillée sur le flanc. En voyant Harriet, elle écarquilla les yeux, ce qui accentua sa pâleur et le caractère émacié de son visage. Malgré son affolement, Harriet éprouva une pointe de culpabilité en voyant son air maladif, en s'apercevant de la solitude dans laquelle elle l'avait laissée, allant la voir à présent uniquement par désespoir. Si elle n'avait été dans cet état, elle se serait certainement ravisée, ou aurait trouvé un compromis. Mais, maintenant qu'elle était là, elle ne pouvait plus faire machine arrière. Elle ne cracherait jamais le morceau, sinon. Il le fallait. *« Vous voyez à quel point je vous aime ? »* D'une manière ou d'une autre, elle parvint à laisser échapper un son de sa gorge trop serrée.

— J'ai besoin de ton aide, déclara-t-elle. (Au son de sa voix étouffée, elle s'aperçut qu'elle sanglotait.) J'attends un enfant. (Elle versa de nouvelles larmes.) David veut me l'enlever. Je ne sais pas comment l'en empêcher.

Le silence régna un long moment. Les lèvres entrouvertes, Mae la dévisagea. Elle était aussi bouleversée que Harriet lorsqu'elle avait appris que Mae attendait un enfant. Elle patienta, affreusement certaine que Mae n'allait pas manquer d'être furieuse, et regrettant déjà d'être allée la voir. Qu'est-ce qui lui avait fait croire que ce serait une bonne idée ?

Mais se produisit alors une chose curieuse. Mae se décomposa. Les larmes lui montèrent aux yeux.

— Oh, Harriet, la plaignit-elle, sans la moindre colère, ni le moindre ressentiment. (Pas du tout. Juste une profonde tristesse.) Raconte-moi tout, ajouta-t-elle, tentant de se redresser sur ses oreillers. Je t'en prie.

— Vraiment ? demanda Harriet entre deux sanglots.

— Oui, répondit Mae d'un air encore plus triste. S'il te plaît, dis-moi ce qui s'est passé.

Harriet s'exécuta. Durant son récit – hésitante, serrant les dents, cherchant ses mots –, Mae l'écouta, trop affaiblie pour faire des commentaires, mais le ponctuant de temps à autre d'un « non », d'un « il n'a pas pu te faire ça » et de plusieurs « je suis vraiment navrée ». Elle rappela à Harriet la sœur qu'elle avait eue jadis et qu'elle avait presque oubliée. Cela lui arracha encore de nouvelles larmes. Des larmes de soulagement dues à la compassion de Mae et à son caractère inattendu.

— S'il te plaît, l'implora-t-elle quand elle en eut terminé, dis-moi que tu as une idée de ce que je dois faire…

— J'aimerais bien, répondit Mae. J'aimerais vraiment.

— Moi aussi.

— Je vais essayer d'en trouver une. Je te le promets.

Harriet voulait la croire. Cela aurait été plus facile si Mae, luttant pour se redresser, lui avait paru y croire un tant soit peu. Mais elle semblait trop abattue, étendue là, aussi effrayée que Harriet. Elles avaient toujours été si impuissantes, l'une comme l'autre.

D'une oreille distraite, elle entendit Mae lui promettre une fois de plus de tout faire pour arranger la situation. Elle tenta de trouver la force d'acquiescer, un soupçon d'espoir. Mais elle quitta la chambre encore plus anéantie qu'à son arrivée, éprouvant le curieux désir de rester.

Elle longea le couloir jusqu'à sa propre chambre. En passant devant la porte de celle d'Alex, elle s'y attarda, effleurant du bout des doigts la poignée qu'il avait touchée. Les yeux clos, elle imagina son visage et songea aux heures de solitude qui l'attendaient, à commencer par la nuit à venir. Elle se rappela ce qu'elle avait ressenti dans ses bras, ou en le sachant à proximité. Elle comprit combien il avait bien fait de partir. Cela valait mieux.

Et puis, en dépit des menaces de David, elle regretta qu'il ne rentre pas bientôt.

Alex n'était pas certain de rentrer un jour chez lui. Il était malade, très malade. Plusieurs clients de l'hôtel de Kuala Lumpur où il logeait étaient morts, à présent. Même si elles lui avaient paru lointaines, il avait entendu les recommandations que lui avait faites le médecin anglais lors d'une de ses visites dans sa chambre mal ventilée et plongée dans la pénombre :

— Il va falloir continuer à vous battre pour faire baisser cette fièvre. Nous allons vous transférer dans une chambre plus fraîche en attendant qu'un lit se libère à l'hôpital.

Alex ne savait pas vraiment quand cela s'était produit, ni quand il s'était réveillé dans ce nouveau lit où il se trouvait encore à présent, toutes les fenêtres ouvertes, laissant entrer la lumière et l'air, ainsi que les bruits de la ville : le claquement des sabots sur la chaussée, les sonnettes des pousse-pousse, les éclats de voix des Chinois... La veille ? Peut-être l'avant-veille. Ou le matin même. Le temps s'écoulait de manière très aléatoire, dans son esprit confus.

On ouvrit la porte. Il n'eut pas l'énergie suffisante pour se retourner, pour voir de qui il s'agissait. Il entendit une voix qui s'exprimait dans un malais impeccable. Précise, mais épuisée. Il la reconnut vaguement : un membre du personnel de l'hôtel.

— Parfait, lâcha la voix avec un soupir. Quelqu'un d'encore en vie. Où sommes-nous, là ? Chambre 42 ? (Alex entendit des bruits de papier. Il imagina l'homme parcourir une liste de noms à l'aide de son doigt.) Mr Phillips, lut l'homme d'un ton las. Prévenez sa famille qu'on l'emmène à l'hôpital.

Je ne suis pas Mr Phillips… Mais Alex fut incapable d'émettre le moindre son.

Il sentit qu'on le soulevait et qu'on l'étendait précautionneusement sur une civière. Ce fut un supplice. Il sentit ses os frotter les uns contre les autres, se bloquer, grincer. Sa peau lui donnait l'impression d'avoir été ébouillantée.

— On est partis, Mr Phillips, déclara un autre homme.

Alex n'avait pas la moindre idée de qui pouvait bien être ce Mr Phillips. Cela lui était égal. Il ne se souciait que de Harriet, et craignait de l'avoir perdue. Comment cela avait-il pu se produire ?

Il l'ignorait, mais il avait énormément de mal à l'accepter. Il allait falloir qu'il y remédie. Qu'il remédie à la situation.

Plus rien d'autre n'avait d'importance.

Le message de l'hôtel arriva à Bukit Chandu six jours plus tard.

Mae était sur la terrasse lorsque le coursier malaisien se présenta. Elle était en train de tenter d'oublier David. Depuis une semaine, il venait chaque matin, demandant à voir Harriet, et, chaque fois, Mae lui mentait, prétendant que sa sœur était trop mal en point pour le recevoir. C'était d'ailleurs uniquement pour le décourager qu'elle se forçait à se lever de son lit.

David attendait d'elle qu'elle se montre plus ferme avec Harriet. Il lui avait demandé à plusieurs reprises pourquoi ce n'était pas le cas.

— Elle est enceinte de votre mari.

Cela lui était égal. Si elle avait honteusement envié sa sœur lorsqu'elle lui avait annoncé sa grossesse – elle avait été jalouse aussi bien de sa bonne santé que de l'idée qu'elle puisse réellement porter l'enfant d'Alex –, ce sentiment s'était aussitôt dissipé, étouffé par le chagrin causé par le désespoir évident de Harriet, et le fait de savoir que celle-ci n'avait rien fait de pire qu'elle. Tout ce qu'elle désirait, tout ce dont elle avait besoin, désormais, c'était l'aider. Et commencer à se racheter, d'une manière ou d'une autre.

Sauf que, ce matin-là, David était venu annoncer qu'il avait obtenu une dérogation pour pouvoir se marier avec Harriet de toute urgence. La cérémonie se tiendrait à St. Andrew le samedi suivant, soit cinq jours plus tard, plus d'une semaine avant que les deux sœurs embarquent pour l'Angleterre. Mae avait de nouveau supplié David de laisser Harriet l'accompagner, de la laisser tranquille. Il avait refusé.

— Dites-lui que sa présence est requise, déclara-t-il lorsque le messager s'immobilisa sur la terrasse, remettant à Mae l'enveloppe luxueuse. Je compte sur elle. (Se grattant nerveusement le poignet, il scruta l'enveloppe en fronçant les sourcils.) Qu'est-ce que c'est ?

— Je l'ignore, répondit Mae en prenant place dans l'un des fauteuils d'osier.

Sa dureté fit souffrir son corps frêle. Elle avait mal partout. Elle aurait mille fois préféré se trouver dans son lit, à l'étage, les volets clos. Elle avait une migraine atroce, et l'éclat des premiers rayons du soleil n'arrangeait rien. Le docteur Yardley avait diagnostiqué que ses maux de tête étaient dus à une certaine déshydratation, mais, chaque fois qu'elle buvait une gorgée d'eau, elle la rendait. Elle aurait souhaité le revoir, lui expliquer qu'elle pensait avoir de la fièvre, mais Xin Hao lui avait annoncé que lui-même était tombé malade.

— Navré, madame Mae, avait-il dit, l'air impassible et peu sincère.

Elle glissa son doigt fragile sous le rabat de l'enveloppe, grimaçant au contact du papier sur sa peau, et en tira la lettre, se demandant distraitement si c'était au sujet de la mort de Mr Palmer.

Ce n'était pas le cas.

Pas la sienne.

Elle parcourut du regard le court message (« Je suis au regret de vous annoncer… »), puis lâcha la feuille de papier en fermant les yeux. S'il lui était resté quelques larmes, elle les aurait versées. Ses yeux lui brûlaient. Elle imagina le beau visage d'Alex, sa large carrure. *Parti.* Comment pouvait-il être mort ? Elle se rappela la chaleur de son sourire, la force de son étreinte et le contact de ses lèvres. Le seul véritable baiser qu'elle ait jamais eu, mais il ne lui était pas destiné. Il ne lui avait jamais été destiné. Elle eut un sanglot sec, puis un autre, et lui vint une horrible pensée : *Comment vais-je l'annoncer à Harriet ?*

Elle eut vaguement conscience que David ramassait la lettre et lisait le détail de la malaria d'Alex, sa mort dans une chambre d'hôtel. Elle l'entendit déclarer :

— Je vais aller voir Harriet.

Écarquillant alors ses yeux douloureux, elle devina la lueur de triomphe dans son regard.

— Ne vous en avisez pas ! le menaça-t-elle en butant sur les mots. Et je ne la laisserai pas vous épouser non plus.

— Il le faut…

— Non. Vous ne pouvez plus la menacer.

C'était déjà cela.

— Si, rétorqua-t-il d'un ton impassible. Et Laurie Hinds ? L'enfant ? Non (il était déterminé), elle ne prendra pas le risque de compromettre son avenir.

— Je veillerai sur eux, insista Mae, même si jamais elle ne s'était sentie si peu en mesure de veiller sur qui que ce soit.

David, qui, pour une fois, la comprenait totalement, déclara :

— Vous êtes déjà incapable de veiller sur vous. À présent, allez lui dire, je vous prie, que la cérémonie aura lieu samedi, à 10 heures.

Elle tenta de nouveau de protester, mais il refusa de l'écouter. Sa décision était prise. Il était évident qu'il n'avait aucune intention de revenir dessus. *« Je finis toujours par obtenir ce que je veux. »*

Elle le regarda s'éloigner. Puis, repoussant sa détermination et ses menaces, les jugeant inconcevables, elle se pencha avec difficulté et ramassa la lettre de l'hôtel. Elle lut de nouveau l'annonce de la mort d'Alex, la jugeant incroyable, et pourtant si malheureusement réelle. Puis elle se leva, et, sans comprendre comment, sachant seulement qu'il le fallait, elle rentra et monta l'escalier jusqu'à la chambre de Harriet.

Puis elle brisa le cœur de sa sœur jumelle pour la seconde fois cette année-là.

Chapitre 23

Mars 1942

Cela faisait un mois qu'Ivy et Alma avaient regagné Singapour à bord d'un transport de troupes japonais et étaient incarcérées avec des milliers d'autres prisonniers de guerre dans la prison suffocante et rance de Changi, à l'est de l'île. Dotée d'un haut mirador de béton et de quatre ensembles de cellules – chacun d'eux ouvert sur une cour en plein soleil –, la prison était conçue pour héberger six cents détenus au maximum. C'était approximativement le nombre de femmes et d'enfants que l'on avait entassés dans les confins étouffants du seul bloc A, de nouveaux arrivants se présentant chaque jour. Ils dormaient tête-bêche sur d'étroites couchettes dans des dortoirs dépourvus de fenêtres et non ventilés. Plongées dans l'obscurité totale et particulièrement étouffantes, les cellules avaient fait revenir en nombre les cauchemars d'Ivy. Elle se réveillait dégoulinante de sueur, se griffant la peau dans un geste de panique, découvrant que la réalité n'était pas plus enviable que ses songes. Elle était malheureusement certaine que les conditions étaient tout aussi épouvantables dans les cellules des hommes, qu'ils soient civils, marins ou soldats, ou qu'il s'agisse d'officiers ou même de vieux généraux. Il en allait sans aucun doute de même dans les bâtiments adjacents, où résidaient désormais des milliers de nouveaux prisonniers australiens et britanniques. Elle n'avait aucun moyen de le savoir. À Changi, un mur quatre fois plus haut qu'elle séparait les femmes des hommes. La seule zone commune était une décharge trop pleine infestée de mouches, mais son accès en était strictement réglementé. Elle n'apercevait jamais personne.

Alma et elle étaient revenues de Sumatra avec des dizaines de prisonniers, principalement des soldats et des pilotes australiens capturés au cours de la bataille perdue d'avance de Palemberg, au sud du pays. Un combat qui se déroulait alors même qu'elles se dirigeaient innocemment vers Rengat. Il y avait d'autres femmes, aussi, à bord. Toutes s'étaient fait capturer, comme elles, en tentant de fuir dans la jungle, accompagnées de leurs enfants terrifiés. À bord, on les avait entassées dans de minuscules cabines, sans air ni eau, avec de simples seaux en guise de latrines. Dans celle d'Ivy et d'Alma, une femme malade avait trouvé la mort, et, inconsolables, les enfants enfermés avec elles s'étaient mis à hurler. Elles avaient toutes appelé leurs geôliers pour qu'ils emportent le corps, mais personne n'était venu avant que le navire accoste. À cause de la chaleur, une odeur pestilentielle avait commencé à s'échapper du cadavre. Depuis, Ivy et Alma avaient évité d'en parler. Même la voix de Gregory déclarant « C'est un échec » n'aurait pu contraindre Ivy à évoquer le sujet.

Elles avaient pu discuter avec Elsie, cependant. Elles l'avaient découverte moins d'une heure après leur arrivée au bloc A. Elle était en train d'enrouler des bandages dans le sanatorium improvisé, quelques tables à tréteaux sous un auvent de toile, au fond de la cour grouillante de monde. Elle les avait toutes les deux embrassées aux larmes. (Il n'était plus question de se serrer la main.) Elle avait rassuré Ivy sur le fait qu'Alex était encore en vie, ainsi que Toby, le père de Phil. Ils étaient tous deux incarcérés dans l'un des blocs réservés aux hommes, donc pas très loin. Elle leur avait également raconté les circonstances de la reddition, deux jours seulement après leur départ : les exécutions collectives de Chinois soupçonnés d'avoir aidé les Britanniques, la façon dont ils avaient ordonné à une première vague d'Européens de faire leurs bagages et de se rassembler à Raffles Place avant de parcourir plus de trente kilomètres à pied jusqu'à la prison, sous une chaleur torride, et dont ils avaient battu les autochtones qui s'étaient risqués à leur offrir à boire ou à manger.

— Ils n'ont pas enfermé tout le monde, au début, avait-elle précisé. Ils ont épargné les femmes avec des enfants en bas âge, et il en arrive encore aujourd'hui. Un grand nombre d'infirmières et de médecins se sont également vus autorisés à rester un certain temps en ville pour venir en aide aux blessés…

— Et Vanessa ? Et Jane ? avait demandé Ivy, en jetant un coup d'œil dans la cour, derrière, scrutant les visages émaciés et en sueur d'inconnus. Elles sont là ?

Elsie avait pris un air affligé.

— Je suis vraiment désolée, avait-elle déclaré, provoquant une certaine inquiétude chez Ivy et Alma.

— Non, avaient-elles protesté. Non !

Mais Elsie avait secoué la tête, regrettant visiblement de ne pouvoir leur affirmer que ce n'était pas le cas. Elle leur avait raconté au contraire de quelle manière les soldats japonais s'étaient emparés de l'Alexandra, la veille de la reddition, tuant à coups de baïonnette ou par balle l'ensemble des infirmières, des médecins et des patients au fur et à mesure de leur avancée. Ils avaient enfermé les survivants dans une cellule pour la nuit, avant de les exécuter à l'aube.

En larmes, Ivy s'était cramponnée à Alma.

— Non, avait-elle répété. Pitié, non, non !

Elle avait aussitôt été submergée d'images de massacre, et s'était représenté leur terreur, leurs cris… Des souvenirs lui étaient également revenus à l'esprit : tous ces patients sans défense sur les pelouses ; Vanessa vidant d'un trait un verre de gin, ou fixant la canule d'Alex, ou encore à genoux, cherchant les tennis d'Ivy ; Jane sur son lit, l'air sérieux, rédigeant tranquillement une de ses lettres, puis revenant du Cathay, n'ayant plus d'yeux que pour Clark Gable ; Marcus soulevant cette table sur laquelle Kit et les autres étaient juchés. *« Bien joué ! »*

— Je n'arrive pas à y croire, avait sangloté Alma.

Elsie avait tenté de les réconforter. En vain. Aujourd'hui encore, après toutes ces semaines, la douleur était toujours présente, toujours aussi intense. Elles évoquaient le sujet, au moins, chaque fois que ce souvenir les prenait au dépourvu, les aveuglait, leur rappelant ce qui s'était passé et qu'elles ne reverraient plus jamais leurs amis. Elles scrutaient toutes les deux le visage des nouveaux venus, espérant malgré tout tomber un jour sur eux, sains et saufs, prêts à lever les yeux au ciel en leur assurant qu'Elsie s'était trompée, qu'ils avaient simplement été très occupés par leur travail. Qu'ils étaient là, à présent.

Elles ne les virent jamais.

Elsie déclara que le plus important était qu'Ivy et Alma ne se laissent pas abattre. Ce n'était pas ce que Vanessa et Jane auraient souhaité. Il fallait qu'elles veillent l'une sur l'autre, qu'elles survivent. Elle avait confié à Ivy que Toby lui avait promis de garder un œil sur Alex et de faire en sorte qu'il survive à cette épreuve.

— Il est probablement en train de l'agacer en lui répétant de rester courageux face à l'adversité. (Son propre courage avait légèrement vacillé.) Ils vont être tristes d'apprendre que vous êtes de retour.

Ivy était certaine qu'ils étaient tous les deux au courant, désormais. Kit, Tristan et Jimmy avaient dû les croiser, car eux aussi étaient détenus dans ce camp. Ils s'étaient laissé prendre à quelques kilomètres de l'endroit où Ivy et Alma s'étaient fait capturer, sans jamais donner aux soldats la moindre raison de les soupçonner de connaître les jeunes femmes.

— Vous n'auriez jamais dû faire ça, leur avait chuchoté Ivy le premier soir où ils avaient fait une halte pour se reposer, le dos voûté, les mains liées.

Kit s'était tourné vers elle d'un air ahuri.

— Bien sûr que si, j'ai bien fait.

— Et nous aussi, était intervenu Jimmy, d'une manière sans équivoque qui signifiait qu'ils en avaient déjà discuté.

— Absolument, avait admis Tristan.

Tout au long du trajet à travers la jungle, en direction de la côte, les trois hommes étaient restés à proximité d'Alma et d'Ivy, formant un bouclier autour d'elles. Ivy se demandait ce qu'ils auraient pu faire pour les protéger en cas de nécessité, mais, en leur présence, les soldats avaient cessé de leur lancer des regards lubriques. Ils n'avaient même pas tenté de les approcher. Elle en ignorait la raison. La honte, sans doute.

— La peur, avait fanfaronné Alma. Ils n'osent pas les contrarier.

Ivy espérait que cela ne viendrait à l'idée de personne, maintenant qu'ils étaient prisonniers et sans aucun doute très affaiblis après un mois de maigres rations de riz. Elle songeait constamment à eux, et surtout à Kit. Ils étaient toujours présents dans son esprit, de même que Vanessa et Jane. C'étaient ses nouveaux fantômes. Toutes les nuits, aussi horribles qu'interminables, dans sa couchette, pressée contre Alma, leurs corps en sueur, elle rêvait d'eux. Elle se les représentait à chaque instant de la journée. Sans trop savoir comment, elle parvenait à fonctionner normalement, prodiguant son aide dans la cantine surchauffée du bloc, et à l'infirmerie, aussi, puis au garde-à-vous avec ses compagnes de cellule, trois fois par jour, durant l'appel, toutes alignées sous le soleil implacable, regardant droit devant elles, évitant de réagir lorsque les soldats s'arrêtaient devant elles, se moquaient de leurs cheveux sales et de leurs robes en piteux état. Sans jamais cesser d'imaginer où Kit et les autres pouvaient bien être. Elle se remémorait inlassablement ce qui s'était passé dans la jungle, comme si, ce faisant, elle aurait pu modifier le cours des événements.

Si je n'avais pas tiré, se demandait-elle, *les Japs auraient-ils découvert notre présence ?*

Et si je ne l'avais pas fait, Alma serait-elle morte ?

Si Sam ne s'était pas enfui, le serpent aurait-il réagi ?

— Cesse de te torturer l'esprit avec ça, lui recommandait Alma. C'est du passé.

Mais Ivy ne pouvait pas s'en empêcher.

Chaque fois qu'elle entendait l'écho d'un coup de feu en direction du camp des hommes, elle sursautait, sentait son cœur se briser en mille morceaux, et se demandait si cette balle avait été destinée à l'un d'eux.

L'unique petit soulagement dans toute cette histoire était que personne ne semblait encore avoir deviné qu'elle avait travaillé à Kranji, pas davantage que la nature de son travail. Bien qu'elle ait remis sa carte d'identité au poste de garde de la prison à son arrivée et confirmé qu'Alma et elle étaient des Wrens et par conséquent des prisonnières de guerre et non de simples civiles, l'officier japonais avait noté ces détails et lui avait tout juste jeté un coup d'œil avant de lui faire signe d'intégrer le camp et de s'intéresser à la fille suivante, dans la file des nouvelles venues. Les jours passant, personne ne venant l'accuser de quoi que ce soit, elle commença à croire qu'elle s'en tirerait sans être inquiétée. Elles étaient très nombreuses, et le simple nombre de personnes entassées dans le bloc A lui procurait un sentiment d'anonymat bien sinistrement acquis. Elle se disait qu'en continuant à faire profil bas, elle pourrait véritablement disparaître. Alma était du même avis. Même si, à l'image d'Elsie, elles s'impliquèrent toutes les deux rapidement dans le marché noir du camp – soudoyant des soldats pour qu'ils leur fournissent du matériel médical, des rations supplémentaires de nourriture, de précieux pots de pâte à tartiner Marmite riche en vitamine B1, qui leur permettait de se prémunir contre le béribéri (et les autochtones faisaient entrer clandestinement de l'argent dans l'établissement, risquant la mort en le dissimulant dans des sachets de riz et des caisses de poisson presque pourri) –, Ivy limitait son rôle à récupérer l'argent dans les livraisons destinées aux cuisines, à le dissimuler dans la taille de sa jupe avant de le transmettre à une tierce personne. Elle-même ne s'adressait jamais aux soldats.

Et elle évitait surtout prudemment le commandant du camp, Sasamoto. Mais lui, un homme dur qui ne souriait jamais, était toujours partout, promenant son regard dans les cellules, la cour et les cuisines, en quête de la moindre preuve de subversion. Il était particulièrement obsédé par l'utilisation de la radio. Il y avait des espions, dans le camp, il en avait conscience. À l'appel, ils faisaient constamment l'objet de ses fulminations. Il était convaincu qu'ils faisaient fuiter les secrets japonais. Il comptait bien découvrir qui ils étaient et comment ils s'y prenaient. Il fallait qu'ils prennent garde. Il les percerait à jour. Lorsqu'il s'exprimait, aucun d'eux n'osait le regarder en face. Innocents ou non, ils étaient tous terrifiés à l'idée de paraître coupables. Même les autres soldats détournaient les yeux. C'était la première fois qu'Ivy croisait quelqu'un de si tendu, de si antipathique. D'après la rumeur, s'il était à Changi, c'était uniquement parce qu'il était trop traumatisé par la campagne malaisienne pour se battre. Il avait un tic nerveux à la joue, une cicatrice violacée tout autour du cou, comme si on avait tenté de l'étrangler. Elle se demanda à plusieurs reprises ce qui avait bien pu se passer.

Par une journée grisâtre, mais brûlante, fin mars, elle le découvrit enfin.

L'appel de l'après-midi était terminé, et les femmes regagnaient toutes leurs cellules pour une inspection des couchages. Le matin même, un orage avait laissé des flaques d'eau putrides dans toute la cour, et elles ne pouvaient les éviter toutes, chaussées de leurs sandales. Sasamoto les regarda passer devant lui en tapotant sa matraque contre la cuisse de son uniforme. Son regard s'attarda sur une femme, juste devant Ivy. Elle tenait la main de sa fille, qui devait être âgée de sept ou huit ans. En un clin d'œil, sans raison apparente, le visage de Sasamoto se tordit de fureur. Avant qu'Ivy comprenne ce qui se passait, il attrapa la fillette et la poussa dans une flaque, avant de plaquer la mère contre le mur de la prison, sa matraque sur sa gorge. Il lui hurla en japonais de ne plus jamais regarder son cou, que c'était l'œuvre d'un soldat britannique, un fils de chienne armé d'un fil de fer. Son mari, peut-être. Était-ce son mari qui lui avait fait cela ? Il l'avait tué, de toute façon. Il l'avait regardé mourir, comme il la regarderait mourir. Pétrifiée, la femme écarquilla les yeux d'incompréhension. Elle devint écarlate. Sa fille se jeta sur Sasamoto pour tenter de l'obliger à lâcher sa mère, et, sans prendre la peine de réfléchir, Ivy réagit également, saisissant l'enfant avant que Sasamoto en ait la possibilité. Il se retourna, brandissant sa matraque, s'apprêtant à frapper la fillette. Ivy prit une inspiration, mais la situation s'inversa brusquement. Sasamoto croisa son regard. Il dut y déceler de l'horreur, ou quelque chose qui le bouleversa, car il se figea.

La femme qu'il avait étranglée haletait. Elle attrapa sa fille et la serra dans ses bras en sanglotant.

Soutenant le regard de Sasamoto, Ivy demeura immobile.

— Vous me prenez pour un monstre, déclara-t-il, toujours en japonais, mais d'un ton très calme, s'adressant surtout à lui-même. Non. (Il fronça les sourcils sous la visière de sa casquette.) Vous vous trompez.

Peut-être était-ce dû à la rapidité avec laquelle la scène s'était déroulée. Ou à l'affolement. Mais, même en s'efforçant de ne pas réagir à ses paroles, voire de ne pas les écouter, elle fut trahie par ses réflexes. Elle sentit se contracter les muscles de son visage.

Les pupilles de Sasamoto se rétrécirent, comme s'il recouvrait ses esprits. Il plissa les yeux, et, même s'il tourna brusquement les talons et s'éloigna, Ivy n'éprouva aucun soulagement pour autant. Juste de l'effroi. Parce qu'il l'avait repérée, désormais. Il l'avait dans son collimateur, elle en était convaincue.

Par la suite, elle le vit souvent l'observer.

Les jours suivants, elle attendit qu'il s'adresse à elle. Mais il n'en fit rien. Au camp, la vie suivit son cours. De nouveaux détenus arrivèrent, et il fallut étendre des matelas – infestés de puces – dans les cages d'escalier et dans des tentes, dans la cour. Les latrines débordaient, au sens propre du terme. Elles grouillaient de vers. Il était impossible de passer devant sans avoir de haut-le-cœur. Ivy attendait toujours le dernier moment avant d'y aller, ce qui était assez facile, puisque, comme tout le monde, elle était complètement déshydratée, et constipée à force de se nourrir presque exclusivement de riz.

— C'est le bon côté, avait tenté de la rassurer Elsie.

Des enseignants avaient mis sur pied une école pour les enfants, et Ivy s'était portée volontaire pour y donner des cours de français. « Mieux vaut rester occupé. » Alma proposa également ses services, et prit son courage à deux mains pour aller demander des semences à Sasamoto, dans son bureau, afin que les enfants puissent cultiver un potager non loin de la cuisine. Il accepta, mais à la seule condition que la moitié de la production soit destinée aux soldats.

— En guise de remerciement, expliqua-t-il. Oui ? Parce qu'on prend soin de vous.

Ils plantèrent des concombres, des pommes de terre et des tomates et attendirent qu'ils poussent. L'épouse d'un pasteur lança une chorale, juste après l'appel de l'après-midi. Près de cinquante femmes se rassemblèrent à l'ombre du bâtiment pour chanter, leurs mains osseuses sur la taille de leurs robes effilochées de soie et de coton. Leurs voix portaient, et, malgré la chaleur écrasante, la poussière, la maladie et la crasse, tout le monde, y compris Sasamoto, s'arrêta pour regarder.

— Si seulement elles pouvaient chanter toute la journée, déclara Ivy à Alma. C'est apaisant.

— Je crois que ça a aussi un effet bénéfique sur eux, fit remarquer Alma en désignant le camp des hommes d'un coup de menton.

Le brouhaha habituel s'était tu.

— Oui, approuva Ivy avec un soupir. Je le crois aussi.

Contemplant le haut mur de brique, elle imagina Kit, Alex et les autres, derrière. Elle se représenta Kit dans la même position qu'elle, lui renvoyant, avec ses grands yeux verts, son regard à travers le mur.

Je t'en prie, pas d'imprudences, lui recommanda-t-elle en silence. *Porte-toi bien.* Les voix de la chorale montèrent dans les aigus. *S'il te plaît, sois là.*

Écoute.

À une centaine de mètres de l'entrée du camp, Kit se tourna en direction du chant. Les yeux plissés, il parcourut du regard la cour bondée, les visages creusés, le nuage de chaleur et de mouches, scruta le mur, à l'autre bout. L'espace d'une seconde, d'une seule seconde, il se retrouva avec elle.

L'un des soldats le poussa dans le dos, l'obligeant à pénétrer dans le camp.

— Ça va, dit-il.

Reprenant sa progression, il passa sa main sur ses cheveux tondus. Son bras le faisait souffrir. Il avait mal partout. Son short semblait trop grand, sur ses hanches. Il avait terminé sa journée, accompagné de Jimmy et de Tristan. Avec plusieurs dizaines de Britanniques et d'Australiens, il s'était mis au travail dès le lever du soleil. Ils construisaient un nouvel aéroport pour les Japonais. Pourtant, la Convention de Genève l'interdisait. C'étaient des officiers. Ils n'étaient pas censés travailler pour l'ennemi. Mais cela signifiait la possibilité d'obtenir des rations supplémentaires, qu'ils partageaient par exemple avec des hommes comme Alex, trop âgés ou trop faibles pour creuser des fondations ou mélanger du ciment en plein soleil. De toute façon, Kit doutait qu'il soit mieux de rester au camp. Il était ravi de pouvoir échapper à la maladie, à la crasse, à la faim et aux soldats rancuniers qui s'ennuyaient – la moitié d'entre eux étaient ivres, la plupart rêvant de mettre une raclée par pur plaisir à tous ceux qui se trouvaient sur leur chemin –, même si cela impliquait de longues heures à piocher la roche sous les rayons brûlants du soleil tropical. C'était une autre sorte d'enfer.

Il se tourna de nouveau vers le mur, les yeux brûlants de poussière et de sueur, regrettant de ne pouvoir voir à travers, ne serait-ce que pour l'apercevoir une fraction de seconde. La dernière fois qu'il l'avait vue, ils étaient sur le point de quitter Sumatra. Elle était sur la passerelle avec Alma, les mains liées, sa robe sale et déchirée. Elle lui avait rendu son regard, comme si elle cherchait à mémoriser une dernière fois son visage.

— On se reverra ! lui avait-il crié tandis qu'on le poussait vers l'intérieur du navire. Je te retrouverai !

Elle avait tenté d'esquisser un sourire, pour lui donner l'impression qu'elle le croyait, et cela lui avait fendu le cœur. Depuis, cette promesse était devenue sa raison de vivre. C'était l'idée qu'il la remplirait un jour qui lui permettait de tenir. Mais il voulait savoir si elle allait bien. Cette ignorance… c'était une torture.

— Merde, c'est insupportable, déclara-t-il à la cantonade.

— Ouais, reconnut Tristan. C'est absolument insoutenable.

— Il ne parlait pas du camp, intervint Jimmy, mais d'Ivy.

— Je parle de tout ça, rectifia Kit en fronçant les sourcils. Si seulement j'y pouvais quelque chose…

Le regard rivé sur le mur du fond, lui aussi, Jimmy poussa un soupir. Apercevant une porte juste à côté, il plissa les yeux, obligeant ses cloques à se contracter

— Eh bien…

Par un après-midi ensoleillé du début du mois d'avril, à la fin de la chorale, Ivy transportait une cuve d'eau potable stérilisée de la cuisine au sanatorium. En pénétrant sous la tente, elle retint son souffle, réprimant un haut-le-cœur dû à l'odeur pestilentielle de sueur et d'excréments. Tous les lits étaient occupés par des cas de dysenterie et de diphtérie. Des rayons parvenaient à percer la toile, illuminant les visages blafards des femmes et des enfants. Le camp manquait de médicaments, mais, au moins, il y avait à présent une femme médecin, ainsi que plusieurs infirmières – toutes issues du vieux centre hospitalier –, sans parler des femmes comme Elsie qui apportaient quotidiennement leur aide. À elles toutes, elles aidaient le plus possible de patients à échapper au cimetière qui se remplissait malgré tout un peu trop rapidement à leur goût, dehors, au fond du camp.

Ivy discutait avec Elsie quand un jeune soldat répondant au nom de Yoto s'approcha d'elle, un sac d'ordures à la main.

Ce n'était pas la première fois qu'il lui adressait la parole. Il assistait souvent aux cours destinés aux enfants. Souriant, il lui avait déclaré plus d'une fois qu'ils lui rappelaient ses petits frères et sœurs, à Kyoto. Alma, elle le savait, lui parlait aussi. C'était l'un des gardes qui les aidaient à faire entrer des provisions depuis la ville, grâce à l'argent du marché noir, mais il était le seul à refuser qu'on le paie.

— Ivy-san, l'appelait-il à présent en lui tendant la poubelle. Vous jeter ça pour moi, oui ? C'est bon moment.

— D'accord, lui répondit-elle, se demandant pourquoi il avait traversé le camp pour la trouver plutôt que de jeter lui-même ses ordures.

— Moi vous aider, ajouta-t-il en lui remettant le sac. Je vous conduis. Porte pas encore ouverte.

Encore plus perplexe, elle fronça les sourcils, se demandant pourquoi il était allé la chercher alors qu'il allait de toute façon devoir sortir à l'aide de sa clé. Mais, puisque c'était comme cela, elle saisit le sac et le suivit à l'extérieur de la tente, dans la cour. La chorale entonnait les derniers vers de *Lift Your Glad Voices*. Des enfants jouaient avec un ballon de cuir terni par la chaleur. Des dizaines de femmes discutaient en grattant leurs piqûres de puce. Leurs clavicules ressortaient sous leurs cous amaigris. Ivy scruta anxieusement la foule, à la recherche de Sasamoto – comme elle en avait pris l'habitude –, mais il n'était nulle part.

Lorsqu'ils atteignirent la porte de la décharge, Yoto tira sa clé de sa poche et l'ouvrit, avant de faire signe à Ivy d'entrer.

L'endroit était désert. Des mouches voletaient en tous sens, se nourrissant dans les poubelles de pelures de pommes de terre, d'arêtes de poisson et de fruits gâtés. De l'autre côté, la porte de bois qui donnait dans le camp des hommes était verrouillée. L'espace était cerné de hauts murs de brique surmontés de fil barbelé. Ivy baissa les yeux sur le sac qu'elle tenait, et, toujours aussi perplexe, le jeta dans la benne la plus proche.

— Et voilà, dit-elle à Yoto.

— Non, la contredit-il en souriant sous la visière de sa casquette. Ce n'est pas terminé. Vous regarder. (Il désigna la benne la plus éloignée.) Là-dessous, et moi (il tapa du pied) attendre ici.

— Je ne comprends pas.

— Vous bientôt comprendre, Ivy-san. (Il hocha la tête.) Bonne chose. Promis. Pas mauvaise chose.

Ivy demeura immobile. Elle se demandait s'il fallait le croire.

— Ivy-san. (Il sourit de nouveau en désignant la benne.) S'il vous plaît.

Lentement, redoutant de tomber dans un piège, mais ne distinguant rien de particulier, elle se retourna en acquiesçant. Consciente de chacun de ses souffles inquiets, elle se dirigea vers la benne qu'il lui avait indiquée, et, s'accroupissant, elle la souleva légèrement.

Elle mit au jour un morceau de carton. Et un crayon. Intriguée, elle attrapa les deux avec sa main libre, puis se figea en apercevant l'écriture. Son écriture. La sienne ! Elle sentit sa main se mettre à trembler, puis le reste de son corps.

— Oh ! s'exclama-t-elle. Oh !

Les larmes lui montèrent aux yeux, sa vision se troubla. Elle ne prit pas le temps de s'interroger, de demander à Yoto comment le mot était arrivé là. Elle se contenta de lire et relire le message de Kit, le parcourant rapidement, avec avidité, des larmes roulant sur ses joues. En lisant, elle le sentit redevenir réel. Réel et vivant. Elle aurait voulu que cela ne cesse jamais.

« Je pense constamment à toi, écrivait-il. Tout va bien ? Le soldat ici présent me soutient qu'il a vérifié que c'était le cas, mais j'ai peur qu'il s'agisse d'une ruse. Dis-moi que ce n'en est pas une. A (elle supposa qu'il parlait d'Alex) va bien, je sais que son état te préoccupe. Moi aussi, et les autres aussi. Je t'en prie, ne te reproche pas notre présence ici. Je sais que tu ne peux pas t'empêcher de t'en vouloir – tu fais ça très bien –, mais rien de tout cela n'est ta faute. Je te l'assure. Je ne pourrais me trouver n'importe où ailleurs, car, au moins, ici, je suis près de toi. Sois-en certaine. Très près, attendant avec impatience le moment où nous pourrons nous retrouver. »

Ses larmes tombèrent sur le morceau de carton. Elle se tourna vers Yoto, honteuse d'avoir douté de lui. Il avait encore son sourire.

— Je vous remercie, dit-elle.

— Ça secret, hein ? Notre secret.

— Oui, oui. (Elle serra le carton entre ses doigts.) Mais comment…

— Mon ami. Lui soldat dans le camp des hommes. Lui connaître votre ami. Lui vouloir aider. Moi aussi, d'accord ?

— Oui, répondit Ivy, rougissant de soulagement et de gratitude.

— Votre ami. Lui vouloir savoir si Ivy-san bien aller. Oui ? Alors, vous écrire. Nous pas avoir beaucoup de temps. D'autres venir bientôt. Maintenant, Ivy-san. (Il hocha sèchement la tête.) Vous écrire maintenant.

— Oui, répondit-elle en ravalant ses larmes. Oui.

Les doigts tremblants, elle saisit le crayon. Elle avait tant de choses à dire.

« Je vais bien, écrivit-elle. Je te le jure. Ce n'est pas une ruse. Je pense à toi, moi aussi. Tu n'imagines pas combien je pense à toi. Je me demande où tu es, ce que tu manges, ce que tu fais, ce que tu dis. Surtout, j'aimerais savoir combien de temps cela va durer, et quand ce sera terminé… »

— Ivy-san, chuchota Yoto d'un ton pressant. Maintenant, finir, d'accord ?

Elle acquiesça. Elle rédigea à la hâte quelques phrases supplémentaires.

« Je t'en supplie, fais attention à toi. Je ne supporterai pas qu'on te fasse du mal. Embrasse A et les autres de ma part. Je suis là, juste là. Tout près. Je t'attends. Et je t'attendrai toujours. »

Elle déposa le morceau de carton sous la benne, se redressa, puis, sur l'ordre de Yoto, de plus en plus affolé, s'obligea à s'éloigner de l'endroit où Kit s'était tenu et à regagner le camp.

Mais, après cela, elle sortit les poubelles tous les jours. Qu'importe le nombre de fois où Alma la prévint d'arrêter, lui faisant remarquer à quel point elle était stupide, elle ne pouvait s'en empêcher.

— Tu t'arrêterais si c'était Phil ?

— Non. Mais je n'ai rien de particulièrement dangereux à cacher à une ordure qui ne cesse de m'épier.

— Sasamoto ne m'a même pas adressé la parole.

— Il attend le bon moment. Tu le sais aussi bien que moi.

C'était le cas. Mais elle refusait d'y penser. Elle ne vivait plus que pour les quelques minutes qu'elle passait à la décharge, Yoto montant la garde tandis qu'elle s'agenouillait au milieu des mouches, dans la puanteur des déchets du camp, lisait les quelques lignes que Kit lui avait griffonnées et s'empressait de lui rédiger une réponse. Pour la première fois depuis qu'elle était en prison, elle avait l'impression d'être avec lui. Comment pouvait-elle y renoncer ?

Le morceau de carton fut rapidement couvert de messages : de haut en bas, dans les angles, sur les bords… Kit lui racontait sa vie dans le camp : les officiers étaient séparés des autres militaires et des civils, mais il était parvenu à voir Alex dans la cour commune, ainsi que le père de Phil. « C'est l'une des personnes les plus anglaises que j'aie jamais rencontrées. Je ne cesse de l'imaginer avec sa bru, A. Ça me fait sourire. » Il expliqua qu'un des autres officiers australiens avait une batte et une balle, et qu'ils faisaient des matchs de cricket avant l'extinction des feux. « Il ne cesse de se prendre des zéros. Il déteste ça, comme tu peux l'imaginer. » Jimmy avait conçu un nouveau type de chapeau. « En paille et en bambou. Indescriptible. » Quant à Ivy, elle lui parla de l'école, du potager et de la chorale. Elle ne fit cependant jamais allusion à Sasamoto, ni aux petites cages exposées à côté du poste de garde dans lesquelles il y avait souvent des femmes enfermées. De même, il s'abstint d'évoquer les coups de feu qu'il arrivait à Ivy d'entendre.

« On va s'en sortir », lui promit-il.

« Tu parais toujours aussi sûr de toi », lui répondit-elle.

« C'est le cas. Il le faut. Nous avons des choses à faire, toi et moi. Je veux t'épouser. Je regrette de ne pas te l'avoir dit avant. Je veux qu'on partage la même existence. Cette idée ne me quitte plus. »

« Oui, moi aussi », lui assura-t-elle.

« Parfait. (Elle imagina la lueur dans son regard.) Alors, je t'offrirai une bague magnifique, et nous nous assiérons un jour dans notre paisible jardin en nous tenant la main. Tout cela sera terminé, du passé. Il ne restera que l'avenir devant nous. Un peu de patience. »

« D'accord, écrivit-elle en souriant. Je saurai te le rappeler. »

C'était la fin du mois de mai. Cela faisait deux mois que Yoto accompagnait Ivy à la décharge. Il était certain que personne d'autre n'était au courant. Il n'en avait parlé à personne et était convaincu que c'était également le cas de son ami, dans le camp des hommes, celui que le commandant Langton avait soudoyé. Le risque aurait été trop grand. Yoto ne parlait jamais non plus des autres petites choses qu'il avait acceptées depuis qu'on l'avait affecté à Changi : les allers-retours en ville pour y acheter des solutions de réhydratation, du sucre, du riz supplémentaire et de l'extrait de levure. Pas même aux soldats qu'il soupçonnait d'en faire autant. Il voulait aider. Cela l'aidait, d'aider. Mais il était terrifié à l'idée de mourir pour cette raison. Il faisait donc preuve de la plus grande des prudences.

Pourtant, il avait été convoqué au bureau de Sasamoto.

Il s'y dirigeait, à présent, traversant la cour les jambes flageolantes. Cet après-midi-là, le soleil, implacable, était au zénith. Le bureau se trouvait vers l'entrée du camp, dans un petit bâtiment de béton non loin de la tour de garde, à côté des cellules d'isolement aux barreaux de bois, toutes deux inoccupées, pour une fois. En haut de la tour, deux gardes entourés de barbelés étaient postés derrière une mitrailleuse, prêts à ouvrir le feu. Derrière, sur la place, à l'extérieur de l'enceinte, Yoto entendit du bruit, des voix masculines. Un nouvel arrivage de prisonniers en provenance de Sumatra. Certains attendaient toujours qu'on s'occupe d'eux et qu'on leur attribue une cellule.

Approchant du bâtiment de béton, Yoto serra les poings de terreur, se hissa sur la petite terrasse et frappa à la porte de Sasamoto.

Des gouttes de sueur perlaient sur son front. Il transpirait de toutes parts. Dans le cou, sous les aisselles… Il baissa les yeux sur son uniforme, vérifia que son pantalon était bien enfoncé dans ses bottes, que sa veste était correctement boutonnée. Il songea brièvement à sa femme, Reiki, restée à Kyoto, à leur fille, née juste avant son départ, l'année précédente. Il ne cessait de les imaginer toutes les deux là, affamées, clouées au lit au sanatorium. Il en rêvait…

— Entrez, retentit la voix de Sasamoto.

Yoto obtempéra. Il ouvrit la porte, avança dans la pièce carrelée, se figea devant le bureau de bois de Sasamoto, et le salua. Il faisait frais, dans ce bureau, refroidi par un petit climatiseur et un ventilateur au plafond. Yoto sentit comme une brise sur sa peau brûlante.

L'air impassible, Sasamoto le regarda droit dans les yeux. Puis, à la grande surprise de Yoto, il esquissa un sourire. Seules ses lèvres remuèrent. Pas ses yeux. Cela rendit Yoto d'autant plus nerveux.

— Il faut que je vous parle de votre amie, déclara Sasamoto.

— Mon « amie » ?

— Ivy, répondit le capitaine, prononçant chaque syllabe avec un tel soin que cela ressembla plutôt à « aïe-vi ». Ivy Harcourt. Je vous ai vu discuter avec elle. Vous l'accompagnez à la décharge, non ?

Yoto sentit son cœur battre la chamade.

— Nous devons les accompagner, se défendit-il, la bouche soudain sèche. C'est la règle.

— Oui, oui. (Sasamoto leva les mains.) Ne vous inquiétez pas. Je ne vous reproche rien.

Il y eut un court silence.

Sasamoto plongea la main dans sa poche, en tira ses cigarettes, puis en alluma une. Il en prit une bouffée.

— J'ai besoin de votre aide, poursuivit-il. J'ai l'impression que « aïe-vi » parle japonais. Je crois que c'est une espionne.

Yoto ne s'était vraiment pas attendu à cela.

— Non, mon capitaine…

— Si, l'interrompit-il en exhalant la fumée de sa cigarette. Je l'observe. Je vois comme elle est. Elle se fige, parfois, quand on lui parle. Elle nous comprend.

Avait-il raison ? Yoto se remémora toutes les fois où il s'était trouvé avec elle, tentant de se souvenir d'un détail. Peut-être, mais…

— Même si c'est le cas, lui fit-il remarquer, ça ne signifie pas pour autant que c'est une espionne.

— C'est surtout le fait qu'elle l'ait dissimulé. Je me méfie d'elle. Et, si j'ai raison, elle doit être exécutée. (Il tira de nouveau sur sa cigarette, faisant tomber la cendre par terre d'une petite pichenette.) Vous n'êtes pas d'accord ?

— Je…, commença Yoto avant de s'interrompre.

Il imagina le visage de la jeune femme : son sourire en s'agenouillant devant les bennes à ordures, sa façon de rire aux enfants quand ils disaient quelque chose d'amusant durant son cours. Tentant de se la représenter en train de se faire tuer, il n'éprouva qu'un profond sentiment de tristesse.

— Je ne crois pas qu'il s'agisse d'une espionne, déclara-t-il, sans savoir si c'était réellement le cas, uniquement convaincu qu'il fallait que Sasamoto le croie. (Puis il eut une idée.) Elle n'est pas assez intelligente pour ça.

— Vous êtes en train de me dire que je me trompe ?

— Je dis qu'elle n'est pas bien maligne. Ce n'est qu'une femme, une femme stupide.

— Hum. (Sasamoto tapota sur sa cigarette.) Je ne sais pas.

— C'est mon avis, en tout cas, mon capitaine.

— Vous ne l'avez donc rien vue faire de suspect ?

— Rien, mon capitaine.

— Elle n'a aucun moyen de communiquer avec quelqu'un ? Qui que ce soit ?

Yoto songea aux bennes, aux messages…

— Non, mon capitaine.

Peut-être avait-il répondu trop vite, ou pas assez, mais il vit tressauter la joue de Sasamoto.

Yoto s'obligea à soutenir son regard. Il aurait bien aimé transpirer un peu moins.

Sasamoto pencha la tête en arrière et souffla la fumée de sa cigarette vers le plafond.

— Je crois que vous me mentez. Mais peu importe, j'ai trouvé quelqu'un d'autre qui pourra m'aider.

Yoto sentit son estomac se serrer.

— Oui, mon capitaine ?

— Oui. (Sasamoto hocha la tête.) Il est arrivé aujourd'hui. J'étais présent. Il a demandé quelqu'un. Vous savez de qui il s'agissait ?

— Non, mon capitaine.

— Vous ne devinez pas ?

— Non, mon capitaine, répéta Yoto en clignant des yeux pour repousser une goutte de sueur salée.

Sasamoto le regarda fixement, avec un drôle d'air.

— Je crois alors que c'est vous qui n'êtes pas malin. C'était Ivy. Votre amie…

— Ce n'est pas mon amie…

— Silence ! s'écria Sasamoto d'une voix cassée, faisant sursauter Yoto. (Le capitaine le dévisagea, puis esquissa un sourire. Comme précédemment, il ne se servit que de ses lèvres.) Ce garçon qui est arrivé, poursuivit-il, on l'a retrouvé dans la jungle. Tout seul. Perdu. Effrayé, en réalité. Terrifié à l'idée de mourir. Il dit qu'il peut m'aider, qu'il peut m'en dire plus sur Ivy. Il est derrière. (Il désigna les pièces derrière son bureau.) Je m'apprête à aller lui parler. (Il écrasa sa cigarette.) Je vous donne une dernière chance de m'aider en me révélant ce qu'elle fait ici. Je peux vous accorder une promotion, de l'honneur. Ça ne vous intéresse pas ?

— Je ne suis au courant de rien, mon capitaine.

— Votre femme… Je suis sûr qu'elle serait malheureuse de savoir que vous protégez une autre femme.

— Je ne protège personne, mon capitaine.

— Oh que si.

— Non, mon capitaine.

— Je crois que si. (Sasamoto soupira.) Vous ne voulez pas me dire de quoi vous parlez avec elle ? (Il sourit de nouveau.) Allons, dites-moi tout. Ne laissez pas ce chien de Britannique, Sam Waters, vous voler la vedette.

Chapitre 24

À Londres, Mae s'inquiétait constamment pour Ivy. Ayant du mal à trouver le sommeil, elle était lessivée. Épuisée par la peur. Tout d'abord, elle avait été pétrifiée à l'idée qu'Ivy puisse être tuée dans l'invasion, mais, maintenant qu'elle la savait à Changi – grâce à une liste de prisonniers qui avait finalement été transmise à la Croix-Rouge –, elle était hantée par de nouvelles craintes. Les journaux débordaient de récits sur les atrocités des Japonais. Récemment, elle avait lu un article sur un navire de religieuses qui s'était fait couler alors qu'il tentait de fuir Singapour. Les sœurs avaient rejoint une île voisine à bord de canots de sauvetage, mais les Japs présents sur place les avaient obligées à regagner la mer et les avaient exécutées. *Des religieuses…* Que pourraient-ils faire à Ivy ? Mae ne cessait d'imaginer de nouvelles possibilités, chacune pire que les précédentes. Tout le monde lui répétait de garder espoir – la femme avec qui elle s'était entretenue à la Croix-Rouge lors de la réception de la liste des prisonniers ; les deux responsables du bureau de poste où elle appelait chaque jour, au cas où elle aurait manqué un télégramme –, mais elle avait l'impression de revivre ce qui s'était passé avec Beau. Il avait été porté disparu pendant très longtemps avant qu'on lui confirme sa mort, et on lui avait conseillé de continuer à espérer. Elle avait écouté. Elle avait cru qu'il reviendrait, vraiment. Parfois, elle le croyait encore. Elle craignait tellement de se tromper encore une fois.

Et voilà que Sally allait lui rendre visite.

Malgré les événements, elle n'avait pas oublié. Sa lettre était posée sur la cheminée de la cuisine, à côté d'un vase de jonquilles qu'elle avait cueillies deux semaines auparavant pour tenter de se convaincre que la vie pouvait retrouver son cours normal. Elles étaient fanées, mortes. Elle se demanda si Sally le remarquerait. Probablement, oui, mais elle se garda de les jeter. Quelle importance ?

Elle mit la bouilloire à chauffer sur la cuisinière. Regardant la vapeur s'échapper du bec, elle pensa de nouveau à Ivy. Aux dernières lettres qu'elle avait reçues, juste après Noël, toutes datées de l'été précédent. Verbeuses, elles débordaient de détails sur une certaine Alma, le *Raffles*, la plage et des soirées, sans parler de son agacement croissant de ne pas recevoir les explications que Mae lui avait promises. Cela faisait longtemps qu'elle les lui avait données – cela lui avait pris de longues heures de souffrance, mais elle l'avait fait –, et lui avait demandé de lui envoyer un télégramme dès qu'elle les recevrait. Elle supposait désormais que ce ne serait jamais le cas. Elle se demandait s'il fallait qu'elle se réjouisse ou qu'elle soit furieuse qu'Ivy se soit fait capturer avant de pouvoir les lire. Quant à elle, elle connaissait les lettres de sa petite-fille par cœur et était ravie qu'elle semble si heureuse et vivante. Elle attendait désespérément d'en recevoir un nouveau lot. Surtout, elle mourait d'envie de savoir ce qu'Ivy faisait de ses journées, à l'instant précis. Elle ferma les yeux, tentant, comme à de nombreuses occasions, de l'imaginer.

Était-elle en train de dormir ?

De sourire ?

Avait-elle faim ?

Peur ?

Elle se concentra, sans résultat. Elle avait beau réfléchir, aucune image ne lui vint à l'esprit.

Soudain, elle sursauta en entendant frapper à la porte.

Sally.

Elle prit une inspiration, rassembla ses esprits, puis lissa la taille de sa jupe – un geste d'appréhension plus que de nécessité –, et se dirigea vers l'entrée. En approchant de la porte, elle distingua par la fenêtre en losange la forme de la tête de Sally, illuminée par les rayons du soleil de mai. Coiffée d'un grand chapeau, naturellement. Elle prit une nouvelle inspiration. Elle n'avait pas encore décidé si elle allait ou non lui raconter la vérité. Elle n'était pas certaine d'avoir l'énergie suffisante pour faire semblant. Du reste, elle n'en voyait plus l'utilité.

La main sur la poignée, elle marqua un temps d'arrêt, puis, se convainquant d'en finir au plus vite, elle ouvrit la porte.

Sally lui adressa un sourire rayonnant. Aussi forte qu'elle était grande, avec des boucles blanches et des joues replètes où transparaissaient ses veines, elle avait un panier de scones à la main. Malgré ses soixante-dix ans, Mae l'aurait reconnue n'importe où. Elle parvint à lui adresser un petit sourire.

— Bonjour, Sally. Ça fait longtemps…

Peut-être était-ce dû à sa façon de parler. Ou à son sourire. Quoi qu'il en soit, le sourire de Sally s'estompa, et elle plissa les yeux d'une façon que Mae avait presque oubliée. Soudain, elle s'aperçut que ce qu'elle s'apprêtait à lui révéler ou non n'avait aucune importance : Sally, toujours aussi maligne, était sur le point de tout deviner.

Elle se retourna, ayant finalement besoin d'un peu de temps avant de s'expliquer. Elle invita Sally à la suivre dans la cuisine. Malgré ses pensées qui s'entrechoquaient, elle lui demanda comment s'était passé son voyage depuis le Devon, puis prépara le thé et disposa les scones dans une assiette.

— Ils n'ont pas l'air aussi lourds que dans mon souvenir.

— Eh bien, non, confirma Sally, manifestement encore très préoccupée. C'était à cause de l'humidité. À présent, écoutez…

— À quelle heure est le mariage ? l'interrompit Mae.

Mais Sally n'était pas du genre à se laisser décourager.

— Je suis relativement déconcertée, très chère. Voyez-vous, j'ai comme l'étrange impression, corrigez-moi si je me trompe…

Elle poursuivit. Mae se laissa tomber sur une chaise, poussant un profond soupir. Sentant le regard de Sally sur elle, le poids de sa curiosité, elle eut l'impression d'avoir de nouveau vingt ans.

— Pourquoi avez-vous fait ça ? finit par demander Sally.

Mae hésita encore une seconde, puis, ne voyant plus aucune échappatoire et estimant que cela pourrait la soulager de raconter enfin ce qui s'était passé, entama son récit, d'abord lentement, puis sans véritablement y réfléchir. Sally la regarda fixement, la fascination se lisant sur son visage potelé. Seulement, lorsque Mae aborda la mort d'Alex, son air réjoui se dissipa. Sa curiosité fit place à une certaine circonspection.

Mal à l'aise, Mae s'interrompit.

— Qu'est-ce qu'il y a ?

— Vous…, commença Sally avant de froncer les sourcils. Vous le croyez mort ? (Elle n'attendit pas que Mae lui réponde.) Il n'en est rien, très chère. Il est bel et bien en vie.

Ce fut au tour de Mae de la regarder fixement. Ses paroles résonnèrent dans son esprit, au point de perdre leur réalité. Elle serra sa tasse brûlante entre ses mains. Elle percevait la chaleur du thé, ainsi que les battements de son cœur dans l'extrémité de ses doigts.

— Comment ça ?

— Il n'est pas mort, insista Sally. Ça n'a jamais été le cas. C'est un autre homme qui a perdu la vie. Il avait été installé dans la chambre d'hôtel d'Alex. C'était un tel chaos… Vous vous en souvenez. Il y avait énormément de malades, et nous n'avions pas les traitements dont nous disposons aujourd'hui.

— Alex n'est pas mort ?

Mae trouva sa voix aussi distante que tendue.

— Il est retourné à Singapour. Peu de temps après votre départ, à vous et à Harriet. Enfin…

Elle laissa sa phrase en suspens.

Mae avait les mains brûlantes.

— Il est en vie ? Il est encore en vie ?

— Oui. Laurie habitait chez lui. Ivy aussi. Je pensais que vous étiez au courant. Laurie m'a envoyé un télégramme. J'ai trouvé que c'était une bonne nouvelle, quand je l'ai appris. Mais ce n'est plus le cas, parce qu'il est encore là-bas, avec les Japs…

Mae était paralysée. Pendant toutes ces années… Ivy, avec lui ?

— Non, dit-elle. Il ne peut pas être encore vivant.

— Si, si, très chère.

Sally se leva, fit le tour de la table et lui prit sa tasse des mains.

Mae garda ses mains dans la même position, sentant simplement l'absence de chaleur.

— Il est mort. C'était écrit dans la lettre.

L'air affligé, Sally secoua la tête, sa peine pour une fois parfaitement sincère.

— Je suis navrée. Si seulement vous m'aviez écrit, posé la question, je vous aurais répondu. Nous ignorions tous les deux où vous vous trouviez…

Mae ferma les yeux, consciente de l'énormité de ce qu'elle avait fait, et raté. Il était vivant. Vivant ! Et cela avait été le cas durant toutes ces années. Il fallait qu'elle le voie. Mais c'était impossible. Il était prisonnier à Singapour. Tout comme Ivy.

Son visage se décomposa.

Elle entendit Sally s'exclamer, puis se retrouva dans ses bras, comme une enfant. Le cœur brisé, elle se mit à sangloter pour ce gâchis. Elle se cramponna à Sally – presque une étrangère, sauf qu'elle l'avait connue, qu'elle les avait tous connus –, et, finalement, laissa libre cours aux larmes qu'elle retenait depuis plusieurs semaines. Depuis toujours.

Octobre 1897

Mae ne redescendit plus jamais voir David, après avoir appris la nouvelle de la mort d'Alex. Elle en était incapable. Même pour Harriet. Le lendemain matin, dans sa chambre étouffante, prise de convulsions à cause de la fièvre, elle se mit à délirer. Elle était désormais certaine que ce n'était pas simplement sa grossesse qui la rendait malade. Elle avait besoin de prendre l'air, mais elle n'avait pas l'énergie suffisante pour se lever de son lit et ouvrir ses fenêtres. Sa chemise de nuit et ses draps emmêlés étaient trempés. Elle avait l'impression d'avoir été rouée de coups.

Un jeune domestique qu'elle n'avait jamais vu pénétra dans sa chambre. Il lui expliqua qu'il était le cousin de Xing-Hao. Celui-ci était allé s'occuper de son père, également malade, tout comme sa gouvernante.

— Madame Harriet, elle dort dans la chambre de Mr Blake. Elle ne pas vouloir en sortir. Elle demander que je dise à Mr Keeley elle trop souffrante pour descendre.

— Bien, parvint-elle à répondre.

— Vous avoir besoin de quelque chose ?

De mourir, faillit-elle répondre. *Pour que tout ça se termine.*

Elle ferma les yeux. Quand elle les rouvrit pour lui demander d'ouvrir les fenêtres, il était déjà parti.

Lorsqu'il revint, ce soir-là, elle avait totalement oublié qu'elle voulait prendre l'air. Elle était de retour en Inde, où l'atmosphère était merveilleusement fraîche. Dehors, il neigeait. Elle était blottie dans son lit avec Harriet.

Pour rien au monde elle n'aurait souhaité être ailleurs.

Le jeune domestique omit de prévenir Harriet de l'état où se trouvait Mae. Il lui dit simplement qu'elle était souffrante, ce qui était le cas depuis des mois. Il croyait que Harriet était également malade. Elle le devina à sa façon de pénétrer dans sa chambre un mouchoir sur la bouche chaque fois qu'il venait voir si elle avait besoin de quoi que ce soit. Il n'était guère bavard. Il se contenta de lui dire que Mae se reposait, que David ne venait plus (il avait laissé un mot, lors de sa dernière visite, rappelant à Harriet l'heure de leur mariage. « Vous ne le regretterez pas, je vous en fais le serment. Mais vous le regretterez si vous ne venez pas. »), et que Sally était passée.

— Elle dire que son mari souffrant aussi.

Mais Harriet releva tout juste l'information. Elle se contenta de se retourner sur le lit d'Alex et de faire mine de dormir jusqu'au départ du jeune domestique. Elle envisagea brièvement d'aller prendre des nouvelles de Mae. Il le faudrait, elle en était consciente. Elle souhaitait de plus en plus être à ses côtés. Elle avait été si gentille avec elle quand Harriet lui avait annoncé sa grossesse. Et en lui annonçant la mort d'Alex.

Elle ne pouvait se résoudre à se lever.

Elle garda la chambre toute la semaine, sur le matelas où Alex avait dormi, caressant le drap du bout des doigts, la tête enfouie dans son oreiller. Le regard rivé à sa fenêtre, elle regardait s'écouler le temps – les rayons du soleil qui illuminaient la pièce malgré les volets, en cette matinée humide, le halo doré au crépuscule, puis la tombée soudaine de la nuit –, regrettant de ne pouvoir l'arrêter, détestant la façon dont chaque jour qui passait renvoyait un peu plus Alex dans le passé. Il lui arrivait parfois de se traîner hors du lit et d'ouvrir sa garde-robe, rien que pour jeter un coup d'œil à ses costumes et à ses chemises. Elle les pressait contre son visage, à la recherche d'une trace de vie, puis, n'ayant rien trouvé, elle se laissait tomber par terre, en larmes.

Son bébé lui donnait des coups de pied, comme pour lui rappeler qu'il était encore là. Elle se tenait alors le ventre, rassurée d'avoir une part d'Alex en elle, encore en vie, et réfléchissait à un moyen de garder l'enfant, d'échapper à David et de faire en sorte que Laurie n'ait rien à craindre de lui non plus.

Le vendredi soir, veille du mariage, elle n'avait toujours rien trouvé, et cela la terrifiait. Elle envisagea de nouveau d'aller parler à Mae. Elle doutait qu'elle ait découvert un moyen de l'aider, mais éprouvait une folle envie de la voir.

Il était 23 heures passées quand elle se résolut enfin à aller la trouver. Dans la maison silencieuse et assoupie, elle se leva.

Le couloir était plongé dans la pénombre. Derrière les volets, une chouette ululait. En longeant le couloir au parquet ciré qui menait à la chambre de Mae, une chandelle à la main, elle entendit un autre bruit, et, sans vraiment comprendre de quoi il s'agissait, éprouva un certain malaise. En approchant, elle le distingua un peu mieux. Une sorte de gémissement. Inquiète, elle accéléra l'allure et ouvrit la porte de la chambre de Mae, avant de reculer aussitôt à cause de la puanteur qui y régnait : un mélange de sueur éventée et de quelque chose de plus fort, avec des relents âcres écœurants. La pièce était plongée dans l'obscurité. Seule sa chandelle émettait une légère lueur. Les fenêtres étaient closes. Depuis quand personne n'avait-il pénétré dans cette chambre ?

— Oh, mon Dieu. Oh, Mae…

Elle se dirigea droit vers les fenêtres et les ouvrit. Avec des gestes rapides, les mains tremblantes, elle alluma les autres bougies avec la sienne. Horrifiée, elle se tourna ensuite vers la silhouette décharnée de sa sœur. Elle serrait son drap autour d'elle comme si elle était frigorifiée malgré la chaleur étouffante. Elle continuait à émettre un son curieux, comme si elle avait du mal à respirer. Le teint cireux, sa peau était luisante de sueur.

Harriet déposa sa chandelle et s'approcha d'elle. Lui effleurant le front, elle tressaillit, manquant de se brûler les doigts. Elle prit ensuite la main de Mae dans les siennes et baissa les yeux sur elle. La douleur et la peur se lisaient dans ses yeux enfoncés. À cette vue, les larmes montèrent à ceux de Harriet.

— Depuis combien de temps es-tu dans cet état ?

— Je ne sais pas, répondit Mae d'une voix rauque, les lèvres collées. J'étais avec toi, à Simla.

Une larme roula sur la joue de Harriet.

— Ah bon ?

— Oui. (Mae tenta de remuer les lèvres. Pour esquisser un sourire, sans doute.) Je suis revenue aujourd'hui.

Une nouvelle larme.

— En moins bonne santé.

— Oui. J'attendais que tu viennes me voir.

Pourquoi ne l'avait-elle pas fait plus tôt ?

— Je suis là.

— Je ne sens plus mon bébé, déclara Mae. Il ne bouge plus.

— Oh, Mae…

— Il n'était pas d'Alex. (Laborieuse, chacune de ses paroles lui demandait un gros effort.) Je voulais te le dire. C'était l'enfant de David. Désolée.

— Ce n'est rien, dit Harriet, refusant même de chercher à comprendre.

Elle ne pensait qu'à une chose, combien Mae avait dû se sentir seule dans sa chambre étouffante plongée dans l'obscurité. Elle sentit son propre enfant se retourner, comme s'il avait été ému par sa peine et sa culpabilité.

— Ce n'est rien, répéta-t-elle.

— Tu ne m'en veux pas ?

— Non, sanglota-t-elle. Je ne t'en veux pas. Je ne t'en veux plus.

Elle pressa ses lèvres contre la main de Mae.

— J'attendais que tu viennes me voir, répéta-t-elle. Je sais ce qu'il faut que tu fasses.

— Vraiment ? demanda Harriet d'une voix étouffée, sûre du contraire.

— Il faut que tu partes d'ici.

— Je ne peux pas. Tu le sais très bien.

— Si, tu le peux. Prends ma place. (Elle prit une inspiration bruyante, puis une autre.) Tu peux prendre ma place.

Il fallut une seconde à Harriet pour comprendre ce qu'elle voulait dire.

— Non ! s'exclama-t-elle, atterrée.

— Emmène-moi dans ton lit, lui expliqua Mae comme si elle n'avait pas entendu. Dis au garçon que je suis toi. Le bébé s'est à peine développé. Il ne le saura pas. Le docteur Yardley est malade. Ils enverront quelqu'un d'autre, et ils m'enterreront tout de suite, sans se poser de questions. C'est ce qu'ils font toujours…

— Mae, non…

Mais, malgré ses difficultés d'élocution, sa sœur poursuivit l'explication de son plan avec un débit rapide, comme si elle craignait de manquer de temps.

— Les papiers de la maison sont sur mon bureau, l'argent aussi, et ta bague. Prends ça. (Grimaçant, elle ôta son alliance et la laissa tomber sur le drap.) Monte dans un bateau, n'importe lequel. Dès ce soir. Prends ma place. David ne se lancera jamais à ma recherche.

— Non, répéta Harriet. (Elle ne voyait plus rien tant elle pleurait.) Garde ta place.

Elle se moquait désormais de toutes ses trahisons, de tous ses mensonges. À cet instant, elle savait seulement qu'elle avait toujours aimé sa sœur, et qu'elle refusait de la perdre aussi.

— Garde ta place, répéta-t-elle. Je t'en prie, je vais t'aider à récupérer…

— Je n'irai jamais mieux. J'ai tout essayé.

— Ne m'abandonne pas. Non. Je t'en supplie.

Mae se mit à tousser. L'ensemble de son corps fut pris de soubresauts. Du sang perla à la commissure de ses lèvres.

— Oh, mon Dieu. Oh, Mae…

— Je t'en prie, insista Mae. Promets-moi que tu vas partir d'ici. Ensuite, moi aussi, je pourrai partir. Je veux partir.

Son visage semblait rongé par le désespoir.

— D'accord, s'entendit répondre Harriet entre deux sanglots. D'accord.

Mae poussa un soupir rauque.

— Habille-toi. Prends mes vêtements. Fais tes valises. Puis conduis-moi dans la chambre d'Alex.

Sans se poser de questions, Harriet obtempéra. Tremblante de chagrin, elle tira avec précipitation un sac de voyage de la garde-robe d'Alex et le bourra de tenues, de sous-vêtements et de documents. Elle prit la bague et l'argent. Elle ne prit pas le temps de réfléchir. Elle avait tout juste conscience de ce qu'elle faisait.

Retournant auprès de Mae, elle l'aida à se lever, faisant reposer le poids de son corps décharné contre le sien, en sueur. Elle la guida dans le couloir en la traînant à moitié, jusqu'au lit d'Alex. Elle put alors enfin reprendre son souffle. Baissant les yeux sur Mae, si seule sur l'oreiller d'Alex, inaccessible, déjà sur le départ. *Qu'est-ce que je suis en train de faire ?* s'interrogea-t-elle. *Je ne peux pas. Je ne peux pas l'abandonner…*

— Il le faut, déclara doucement Mae, comme si elle lisait dans ses pensées. C'est le seul moyen.

— Je n'en ai aucune envie.

— Je le sais.

Harriet ferma les yeux, puis se pencha pour embrasser son front brûlant. Elle recula légèrement, juste assez pour croiser son regard.

Mae leva les yeux, comme pour s'accrocher à elle. Son souffle était léger, désormais. Sa poitrine se soulevait tout juste.

— J'ai peur, chuchota-t-elle. C'est la première fois que je vais quelque part sans toi.

Se retenant de fondre en larmes, Harriet serra les dents. Ce n'était pas le moment.

— Tu n'as rien à craindre, tenta-t-elle de la rassurer.

— Je crois qu'il faut que je parte, déclara Mae.

— Tu peux.

— Sommes-nous en Inde ?

— Oui.

— Ces draps… ils ont ton odeur.

Cette fois, Harriet ne put retenir ses larmes.

Mais Mae ne les vit pas.

Elle était déjà partie.

Incapable de partir, Harriet demeura plus d'une heure avec elle. *« C'est la première fois que je vais quelque part sans toi. »* Ce fut un coup de pied de son enfant qui finit par la faire réagir, l'obligeant à aller de l'avant. Par la suite, elle eut du mal à s'expliquer comment elle y était parvenue, mais, d'une manière ou d'une autre, elle attrapa son sac, descendit, sortit dans la douceur de la nuit, et gravit l'escalier de bois de la maison des domestiques, où elle trouva le jeune serviteur endormi. Elle le réveilla et lui demanda d'un ton peiné d'aller chercher le croque-mort. Harriet était morte. Elle n'attendit pas sa réaction. Elle tourna les talons, et, avant de perdre son courage ou d'éclater en sanglots à cause de tout ce qu'elle avait perdu, elle sortit, contourna la villa et descendit l'allée plongée dans l'obscurité, s'éloignant pour la dernière fois de la demeure où elle avait jadis espéré pouvoir être heureuse.

À Keppel Harbour, un petit chalutier à quai s'apprêtait à partir pour le Malacca, un État de Malaisie. Elle acheta un billet au nom de Mae, et, au Malacca, monta à bord d'un paquebot à destination de Colombo. Elle demeura dans sa cabine durant tout le voyage, humant les émanations de charbon, son corps se balançant au rythme du navire et de son étroite couchette. Elle s'efforça de ne penser à rien, repoussant ses souvenirs de Singapour. Elle était terrifiée à l'idée de céder aux regrets. Elle ne pouvait pas se le permettre. Pas si elle souhaitait pouvoir tourner la page. Il lui fallait oublier. Tout oublier. Elle n'avait pas le choix.

Alex ne tenta même pas d'oublier quoi que ce soit. Cela lui était impossible.

Il était rentré de Kuala Lumpur le matin même, encore tremblant des effets de sa maladie, mais déterminé à tout remettre en ordre, d'une manière ou d'une autre. Il s'était arrêté devant chez lui, enthousiaste à l'idée de revoir Harriet, curieux de ce que l'avenir lui réserverait.

Mais il avait été accueilli par un domestique inconnu, qui attendait nerveusement sur la terrasse. Ayant remarqué son visage songeur, le curieux silence au sein de la maisonnée, la façon dont les fenêtres et les portes étaient toutes ouvertes, sans le moindre signe de présence, il eut soudain l'impression que le monde s'écroulait. Avant même que le jeune serviteur lui ait adressé la parole, il avait compris que c'était déjà trop tard. Il arrivait trop tard.

À présent, il se laissa tomber sur le plancher de sa chambre, serrant contre lui les draps dans lesquels Harriet était morte, et sanglota comme un enfant. Il avait repensé à ce que le domestique lui avait expliqué, ayant beaucoup de mal à l'accepter. Elle n'était plus là. Enterrée au lever du soleil, seule à l'exception de David Keeley qui, ayant lui aussi succombé à la malaria, était à ses côtés, comme il l'avait toujours souhaité. Il fut secoué par un nouveau sanglot. C'était insupportable. Il se demanda comment il allait pouvoir tourner la page.

Il demeura prostré le restant de la journée. Il songea à peine à Mae, ne cherchant même pas à savoir pourquoi elle était partie si précipitamment. Cela lui était égal. Surtout pour l'enfant. Il n'avait jamais eu l'impression que c'était le sien, et il n'avait jamais autant détesté sa mère.

Au moins, il était ravi de son départ.

Il n'avait aucune envie de la revoir.

À Colombo, Harriet séjourna au *Galle Face Hôtel*. Ignorant la mort de David, et de plus en plus terrifiée à l'idée qu'il puisse chercher à retrouver Mae, après tout, ou découvrir ce qu'elles avaient manigancé toutes les deux, elle décida de mentir lorsque le réceptionniste lui demanda son nom. Si elle refusait de perdre totalement Mae, elle inventa le nom de « Harcourt », espérant que ce serait suffisant pour se débarrasser de David. Puis, avec l'aide du directeur de l'hôtel, elle acheta un billet pour l'Angleterre. Il lui conseilla de loger au *Savoy*, à son arrivée. Le directeur était son meilleur ami, et il l'aiderait volontiers.

Durant son long voyage vers l'Angleterre, elle s'adressa à peu de monde, racontant qu'elle était veuve, et que son mari, John Harcourt, était mort à Ceylan. Elle remarqua les regards intrigués sur son ventre, mais personne ne lui demanda si elle était enceinte. On semblait respecter son deuil.

Par une matinée glaciale de novembre, le navire accosta à Tilbury sous les fins rayons du soleil hivernal. Elle prit le train jusqu'à la capitale, puis un fiacre jusqu'au *Savoy*. Les yeux écarquillés, elle observa la foule bruyante autour d'elle, les omnibus et les chevaux, les grands bâtiments qu'elle n'avait eu l'occasion de voir que sur des publicités et des cartes postales. Le directeur du *Savoy* lui fut aussi secourable que promis. Il lui trouva un avocat, qui, à son tour, l'aida à vendre la maison de Mae, puis, avec le produit de la transaction, à en acquérir une nouvelle, cette fois à Hampstead, sous son nouveau nom. Il ne lui demanda jamais pourquoi elle souhaitait se faire appeler Mae Harcourt, mais lui laissa entendre que, si elle lui confiait son certificat de mariage, et en échange d'une petite rémunération, il pourrait connaître quelqu'un susceptible de procéder aux modifications nécessaires, ce qui pourrait se révéler utile pour établir un certificat de naissance, en temps voulu. Son avocat lui plaisait. Beaucoup. C'était également lui qui lui avait suggéré de postuler comme professeur de français et d'allemand. À Hampstead, un grand nombre de jeunes filles étaient avides d'instruction, et elle finirait bien par avoir besoin d'un revenu régulier. Il s'arrangerait pour les lettres de recommandation. Sa femme lui en rédigerait une. Avec un sourire en coin, il lui avait garanti qu'il ne la lui facturerait pas.

À la nouvelle année, Mae – elle apprit à s'identifier à elle – emménagea dans le silence de sa nouvelle demeure. Elle la décora, la meubla, et planta dans le jardin des bulbes qui écloraient au printemps. Elle le fit davantage pour son enfant que pour elle. Elle avait un nombre important d'élèves : des garçons de l'école du quartier, ainsi que des filles. Elle aimait bien les voir, les entendre faire du bruit, exprimer leur frustration quant à la conjugaison de certains verbes, et leur air triomphant chaque fois qu'elle les félicitait pour un devoir bien fait. Lorsqu'elle enseignait, elle parvenait presque à oublier sa tristesse et tout ce dont elle tentait de se défaire et dont elle était terrifiée de se séparer.

Le bébé naquit prématurément, une nuit glaciale de février 1898, ce qui la prit – ainsi que la sage-femme que le voisin était parti chercher – totalement au dépourvu. L'accouchement fut rapide. Un garçon. Son joli garçon.

— Il était impatient de vous voir, déclara la sage-femme en déposant le nourrisson dans ses bras tremblants.

La douleur de sa venue oubliée, elle contempla son visage. Il leva ses grands yeux inquisiteurs vers elle. Il ressemblait tant à son père… Il remua ses lèvres parfaites : une exclamation silencieuse.

Ayant du mal à croire que c'était son enfant, elle effleura la peau douce de sa joue du bout du doigt, puis le souleva et l'embrassa. Elle se rappela alors la dernière personne qu'elle avait embrassée de la sorte, et une pointe de souffrance altéra sa joie. Elle ne la quitterait jamais. Mais, à présent, elle avait aussi son fils. En quelques secondes, il était devenu sa raison de vivre, bien trop précieux pour qu'elle puisse laisser sa tristesse lui gâcher l'existence.

— Tu n'as rien d'autre que moi, lui chuchota-t-elle. J'espère que ce sera suffisant. Je veillerai sur toi. Je te rendrai heureux. (Elle l'embrassa de nouveau.) Si je pouvais, je n'arrêterais jamais.

Il cilla lentement, avant d'émettre un petit bruit.

Elle comprit qu'il la croyait.

Chapitre 25

Avril 1942

Sally demeura un long moment avec Mae, ce jour-là, refusant de partir. Elle ne cessait de l'appeler « Harriet ».

« Oh, Harriet. »

« Permettez-moi de vous préparer une nouvelle tasse de thé, Harriet. »

« Évitez de vous attarder là-dessus, Harriet. Ne vous infligez pas ça. C'est du passé. »

« S'il vous plaît, cessez de me répéter que je ferais bien d'y aller, Harriet. Comment pourrais-je vous laisser dans cet état ? »

Elle trouvait curieux, très étrange, même, d'entendre ce nom. Son nom. Elle n'avait qu'une envie : se retrouver seule pour y réfléchir, pour mettre de l'ordre dans le chaos de ses émotions.

— Je vous garantis que ça va, insista-t-elle auprès de Sally, se remémorant toutes les fois où elle avait défendu à Ivy de lui mentir. (Ivy, qui vivait chez Alex. Alex !) Oh, mon Dieu, lâcha-t-elle, sentant une fois de plus son visage se décomposer. Mon Dieu.

— Harriet, la plaignit Sally. Ma pauvre. Souhaitez-vous que je prépare de nouveau du thé ?

« Non ! » aurait voulu s'écrier Harriet. (Était-elle redevenue Harriet pour de bon ?) Mais elle se contenta de sécher ses larmes, le regard rivé sur la pendule accrochée à la cheminée. À sa plus grande stupéfaction, plus d'une heure s'était écoulée.

— Vous allez être en retard au mariage de votre filleule, lui fit-elle remarquer.

À son grand soulagement, Sally jeta un coup d'œil à l'horloge, avant de reconnaître que cela risquait d'être le cas. Elle se leva, l'étreignit, lui promit de parler à Laurie et de rester en contact. (« Attendez qu'il apprenne la nouvelle... ») Dès qu'elle eut refermé la porte derrière elle, Harriet s'obligea à enfiler son manteau et à mettre un chapeau pour sortir. Il lui aurait été beaucoup plus facile de ne rien en faire. Tout ce qu'elle souhaitait, c'était rester chez elle et se vider des larmes de son corps. Mais Sally avait raison sur un point : cela n'aurait servi à rien. Et elle craignait de perdre la raison. Ou de songer une seconde de plus à ce que son existence aurait pu être.

La seule chose qu'elle savait, à présent, c'était qu'il fallait qu'elle vérifie si Sally disait vrai à propos d'Alex, s'il était lui aussi enfermé à Changi. Pour en avoir le cœur net, il faudrait qu'elle voie son nom sur la liste. Ensuite, il faudrait qu'il survive, comme Ivy, parce qu'il fallait qu'elle le revoie. Il le fallait. C'était sans doute du passé, mais elle ne pouvait en rester là. C'était impossible. Cela la tira dehors, où le soleil brillait, et la poussa à prendre le métro jusqu'aux bureaux de la Croix-Rouge, à Belgrave Square. Elle marcha tête baissée, préférant éviter que l'on remarque ses yeux bouffis. Elle écouta d'une oreille distraite les vendeurs de journaux qui donnaient les dernières nouvelles aux différents carrefours : les raids de la RAF sur la France et l'Allemagne ; l'assaut des Japonais sur le Bataan ; les escarmouches en cours dans le désert égyptien... Elle n'entendait que son nom et ne voyait que son visage.

Elle gravit rapidement les marches qui menaient à l'institution, faisant tinter ses talons sur la pierre, avant de pénétrer dans le hall d'entrée.

Le service des personnes disparues était comme toujours bondé, des individus désespérés en attente de la moindre information sur un fils ou une fille, de quelque chose, n'importe quoi, d'un élément auquel se raccrocher. Derrière une longue rangée de bureaux en acajou travaillaient des femmes compréhensives d'une cinquantaine d'années en twin-set. Devant elles, des épouses et des parents inquiets, tous cramponnés à leur chapeau ou à leur sac à main, s'excusant de leur faire perdre leur temps, mais les implorant de vérifier une énième fois, espérant vainement une bonne nouvelle.

Au grand soulagement de Harriet, la femme qui s'occupa de son cas put lui donner cette bonne nouvelle : parcourant sa liste, elle put lui affirmer qu'Alex était sain et sauf à Changi, de même qu'Ivy.

Il était vivant. Vraiment vivant. Ses yeux, encore brûlants des larmes qu'elle avait versées un peu plus tôt, se mirent à gonfler. Elle s'aperçut alors combien elle avait redouté que ce ne soit pas le cas. Elle saisit son mouchoir et se tamponna le visage pour tenter de sauvegarder les apparences.

— Désolée, dit-elle dès qu'elle recouvra la voix.

— Ce n'est rien, lui assura la femme d'une voix douce et compatissante.

— Existe-t-il un moyen de lui faire parvenir une lettre ? Je suis déjà venue pour ma petite-fille, mais votre collègue m'a expliqué qu'il n'était possible d'envoyer que des cartes postales… vingt-cinq mots…

— Effectivement, confirma la femme. Les autorités japonaises nous ont prévenus que c'était tout ce qu'ils transmettraient. Mais j'encourage néanmoins les gens à tenter leur chance. (Elle tira un bloc-notes et un crayon de son tiroir.) Mieux vaut éviter de dépasser une page. Je ne vous promets pas que ça arrivera, mais qui ne tente rien… (Elle lui adressa un sourire bienveillant.) Il faut garder espoir, à présent, Mrs Harcourt. De l'espoir et du courage.

Harriet se sécha les yeux.

— C'est si épuisant de toujours devoir s'en remettre à l'espoir.

— Je le sais. Vraiment. (Elle lui tendit son bloc-notes.) Mais il nous faut tenir bon. Aller de l'avant.

Harriet saisit le bloc-notes, se demandant combien de fois elle s'était donné le même conseil durant toutes ces années. Mais, d'une main tremblante, elle accepta malgré tout le crayon. Elle s'obligea à poser la mine sur le papier.

« Alex, écrivit-elle, c'est Harriet. » Et, sans trop savoir comment, le reste suivit. Elle écrivit vite, consciente que la femme l'attendait, ainsi que toutes les personnes derrière elle. Elle noircit la feuille, recto et verso. Elle y parla de sa grossesse, des menaces de David, du fait que l'enfant de Mae était le sien et non celui d'Alex. « Je n'imagine pas ce que tu dois ressentir. » De peur d'éclater en sanglots, elle tenta de ne pas trop y penser. Mais, en évoquant la maladie de Mae, leur conviction qu'Alex était mort et les efforts désespérés de sa sœur pour l'aider, les larmes lui montèrent néanmoins aux yeux. « Elle était si navrée, si effrayée… » Puis elle lui raconta son voyage jusqu'à Londres, l'imaginaire John Harcourt. Et Beau, leur merveilleux fils. Elle ne chercha alors même plus à retenir ses larmes. « Je regretterai à tout jamais que tu ne l'aies pas connu. Il te ressemblait tellement. » Elle commençait à manquer de place, mais elle n'avait aucune envie de cesser d'écrire. Il y avait tant de choses qu'elle mourait d'envie de lui raconter sur leur fils : toutes les petites choses qu'il avait accomplies…

— Il faut terminer, intervint la femme d'une voix douce. C'est déjà très long.

Elle noircit la feuille blanche jusque dans ses derniers recoins. En se relisant, elle prit soudain conscience de l'affreuse possibilité qu'il ne puisse jamais lire cette lettre. Elle était terrifiée à l'idée qu'il ne soit jamais au courant. Elle eut du mal à poursuivre.

Mais elle prit une profonde inspiration. Au fond d'elle, elle découvrit une fois de plus l'étincelle d'espoir qu'il lui fallait.

« Tenez bon, écrivit-elle. Tous les deux. Tenez bon.

Je viens dès que possible. »

Dans la cour bétonnée du camp, Alex était nerveux. En cette fin d'après-midi relativement dégagée, pour une fois, il régnait une atmosphère étrange chargée d'une intense chaleur humide. À quelques mètres de lui, des centaines de jeunes gens en short kaki trop grand pour eux étaient alignés devant le haut mirador, leurs maigres effets à leurs pieds, attendant de recevoir l'ordre de quitter le camp. Le visage anguleux et brûlé par le soleil, ils avaient l'air songeurs. Aucun d'eux n'osait s'exprimer, les soldats faisant les cent pas devant eux, leurs fusils armés, mais, incertains du sort qui allait leur être réservé, ils lançaient des regards furtifs à droite et à gauche. Ils s'étaient tous portés volontaires pour être déplacés dans un nouveau camp. Les soldats leur avaient expliqué qu'il s'agissait d'un endroit sympa dans les collines. Ils y travailleraient, mais ils auraient plus de place, des lits douillets, de l'air frais et une quantité suffisante de nourriture et d'eau. Le paradis.

— Une foutue escroquerie, avait prétendu Toby, le père de Phil.

Alex se demanda si certains des hommes avaient déjà commencé à soupçonner quelque chose.

Ce n'était pas ce qui l'inquiétait le plus. Certains soldats qu'il n'avait jamais vus étaient apparus dans le camp cinq minutes auparavant. Leur chef, un Japonais avec un tic nerveux et une longue cicatrice autour du cou, s'entretenait depuis avec le commandant du camp militaire. Il donnait l'impression de chercher à le convaincre de faire quelque chose. Alex ignorait ce qui, dans leur échange, lui donnait un si mauvais pressentiment. Mais il y avait quelque chose. Il en était persuadé.

Il s'approcha des hommes. Des douleurs dans tout le corps, et ébloui par le soleil, il plissa les yeux. Il était trop vieux pour être là. Il le ressentait un peu plus chaque jour. Mais il lui fallait tenir le coup, survivre à cette épreuve, ne serait-ce que pour savoir si Ivy y était également parvenue. C'était désormais tout ce qui comptait, à ses yeux. Il n'y avait plus qu'elle. Même s'il avait toujours souhaité que son père ait une autre mère, c'était sa petite-fille. À lui. Il en avait ressenti l'émerveillement à la première seconde où il s'était adressé à elle. Il avait beaucoup perdu, durant son existence, et beaucoup échoué. La voir saine et sauve et de nouveau heureuse était dorénavant le plus important pour lui.

Une autre minute s'écoula. Le commandant hocha lentement la tête, cédant apparemment aux exigences du balafré. Les deux hommes se tournèrent vers les portes du camp lorsqu'on les ouvrit pour faire entrer Kit et les autres ouvriers de retour de leur journée de labeur, consacrée à la construction du nouvel aéroport. Ils étaient environ soixante-dix. Aucun d'eux ne s'était porté volontaire pour emménager dans le nouveau camp. Kit, Tristan et Jimmy se trouvaient au milieu de la file. Ils étaient tous vêtus d'un simple short, même Jimmy, la peau brûlée par le soleil.

Leurs os ressortaient sous leur teint hâlé. Ils avaient trop souvent offert leurs suppléments de rations. Alex ne cessait de leur répéter qu'il leur fallait manger davantage pour garder des forces.

Le balafré les scruta un à un. Alex plissa les yeux, et, d'instinct, se dirigea vers Kit pour le prévenir de son mauvais pressentiment.

Kit leva les yeux, et, l'apercevant, esquissa un sourire las.

Cependant, avant qu'Alex puisse arriver à sa hauteur, le balafré s'écria avec un fort accent qu'il souhaitait s'entretenir avec un certain Kit Langton, un certain commandant Kit Langton.

— C'est moi, répondit l'intéressé, sans la moindre hésitation.

S'il était inquiet, il le cachait bien.

Jimmy et Tristan, en revanche, semblaient préoccupés. Autour d'eux, les autres ouvriers aussi. Cela rendit Alex d'autant plus nerveux.

— Vous me suivre, ordonna le balafré en se dirigeant vers Kit. (Il fit un signe aux autres soldats qui l'accompagnaient, et ils lui emboîtèrent le pas.) Moi vous montrer quelque chose. Et puis vous partir.

Kit fronça les sourcils.

— Je ne compte partir nulle part, mon vieux.

— Si, si, dit-il doucement. Vous partir, mon vieux. Maintenant, vous me suivre.

Alex les avait rejoints, à présent.

— Où l'emmenez-vous ? voulut-il savoir.

Le balafré ne lui prêta aucune attention.

Il répéta donc sa question.

Avant qu'Alex ait le temps de comprendre ce qui se passait, l'homme fit volte-face, brandissant sa matraque, et l'abattit violemment sur sa clavicule. Il sentit une explosion de douleur, et n'eut que vaguement conscience des cris de Kit.

— Fichez-lui la paix !

Mais d'autres soldats se précipitèrent, entourant Kit et l'éloignant de force.

— Qu'est-ce que vous foutez ? demanda Tristan en s'élançant pour tenter de libérer Kit. Lâchez-le.

Jimmy intervint à son tour en battant l'air de ses bras couverts de cloques.

— Ne l'emmenez pas. Putain, ne l'emmenez pas !

Les soldats les repoussèrent.

— Vous ne pas vous inquiéter, déclara le balafré par-dessus son épaule. Votre ami aller au paradis. Mais, d'abord, lui aller voir quelqu'un. Lui voir « aïe-vi ».

Alex se mit alors lui aussi à crier.

Ivy patientait dans le bureau de Sasamoto. Les deux soldats qui étaient allés la chercher à la cantine se tenaient de chaque côté de sa chaise de bois. C'étaient ceux à qui Sasamoto faisait appel chaque fois qu'il faisait enfermer quelqu'un dans une des cages. Elle ignorait ce qui se passait, et se demandait s'ils comptaient l'enfermer. Ils ne lui avaient rien dit. Elle avait croisé Yoto en traversant la cour.

— Moi rien dire sur la décharge, avait-il susurré avant d'évoquer Sam.

Souffrant de la chaleur, effrayée et totalement perdue, elle n'avait pas compris ce qu'il lui avait dit.

Une heure s'était écoulée, depuis, et elle ne comprenait toujours pas ce qu'il avait voulu lui dire. Quoi, Sam ?

On ouvrit la porte du bureau. Sasamoto pénétra dans la pièce, se tamponnant le front à l'aide d'un mouchoir. Elle entendit un bruit furtif sur la petite terrasse, mais le capitaine referma aussitôt la porte, l'empêchant d'en voir davantage.

Il s'approcha lentement de son bureau, avant de prendre place derrière et de se pencher vers Ivy.

— Moi vous remercier d'être venue.

— De rien, répondit-elle en s'efforçant de garder un ton égal.

Il esquissa un sourire.

— Très polie. Très calme.

Elle sentait son cœur battre la chamade.

Sasamoto parcourut ses documents. Il annonça à Ivy qu'une partie des hommes allaient quitter le camp, ce jour-là. Ils allaient construire une nouvelle voie ferrée. Ils croyaient partir en vacances.

— Ça être drôle, non ? demanda-t-il avec un curieux sourire. Eux croire qu'on les envoie en vacances ?

Ivy le regarda fixement, tentant de déterminer pour quelle raison il lui racontait tout cela. Elle espérait que cela n'avait aucun lien avec Kit et Alex.

— Vous ne pas trouver ça amusant ?

— Non.

Il éclata de rire. Avec sa gorge. Son regard resta mort.

Elle déglutit.

— Vous être triste de voir partir quelqu'un ?

— Non, répondit-elle sans la moindre hésitation.

S'ensuivit un long silence. Les hommes qui encadraient Ivy se mirent à trépigner. Elle sentait qu'ils étaient en sueur. L'un d'eux était affamé. Elle entendit gronder son estomac. Dehors, dans la cour, on siffla l'heure du dîner.

— Ah ! s'exclama Sasamoto. L'heure de manger. Cela vous déranger, « aïe-vi », de manquer le repas ?

— Non, répondit-elle comme si on lui laissait le choix.

— Parfait. Parfait. Nous avoir besoin de temps, d'accord ?

— Pourquoi ? parvint-elle à demander.

S'abstenant de toute réponse, il tambourina sur la table avec ses doigts, puis les regarda en fronçant les sourcils, apparemment interpellé par ce qu'il remarqua. Il ouvrit le tiroir de son bureau, en tira une paire de ciseaux, et coupa la pointe de l'ongle de son pouce.

Les ciseaux encore à la main, il reporta son attention sur Ivy.

Elle croisa les mains sur ses genoux, s'efforçant de les empêcher de trembler.

— Moi avoir eu le plaisir de discuter avec votre ami, aujourd'hui.

Elle serra ses doigts.

— Mon « ami » ?

— Oui. Le deuxième classe Waters.

Elle crut qu'elle allait vomir.

— Lui me dire que vous travailler à Kranji, avant. Station d'écoute, oui ?

Elle refusa de répondre.

Il sourit.

— Moi avoir été très intéressé d'apprendre que vous travailler là-bas. (Il eut un tic aux yeux.) Vous ne jamais l'avoir dit, « aïe-vi ». Pourquoi ?

— Personne ne me l'a demandé.

— Hum. (Il hocha lentement la tête, comme s'il réfléchissait à sa réponse.) Moi avoir demandé au deuxième classe Waters ce que « aïe-vi » faire à Kranji. Vous savoir ce que lui répondre ?

Rassemblant toute sa volonté, elle parvint à ne rien trahir de son affolement grandissant, mais ne put s'empêcher de se poser mille questions. Sam avait-il survécu ? Elle n'avait guère de raisons de l'espérer, mais, si c'était le cas, et si elle donnait une version différente de la sienne, tout serait fichu de toute façon. Sentant sa robe lui coller dans le dos et sur ses jambes dévorées par les puces, elle changea de position sur sa chaise et réfléchit à ce qu'elle pouvait lui répondre.

— « Aïe-vi », quoi votre ami avoir dit vous faire ?

Elle prit une brève inspiration, puis tenta sa chance :

— Que je travaillais avec lui au service administratif.

Le sourire de Sasamoto se dissipa.

— Oui.

Elle fut soulagée.

Mais Sasamoto ajouta :

— Moi pas le croire. Moi lui avoir dit pas le croire. Moi lui avoir montré ce que moi faire à ceux que moi ne pas croire.

Ivy devint livide.

— Que voulez-vous dire ?

— Non, non. (Sasamoto sembla offensé.) Moi pas lui avoir fait de mal. Moi juste lui expliquer comment moi employer l'eau pour aider les gens à retrouver la mémoire. Nous… Comment dire… (Il prononça quelques paroles en japonais.) Vous comprendre, « aïe-vi » ?

— Non, répondit-elle, tremblant si fort que le pied de sa chaise se mit à tressauter.

— Vous certaine ?

— Oui. Peut-être que si vous me l'expliquiez en anglais…

Il tendit les mains.

— Ça être mon problème. Moi avoir oublié les mots en anglais.

Le soldat sur la gauche d'Ivy trépigna. Levant les yeux vers lui, elle constata qu'il transpirait abondamment. Il semblait nerveux.

Le souffle d'Ivy s'accéléra. Elle était incapable de le maîtriser.

— Comment vous faire comprendre ? (Il s'exprima de nouveau en japonais.) Vous saisir ?

— Non, répondit-elle, consciente d'être prise au piège, mais incapable de trouver le moyen de se tirer de ce mauvais pas.

— Alors, moi vous montrer, d'accord ? Pour vous mieux comprendre.

Avant même qu'elle ait trouvé quoi lui répondre, Sasamoto aboya aux soldats que le moment était venu, et les deux hommes la saisirent par les bras. Ensuite, tout se déroula très vite. D'instinct, elle résista, tentant de rester sur sa chaise, mais ils la soulevèrent, l'entraînèrent hors du bureau, sur la terrasse brûlante, en plein soleil. Elle se débattit en criant :

— Non, non, non !

À cause de la lumière, de la chaleur et de la peur, elle avait les larmes aux yeux. Mais ils l'entraînèrent, ses sandales ne touchant même pas le sol, dans une autre pièce, plongée dans l'obscurité.

Déroutée par la rapidité de la scène et par sa propre terreur, elle jeta un coup d'œil autour d'elle, ce qui lui permit de constater qu'elle se trouvait dans un espace réduit. Oui, cela l'effrayait, mais pas tant que le tuyau d'arrosage, dans un angle de la pièce. Elle tira sur ses bras, usant de toute la force qui lui restait pour tenter de se libérer de l'emprise des soldats, mais ils la tenaient fermement. Aucun d'eux ne la regardait. Puis on ouvrit une nouvelle porte, et un Japonais qu'elle voyait pour la première fois pénétra dans la pièce. Il était vêtu d'un uniforme différent, et arborait un brassard rouge et blanc orné de l'écusson de la *Kenpeitai*, la police secrète. Elle écarquilla les yeux en le voyant brandir un sac, mais il lui recouvrit aussitôt la tête avec. Elle se débattit, donna des coups de pied et hurla, avant de sentir qu'on lui serrait une corde autour du cou, ce qui la fit suffoquer. On lui pencha la tête en arrière. Elle eut tout juste le temps de réfléchir à ce qui allait se produire. Elle tenta d'implorer Sasamoto d'arrêter, mais elle sentit l'eau s'engouffrer dans sa bouche, l'étouffant en se frayant un passage dans sa gorge, l'empêchant de respirer. Elle lui emplit la poitrine, les poumons. Elle sentit ses muscles se contracter, lui brûler comme s'ils étaient sur le point d'éclater. On continua à lui verser de l'eau dans la bouche. Ses jambes cédèrent, elle fut prise de vertiges...

Puis on cessa de lui déverser de l'eau sur la tête. Ils ôtèrent le sac. Elle vomit, puis encore une fois. Tentant de recouvrer son souffle, elle sentit ses poumons se contracter. L'un des soldats la tenait par la taille et le bras. Ses mains tremblaient drôlement. Distraitement, elle se demanda si c'était celui qu'elle avait vu transpirer.

Elle entendit des bruits de pas sur le carrelage, puis distingua le bout des bottes de Sasamoto. Il se baissa, l'obligeant à le regarder.

— Ça, expliqua-t-il, ça être ce que nous faire. Vous comprendre, à présent ? (Elle vomit de nouveau.) « Aïe-vi », vous comprendre ?

— Oui, parvint-elle à articuler.

— Alors vous me dire, maintenant : vous être espionne ? Qui aider vous à utiliser radio dans le camp ?

— Quelle radio ?

Il fit un signe de tête. On remit le sac sur la tête d'Ivy, on la lui pencha en arrière, et on lui déversa de nouveau de l'eau dans la bouche. Cette fois, elle manqua de perdre connaissance. Ils s'interrompirent juste à temps.

— Qui aider vous avec la radio ? insista Sasamoto.

— Je n'ai jamais entendu parler d'une radio !

— Vous avoir appris à en fabriquer une, à Kranji ?

— Non.

— Vous en avoir fabriqué une ici ? Qui avoir aidé vous ?

— Non. Personne !

Il fit un nouveau signe de tête. Encore de l'eau, davantage de questions. En vomissant, elle sentit un goût de sang sur sa langue. Elle avait la poitrine en feu. La séance de torture se poursuivit, Sasamoto s'exprimant d'une voix posée et réfléchie. Quels soldats Ivy avait-elle entendus divulguer des secrets ? Que savait-elle de leurs plans ? Où donc se trouvait la radio dont elle se servait ?

— Je n'ai pas de radio, se défendit-elle, à genoux sur le carrelage. (Trempée, sa chevelure pendait autour de son visage. Elle saignait du nez.) Je vous le jure.

Elle s'attendit à ce qu'on lui remette le sac sur la tête. Elle n'avait plus suffisamment de forces pour se battre. Elle n'avait plus qu'une envie, que cela se termine.

Mais l'homme de la *Kenpeitai* annonça à Sasamoto en japonais qu'il valait mieux qu'ils s'interrompent. Le capitaine hocha lentement la tête.

Claquant des dents, Ivy leva les yeux vers lui, tentant de déterminer s'il s'agissait d'une ruse. Il jeta un coup d'œil par-dessus son épaule. Pour la première fois, elle remarqua la présence d'une haute fenêtre, derrière lui. Il fit un signe de tête, puis reporta son attention sur elle.

— Moi savoir que vous me dire vos secrets. Moi savoir, parce que moi être malin. Donc, moi être prêt à vous châtier. Moi ne pas vous tuer pour avoir espionné…

— Je ne suis pas une espionne ! s'exclama-t-elle malgré ses lèvres fendues.

— Ça être ce que dire un espion, lui fit-il remarquer. Mais moi ne pas vous tuer. Moi croire qu'il existe quelque chose de pire que la mort.

Ses dents se mirent à claquer davantage. Elle tremblait de tout son être. De l'eau gouttait sur le carrelage, un peu partout autour d'elle.

— Moi avoir posé la question au deuxième classe Waters, poursuivit-il. Moi lui avoir demandé : Qu'est-ce qui attrister « aïe-vi » ? (Il prit un ton plus léger.) Lui plus content de parler de ça. Moi pas être sûr qu'il adore le commandant Langton !

Elle dressa brusquement la tête.

— Oh, non. Non, non…

Sasamoto esquissa un sourire. Il désigna la fenêtre, derrière lui.

— Lui être là, maintenant. Lui vous regarder vomir, pleurer… Et, à présent, lui partir. Ce chemin de fer dont moi vous avoir parlé. Lui aller le construire.

Ivy éclata en sanglots, ses larmes se mêlèrent à sa bile et au sang qui coulait de son nez.

— Non, répéta-t-elle. Non.

— Si vous ne pas être si obstinée, moi l'avoir laissé là. Mais vous refuser de me dire ce que moi vouloir entendre. Alors, lui partir. Pas d'amis avec lui. Moi avoir envoyé message aux gardes. Moi leur avoir dit de ne pas être gentil avec lui. (Il esquissa un nouveau sourire avant de poursuivre en japonais.) Moi leur ai demandé de faire en sorte qu'il n'y survive pas.

Ivy fondit en larmes.

— Non. Je vous en prie, non…

Sasamoto poussa un profond soupir.

— Ça être votre faute, « aïe-vi ». Entièrement votre faute.

Alex, Jimmy et Tristan étaient encore dans la cour au retour de Kit. Alex cramponné à sa clavicule, rongé par l'effroi, les autres vitupérant contre le commandant du camp militaire, lui répétant qu'il était contraire à la Convention de Genève d'éloigner Kit, qu'il fallait qu'il réagisse, qu'il lui vienne en aide. Le commandant, au poste de garde, à une dizaine de mètres d'eux, fit comme s'ils n'existaient pas.

Comme s'il ne les entendait pas. Ils ne pouvaient pas l'approcher davantage. La zone autour des portes ouvertes avait été clôturée le temps que les hommes sur le départ montent dans les camions. Des soldats étaient alignés le long de la barricade, armés, le regard déterminé.

Lorsque Kit regagna la cour, les derniers retardataires s'apprêtaient à prendre la route du paradis. En rage, il se tortillait entre les mains des Japonais qui l'escortaient. Ils l'obligèrent à rejoindre la file des prisonniers en partance, et il les traita de tous les noms. Il avait le visage déformé par la souffrance. Il semblait désespéré, abattu. Alex eut l'impression de se flétrir. *Ils l'ont tuée*, songea-t-il. *Oh, mon Dieu, ils l'ont tuée…*

Mais Tristan et Jimmy appelèrent Kit. En se retournant, celui-ci les aperçut. Son regard s'éclaircit. S'y alluma une lueur de détermination et de supplique.

— Dites-lui que je la retrouverai, leur cria-t-il. (Alex éprouva un profond soulagement.) Dites-lui que je la retrouverai. Dites-le-lui !

Ils n'eurent pas le temps de lui répondre, de lui promettre quoi que ce soit. Les soldats poussèrent Kit, et, un instant plus tard, on referma les portes derrière lui.

Lorsque Sasamoto ordonna à Ivy de sortir, il faisait nuit. Elle songea bêtement qu'il n'avait pas envie qu'on la voie, qu'au fond de lui, il avait honte. « Vous me prenez pour un monstre, avait-il dit le jour où il avait failli frapper la fillette. Non, vous vous trompez. »

Bien qu'elle soit encore trempée et en larmes, il la poussa sur la terrasse, la menaçant de recommencer, si elle s'avisait de raconter à quiconque ce qui venait de se passer. Puis il ordonna aux soldats de l'enfermer dans l'une des cages disciplinaires.

— Pour que vous réfléchir, d'accord ? À propos de ce que vous avoir fait. Si vous vouloir me dire autre chose.

La cage était minuscule. Encore un cocon. En larmes, au bord d'un nouveau genre de panique, elle posa les mains sur les parois. Il lui était impossible de s'étendre, de se tenir debout. *Pense au parc, aux canards*, songea-t-elle avant de se remettre à sangloter parce qu'elle avait tenté de faire la même chose, le soir où Kit l'avait emmenée dans cette cour éclairée par des lanternes, et parce que lui, cette soirée et ce parc brumeux de Londres n'avaient jamais paru aussi inaccessibles à la jeune femme. Elle se cramponna aux barreaux de bois de la cage. Ils laissaient entrer l'air, au moins. La chaleur serait torride, le lendemain, aussi. Mais, pour le moment, elle distinguait les étoiles, malgré ses yeux gonflés. Le regard embué, elle contempla les trous d'épingle blancs et s'imagina qu'il les observait aussi. Elle s'efforça de se convaincre que, quoi qu'en ait dit Sasamoto, il resterait en vie. Qu'il survivrait.

Au milieu de la nuit, Yoto vint lui rendre visite. Plié en deux, il se précipita vers la cage en jetant des coups d'œil par-dessus son épaule. Il avait de l'eau, une poche en bétel remplie de riz.

— Vous manger, Ivy-san, chuchota-t-il. Vous boire.

— Non, répondit-elle, s'apercevant alors au ton de sa voix qu'elle pleurait encore. Je ne peux pas.

— Il le faut, Ivy-san. (Yoto lui remit l'eau de force.) Lui ne pas abandonner. Alors, vous ne pas abandonner non plus, d'accord ?

Elle crut qu'il parlait de Kit. L'espace d'un instant, elle recouvra espoir.

Mais Yoto jeta de nouveau un coup d'œil par-dessus son épaule en direction de la porte du bureau de Sasamoto.

— Lui ne pas abandonner, répéta-t-il.

Il n'abandonna pas. Durant les mois qui suivirent, Sasamoto lui porta une attention obstinée. Sur les conseils d'Alma, Ivy ne retourna plus jamais à la décharge, même pour vérifier que Kit ne lui avait pas laissé un dernier message. De toute façon, c'était inutile : Yoto l'avait prévenue qu'il avait brûlé leur morceau de carton. Elle ne fit plus entrer la moindre somme d'argent, non plus. Mais cela n'avait aucune importance. Chaque semaine, on la tirait de la couchette où elle dormait, ou on allait la chercher aux cuisines ou au sanatorium, pour la jeter dans l'une des cages. La situation se dégrada encore plus. Ni ses craintes pour Kit ni sa peur d'être prise au piège dans la cage minuscule ne s'estompèrent. Sasamoto venait parfois s'accroupir auprès d'elle, la dévisageant à travers les barreaux tandis que le soleil lui brûlait la peau et lui desséchait les lèvres. Il lui répétait constamment qu'il savait qu'elle fabriquait des radios, et qu'il était de son devoir de lui révéler de quelle manière elle s'y prenait. Il lui fallait des noms. Il avait promis à la *Kenpeitai* de lui fournir des coupables. Il lui apprit qu'elle avait reçu des cartes postales de sa grand-mère, de Londres, puis lui brisa le cœur avant même qu'elle puisse se réjouir de la nouvelle en lui annonçant qu'il les avait déjà détruites. Elle ne les méritait pas. C'était une espionne. Pourquoi refusait-elle de l'admettre ?

Elle n'avoua rien du tout.

Cela le rendit de plus en plus furieux.

Elle attrapa la dysenterie, à trois reprises. Il diminua ses rations, et elle s'affaiblit. Ce n'était pas la seule personne qu'il persécutait. Il y en avait beaucoup d'autres – il en obligeait certaines à s'agenouiller sur des bâtons pendant des jours, par tous les temps ; il en avait battu ou affamé nombre d'autres –, mais il ne leur portait jamais une attention soutenue.

Il voyait sans cesse de nouveaux ennemis. C'était la seule qu'il poursuivait avec une telle assiduité et une telle régularité.

—Accrochez-vous, lui recommanda Elsie.

—Sois forte, lui conseilla Alma.

—Vous ne pas abandonner, l'exhorta Yoto.

Sans trop savoir comment, elle suivit leurs préconisations. Elle se demandait pourquoi elle luttait avec un tel acharnement–surtout quand Sasamoto lui rappelait inlassablement qu'il était fort probable que Kit soit déjà mort–, mais c'était le cas. Tous les trois l'aidèrent considérablement. Surtout Alma. Comme Yoto, elle allait souvent la voir, dans sa cage, la nuit, avec de l'eau et toute la nourriture qu'elle avait pu récupérer, puis restait dans l'obscurité, sans se soucier des risques qu'elle encourait, offrant à Ivy de précieuses minutes d'équilibre mental.

—Je le hais, disait-elle, accroupie devant les barreaux sur ses jambes osseuses, ses yeux démesurément grands braqués sur ceux d'Ivy. Je le hais vraiment.

C'était également le cas d'Ivy. Elle n'avait jamais détesté quelqu'un autant que lui. C'était aussi ce qui la poussait à tenir, car elle ne pouvait se résoudre à le laisser l'emporter en croyant ce qu'il lui affirmait, ou en lui permettant de la voir craquer. Après qu'il eut détruit ces cartes postales de Londres, elle se battit également pour sa grand-mère. Et Alex. Elle avait enfin compris pourquoi ses traits lui semblaient si familiers. Elle avait vu son portrait mille fois sur la cheminée, chez elle. Il avait le visage de son père. Elle aurait voulu le lui dire, et aussi qu'elle était contente.

—Vous juste me dire que vous être une espionne, lui intima cent fois Sasamoto. Me dire qui vous aider, me donner des noms, et puis, moi vous laisser mourir aussi. Comme le commandant Langton, d'accord ?

Elle ne lui donna rien. Elle n'avait pas de noms, et, même si cela avait été le cas, elle ne les lui aurait pas révélés.

Au fil des mois, elle devint de plus en plus malade, et elle s'affaiblit considérablement.

Mais il ne lui laissait aucun répit.

Il ne renonçait jamais.

« Lui ne pas abandonner. »

Chapitre 26

Trois ans plus tard, août 1945. Angleterre.

Harriet se tenait sur le tarmac brûlant, sa valise à ses pieds. La base aérienne était silencieuse, en cette matinée estivale. Aucun pilote de chasseur n'attendait sur les pelouses qu'on lui donne le signal de décoller, aucun Spitfire ne revenait d'une mission de bombardement sur le continent. Cela faisait à présent trois mois que la guerre était achevée en Europe. Et puis, à la capitulation de l'empereur japonais après les bombes atomiques tombées sur Hiroshima et Nagasaki, la bataille du Pacifique avait également pris fin. Les troupes attendaient de libérer la Malaisie et Singapour. Dès que la reddition serait signée, ils interviendraient.

Harriet parcourut du regard le terrain d'aviation. Sur la piste, un unique avion de passagers étincelait à la lueur du soleil. Ses hélices étaient immobiles. À côté se tenaient deux officiers vêtus de l'uniforme bleu de la RAF. Détendus, ils discutaient en fumant. Il régnait dans l'atmosphère douce un parfum de fraîcheur et de fumée. D'herbe tondue, de pollen et de bacon, en provenance des cuisines de la base. Des moineaux matinaux pépiaient.

Pressant sa main gantée contre sa poitrine, elle sentit le battement régulier de son cœur. Elle portait sa robe d'été la plus légère. Sa valise en contenait d'autres, toutes d'avant guerre. Où elle allait, il faisait chaud. Elle se souvenait très bien de cette chaleur. Cela faisait de nombreuses années qu'elle n'avait plus eu à la supporter, mais, dans cinq jours, elle serait à Colombo, de retour en Orient. C'était Laurie qui avait tout organisé. Il était venu la voir à plusieurs reprises, en un an, depuis qu'il était revenu en Angleterre pour participer à la préparation du débarquement en Normandie. Souvent avec sa femme, Nicole.

— J'adore la lande, avait déclaré Nicole la première fois. Que diriez-vous d'aller nous y promener et de nourrir les oiseaux avec les scones de Sally ?

Elle lui avait plu instantanément. Comme leur présence à tous les deux l'avait réconfortée ! Celle de Laurie, en particulier. Son vieil ami.

— Ils débarqueront à Singapour dans moins d'une semaine, lui avait-il appris, deux jours auparavant. Je me suis porté volontaire pour y aller et les aider à s'occuper de certaines choses sur place. Je veux y aller. (Il fronça les sourcils.) Il faut que j'y aille. (Elle avait croisé son regard inquiet.) Vous aussi, probablement, non ?

— C'est autorisé ? avait-elle demandé.

Il lui avait adressé son vieux sourire habituel.

— Ça peut se faire, avec ou sans autorisation.

— J'ai si peur…, avait-elle reconnu. (Durant tout ce temps, elle n'avait pas eu la moindre nouvelle, d'aucun d'eux.) Je suis terrifiée à l'idée qu'ils puissent être morts à notre arrivée là-bas.

— Oui, avait-il admis doucement. Moi aussi.

Il s'arrêta à sa hauteur, élégant dans son uniforme blanc de la Marine, sa casquette sous son bras. Nicole était venue aussi, pour leur dire au revoir. Sous le large rebord de son chapeau, elle dévisagea Harriet en plissant les yeux.

— Vous êtes prête ?

Harriet acquiesça.

— Oui. Ça fait trois ans que je suis prête.

Le camp était calme.

Ils n'étaient plus à Changi. Les femmes, les enfants et le reste des civils avaient été transférés l'année précédente pour faire de la place aux nouveaux prisonniers de guerre militaires. Ils avaient dû marcher des kilomètres en plein soleil avant de s'entasser dans l'enceinte déjà bondée de l'ancienne base de la RAF, sur Sime Road. Au fil des mois, les rations avaient considérablement diminué. Le peu de riz qu'on leur donnait était toujours infesté d'asticots et de charançons. (« Des protéines ? » avait suggéré Alma. « Oui », avait répondu Elsie. À quelque chose malheur est bon.) Et ils ne se rappelaient pas avoir mangé des fruits qui n'étaient pas complètement pourris. Il n'y avait plus de médicaments. On aurait dit que chaque jour faisait une nouvelle victime de la diphtérie, de la dysenterie, de la malaria, de la typhoïde... Alma, décharnée et arborant désormais une chevelure brune et non plus blonde, était l'une des rares à n'avoir contracté aucune maladie à l'exception de quelques fièvres. Elsie avait souffert de crises récurrentes de diphtérie, mais allait encore bien.

— Il est trop tard pour baisser les bras, avait-elle déclaré la dernière fois qu'Ivy l'avait vue, toutes deux étendues l'une à côté de l'autre dans l'hôpital du camp, sinistre et dépourvu de médicaments. C'est bientôt fini.

Ils savaient tous que c'était le cas. Voilà un an que l'on évoquait les percées des Alliés – à la plus grande colère de Sasamoto, quelqu'un, quelque part, était équipé d'une radio à l'écoute des nouvelles du monde –, et, depuis peu, des avions d'observation britanniques avaient commencé à décrire des cercles au-dessus du camp afin de préparer, tout le monde en était convaincu, sa libération. C'était imminent. Les journées avaient enfin cessé d'être interminables.

Pour certains d'entre eux, du moins.

Ivy voulait encore croire que Kit avait tenu le coup, mais cela faisait presque trois ans, et il était chaque jour plus difficile de garder la foi. Elle ignorait en outre si Alex avait survécu, et elle en souffrait terriblement. Elle l'avait entrevu une unique fois lors de leur détention, à leur arrivée à Sime Road, après leur départ de Changi. En jetant un coup d'œil dans l'entrée du camp des hommes, elle l'avait aperçu devant le bureau de bois des soldats. En dépit de la présence de tous ces squelettes autour d'elle, elle avait été bouleversée de le voir si maigre. Elle avait continué à l'imaginer comme il était la dernière fois qu'elle l'avait vu, et, bien qu'il ait été malade à l'époque, il lui avait paru être désormais dans un état bien pire. Sa tête lui avait semblé trop grosse pour son corps, ses larges épaules avaient fondu sous sa chemise dépenaillée. Il s'était retourné, comme s'il avait senti son regard posé sur lui, et l'avait regardée fixement, tout aussi horrifié qu'elle. Il lui avait crié quelque chose. Cela ressemblait à « vous retrouver ». À cause du bruit de la foule, des cris et des coups de sifflet des Japonais, elle n'avait pas été en mesure de tout comprendre.

Elle se demandait à présent si elle saurait un jour ce qu'il avait tenté de lui dire. Même s'il était encore en vie, comme elle l'espérait tellement, elle savait qu'elle n'avait plus beaucoup de temps devant elle. Contrairement à Elsie, elle n'avait plus l'énergie de se battre. Elle était malade depuis fort longtemps, maintenant. Deux jours auparavant, Sasamoto avait ordonné sa sortie de l'hôpital et avait exigé sa présence lors de l'appel dans la cour. Alma l'avait aidée à tenir debout pendant qu'il braillait dans son mégaphone qu'aucun détenu ne devrait se réjouir de l'arrivée de son armée. Ils allaient creuser leurs propres tombes, et ils seraient tous exécutés avant qu'ils aient pu voir le moindre soldat allié. Quelques enfants s'étaient mis à pleurer, mais les adultes les avaient calmés, leur rappelant en chuchotant la présence des avions d'observation. « Ils surveillent la situation. Nos soldats ne sont plus très loin, souviens-t'en. Personne ne laissera qui que ce soit mourir. » Même Ivy avait gardé espoir.

Mais, ensuite, Sasamoto s'était immobilisé devant elle. Durant un moment interminable, il l'avait dévisagée sans un mot. Elle avait tenté de rester immobile, mais en vain, à cause de ses jambes affaiblies. Sans compter qu'elle était prise de violents vertiges.

Il avait craché à ses pieds. Elle se souvenait du contact de sa salive sur sa peau brûlante.

— Vous croire que vous me battre, « aïe-vi » ?

— Non, non.

— Vous me suivre, à présent. Place d'honneur, d'accord ?

— Non, avait-elle répété, pleine d'appréhension.

— Fichez-lui la paix, était intervenue Alma, elle aussi blême de terreur.

— Venez « aïe-vi ».

— Je ne veux pas, lui avait-elle rétorqué en reculant tant bien que mal, levant ses mains tremblantes.

Il l'avait saisie par le bras, puis des soldats avaient surgi de nulle part. Elle avait du mal à se rappeler ce qui s'était passé ensuite. Alma leur avait crié dessus, l'un d'eux l'avait frappée, et ses cris avaient cessé. Ils avaient emmené Ivy ici, à la périphérie du camp. Ils lui avaient tendu une bêche, ordonné de creuser, puis avaient perdu patience en constatant qu'elle en était incapable. Ils avaient creusé le trou eux-mêmes.

Elle était à l'intérieur, à présent. Ils avaient tendu un filet au-dessus de son visage. Il faisait sombre, si sombre, et le trou était plein de créatures rampantes, et de ses fantômes. Son pire cauchemar à ce jour.

— Vous m'avoir fait souffrir, durant toutes ces années, lui avait déclaré Sasamoto avant de s'éloigner. Vous me mentir, toujours me mentir. Alors, à présent, vous mourir, oui, comme ça. Ça être le sort que moi réserver aux espions.

Elle aurait préféré qu'il l'abatte d'une balle.

Elle se demandait pourquoi le camp était aussi calme.

Elle tenta de regarder entre les mailles de l'épais filet. Il faisait manifestement de plus en plus jour. Le soleil se levait.

Elle ferma ses yeux fatigués. Il fallait que cela s'arrête au plus vite. Elle était anéantie, épuisée par sa lutte. Il y était parvenu, en fin de compte. Si seulement elle pouvait voir Kit. Elle en mourait d'envie.

Elle entendit un bruit. Ce n'était plus aussi calme. Il s'agissait de camions, de voix… de différentes voix. Était-elle en train de rêver ? Elle ouvrit péniblement les yeux. Elle avait atrocement mal à la tête, aux bras et aux jambes. Elle préférait quand elle dormait. Elle voulait dormir.

— Elle est en vie ? (Était-ce Alma ?) Dites-moi qu'elle est vivante !

— Mon Dieu, jura une autre voix. (La voix d'un homme. D'un Britannique. Pas celle de Kit.) Vous n'avez plus rien à craindre, à présent. Vous êtes hors de danger.

Puis elle sentit qu'on la soulevait. Elle sentit des bras autour d'elle, qui la tenaient comme une enfant, avec douceur. C'était agréable, au moins. Elle ferma les yeux.

C'était agréable.

Ils s'étaient rendus directement à l'hôpital général. Leur vol avait été retardé à cause du mauvais temps, et, à leur arrivée à Colombo, où ils faisaient escale, la libération de Singapour avait déjà débuté. Cela faisait déjà deux jours. Sur les grands bâtiments administratifs du centre-ville – si différents de ceux dont Harriet se souvenait – flottait déjà de nouveau le drapeau britannique. À l'hôtel de ville, où régnait une activité frénétique, Laurie s'était entretenu avec un employé. Par chance, il avait pu les orienter vers le responsable de la relocalisation des détenus du camp de Sime Road, destiné aux femmes et aux enfants. C'était lui qui leur avait annoncé qu'Ivy avait déjà été conduite à l'hôpital.

— C'est mieux pour elle, avait-il déclaré d'un air sinistre. Ce qu'ils ont vécu…

— Elle est encore en vie ? s'était enquise Harriet, l'implorant du regard de le lui confirmer.

Le visage en sueur, il avait pris un air bienveillant.

— C'était le cas il y a deux jours…

— Et Alexander Blake ? avait demandé Laurie.

— Navré, je n'ai aucun registre des hommes.

Laurie avait dû laisser Harriet à l'entrée de l'hôpital. Il aurait préféré l'accompagner, mais il devait signaler son arrivée à Fort Canning. Il lui avait promis d'être de retour dans moins de trois heures.

Elle franchit donc seule le portail d'entrée, en sueur, la bouche sèche, tremblant de tous ses membres, pressant le pas, surtout de peur. Depuis qu'elle avait quitté l'Angleterre, elle était chaque jour un peu plus effrayée. Elle se demandait à présent avec effroi quel genre de nouvelles l'attendait à l'intérieur.

Je vous en prie, faites qu'elle aille bien, songea-t-elle. *Faites qu'ils aillent bien tous les deux.*

Sur les pelouses, autour d'elle, on avait abandonné des machines à rayons X hors d'état, ainsi que d'autres appareils médicaux, dont les Japonais sur le départ s'étaient manifestement débarrassés. On avait brisé les fenêtres des longs bâtiments blancs de l'établissement. Des lits roulants disloqués gisaient au milieu des palmiers. Poursuivant son chemin, Harriet gravit l'escalier qui menait au hall d'entrée, débordant d'activité. Il régnait une forte odeur d'antiseptique. Il y avait des brancards partout : dans le hall, le long des couloirs dans les étages… des visages émaciés noircis par le soleil regardaient dans le vide, au-dessus du col trop grand de leur chemise blanche d'hôpital. Sur leur chaise, des patients affaiblis écoutaient les infirmières agenouillées devant eux, qui s'adressaient à eux doucement et prenaient des notes. Des enfants hurlaient.

— Je peux vous aider ?

Harriet sursauta en entendant la voix de l'infirmière. Une Australienne. Cela lui rappela aussitôt la mère d'Ivy. Rassemblant ses esprits, elle se tourna vers la jeune femme et lui expliqua qu'elle était à la recherche de sa petite-fille et d'un homme du nom d'Alexander Blake. L'infirmière lui conseilla de la suivre. Elle la guida jusqu'au guichet d'accueil. Harriet patienta d'un air songeur le temps qu'elle consulte ses listes, serrant si fort les poings qu'elle enfonçait les ongles dans les paumes de ses mains moites.

— Nous n'avons pas d'Alexander Blake, annonça l'infirmière. Désolée.

— Ce n'est rien, lâcha Harriet, qui, sentant des larmes de déception lui monter aux yeux, serra les dents pour les contenir. (Ce n'était pas rien. Elle se demanda pourquoi elle avait tenté de faire mine que c'était le cas.) Et Ivy ? osa-t-elle tout juste demander.

L'infirmière consulta de nouveau ses listes. Harriet serra les poings une fois encore. Mais l'infirmière marqua un temps d'arrêt, le doigt sur un nom.

— Je l'ai. Elle est à l'étage.

— Elle est encore en vie ?

Elle avait du mal à le croire.

— Oui. Je vais vous conduire à elle.

Comprenant l'impatience de Harriet, elle s'élança d'un bon pas. Sur le chemin, elle la prévint de se préparer mentalement. C'était toujours un choc de voir souffrir quelqu'un qu'on aimait. *Ça, je le sais*, se dit-elle.

— Je ne sais pas précisément ce qu'elle a, poursuivit l'infirmière, mais je crains qu'elle soit en soins intensifs.

— En « soins intensifs » ? répéta Harriet d'une voix rauque.

— Oui. (L'infirmière lui adressant un sourire bienveillant, Harriet eut d'autant plus de mal à retenir ses larmes.) Dites-vous qu'elle est entre de bonnes mains.

Ensuite, après avoir franchi une double porte battante, elles pénétrèrent dans une chambre aux murs blancs où le silence régnait. Au plafond, au-dessus des lits des patients, les pales des ventilateurs tournaient à un rythme soutenu. Il y avait au moins vingt couchages, sous les fenêtres aux vitres brisées, tous occupés par des femmes. Harriet parcourut du regard leurs visages aux joues creusées et aux yeux enfoncés, avant d'arrêter son attention sur l'une des patientes, au milieu.

— Non, siffla-t-elle en portant la main à ses lèvres. Non, non…

Elle était minuscule. On aurait dit une poupée en allumettes. Sa peau noire, brûlée par le soleil, s'étirait sur ses os. Ses yeux étaient clos. Ils semblaient enfoncés dans son crâne. Elle avait une perfusion au poignet, et une jeune femme désespérément maigre avec une queue-de-cheval brune était assise auprès d'elle et lui caressait le bras. Elle paraissait lui parler.

— Allez, l'encouragea l'infirmière en la poussant doucement dans le dos. Allez la voir.

Harriet s'exécuta. La fille à la queue-de-cheval leva les yeux vers elle. Elle esquissa un sourire stoïque qui révéla sa denture et lui donna l'air d'être encore plus maigre.

— Vous êtes forcément la grand-mère d'Ivy…, dit-elle avec un accent américain d'une voix bien plus forte que le laissait supposer le reste de son apparence. Vous vous ressemblez tellement. Elle va être aux anges de vous savoir ici. (Elle tendit la main.) Je m'appelle Alma.

Harriet tenta de lui rendre son sourire. Elle aurait souhaité être forte, révéler à Alma avec quel enthousiasme Ivy lui avait parlé d'elle dans ses lettres, et combien elle regrettait de ne pas pouvoir changer ce qu'elles avaient toutes deux vécu. *Si je le pouvais, je le ferais rien que pour vous.* Mais, prenant la main d'Alma dans la sienne, et sentant qu'elle n'avait que la peau sur les os, elle fut incapable d'émettre le moindre son. Seules les larmes lui montèrent aux yeux.

— Oh, non, dit Alma. Non, ne croyez pas que ce soit la fin. Elle lutte depuis si longtemps, elle ne va pas abandonner maintenant.

Harriet s'étouffa en réprimant un sanglot.

— De quoi souffre-t-elle ? parvint-elle à demander. Qu'ont dit les médecins ?

Alma lui raconta la malnutrition, le béribéri et le ténia.

— Ils pensent qu'elle a aussi probablement la typhoïde, ajouta-t-elle d'un air attristé. Ils n'ont pas encore terminé leurs analyses.

— Elle a repris connaissance ?

— Non. Je ne cesse de le lui demander, mais elle fait comme si je n'existais pas.

En larmes, Harriet se pencha sur le visage immobile de sa petite-fille. Lentement, de peur de la briser en deux, elle se baissa pour embrasser son front brûlant. Cela lui rappela un autre baiser, des adieux atroces.

— Réveille-toi, ma chérie, chuchota-t-elle. Je t'en prie, rien que pour moi.

Mais rien ne se produisit.

Elle demeura immobile.

Alex s'immobilisa devant la porte du service, rassemblant son courage avant d'y retourner. Il avait simplement eu besoin de s'éloigner quelques minutes, besoin d'un lieu où il pourrait recouvrer espoir. Il avait l'eau qu'il était allé chercher pour Alma. Il en avait également pris pour Toby. Il était allé rendre visite à Elsie, dans un service voisin. On soignait sa diphtérie, mais on s'attendait à ce qu'elle puisse rentrer chez elle dans quelques jours. C'était loin d'être le cas d'Ivy. Personne ne semblait attendre quoi que ce soit de sa part, et cela lui brisait le cœur. Il avait le sentiment de l'avoir trahie. Simplement par le fait d'avoir pu sortir du camp debout, alors qu'il avait fallu la porter. Mais il était de nouveau auprès d'elle. Bien qu'il ait souffert de sept crises de malaria au fil des ans, grâce aux comprimés de Vanessa il avait survécu à chacune d'elles. Elle lui en avait remis une grande quantité, ce jour-là, sur la terrasse de l'hôpital.

— Vous en aurez peut-être besoin, lui avait-elle chuchoté. Gardez-les en lieu sûr.

Ils avaient fini par en manquer, au bout d'un moment, mais ils avaient permis de sauver des vies. Y compris celle de Toby. Le dernier présent de Vanessa. Son visage se tordit de douleur, comme chaque fois qu'il pensait à elle, et à tous ceux qui se trouvaient dans cet hôpital…

On ouvrit les portes du service, ce qui le fit sursauter. Un aide-soignant les franchit. Alex s'écarta pour le laisser passer, puis, redressant les épaules, poursuivit son chemin. D'instinct, il porta son regard sur le lit d'Ivy.

Il se figea aussitôt. Il renversa un peu d'eau de son gobelet en carton, puis encore un peu lorsque sa main – qui tremblait déjà à cause de ses muscles affaiblis et de ses soixante-seize ans – se mit à trembler avec plus de force.

Était-elle vraiment là ?

Il était terrifié à l'idée de croire ce qu'il voyait.

Il avait tenté de la joindre. Il avait envoyé deux télégrammes, qui ne lui étaient pas parvenus… Il s'était affolé, redoutant qu'il lui soit arrivé quelque chose, à elle aussi, et se demandant s'il allait le supporter. Il avait encore sa lettre dans sa poche : humide, en lambeaux, mais toujours avec lui. « Je viens dès que possible. » Il l'avait attendue. Depuis que le soldat lui avait remis discrètement cette enveloppe simple et sans prétention, à Changi, il l'attendait. Il avait lu et relu sa lettre, s'efforçant d'y découvrir une logique. Se torturant l'esprit jusqu'à ce qu'il craigne de perdre réellement la tête – en raison de tout ce qui aurait pu être, de tout ce qui avait été perdu, son fils, « Il te ressemblait tellement » –, mais gardant malgré tout espoir. « Je viens. »

Il la dévisagea. Il se demanda pourquoi il ne pouvait plus bouger. Elle lui tournait le dos. Vêtue d'une robe d'été, elle était toujours aussi menue. Il contempla sa nuque, ses épaules… Les mêmes. Vraiment. Sa vision se brouilla. Il craignait encore qu'il puisse s'agir d'un fantôme.

Alma leva les yeux.

—Ah, vous revoilà…

Harriet se retourna. Il la regarda faire, suivit du regard le mouvement de son corps, et se rappela l'avoir vue faire le même cent fois, par le passé, leur inaccessible passé. Il en eut le souffle coupé. Il croisa son regard plein de larmes. Le même. En tout point le même.

L'espace d'un instant, plus rien d'autre n'exista au monde.

Puis il vit son air soulagé, et une telle douleur, un tel désespoir, qu'il ne put en supporter davantage. Il n'en avait jamais été capable. Il s'approcha, elle l'imita, chacun un peu plus vite, jusqu'à ce qu'il puisse la serrer dans ses bras. La même. Il avait du mal à se persuader de la réalité de ce qu'il était en train de faire, ce qui accrut ses tremblements. Elle se blottit contre lui, comme si elle ne comptait plus le lâcher. Il l'embrassa sur la tête, sur ses joues brûlantes et mouillées de larmes. Ce n'était pas un fantôme. Ce n'était plus un fantôme.

Éprouvant le besoin de la voir de nouveau, il baissa les yeux. Elle recula, dressa la tête et plongea son regard noir dans le sien : elle ressentait le même désir que lui. Il se délecta de la voir, se remémorant la jeune fille qu'il avait connue, et l'examinant dans les moindres détails : ses petites rides, les ombres, la façon dont le temps avait affiné ses traits. La vie qui se lisait sur son visage était encore plus belle que dans ses souvenirs.

Elle porta les doigts à ses joues creusées. Il plaqua sa main sur la sienne. Elle fut prise d'un sanglot. Pour Ivy, comprit-il, autant que pour tout le reste. Il sentit à son tour les larmes lui monter aux yeux.

— Harriet. Ça va aller.

— Ta voix…, dit-elle dans un nouveau sanglot. Ta voix…

Libérant ses larmes, il acquiesça, les paroles de Harriet résonnant à ses oreilles, parce qu'il avait compris. Il avait compris.

La sienne était la même aussi.

Elle enfouit son visage contre son torse.

— Je n'arrive pas à le croire ! s'exclama-t-elle. Je ne peux pas… J'ai eu si peur… (Elle leva vers lui des yeux écarquillés, implorants, ses mains agrippées à sa chemise.) Tu es réel ? Tu es vraiment là ?

— Oui, lui garantit-il. Oui.

— J'ai eu si peur, répéta-t-elle. Si peur… Mais tu es là. Tu es là.

— Oui. Je suis là.

Il la serra un peu plus contre lui, éprouvant plus que jamais le besoin de la réconforter, ce qui lui rappela la dernière fois où il avait tenu son corps brûlant entre ses bras – dans la crique, quand ils étaient si jeunes, avec toute la vie devant eux –, souhaitant que tant de choses n'aient pas de fin, un trop grand nombre d'entre elles impossibles, mais, à cet instant, par-dessus tout, il se promit de ne plus jamais la laisser partir.

Ivy avait vaguement conscience de ne plus se trouver au camp. À en juger d'après les draps impeccables qu'elle sentait contre sa peau, et les thermomètres qu'on lui enfonçait continuellement dans la bouche, elle devait être à l'hôpital. Elle entendait des voix, aussi. De nombreuses voix différentes. Elle eut du mal à les associer à elle. Elle avait l'impression que sa grand-mère était là, mais c'était impossible. Alex aussi, mais elle craignait de prendre ses désirs pour des réalités.

La présence d'Alma était la seule chose qui lui semblait logique.

Elle en était ravie. Cela lui faisait plaisir de l'entendre bavarder. Quelle pipelette : elle annonça qu'elle était retournée dans le vieil appartement de Toby, en ville, avec lui. Un officier japonais l'avait réquisitionné. Il avait laissé des litchis en conserve dans le placard. Ils les avaient dévorés, et étaient tous les deux tombés malades comme des chiens. Laurie, de retour sur l'île, y demeurait aussi, ainsi que la grand-mère d'Ivy et Alex (encore eux : elle soupçonnait qu'il s'agissait d'un rêve), car la maison d'Alex avait besoin d'un grand nettoyage et d'une bonne remise en ordre. Elle avait croisé leurs anciennes domestiques, Dai et Lu. Elles avaient toutes deux survécu à l'occupation, mais le frère de Dai n'avait pas eu cette chance.

— Il travaillait pour la résistance. Ils ont fini par l'attraper. Dai était très affectée, naturellement.

Naturellement, songea Ivy, se sentant elle aussi affectée. Ensuite, cela l'ayant épuisée, elle s'assoupit.

Lorsqu'elle reprit connaissance, Alma était partie. Le silence régnait autour de son lit. Elle entendit des bruits de pas, ainsi que le bruissement d'un tablier amidonné. On lui enfonça un thermomètre dans la bouche.

Elle s'endormit.

Elle rêva qu'Alex lui annonçait que Kit avait promis de la retrouver. Qu'il fallait lui faire confiance. Elle dormit encore, et, à son réveil, sa grand-mère était de retour, et lui demandait d'un ton sévère de continuer à se battre.

— Je ne compte pas te perdre maintenant, tu comprends ?

Elle entendit de nouveau la voix d'Alex. Il appelait sa grand-mère « Harriet ».

— Tu ne vas pas la perdre, Harriet, tu peux me croire.

Ils discutaient entre eux : à propos de Mae, ce qu'elle trouvait plutôt déconcertant, et de combien elle regrettait. Alex avait l'air très attristé.

— Je l'ai détestée. Je lui en ai voulu pendant très longtemps. À présent, je regrette que Keeley ne lui ait pas simplement fichu la paix. C'était tout lui, vraiment…

Ivy ignorait qui était Keeley. Ils parlaient d'elle aussi, et surtout de son père. Toutes les histoires sur lui qu'on lui avait racontées quand elle était petite… Alex était en larmes. Sa grand-mère aussi. Quel rêve curieux.

Puis le silence.

Par la fenêtre ouverte, elle entendit des oiseaux chanter.

On reprit sa température.

Alma. Phil lui avait envoyé un télégramme. Il était à Munich, mais il arrivait. Dès qu'il serait démobilisé, il viendrait. Ivy avait du mal à le croire. Mais c'était tout ce qu'elle souhaitait. Elle tenta de sourire, mais ses lèvres refusèrent de remuer. Elle était incapable d'ouvrir les yeux.

Puis Alma quitta la chambre.

Des médecins la remplacèrent. Ils discutaient au-dessus d'elle. Leurs paroles se mêlaient les unes aux autres. « Paratyphoïde… traitement vermifuge… Absence de réaction… » Elle n'avait pas la force d'écouter. Elle cessa d'écouter.

Laurie vint lui rendre visite. Elle se demanda s'il était réel, comme Alma, ou si elle imaginait également sa présence. Il lui annonça que Sasamoto était mort. Il s'était suicidé non loin du camp.

— De honte, j'espère. Ou de peur. Nous sommes en train de les rassembler. Nous nous efforcerons de châtier les responsables. Votre ami Yoto est sur le point de rentrer chez lui, en revanche. Je me suis dit que vous aimeriez le savoir.

Elle espérait que c'était réellement le cas.

La nuit tomba. Elle le devina à travers ses paupières.

On alluma la pièce.

Alma. Elle avait vu Sam. Il était resté à Changi, lui expliqua-t-elle. Gibbs et Porter aussi. Aucun membre de leur groupe n'était venu à bout de cette jungle. Sam lui avait demandé des nouvelles d'Ivy. Il en avait eu le toupet.

— Tu ne voudrais pas te rétablir rapidement pour lui dire d'aller se faire voir ?

Ivy ne souhaitait qu'une chose. Mais le temps passait, elle le sentait, et, bien qu'elle se soit aperçue d'après le vacarme un peu partout – les ambulances dans l'allée, en bas, les appels aux brancardiers, et les discussions sur les transferts depuis des camps en Thaïlande et à Sumatra – que de nouveaux patients ne cessaient d'arriver, elle n'avait toujours pas de nouvelles de lui.

À l'exception d'Alex dans ses rêves, personne ne semblait faire allusion à lui.

Alors, elle s'endormit.

Elle souhaitait l'entendre lui dire que Kit la retrouverait.

Ils étaient à son chevet. Voilà trois semaines que c'était le cas. Elle avait peu changé. Ses coups de soleil s'étaient légèrement estompés, mais elle était toujours aussi maigre. Elle n'avait pas ces soupçons de rondeurs qui revenaient chez tous les autres. Elle n'avait pas ouvert les yeux. Elle n'avait pas encore consommé le moindre aliment. C'était sa perfusion qui la maintenait en vie.

Harriet se demandait si elle l'aurait supporté sans Alex à ses côtés. Elle avait encore du mal à accepter le fait qu'il soit vivant, et, bien qu'il ait commencé à reprendre des forces, il était encore squelettique et avait l'air épuisé. Même s'il lui répétait qu'il allait bien, elle redoutait de le perdre à nouveau.

— C'est pareil pour moi, Harriet, lui soutint-il d'une voix douce.

Depuis qu'elle était arrivée, ils ne s'étaient presque pas quittés. Aucun d'eux ne l'aurait supporté. Ils s'endormaient face à face – évoquant le passé, ce passé immuable, Ivy, et Beau, surtout –, puis se réveillant en se regardant. Comme elle en avait toujours rêvé.

Elle avait apporté des photos. Elle les lui avait montrées le premier soir où ils étaient retournés chez Toby et Elsie. Elle s'était installée auprès de lui, ses genoux effleurant les siens, et lui avait tenu la main pendant qu'il parcourait les clichés de leur fils. Il s'était cramponné à elle, de toutes ses forces, et elle avait senti son cœur se serrer en remarquant son air émerveillé. Il les avait toutes examinées en détail : bébé potelé, bambin en short, incroyablement jeune et beau le jour de son mariage…

— Il était si heureux…, avait-elle lâché en contemplant la photo. Je ne peux pas te dire à quel point. Tous les deux…

— Il en a l'air, en tout cas, avait confirmé Alex. Je crois que j'aurais éprouvé la même chose, si on s'était mariés.

— Ah bon ?

— Bien sûr. (Incapable de détourner son regard, il avait continué à contempler Beau.) C'était notre fils. Le nôtre.

Harriet avait acquiescé.

Il avait gardé le silence un moment. Puis il avait levé ses yeux débordants de larmes.

— Je veux rattraper le temps perdu, avait-il déclaré. Je veux tout rattraper…

— Je m'en doute, avait-elle répondu en serrant son corps tremblant contre elle, désirant la même chose que lui.

Ils n'avaient fait aucun projet, ni même parlé d'avenir. Compte tenu de l'état d'Ivy, cela leur était impossible. Pour le moment, ils logeaient encore chez Elsie et Toby. Elsie était rentrée aussi. Elle rappelait Sally à Harriet. (« En moins envahissant », lui avait fait remarquer Laurie. « Laissez-lui un peu de temps », lui avait demandé Alma avec un sourire en coin.) Ils dînaient ensemble tous les jours, tentant de se convaincre qu'Ivy reviendrait à elle le lendemain.

Ce n'était jamais le cas.

À présent, Harriet tenait sa main dans la sienne. Le soleil se couchait, et les murs blancs de la chambre avaient pris une teinte rosée. Dehors, les oiseaux nocturnes commençaient à fredonner. Alex posa son bras sur la chaise, derrière elle. Tristan était présent. Lui-même patient, se remettant d'une vilaine malaria, il venait souvent, à cette époque. Ils lui avaient expliqué combien ils détestaient laisser Ivy seule, en dehors des horaires de visite, et il était parvenu à convaincre l'infirmière de le laisser rester auprès d'elle. Son ami Jimmy – traité à la pénicilline pour ses ampoules infectées – venait lui aussi régulièrement, mais on venait de l'envoyer prendre un bain antiseptique.

— Le pauvre, l'avait plaint Tristan en grimaçant. Vous imaginez comme il va souffrir ?

Harriet serra les doigts d'Ivy.

— Regarde-moi, lui demanda-t-elle. Je t'en prie, ouvre les yeux et regarde-moi.

Elle décela un léger battement de cils, mais rien de plus.

— Elle essaie, constata Alex.

— Il faut qu'elle essaie un peu plus, déclara Tristan avec une certaine compassion. Allez, Ivy, l'encouragea-t-il en se penchant vers elle. Réveillez-vous, et expliquez-moi encore comment on fait un feu.

Elle cilla de nouveau.

Ils entendirent approcher des bruits de pas. Il s'agissait de Jimmy, qui traînait les pieds dans sa chemise d'hôpital, les cheveux dressés, le visage blême, le corps entièrement rouge.

— Comment ça s'est passé ? voulut savoir Tristan.

— Très désagréable, répondit-il. Comment va-t-elle ?

— Aucun changement, répondit Tristan.

— Je crois qu'elle attend Kit, intervint Alex.

Tristan acquiesça.

— Vous croyez qu'elle nous a entendus ?

— Je ne sais pas ce qu'elle entend, reconnut Harriet.

Tristan soupira.

Jimmy l'imita, puis leva les yeux vers le plafond.

— Il est peut-être temps qu'on la laisse le rejoindre, suggéra-t-il.

« Il est peut-être temps qu'on la laisse le rejoindre. »

Elle se demanda si c'était réellement Jimmy qui venait de prononcer ces paroles. Elle en avait plus qu'assez, de ces rêves, des thermomètres et des piqûres. Elle souffrait énormément.

Repoussant cette idée, elle s'assoupit. Voilà qui était beaucoup mieux.

Lorsqu'elle se réveilla de nouveau, elle eut envie de pleurer. Le silence et l'obscurité régnaient dans le service. Elle n'entendait que le souffle des autres patients, autour d'elle. Dehors, les oiseaux avaient fait place aux cigales.

Puis elle perçut un chuchotement.

— Je me demande si on fait bien, finalement. Son infirmière a dit…

— Qu'elle aille se faire voir. (Était-ce Tristan ?) D'ailleurs, même Alex est d'accord.

Encore ces rêves…

— La sœur Garton va me tuer si elle me voit debout.

— Ne fais pas comme si ça ne te plaisait pas ! Bon, tu comptes m'aider, oui ou non ?

— Oui, oui, répondit Jimmy. (Elle entendit qu'on traînait les pieds, que l'on poussait un lit roulant métallique.) Tu la prends par les jambes.

Encore des bruits de pas. Elle se demanda ce qui se passait. Elle sentit soudain qu'on la soulevait et entendit pousser un râle de douleur.

— Bon sang, ma peau…

Puis on la reposa sur un matelas plus dur, une feuille de plastique sous son dos. Elle entendit du mouvement, le grincement d'une porte qu'on ouvrait. Cela lui donna des vertiges.

— Vite, siffla Tristan. J'entends l'infirmière qui revient.

Ils accélérèrent l'allure. Elle ouvrit les yeux en battant de ses paupières encore à demi collées. Quelle sensation curieuse, après tout ce temps. Voyant le plafond défiler, au-dessus de sa tête, elle comprit avec une lucidité qu'elle n'avait plus eue depuis des semaines qu'elle ne dormait plus. Elle porta son attention sur Tristan et Jimmy, au-dessus d'elle, qui couraient dans le couloir à peine éclairé, le regard déterminé rivé droit devant eux. Elle aurait voulu leur avouer qu'elle était heureuse de les voir en vie. Leur demander où ils l'emmenaient. Mais le simple fait d'ouvrir les yeux l'avait vidée de toute énergie.

Elle les referma.

Ils prirent un ascenseur, un nouveau couloir. Elle entendit la voix d'une infirmière : une Australienne. Le ton de sa voix lui parut amusé, mais on aurait dit qu'elle tentait de prendre un air fâché :

— Vous deux. Vous êtes très en retard. Il est plus de minuit.

— Son infirmière refusait de partir, se justifia Tristan.

— Vous auriez peut-être dû attendre demain matin, alors.

— On s'est dit que ça ne pouvait pas attendre.

— Ah, vraiment ?

— Oui, vraiment, répondit Tristan d'un ton qui trahissait son sourire. Je peux vous dire que vous seriez du même avis. Vous allez nous laisser passer ?

Ivy se demandait de quoi ils parlaient. Elle aurait souhaité qu'ils la laissent tranquille, à présent. Elle était extrêmement fatiguée.

— Je n'en sais toujours rien, répondit l'infirmière. Ça ne se fait pas trop…

— Rien de tout ça ne se fait, lui fit remarquer Jimmy.

L'infirmière garda le silence. Mais elle dut hocher la tête, car le lit roulant d'Ivy se remit en branle. Puis on le fit tourner, rouler en arrière, avant de l'immobiliser.

— Et voilà, dit doucement Jimmy.

Elle se demanda si c'était encore à elle qu'il s'adressait.

— Comme promis, ajouta Tristan. Navré pour le retard.

— On dirait qu'elle est sur le point de mourir, chuchota une voix rauque tout juste audible.

Elle se figea.

— Ivy ? demanda la voix.

Elle eut l'impression qu'une larme roulait sur sa joue. Elle en devina la fraîcheur.

— Ivy ?

Sans trop savoir comment, elle tourna la tête. Puis, comme il aurait été trop difficile de ne pas le faire, elle ouvrit les yeux en prenant deux petites inspirations, et croisa son regard si vert au milieu de son visage noir. *Il est là. Vraiment là…* Elle laissa échapper de nouvelles larmes. Lui aussi sanglotait. Son visage, creusé et émacié, sur son oreiller immaculé, était trempé de larmes. Ce qu'il était maigre ! Incroyablement, horriblement maigre.

— Ivy, répéta-t-il. Que t'ont-ils fait ?

« Que t'ont-ils fait ? » Elle ne parvint à émettre qu'un coassement. Cela faisait trop longtemps qu'elle ne s'était plus exprimée. Elle déglutit avec peine.

— Je… (Ce simple mot lui brûla la gorge. Les muscles de ses joues se contractèrent.) Je voulais être avec toi.

— Tu m'as retrouvé. (Son regard demeurait figé.) Reste avec moi.

De nouvelles larmes.

— J'aimerais bien.

— Alors, fais-le.

— Je suis si lasse…

— Alors, repose-toi. (Elle regarda se contracter les muscles affaiblis de son visage.) Mais tu dois rester, Ivy. Avec moi… Nous avons des choses à faire.

— Ah bon ?

— Tu sais très bien de quoi je parle.

Elle le regarda fixement, même si elle le voyait flou.

— Notre paisible jardin ?

Son regard étincela.

— Une bague magnifique.

Elle se sentit à deux doigts de fondre en larmes.

— Je t'ai cru mort.

Sans quitter son oreiller, il s'approcha d'elle.

— C'est ce que tu m'as dit la dernière fois.

Elle avait les lèvres qui tremblaient.

— Ne m'oblige plus jamais à le redire.

Il esquissa un sourire. Un tout petit sourire.

Mais son inquiétude sembla se dissiper.

— Très bien, accepta-t-il. Très bien.

Épilogue

Octobre 1947. Whale Beach, Australie.

Le jardin donnait sur l'océan. Un peu plus loin, les vagues venaient se briser sur la longue plage de sable. La vaste pelouse était bordée de frangipaniers et de jacarandas. Entre deux arbres, un hamac se balançait vainement. Ivy aimait s'y assoupir, l'après-midi, laissant dériver son esprit à l'ombre du feuillage. Ces jours-ci, elle avait du mal à trouver le sommeil, la nuit. Lui aussi.

Ce soir-là, les arbres étaient ornés de banderoles et de ballons. La table était jonchée de verres vides et de restes de gâteau. Il ne s'était pas agi d'une grande fête. Phil et Alma y avaient assisté. Ils avaient quitté pour un mois Singapour et la vieille maison de Bukit Chandu, où ils vivaient encore. Phil travaillait pour Alex. Il dirigeait le bureau de Singapour, puisque Kit s'occupait désormais du nouveau, installé à Sydney.

— J'ai fait tout ça pour quelqu'un, après tout, avait dit Alex. Je ne peux pas vous dire ce que ça signifie.

Tristan avait également été présent, mais il était là en permanence. Il vivait à moins de dix kilomètres de là, un peu plus loin sur la côte. Il avait épousé cette infirmière australienne qui s'était occupée de Kit. Malheureusement, Jimmy n'avait pu se libérer. Il avait regagné l'Angleterre et ses ministères. Mais il avait envoyé un télégramme :

```
Vous souhaite la plus heureuse des journées.
STOP. Lève mon verre en votre honneur. STOP.
```

L'oncle d'Ivy, le frère de sa mère, avait fait le trajet depuis Melbourne avec ses deux cousins. La famille de Kit au grand complet était aussi venue.

À présent, le jardin était presque désert. Paisible. Phil et Alma étaient allés se promener sur la plage. Seuls Alex et Harriet étaient encore là. Ils habitaient presque à même distance que Tristan, dans leur propre maison, en bord de mer. Ils avaient emménagé en même temps qu'Ivy et Kit. Cela leur avait paru tout à fait naturel.

Le soleil se couchait. Les dacelos gloussaient. Le gramophone installé sous les arbres diffusait *Stardust* de Bing Crosby. Ivy en connaissait chaque parole, chaque note, chaque mesure. C'était tout ce qui fonctionnait pour aider Lila, leur fille de trois mois, à s'assoupir. Elle ne voulait jamais dormir.

— C'est une fêtarde, déclara Kit en se tournant vers Alex, qui la tenait contre son épaule. Comme sa mère.

Ivy rit doucement en regardant Alex marcher et tourner au rythme de la musique. Sa grand-mère le regardait aussi, à quelques mètres de lui, une lueur de satisfaction dans le regard.

— Je ne suis plus vraiment une fêtarde, admit-elle.

— Ah, je ne sais pas, dit Kit en lui adressant un sourire. Je suis sûr que vous avez encore ça en vous.

Ils étaient encore à table, sur la terrasse, partageant ce qu'il restait du champagne du baptême. Kit avait encore la main qui tremblait légèrement, quand il tenait son verre, de même qu'Ivy devait garder les volets ouverts, dans leur chambre, la nuit. Elle ignorait si cela allait lui passer un jour.

Prenant une profonde inspiration, il reporta son attention sur le jardin, leur fille et la mer. Savourant la douce chaleur du soleil couchant sur son visage, elle suivit son regard. Puis elle reposa son verre et tendit la main vers lui, sachant sans même un coup d'œil qu'il en faisait autant. Elle lui effleura la main du bout des doigts. Il la referma sur la sienne.

Ils restèrent main dans la main.

Note de l'autrice

Je souhaiterais vous remercier d'avoir lu *Une île en Orient*. Les personnages – Ivy, Kit, Alex et Harriet, sans oublier Alma, Tristan et Jimmy – me sont très chers, et leur histoire me tient à cœur. Le fait que vous ayez choisi de passer du temps en leur compagnie, à Singapour, où j'ai eu la chance de vivre un certain nombre d'années, compte énormément pour moi. J'espère que vous avez pris autant de plaisir à lire ce livre que j'en ai eu à l'écrire !

Si c'est le cas, je vous serais reconnaissante de poster un court avis sur Amazon ou Goodreads. Cela permettra à d'autres de découvrir *Une île en Orient*, et, personnellement, j'adore avoir l'opinion de mes lecteurs. À tous ceux qui ont déjà laissé un avis, je vous en remercie, impossible de vous dire combien cela compte à mes yeux.

Vous pouvez également me joindre sur ma page Facebook, ou sur Twitter. Votre avis sur ce livre m'intéresse. L'une des deux histoires vous a-t-elle plus plu que l'autre ? Les deux histoires d'amour vous ont-elles séduits ? Que pensiez-vous de Mae ? Votre opinion a-t-elle évolué au fil de votre lecture ? Et qu'avez-vous pensé de la fin ? Je vous en prie, n'hésitez pas à me contacter !

Pour mon prochain livre, *Last Letter to Bombay*, je remonte le temps jusqu'à l'Inde coloniale et le front de l'ouest, pour une histoire qui se déroule durant la Première Guerre mondiale et dans les années 1920. J'espère vraiment qu'il vous plaira !

Remerciements

J'ai pris énormément de plaisir à écrire ce roman, et j'ai eu la chance incroyable de pouvoir compter sur beaucoup de monde durant sa conception. Jamais je ne remercierai assez mon agent, Becky Ritchie, les employés d'A.M. Heath, et l'équipe de Sphere : Manpreet Grewal pour son soutien dès le premier jour, Emma Williams, Thalia Proctor et Stephie Melrose.

J'ai eu l'immense honneur de pouvoir vivre à Singapour quelques années avant d'écrire *Une île en Orient*, et mes visites du musée Changi, de Reflections at Bukit Chandu, du Fort Canning et des remparts de Siloso et Labrador Park m'ont beaucoup aidée dans mes recherches. De même que *The Battle for Singapore* de Peter Thompson. Toute ma gratitude à la société Journeys, à Singapour, pour ses excellentes visites guidées, et pour m'avoir permis d'entrer dans le bunker Battlebox de Fort Canning alors qu'il était fermé et n'allait pas rouvrir avant mon retour en Angleterre. Rien n'aurait été possible sans le soutien de ma famille et de mes amies : Kerry Fisher, ma fabuleuse copine d'écriture, Tracy Buchanan, Iona Grey, Karen Hamilton, Isabel Costello, Amanda Jennings, Dinah Jefferies et tous ceux qui m'ont encouragée. Enfin, comme toujours, un grand merci à mon mari, Matt, à nos merveilleux enfants ainsi qu'au reste de ma famille, notamment à mes parents géniaux, à qui je dédie ce livre.

Achevé d'imprimer en août 2020
Par CPI Brodard & Taupin à La Flèche
N° d'impression : 3037990
Dépôt légal : septembre 2020
Imprimé en France
9383586-1